U0806007

全国高职高专建筑类专业规划教材

建筑工程质量控制与安全管理

主　编　闫超君　张　茹　张亦军
副主编　吴渝玲　潘光翠　李　涛
　　　　沈久保
主　审　金红丽

黄河水利出版社
·郑州·

内容提要

本书是全国高职高专建筑类专业规划教材，是根据教育部对高职高专教育的教学基本要求及全国水利水电高职教研会制定的建筑工程质量控制与安全管理课程标准编写完成的。本教材适应现代工程监理发展的需要，对工程质量控制与安全管理过程中的常用方法、常见问题加以介绍。全书共9个学习任务，主要包括质量控制基本知识认知、建筑工程施工阶段质量控制、建筑工程施工质量控制要点、建筑工程施工质量验收、现代建筑工程安全管理基本知识认知、建筑工程安全生产管理、施工现场安全管理、建筑工程用电安全技术、施工现场防火与文明施工等内容。

本书可供高职高专院校土木工程类工程监理专业教学使用，也可以作为各类成人高校培训教材，同时可供监理单位、建设单位、勘察设计单位、施工单位等工程技术人员参考，也可作为参加监理工程师执业考试的参考书。

图书在版编目(CIP)数据

建筑工程质量控制与安全管理/闫超君，张茹，张亦军主编. —郑州：黄河水利出版社，2013.7

全国高职高专建筑类专业规划教材

ISBN 978-7-5509-0497-2

Ⅰ.①建…　Ⅱ.①闫…②张…③张…　Ⅲ.①建筑工程-质量管理-高等职业教育-教材②建筑工程-安全技术-施工管理-高等职业教育-教材　Ⅳ.①TU712 ②TU714

中国版本图书馆CIP数据核字(2013)第134535号

组稿编辑：王路平　电话：0371-66022212　E-mail：hhslwlp@163.com
　　　　　路夷坦　　　　　66026749　　　　hhsllyt@126.com

出 版 社：黄河水利出版社

地址：河南省郑州市顺河路黄委会综合楼14层　邮政编码：450003

发行单位：黄河水利出版社

发行部电话：0371-66026940、66020550、66028024、66022620(传真)

E-mail：hhslcbs@126.com

承印单位：黄河水利委员会印刷厂

开本：787 mm×1 092 mm　1/16

印张：17.25

字数：400千字　　印数：1—4 100

版次：2013年7月第1版　　印次：2013年7月第1次印刷

定价：34.00元

前 言

本书是根据《教育部关于全面提高高等职业教育教学质量的若干意见》(教高[2006]16号)、《教育部关于推进高等职业教育改革创新引领职业教育科学发展的若干意见》(教职成[2011]12号)等文件精神,由全国水利水电高职教研会拟定的教材编写规划,在中国水利教育协会指导下,由全国水利水电高职教研会组织编写的建筑类专业规划教材。该套规划教材是在近年来我国高职高专院校专业建设和课程建设不断深化改革和探索的基础上组织编写的,内容上力求体现高职教育理念,注重对学生应用能力和实践能力的培养;形式上力求做到基于工作任务和工作过程编写,便于"教、学、练、做"一体化。该套规划教材是一套理论联系实际、教学面向生产的高职高专教育精品规划教材。

工程建设监理制度在我国工程建设中应用越来越广泛,监理专业毕业生也受到用人单位的欢迎,但是由于监理专业开设较晚,比较成熟的教材较少,特别是安全管理以前没纳入到监理工作范畴,现安全管理在工程监理工作中占了很大比重。本书的特色是为教材的使用者——学生着想:第一是让学生更好地掌握知识要点,搞得清楚、弄得明白;第二为更好地提高学生职业技能和动手本领,学得会、用得上,到了工作岗位能够很快上手。

本书适应现代工程监理发展的需要,对工程质量控制与安全管理过程中的常用方法、常见问题加以介绍,全书共分9个学习任务,其中质量控制基本知识认知介绍了建筑工程质量控制的概念、质量管理体系等;建筑工程施工阶段质量控制介绍了施工阶段质量控制的主体与控制方法;建筑工程施工质量控制要点介绍了建筑工程施工各分部分项质量控制要点与控制方法;建筑工程施工质量验收介绍了建筑工程质量验收的程序等;现代建筑工程安全管理基本知识认知介绍了建筑工程安全生产管理中的问题与对策;建筑工程安全生产管理介绍了建筑工程安全生产中的安全管理与施工处理;施工现场安全管理介绍了施工现场的安全管理;建筑工程用电安全技术介绍了施工现场用电的安全知识;施工现场防火与文明施工介绍了建筑工程施工现场防火与文明施工。

本书编写人员及编写分工如下:学习任务1、学习任务4由重庆水利电力职业技术学院吴渝玲编写,学习任务2由安徽水利水电职业技术学院潘光翠编写,学习任务3由安徽水利水电职业技术学院闫超君编写,学习任务5、学习任务8由安徽水利水电职业技术学院李涛编写,学习任务6由酒泉职业技术学院张亦军编写,学习任务7由山西水利职业技术学院张茹编写,学习任务9由和县通达监理有限公司沈久保编写。本书由闫超君、张茹、张亦军担任主编,闫超君负责全书统稿;由吴渝玲、潘光翠、李涛、沈久保担任副主编;由湖南水利水电职业技术学院金红丽担任主审。

本书在编写中，参考和引用了一些相关专业书籍的资料，编者也在此向有关人员致以衷心的感谢！

由于时间仓促，加上编者水平有限，不足之处在所难免，恳请广大读者批评指正。

编　者

2013 年 1 月

目 录

前 言
学习任务1 质量控制基本知识认知 …………………………………………………… (1)
学习单元1.1 工程质量基本知识认知 ………………………………………………… (2)
学习单元1.2 建筑工程质量控制 ……………………………………………………… (6)
学习单元1.3 建筑工程质量控制体系 ………………………………………………… (11)
习 题 ……………………………………………………………………………………… (17)
学习任务2 建筑工程施工阶段质量控制 ……………………………………………… (19)
学习单元2.1 建筑工程质量控制阶段 ………………………………………………… (20)
学习单元2.2 建筑工程质量控制主体 ………………………………………………… (20)
学习单元2.3 施工阶段质量控制的程序 ……………………………………………… (21)
学习单元2.4 施工阶段质量控制的依据 ……………………………………………… (23)
学习单元2.5 施工质量控制的方法与手段 …………………………………………… (24)
学习单元2.6 建筑工程施工准备阶段的质量控制 …………………………………… (28)
学习单元2.7 建筑工程施工过程的质量控制 ………………………………………… (30)
习 题 ……………………………………………………………………………………… (37)
学习任务3 建筑工程施工质量控制要点 ……………………………………………… (39)
学习单元3.1 地基基础工程的质量控制 ……………………………………………… (39)
学习单元3.2 砌体工程的质量控制 …………………………………………………… (46)
学习单元3.3 钢筋混凝土工程的质量控制 …………………………………………… (57)
学习单元3.4 防水工程的质量控制 …………………………………………………… (65)
学习单元3.5 钢结构工程的质量控制 ………………………………………………… (71)
学习单元3.6 装饰装修工程的质量控制 ……………………………………………… (82)
习 题 ……………………………………………………………………………………… (94)
学习任务4 建筑工程施工质量验收 …………………………………………………… (96)
学习单元4.1 基本认知 ………………………………………………………………… (96)
学习单元4.2 建筑工程施工质量验收的术语和基本规定认知 ……………………… (97)
学习单元4.3 建筑工程施工质量验收层次的划分 …………………………………… (99)
学习单元4.4 建筑工程施工质量验收 ………………………………………………… (101)
学习单元4.5 建筑工程施工质量验收的程序和组织 ………………………………… (112)
学习单元4.6 建筑工程质量事故的处理 ……………………………………………… (114)
学习单元4.7 建筑工程施工过程的质量控制案例分析 ……………………………… (124)
习 题 ……………………………………………………………………………………… (130)

学习任务5　现代建筑工程安全管理基本知识认知……………………………（133）
学习单元5.1　现代建筑工程安全管理基本知识……………………………（133）
学习单元5.2　当前建筑安全管理中存在的主要问题及相应对策……………（141）
学习单元5.3　建设工程安全生产管理有关法律、法规与标准、规范…………（144）
学习单元5.4　建设工程安全生产管理的常用术语…………………………（146）
习　题 ……………………………………………………………………（147）
学习任务6　建筑工程安全生产管理…………………………………………（149）
学习单元6.1　安全生产保证体系与管理机构………………………………（150）
学习单元6.2　安全技术措施计划与安全技术措施…………………………（153）
学习单元6.3　施工安全管理…………………………………………………（160）
学习单元6.4　安全事故处理及应急救援……………………………………（168）
习　题 ……………………………………………………………………（174）
学习任务7　施工现场安全管理………………………………………………（175）
学习单元7.1　施工现场的平面布置与划分…………………………………（176）
学习单元7.2　附属设施………………………………………………………（176）
学习单元7.3　临时设施………………………………………………………（177）
学习单元7.4　施工机械安全技术……………………………………………（179）
学习单元7.5　施工供电、消防设施布置 ……………………………………（190）
学习单元7.6　建筑工程施工安全技术………………………………………（197）
学习单元7.7　警示标牌布置与悬挂…………………………………………（224）
习　题 ……………………………………………………………………（224）
学习任务8　建筑工程用电安全技术…………………………………………（227）
学习单元8.1　施工用电管理…………………………………………………（228）
学习单元8.2　接地与防雷……………………………………………………（233）
学习单元8.3　变配电管理……………………………………………………（237）
学习单元8.4　现场用电安全…………………………………………………（241）
学习单元8.5　预防触电的措施………………………………………………（246）
学习单元8.6　用电安全事故案例分析………………………………………（251）
习　题 ……………………………………………………………………（258）
学习任务9　施工现场防火与文明施工………………………………………（260）
学习单元9.1　施工现场防火…………………………………………………（260）
学习单元9.2　施工现场文明施工管理………………………………………（264）
习　题 ……………………………………………………………………（267）
参考文献 …………………………………………………………………（268）

学习任务1　质量控制基本知识认知

【学习目标】 掌握建筑工程质量、建筑工程质量控制的基本知识；熟悉建筑工程质量控制的基本原则及建筑工程质量责任体系。

工作任务表

能力目标	主讲内容	学生完成任务	评价标准	
了解质量与建筑工程质量的概念，了解建筑工程质量的特点与影响因素	质量、建筑工程质量的概念； 建筑工程质量形成过程与影响因素； 建筑工程质量的特点	学生分组讨论质量与建筑工程质量的区别，总结影响质量的因素，写出建筑工程质量的特点	优秀	熟悉质量与建筑工程质量的概念，建筑工程质量的特点与影响因素
			良好	了解质量与建筑工程质量的概念，建筑工程质量的特点与影响因素
			合格	基本了解质量与建筑工程质量的概念，建筑工程质量的特点与影响因素
明确建筑工程质量控制的基本概念、基本原则	建筑工程质量控制的基本概念、基本原理、基本原则	学生分组讨论建筑工程质量控制的基本原则	优秀	熟悉建筑工程质量控制的基本概念、基本原则
			良好	了解建筑工程质量控制的基本概念、基本原则
			合格	基本了解建筑工程质量控制的基本概念、基本原则
明确建筑工程的质量责任体系，了解建筑工程质量政府监督管理的职能，明确建筑工程质量管理制度	建筑工程的质量责任体系，建筑工程质量政府监督管理的职能，建筑工程质量管理制度	学生分组扮演各责任主体，讲出自己的质量责任	优秀	能熟练讲出自己扮演责任主体的质量责任
			良好	基本能熟练地讲出自己扮演责任主体的质量责任
			合格	基本能讲出自己扮演责任主体的质量责任

学习单元1.1　工程质量基本知识认知

1.1.1　质量

2000版GB/T 19000—ISO9000族标准中质量的定义是：一组固有特性满足要求的程度。

上述定义可以从以下几方面去理解：

(1)质量不仅是指产品质量，也可以是某项活动或过程的工作质量，还可以是质量管理体系运行的质量。质量是由一组固有特性组成的，这些固有特性是指满足顾客要求和其他相关方要求的特性，并由其满足要求的程度加以表征。

(2)特性是指区分的特征。特性可以是固有的或赋予的，可以是定型的或定量的。特性有各种类型，质量特性是固有的特性，并通过产品、过程或体系设计和开发及其后的实现过程形成的属性。固有的意思是指在某事或某物中本来就有的，尤其是那种永久的特性。赋予的特性（如某一产品的价格）并非是产品、过程或体系的固有特性，不是它们的质量特性。

(3)满足要求就是应满足明示的（如合同、规范、标准、技术、文件、图纸中明确规定的）、通常隐含的（如组织的惯例、一般习惯）或必须履行的（如法律、法规、行业规则）需要和期望。与要求相比较，满足要求的程度才反映质量的好坏。对质量的要求除考虑满足顾客的需要外，还应考虑其他相关方即组织自身利益、提供原材料和零部件等的供方的利益和社会的利益等多种要求。例如，需考虑安全性、环境保护、节约能源等外部的强制要求。只有全面满足这些要求，才能评定为好的质量或优秀的质量。

(4)顾客和其他相关方对产品、过程或体系的质量要求是动态的、发展的、相对的。质量要求随着时间、地点、环境的变化而变化。如随着技术的发展、生活水平的提高，人们对产品、过程或体系会提出新的质量要求。因此，应定期评定质量要求，修订规范标准，不断开发新产品、改进老产品，以满足已变化的质量要求。另外，不同国家不同地区因自然环境条件、技术发达程度、消费水平和民俗习惯等的不同会对产品提出不同的要求，产品应具有这种环境的适应性，对不同地区应提供不同性能的产品，以满足该地区用户的明示或隐含要求。

1.1.2　建筑工程质量

建筑工程质量简称工程质量。工程质量是指工程满足业主需要的，符合国家法律、法规、技术规范标准、设计文件及合同规定的特性综合。

建筑工程作为一种特殊的产品，除具有一般产品共有的质量特性（如性能、寿命、可靠性、安全性、经济性等）满足社会需要的使用价值及其属性外，还具有特定的内涵。

建筑工程质量的特性主要表现在以下六个方面：

(1)适用性。即功能，是指工程满足使用目的的各种性能。包括：理化性能，如尺寸、规格、保温、隔热、隔声等物理性能，耐酸、耐碱、耐腐蚀、防火、防风化、防尘等化学性能；结构性能，指地基基础牢固程度，结构的足够强度、刚度和稳定性；使用性能，如民用住宅工程要能使居住者安居，工业厂房要能满足生产活动要求，道路、桥梁、铁路、航道要能通达便捷等。建筑工程的组成部件、配件、水、暖、电、卫生器具、设备也要能满足其使用功能；外观性能，指建筑物的造型、布置、室内装饰效果、色彩等美观大方、协调等。

(2)耐久性。即寿命，是指工程在规定的条件下，满足规定功能要求使用的年限，也就是工程竣工后的合理使用寿命周期。由于建筑物本身结构类型不同、质量要求不同、施工方法不同、使用性能不同的个性特点，目前国家对建设工程的合理使用寿命周期还缺乏统一的规定，仅在少数技术标准中，提出了明确要求。如民用建筑主体结构耐用年限分为四级(15～30年、30～50年、50～100年、100年以上)。对工程组成部件(如塑料管道、屋面防水、卫生洁具、电梯等)也视生产厂家设计的产品性质及工程合理使用寿命周期而规定不同的耐用年限。

(3)安全性。是指工程建成后在使用过程中保证结构安全、保证人身和环境免受危害的程度。建筑工程产品的结构安全度、抗震、耐火及防火能力，人民防空的抗辐射、抗核污染、抗爆炸波等能力，是否能达到待定的要求，都是安全性的重要标志。工程交付使用之后，必须保证人身财产、工程整体都有能免遭工程结构破坏及外来危害的伤害。工程组成部件，如阳台栏杆、楼梯扶手、电梯产品漏电保护、电梯及各类设备等，也要保证使用者的安全。

(4)可靠性。是指工程在规定的时间和规定的条件下完成规定功能的能力。工程不仅要求在交工验收时要达到规定的指标，而且在一定的使用时期内要保持应有的正常功能。如工程上的防洪与抗震能力，防水隔热、恒温恒湿措施，工业生产用的管道防“跑、冒、滴、漏”等，都属可靠性的质量范畴。

(5)经济性。是指工程从规划、勘察、设计、施工到整个产品使用寿命周期内的成本和消耗的费用。工程经济性具体表现为设计成本、施工成本、使用成本三者之和。通过分析比较，判断工程是否符合经济性要求。

(6)与环境的协调性。是指工程与其周围生态环境的协调，与所在地区的经济环境协调以及与周围工程相协调，以适应可持续发展的要求。

上述六个方面的质量特性彼此之间是相互依存的，总体而言，适用、耐久、安全、可靠、经济、与环境的协调，都是必须达到的基本要求，缺一不可。但是对于不同门类的专业的工程，工业建筑、民用建筑、公用建筑、道路建筑，可依据其所处的特定地域环境条件、技术经济条件的差异，有不同的侧重面。

1.1.3 建筑工程质量形成过程与影响因素

1.1.3.1 工程建设各阶段对质量形成的作用与影响

工程建设的不同阶段，对工程项目质量的形成起着不同的作用与影响。

1.项目可行性研究

项目的可行性研究是在项目建议书和项目策划的基础上，运用经济学原理对投资项目的有关技术、经济、社会及所有方面进行调查研究，对各种可能的拟建方案和建成投产后的经济效益、社会效益和环境效益等进行技术经济分析、预测和论证，确定项目建设的可行性，并在可行的情况下，通过多方案比较从中选出最佳建设方案，作为项目决策和设计的依据。在此过程中，需要确定工程项目的质量要求，并与投资目标相协调。因此，项目的可行性研究直接影响项目的决策质量和设计质量。

2. 项目决策

项目决策阶段可通过项目可行性研究和项目评估，对项目的建设方案作出决策，使项目的建设充分反映业主的意愿，并与地区环境相适应，做到投资、质量、进度三者协调统一。所以，项目决策阶段对工程质量的影响主要是确定工程项目应达到的质量目标和水平。

3. 工程勘察、设计

工程的地质勘察是为建设场地的选择和工程的设计与施工提供地质资料依据。而工程设计是根据建设项目的总体需求（包括已确定的质量目标和水平）及地质勘查报告对工程的外形和内在的实体进行筹划、研究、构思、设计和描绘，形成设计说明书和图纸等相关文件，使得质量目标和水平具体化，为施工提供直接依据。

工程设计质量是决定工程质量的关键环节，工程采用什么样的平面布置和空间形式，选用什么样的结构类型，使用什么样的材料、构配件及设备等，都直接关系到工程主体结构的安全可靠，关系到建设投资的综合功能是否充分体现规划意图。在一定程度上，设计的完美性反映了一个国家的科技水平和文化水平；设计的严密性、合理性，也决定了工程建设的成败，是建设工程的安全、适用、经济与环境保护等措施得以实现的保证。

4. 工程施工

工程施工是指按照设计图纸和相关文件的要求，在建设场地上将设计意图付诸实现的测量、作业、检验，形成工程实体建成最终产品的活动。任何优秀的勘察设计成果，只有通过施工才能变为现实。因此，工程施工活动决定了设计意图能否体现，它直接关系到工程的安全可靠、使用功能的保证，以及外表观感能否体现建筑设计的艺术水平。在一定程度上，工程施工是形成实体质量的决定性环节。

5. 工程竣工验收

工程竣工验收就是对项目施工的质量通过检查评定、试车运转，考核项目质量是否达到设计要求，是否符合决策阶段确定的质量目标和水平，并通过验收确保工程项目的质量。所以，工程竣工验收对质量的影响是保证最终产品的质量。

1.1.3.2 影响工程质量的因素

影响工程的因素很多，但归纳起来主要有五个方面，即人（Man）、材料（Material）、机械（Machine）、方法（Method）和环境（Environment），简称为4M1E因素。

1. 人员素质

人是生产经营活动的主体，也是工程项目建设的决策者、管理者、操作者。工程建设全过程都是通过人来完成的。人员的素质，即人的文化水平、技术水平、决策能力、管理能力、组织能力、作业能力、控制能力、身体素质及职业道德等，都将直接或间接地对规划、决策、勘察、设计和施工的质量产生影响；而规划是否合理，决策是否正确，设计是否符合所需要的质量功能，施工能否满足合同、规范、技术标准的需要等，都将对工程质量产生不同程度的影响，所以人员素质是影响工程质量的一个重要因素。因此，建筑行业实行经营资质管理和各类专业从业人员持证上岗制度是保证人员素质的重要管理措施。

2. 工程材料

工程材料泛指构成工程实体的各类建筑材料、构配件、半成品等,它是工程建设的物质条件,是工程质量的基础。工程材料选用是否合理、产品是否合格、材料是否经过检验、保管使用是否得当等,都将直接影响建设工程的结构刚度和强度,影响工程外表及感官,影响工程的使用功能,影响工程的使用安全。

3. 机械设备

机械设备可分为两类:一是指组成工程实体及配套的工艺设备和各类机具,如电梯、泵机、通风设备等,它们构成了建筑设备安装工程或工业设备安装工程,形成完整的使用功能。二是指施工过程中使用的各类机具设备,包括大型垂直与横向运输设备、各类操作工具、各种施工安全设施、各类测量仪器和计量器具等,简称施工设备,它们是施工生产的手段。机具设备对工程质量也有重要的影响。工程用机具设备,其产品质量优劣,直接影响工程使用功能质量。施工机具设备的类型是否符合施工特点,性能是否先进稳定,操作是否方便安全等,都将会影响工程项目的质量。

4. 方法

方法是指工艺方法、操作方法和施工方案。在工程施工中,施工方案是否合理,施工工艺是否先进,施工操作是否正确,都将对工程质量产生重大的影响。大力推进采用新技术、新工艺、新方法,不断提高工艺技术水平,是保证工程质量稳定提高的重要因素。

5. 环境条件

环境条件是指对工程质量特性起重要作用的环境因素,包括:工程技术环境,如工程地质、水文、气象等;工程作业环境,如施工环境作业面大小、防护设施、通风照明和通信条件等;工程管理环境,如工程邻近的地下管线、建(构)筑物等。环境条件往往对工程质量产生特定的影响。加强环境管理,改进作业条件,把握好技术环境,辅以必要的措施,是控制环境对质量影响的重要保证。

1.1.4 建筑工程质量的特点

建筑工程质量的特点是由建筑工程本身和建设生产的特点决定的。建筑工程(产品)及其生产的特点:一是产品的固定性,生产的流动性;二是产品的多样性,生产的单件性;三是产品形体庞大、高投入、生产周期长、具有风险性;四是产品的社会性,生产的外部约束性。正是由于上述建筑工程的特点才形成了工程质量本身的以下特点。

1.1.4.1 影响因素多

建筑工程质量受到多种因素的影响,如决策、设计、材料、机具设备、施工方法、施工工艺、技术措施、人员素质、工期、工程造价等,这些因素直接或间接地影响工程项目质量。

1.1.4.2 质量波动大

由于建筑生产的单件性、流动性,不像一般工业产品的生产那样,有固定的生产流水线、有规范化的生产工艺和完善的检测技术、有成套的生产设备和稳定的生产环境,所以工程质量容易产生波动且波动大。同时,由于影响工程质量的偶然性因素和系统性因素比较多,其中任一因素发生变动,都会使工程质量产生波动。如材料规格品种使用错误、施工方法不当、操作未按规程进行、机械设备过度磨损或出现故障、设计计算失误等，都会发生质量波动，产生系统因素的质量变异，造成工程质量事故。为此，要严防出现系统性因素的质量变异，要把质量波动控制在偶然性因素范围内。

1.1.4.3 质量隐蔽性

建筑工程在施工过程中，分项工程交接多、中间产品多、隐蔽工程多，因此质量存在隐蔽性。若在施工中不及时进行质量检查，事后只能从表面上检查，就很难发现内在的质量问题，这样就容易判断错误。

1.1.4.4 终检的局限性

工程项目建成后不可能像一般工业产品那样依靠终检来判断产品质量，或将产品拆卸、解体来检查其内在的质量，或对不合格零部件可以更换。而工程项目的终检（竣工验收）无法进行工程内在质量的检验，发现隐蔽的质量缺陷，因此工程项目的终检存在一定的局限性。这就要在工程质量控制的过程中以预防为主，防患于未然。

1.1.4.5 评价方法的特殊性

工程质量的检查评定及验收是按检验批、分项工程、分部工程、单位工程进行的。检验批的质量是分项工程乃至整个工程质量检验的基础，检验批质量合格与否主要取决于主控项目和一般项目经抽样检验的结果。隐蔽工程在隐蔽前要自检合格后方可验收，涉及结构安全的试块、试件以及有关材料，应按规定进行见证取样检测，涉及结构安全和使用功能的重要分部工程要进行抽样检测。工程质量是在施工单位按合格质量标准自行检查评定的基础上，由监理工程师（或建设单位项目负责人）组织有关单位、人员进行检验确认验收。这种评价方法体现了“验评分离、强化验收、完善手段、过程控制”的指导思想。

学习单元 1.2 建筑工程质量控制

1.2.1 建筑工程质量控制

2000 版 GB/T 19000—ISO 9000 族标准中，质量控制的定义：是质量管理的一部分，致力于满足质量要求。

上述定义可以从以下几方面去理解：

(1)质量控制是质量管理的组成部分，其目的是使产品、体系或过程的固有特性达到规定的要求，即满足顾客、法律、法规等方面提出的质量要求（如适用性、安全性等）。所以，质量控制是通过采取一系列的作业技术和活动对各个过程实施控制的。

(2)质量控制的工作内容包括作业技术和活动，也就是包括专业技术和管理技术两个方面。围绕产品全过程每一阶段的工作如何能保证做好，应对影响其质量的人、材、机、法、环(4M1E)因素进行控制，并对质量活动的成果进行分阶段验证，以便及时发现问题，查明原因，采取相应纠正措施，防止质量不合格现象的发生。因此，质量控制应贯彻预防为主与检验把关相结合的原则。

(3)质量控制应贯穿于产品形成体系运行的全过程。每一过程都有输入、转换和输出等三个环节,通过对每一个过程三个环节实施有效控制,对产品质量有影响的各个过程处于受控状态,持续提供符合规定要求的产品才能得到保障。

1.2.2 建筑工程质量控制的基本原理

工程质量控制是指致力于满足工程质量的要求,也就是为了保证工程质量满足工程合同、规范标准所采取的一系列措施、方法和手段。

1.2.2.1 三阶段控制

施工阶段质量控制是工程项目全过程质量控制的关键环节。根据工程质量形成的时间,施工阶段的质量控制又可分为事前控制、事中控制和事后控制,其中事前控制为重点控制。

1. 事前控制

(1)审查承包商及分包商的技术资质。

(2)协助承包商完善质量体系,包括完善计量及质量检测技术和手段等,同时对承包商的试验室资质进行考核。

(3)督促承包商完善现场质量管理制度,包括现场会议制度、现场质量检验制度、质量统计报表制度和质量事故报告及处理制度等。

(4)与当地质量监督站联系,争取其配合、支持和帮助。

(5)组织设计交底和图纸会审,对有的工程部位应下达质量要求标准。

(6)审查承包商提交的施工组织设计,保证工程质量具有可靠的技术措施。审核工程中采用的新材料、新结构、新工艺、新技术的技术鉴定书;对工程质量有重大影响的施工机械、设备,应审核其技术性能报告。

(7)对工程所需要原材料、构配件的质量进行检查与控制。

(8)对永久性生产设备或装置,应按审批同意的设计图纸组织采购或订货,到场后进行检查验收。

(9)对施工场地进行检查验收。检查施工场地的测量标桩、建筑物的定位放线以及高程水准点,重要工程还应复核,落实现场障碍物的清理、拆除等。

(10)把好开工关。对现场各项准备工作检查合格后,方可下达开工令。停工的工程,未下达复工令者不得复工。

2. 事中控制

(1)督促承包商完善工序控制。工程质量是在工序中生产的,工序控制对工程质量起着决定性的作用。应把影响工序质量的因素都纳入控制状态中建立质量管理点,及时检查和审核承包商提交的质量统计分析资料和质量控制图表。

(2)严格工序交接检查。主要工作作业包括隐蔽作业,需按有关验收规定经检查验收后,方可进行下一工序的施工。

(3)重要的工程部位或专业工程(如混凝土工程)要做试验或技术复核。

(4)审查质量事故处理方案,并对处理效果进行检查。

(5)对完成的分部分项工程,按相应的质量评定标准和办法进行检查验收。

(6)审核设计变更和图纸修改。

(7)按合同行使质量监督权和质量否决权。

(8)组织定期或不定期的质量现场会议,及时分析、通报工程质量状况。

3. 事后控制

(1)审核承包商提供的质量检验报告及有关技术性文件。

(2)审核承包商提供的竣工图。

(3)组织联动试车。

(4)按规定的质量评定标准和办法,进行检查验收。

(5)组织项目竣工总验收。

(6)整理有关工程项目质量的技术文件,并编目、建档。

1.2.2.2 三全控制

1. 三全控制的内容

(1)全面的质量标准。

全面质量管理的观点,产品质量包括使用价值、经济性、交货期和技术服务质量等。

用户要求的质量标准并不是凝固的,而是不断变化和提高的。所以,我们既要保证按现有标准要求的产品质量,又要不断提高产品质量。

上述质量标准的综合性和动态性,就是全面质量标准含义。全面质量管理,就是为达到上述全面质量要求所进行的管理。

(2)全过程的质量管理。

质量不仅取决于施工阶段的质量,还涉及勘察设计、材料和施工设备的质量,以及使用阶段技术服务的质量。因此,作为施工单位,不仅要加强施工全过程的质量控制,还应做好对设计质量的审核,做好对进场材料和设备的检验。

对影响产品质量的上述全部过程实施管理,就叫全过程的管理,这种全过程的管理,突出了预防性,即事前的质量控制。

(3)全员参与的管理。

在实施全过程的质量管理时,从项目经理至每位员工,他们的工作都直接或间接与产品质量的形成有关。所以,质量管理需要全体员工的参与,而不是只由少数专业管理人员去做。

(4)全面运用各种管理方法和技术的科学管理。

即以科学的态度,采用科学的方法(包括数理统计的、经济的、心理学的方法)进行的科学管理。

2. 三全控制的基本原则

(1)贯彻"质量第一"的方针。

质量是企业信誉的基础,也是市场竞争的需要,质量问题应引起全体员工足够的重视。

(2)贯彻"预防为主"的方针。

好的质量不是检验出来的,而是生产出来的。质量控制并不是仅靠对成品的严格检验,更重要的是在产品形成过程中进行严格的控制,对产品质量形成全过程的每个环节采取预防措施,来保证产品的质量。

(3)用数据说话。

在质量管理中要尽可能的运用质量检验和试验数据来判别质量的优劣,采用数理统计的方法对质量进行控制,使质量管理科学化。

(4)要有广泛的群众基础。

质量是由项目管理的工作质量来保证的,没有项目管理的工作质量,也就没有产品的质量。而项目管理的工作质量涉及形成产品质量的所有环节、所有过程,涉及项目管理的各个部门和每位职工。所以说,质量是广大职工共同创造出来的,而不是靠少数人检验出来的。

(5)要有严密的组织保证。

要搞好全面质量管理,需要有严密的组织保证。为此就要设立相应的机构,配备一定的人员,并明确划分其职责和权限。

1.2.2.3 PDCA 循环

PDCA 循环是人们在管理实践中形成的基本理论与方法。它也适用于工程项目质量控制。PDCA 循环包括四个环节,即计划、实施、检查和处置。PDCA 过程示意如图 1-1 所示。

1. P(计划,Plan)

计划是指明确目标并制订实现目标的实施方案。即在分析和找出存在的质量问题的基础上,分析产生这些质量问题的原因和主要影响因素,针对主要影响因素制订措施,提出行动计划。计划阶段是要求项目的各参与方根据任务目标和责任范围,确定质量控制的组织制度、工作程序、技术方法、业务流程、资源配置、检验试验要求、质量记录方式、不合格处理、管理措施等具体内容和做法的文件。同时,对其实现预期目标的可行性、有效性、经济合理性进行分析论证,按照规定的程序与权限审批执行。

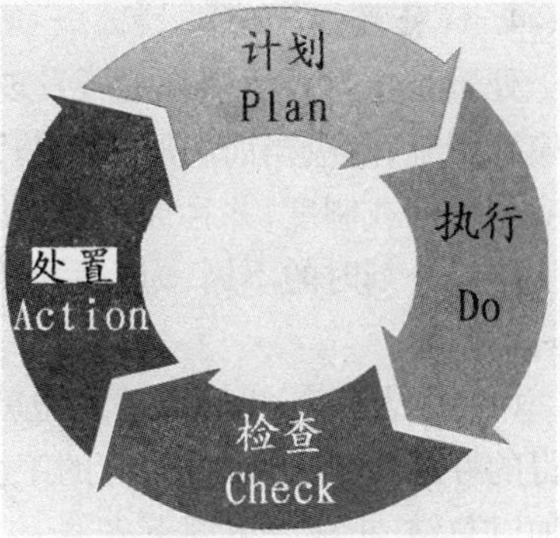

图 1-1 PDCA 过程示意

计划环节包括以下具体步骤和内容:

(1)分析质量现状,找出存在的质量问题。分析现状,找出存在的质量问题,要有重点。首先,是项目施工中的质量通病;其次,是在工程中技术复杂、难度大、质量要求高的工序。如采用新工艺、新技术、新结构、新材料等工序。分析质量现状,找出存在的质量问题要依据大量的数据和情报资料,让数据说话,用数据统计的方法来反映问题。

(2)分析产生质量问题的原因和影响因素。这一步也要依据大量的数据,应用数理统计的方法,召开有关人员和有关问题的分析会议,最后,绘制因素分析图。

(3)找出影响质量的主要因素。为找出影响质量的主要因素,可采用两种方法:一是利用数理统计的方法和图表;二是当数据不容易取得或者受时间限制来不及取得时,可根据有关问题分析会议的意见来确定。

(4)制订改善质量的措施,提出行动计划,并预计效果。在进行这一步时要反复考虑并明确回答以下问题:第一,为什么要采取这些措施?为什么要这样改进?即要回答采取措施的原因。第二,改进后能达到什么目的?有什么效果?第三,改进措施在何处(哪道工序、哪道环节、哪个过程)执行?第四,什么时间执行?什么时间完成?第五,由谁负责执行?第六,用什么方法完成?用哪种方法比较好?上述六个问题,归纳起来就是原因、目的、地点、时间、执行人和方法。

2. D(实施,Do)

实施是指组织对质量计划或措施的执行。首先,对计划的实施方案进行交底,使各参与者明确计划的意图和要求,掌握标准,规范行为;然后,按计划规定的方法与要求开展作业技术活动。具体地说,就是要依靠思想工作体系,做好教育工作;依靠组织体系,完善组织机构、责任制、规章制度等工作;依靠产品形成过程的质量控制体系,做好质量控制工作,以保证质量计划的执行。

3. C(检查,Check)

检查是指调查和统计所采取措施的效果,即对计划实施过程进行的各种检查,包括检查是否严格执行了计划的行动方案,实际条件是否发生了变化,不执行计划的原因以及检查产品的质量是否达到标准的要求,对此进行确认和评价。也就是检查作业是否按计划要求去做的,哪些做对了、哪些还没有达到要求,哪些有效果、哪些还没有效果。

4. A(处置,Action)

处置是指对质量检查中所发现的质量问题或质量不合格状态,及时进行原因分析,采取应急措施,解决当前的质量问题,保持质量形成的受控状态。同时,通过总结经验,制定相应的标准或制度,并且提出尚未解决的质量问题,将质量信息反馈到管理部门,反思问题症结或计划时的不周,为今后类似问题的质量预防提供借鉴。这一环节实际上包含两个具体内容:

(1)总结经验,巩固成绩。也就是经过上一步检查以后,把确有效果的措施在实施中取得的好经验,通过修订相应的工艺文件、工艺规程、作业标准的各种质量管理的规章制度加以总结,把成绩巩固下来。

(2)提出尚未解决的问题。通过检查,把效果还不显著或还不符合要求的那些措施,作为遗留问题,反映到下一个循环中去。

PDCA 的四个阶段周而复始,循环一次,质量改善一次,质量水平提高一步,呈螺旋式上升。通过 PDCA 循环,把项目的各参与方、各项工作有机的联系起来,彼此协同,相互促进,形成大环套小环,一层层地解决问题。

1.2.3 建筑工程质量控制的基本原则

监理工程师在工程质量控制过程中,应遵循以下几条原则:

(1)坚持质量第一的原则。

建设工程质量不仅关系工程的适用性和建设项目投资效果,而且关系人民群众生命财产的安全。所以,监理工程师在进行投资、进度、质量三大目标控制,处理三者关系时,应坚持“百年大计,质量第一”,在工程建设中自始至终把“质量第一”作为对工程质量控制的基本原则。

(2)坚持以人为核心的原则。

人是工程建设的决策者、组织者、管理者和操作者。工程建设中各单位、各部门、各岗位人员的工作质量水平和完善程度,都直接和间接地影响工程质量。所以,在工程质量控制中,要以人为核心,重点控制人的素质和人的行为,充分发挥人的积极性和创造性,以人的工作质量保证工程质量。

(3)坚持以预防为主的原则。

工程质量控制应该是积极主动的,应事先对影响质量的各种因素加以控制,而不能是消极被动的;若等出现质量问题再进行处理,则会造成不必要的损失。所以,要重点做好质量的事先控制和事中控制,以预防为主,加强过程和中间产品的质量检查和控制。

(4)坚持质量标准原则。

质量标准是评价产品质量的尺度,工程质量是符合合同规定的质量标准要求,应通过质量检验并和质量标准对照,符合质量标准要求的才是合格的,不符合质量标准要求的就是不合格的,必须返工处理。

(5)坚持科学、公正、守法的职业道德规范。

在工程质量控制中,监理人员必须坚持科学、公正、守法的职业道德规范,要尊重科学,尊重事实,以数据资料为依据,客观、公正地处理质量问题。要坚持原则,遵纪守法,秉公监理。

学习单元1.3　建筑工程质量控制体系

1.3.1　建筑工程的质量控制责任体系

在工程项目建设中,参与工程建设的各方,应根据国家颁布的《建设工程质量管理条例》以及合同、协议与有关文件的规定承担相应的质量责任。

1.3.1.1　建设单位的质量责任

建设单位要根据工程特点和技术要求,按有关规定选择相应资质等级的勘察、设计单位和施工单位,在合同中必须有质量条款,明确质量责任,并真实、准确、齐全地提供与建设工程有关的原始资料。凡建设工程项目的勘察、设计、施工、监理以及与工程建设有关重要设备材料的采购,均实行招标,依法确定程序和方法,择优选定中标者。不得将应由一个承包单位完成的建设工程项目肢解成若干部分发包给几个承包单位;不得迫使承包方以低于成本的价格竞标;不得任意压缩合理工期;不得明示或暗示设计单位或施工单位违反建设强制性标准,降低建设工程质量。建设单位对其自行选择的设计、施工单位发生的质量问题承担相应责任。

建设单位应根据工程特点,配备相应的质量管理人员。对国家规定强制实行监理的工程项目,必须委托有相应资质等级的工程监理单位进行监理。建设单位应与监理单位签订监理合同,明确双方的责任和义务。

建设单位在工程开工前,负责办理有关施工图设计文件审查、工程施工许可证和工程质量监督手续,组织设计和施工单位认真进行检查,涉及建筑主体和承重结构变动的装修工程,建设单位应在施工前委托原设计单位或者相应资质等级的设计单位提出设计方案,经原审查机构审批后方可施工。工程项目竣工后,应及时组织设计、施工、工程监理等有关单位进行施工验收,未经验收备案或验收备案不合格的,不得交付使用。

建设单位按合同约定负责采购供应的建筑材料、建筑构配件和设备,应符合设计文件和合同要求,对发生的质量问题,应承担相应的责任。

1.3.1.2 **勘察、设计单位的质量责任**

勘察、设计单位必须在资质等级许可的范围内承揽相应的勘察、设计任务,不允许承揽超越其资质等级许可范围以外的任务,不得将承揽工程转包或违法分包,也不得以任何形式用其他单位的名义承揽业务或允许其他单位或个人以本单位的名义承揽业务。

勘察、设计单位必须按照国家现行的有关规定、工程建设强制性技术标准和合同要求进行勘察、设计工作,并对所编制的勘察、设计文件的质量负责。勘察单位提供的地质、测量、水文等勘察成果文件必须准确。设计单位提供的设计文件应当符合国家规定的设计深度要求,注明工程合理使用年限。设计文件中选用的材料、构配件和设备,应当注明规格、型号、性能等技术生产线,不得指定生产厂、供应商。设计单位应就审查合格的施工图文件向施工单位作出详细说明,解决施工中对设计提出的问题,负责设计变更。参与工程质量事故分析,并对设计造成的质量事故,提出相应的处理方案。

1.3.1.3 **施工单位的质量责任**

施工单位必须在其资质等级许可的范围内承揽相应的施工任务,不允许承揽超越其资质等级业务范围以外的任务,不得将承接的工程转包或违法分包,也不得以任何形式用其他施工单位的名义承揽工程或允许其他单位、个人以本单位的名义承揽工程。

施工单位对所承包的工程项目的质量负责。应当建立健全质量管理体系,落实质量责任制,确定工程项目的项目经理。技术、施工、设备采购的一项或多项实行总承包的,总承包单位应对其承包的建设工程或采购的设备的质量负责;实行总分包的工程,分包应按照分包合同约定其分包工程的质量向总承包单位负责,总承包单位与分包单位对分包工程的质量承担连带责任。

施工单位必须按照工程设计图纸和施工技术规范标准组织施工。未经设计单位同意,不得擅自修改工程设计。在施工中,必须按照工程设计要求、施工技术规范标准和合同约定,对建筑材料、构配件、设备和商品混凝土进行检验,不得偷工减料,不使用不符合设计和强制性技术标准要求的产品,不使用未经检验和试验或检验与试验不合格的产品。

1.3.1.4 **工程监理单位的质量责任**

工程监理单位应按其资质等级许可的范围承揽工程监理业务,不允许超越本单位资质等级许可的范围或以其他工程监理单位的名义承揽工程监理业务,不得转让工程监理业务,不允许其他单位或个人以本单位的名义承揽工程监理业务。

工程监理单位应依照法律、法规以及有关技术标准、设计文件和建设工程承包合同,与建设单位签订监理合同,代表建设单位对工程质量实施监理,并对工程质量承担监理责任。监理责任主要有违法责任和违约责任两个方面。如工程监理单位故意弄虚作假,降低工程质量标准,造成质量事故,要承担法律责任。若工程监理单位与承包单位串通,谋取非法利益,给建设单位造成损失的,应当与承包单位承担连带赔偿责任。如果监理单位在责任期内,不按照监理合同约定履行监理职责,给建设单位或其他单位造成损失的,属违约责任,应当向建设单位赔偿。

1.3.1.5 建筑材料、构配件及设备生产或供应单位的质量责任

建筑材料、构配件及设备生产或供应单位对其生产或供应的产品质量负责。生产商或供应商必须具备相应的生产条件、技术装备和质量管理体系，所生产或供应的建筑材料、构配件及设备的质量应符合国家和行业现行的技术规定的合格标准与设计要求，并与说明书和包装上的质量标准相符，且应有相应的产品检验合格证，设备有详细的使用说明等。

1.3.2 建筑工程质量政府监督管理的职能

1.3.2.1 建立和完善工程质量管理法规

工程质量管理法规包括行政性法规和工程技术规范标准，前者如《中华人民共和国建筑法》、《建设工程质量管理条例》等，后者如工程设计规范、建筑工程施工质量验收统一标准、工程施工质量验收规范等。

1.3.2.2 建立和落实工程质量责任制

工程质量责任制包括工程质量行政领导的责任、项目法定代表人的责任、参建单位法定代表人的责任和质量终生负责制等。

1.3.2.3 建设活动主体资格的管理

国家对从事建设活动的单位实行严格的从业许可制度，对从事建设活动的专业技术人员实行严格的执业资格制度。建设行政部门及有关专业部门活动各自分工，负责对各类资质标准的审查、从业单位的资质等级的最后认定、专业技术人员资格等级和从业范围等实施动态管理。

1.3.2.4 工程承发包管理

工程承发包管理包括规定工程招标承发包的范围、类型、条件，对招标承发包活动的依法监督和工程合同管理。

1.3.2.5 控制工程建设程序

工程建设程序包括工程报建、施工图设计文件的审查、工程施工许可、工程材料和设备准用、工程质量监督、施工验收备案等管理。

1.3.3 建筑工程质量控制制度

近年来，我国建设行政主管部门先后颁发了多项建设工程质量管理制度，主要如下。

1.3.3.1 施工图设计文件审查制度

施工图设计文件（简称施工图）审查是政府主管部门对工程勘察设计质量监督管理的重要环节。施工图审查是指国务院建设行政主管部门和省、自治区、直辖市人民政府建设行政主管部门委托依法认定的设计审查机构，根据国家法律、法规、技术标准与规范，对施工图进行结构安全强制性标准、规范执行情况等进行的独立审查。

1. 施工图审查的范围

建筑工程设计等级分级标准中的各类新建、改建、扩建的建筑工程项目均属审查范围。省、自治区、直辖市人民政府建设行政主管部门，可结合本地的实际，确定具体的审查范围。

建设单位应当将施工图报送建设行政主管部门,可结合本地主管部门委托有关审查机构,进行结构安全和强制性标准、规范执行情况等内容的审查。建设单位将施工图报请审查时,应同时提供下列资料:批准的立项文件或初步设计批准文件,主要的初步设计文件,工程勘察结果报告,结构计算书及计算软件名称等。

2. 施工图审查的主要内容

(1)建筑物的稳定性、安全性审查,包括地基基础和主体结构是否安全、可靠。

(2)是否符合消防、节能、环保、抗震、卫生、人防等有关强制性标准、规范。

(3)施工图是否达到规定的深度要求。

(4)是否损害公众利益。

3. 施工图审查有关各方的职责

国务院建设行政主管部门负责全国施工图审查管理工作。省、自治区、直辖市人民政府建设行政主管部门负责组织行政区域内的施工图审查工作的具体实施和监督管理工作。

建设行政主管部门在施工图审查工作中主要负责制定审查程序、审查范围、审查内容、审查标准并颁发审查批准书;负责制定审查机构和审查人员条件,批准审查机构,认定审查人员;对审查机构和审查工作进行监督并对违规行为进行查处;对施工图设计审查负依法监督管理的行政责任。

勘察、设计单位必须按照工程建设强制性标准进行勘察、设计,并对勘察、设计质量负责。审查机构按照有关规定对勘察成果、施工图设计文件进行审查,但并不改变勘察、设计单位的质量责任。

审查机构接受建设行政主管部门的委托对施工图设计文件涉及安全和强制性标准执行情况进行技术审查。建设工程经施工图设计文件审查后因勘察、设计原因发生工程质量问题,审查机构承担审查失职的责任。

4. 施工图审查程序

施工图审查的各个环节可按以下步骤办理:

(1)建设单位向建设行政主管部门报送施工图纸,并作书面记录。

(2)建设行政主管部门委托审查机构进行审查,同时发出委托审查通知书。

(3)审查机构完成审查,向建设行政主管部门提交技术性审查报告。

(4)审查结束,建设行政主管部门向建设单位发出施工图审查批准书。

(5)报审施工图设计文件和有关资料应存档备查。

5. 施工图审查管理

审查机构应当在收到审查材料后20个工作日内完成审查工作,并审查报告;特级和一级项目应当在30个工作日内完成审查工作,并提出审查报告,其中重大及技术复杂项目的审查时间可适当延长。审查合格的项目,审查机构向建设行政主管部门提交项目施工图审查报告,由建设行政主管部门向建设单位通报审查结果,并颁发施工图审查批准书。对审查不合格的项目,提出书面意见后,由审查机构将施工图退回建设单位,并由原设计单位修改,重新送审。

施工图一经审查批准,不得擅自进行修改。如遇特殊情况需要进行涉及审查主要内容的修改，必须重新报请原审批部门，由原审批部门机构审查后再批准实施。

建设单位或者设计单位对审查机构作出的审查报告如有重大分歧，可由建设单位或者设计单位向所在地省、自治区、直辖市人民政府建设行政主管部门提出复查申请，由后者组织专家论证并作出复查结果。

施工图审查工作所需经费，由施工图审查机构按有关收费标准向建设单位收取。建设工程竣工验收时，有关部门应按照审查批准的施工图进行验收。建设单位要对报送的审查材料的真实性负责；勘察、设计单位对提交的勘察报告及设计文件的真实性负责，并积极配合审查工作。

1.3.3.2 工程质量监督制度

国家实行建设工程质量监督管理制度。工程质量监督管理的主体是各级政府建设行政主管部门和其他有关部门。但由于工程建设周期长、环节多、点多面广，工程质量监督工作是一项专业技术性强且很繁杂的工作，政府部门不可能亲自进行日常检查工作。因此，工程质量监督管理由建设行政主管部门或其他有关部门委托的工程质量监督机构具体实施。

工程质量监督机构是经省级以上建设行政主管部门或有关专业部门考核认证，具有独立法人资格的单位，它是受县级以上地方人民政府建设行政主管部门或有关专业部门的委托，依法对工程质量进行强制性监督，并对委托部门负责。

工程质量监督机构的主要任务：

(1)根据政府主管部门的委托，受理建设工程项目的质量监督。

(2)制订质量监督工作方案。确定负责该工程的质量监督工程师和助理质量监督师。根据有关法律、法规及工程建设强制性标准，针对工程特点，明确监督的具体内容、监督方式。在方案中对地基基础、主体结构和其他涉及结构安全的重要部位和关键过程，作出实施监督的详细计划安排，并将质量监督工作方案通知建设、勘察、设计、施工、监理单位。

(3)检查施工现场工程建设各方主体的质量行为，检查施工现场工程建设各方主体及有关人员的资质或资格；检查勘察、设计、施工、监理单位的质量管理体系和质量责任制落实情况；检查有关质量文件、技术资料是否齐全并符合规定。

(4)检查建设工程实体质量。按照质量监督工作方案，对建设工程地基基础、主体结构和其他涉及安全的关键部位进行现场实地抽查，对用于工程主要建筑材料、构配件的质量进行抽查。对地基基础分部工程、主体结构分部工程和其他涉及安全的分部工程的质量验收进行监督。

(5)监督工程质量验收。监督建设单位组织的工程竣工验收的组织形式、验收程序以及在验收过程中提供的有关资料和形成的质量评定文件是否符合有关规定，实体质量是否存在严重缺陷，工程质量验收是否符合国家标准。

(6)向委托部门报送工程质量监督报告。报告的内容应包括对地基基础和主体结构质量检查的结论，工程施工验收的程序、内容和质量检验评定是否符合有关规定，以及历次抽查该工程的质量问题和处理情况等。

(7)对预制建筑构件和商品混凝土的质量进行监督。

(8)受委托部门委托按规定收取工程质量监督费。

(9)政府主管部门委托的工程质量监督管理的其他工作。

1.3.3.3 工程质量检测制度

工程质量检测工作是对工程质量进行监督管理的重要手段之一。工程质量检测机构是对建设工程、建筑构件、制品及现场所用的有关建筑材料、设备质量进行检测的法定单位。在建设行政主管部门领导和标准化管理部门指导下开展监测工作,其出具的检测报告具有法定效力。法定的国家级检测机构出具的监测报告,在国内为最终裁定,在国内外具有代表国家的性质。

1. 国家级检测机构的主要任务

(1)受国务院建设行政主管部门和专业部门委托,对指定的国家重点工程进行检测复核,提出检测复核报告和建议。

(2)受国家建设行政主管部门和国家标准部门委托,对建筑构件、制品及有关材料、设备及产品进行抽样检验。

2. 各省、市(地区)、县级检测机构的主要任务

(1)对本地区正在施工的建设工程所用的材料、混凝土、砂浆和建筑构件等进行随机抽样检测,向本地建设工程质量主管部门和质量监督部门提出抽样报告和建议。

(2)受同级建设行政主管部门委托,对本省、市、县的建筑构件及制品进行抽样检测。

对违反技术标准、失去质量控制的产品,检测单位有权提供主管部门停止其生产的证明,不合格产品不准出厂,已出厂的产品不得使用。

1.3.3.4 工程质量保修制度

建设工程质量保修制度是指建设工程在办理交工验收手续后,在规定的保修期限内,因勘察、设计、施工、材料等造成的质量问题,要由施工单位负责维修、更换,由责任单位负责赔偿损失。质量问题是指工程不符合国家工程建设强制性标准、设计文件以及合同中对质量的要求。

建设工程质量承包单位在向建设单位提交工程竣工验收报告时,应向建设单位出具工程质量保修书,质量保修书中应明确建设工程保修范围、保修期限和保修责任等。

在正常使用条件下,建设工程的最低保修期限为:

(1)基础设施工程、房屋建筑工程的地基基础和主体结构工程,为设计文件规定的该工程的合理使用年限。

(2)屋面防水工程、有防水要求的卫生间、房屋和外墙的防渗漏,为5年。

(3)供热与供冷系统,为2个采暖期、供冷期。

(4)电气管线、给水排水管道、设备安装和装修工程,为2年。

其他项目的保修期由发包方和承包方约定。保修期自竣工验收合格之日起计算。

建设工程在保修范围和保修期限内发生质量问题的,施工单位应履行保修义务。保修义务的承担和经济责任的承担应按下列原则处理:

(1)施工单位未按国家有关标准、规范和设计要求施工,造成的质量问题,由施工单位负责返工保修并承担责任。

(2)由于设计方面的原因造成的质量问题,先由施工单位负责维修,其经济责任按有关规定通过建设单位向设计单位索赔。

(3)因建筑材料、构配件和设备质量不合格引起的质量问题，先由施工单位负责维修，其经济责任属于施工单位采购的，由施工单位承担经济责任；属于建设单位采购的，由建设单位承担经济责任。

(4)因建设单位(或监理单位)错误管理造成的质量问题，先由施工单位负责维修，其经济责任由建设单位承担，如属监理单位的责任，则由建设单位向监理单位索赔。

(5)因使用单位使用不当造成的损坏问题，先由施工单位负责维修，其经济责任由使用单位自行负责。

(6)因地震、洪水、台风等不可抗拒因素造成的损坏问题，先由施工单位负责维修，建设参与各方根据国家具体政策分担经济责任。

习　题

一、单选题

1. 建设工程质量是指工程满足业主需要的，符合国家法律、法规、技术规范标准、(　　)的特性综合。

A. 必须履行　B. 设计文件及合同规定　C. 通常隐含　D. 满足明示

2. 建设工程开工前，(　　)办理工程质量监督手续。

A. 施工单位负责　B. 建设单位负责

C. 监理单位负责　D. 监理单位协助建设单位

3. 从影响质量波动的原因看，施工过程中应着重控制(　　)。

A. 偶然性原因　B. 4M1E 原因　C. 系统性原因　D. 物的原因

二、多选题

1. 建筑工程质量的特性除安全性、可靠性外，还表现为(　　)。

A. 适用性　B. 耐久性　C. 经济性　D. 与环境协调性　E. 有效性

2. 监理工程师对环境因素的控制中，(　　)均属于工程作业环境因素。

A. 天气　B. 劳动组合　C. 工作面　D. 劳动工具　E. 地质条件

3. 监理工程师在工程质量控制中应遵循的原则包括(　　)

A. 质量第一，坚持标准　B. 以人为核心，预防为主

C. 旁站监督，平行检测　D. 科学、公正、守法的职业道德

E. 审核文件、报告、报表

三、简答题

1. 什么是质量？其含义有哪些方面？

2. 什么是建设工程质量？

3. 建设工程质量的特性有哪些？其内涵如何？

4. 试述工程建设各阶段对质量形成的影响。

5. 试述影响工程质量的因素。

6. 试述工程质量的特点。

7. 什么是质量控制？其含义如何？

8. 简述工程质量行政监督管理体制及管理职能。

9. 简述工程质量管理制度。

10. 质量控制七种工具包括哪些方法？

11. 质量控制新七种工具包括哪些方法？

学习任务2　建筑工程施工阶段质量控制

【学习目标】 掌握施工质量控制的程序，施工质量控制的方法与手段，建筑工程施工准备阶段的质量控制，建筑工程施工过程的质量控制；熟悉施工质量控制的依据；了解建筑工程质量控制的阶段与主体。

工作任务表

能力目标	主讲内容	学生完成任务	评价标准	
了解建筑工程质量控制的阶段与主体	建筑工程质量控制的阶段、建筑工程质量控制的主体	学生分组讨论建筑工程质量控制的阶段与主体	优秀	熟练掌握建筑工程质量控制的阶段与主体
			良好	掌握建筑工程质量控制的阶段与主体
			合格	基本掌握建筑工程质量控制的阶段与主体
明确建筑工程质量控制的程序、依据，掌握质量控制的方法与手段	建筑工程质量控制的程序、建筑工程质量控制的依据、质量控制的方法和手段	学生分组讨论建筑工程质量控制的程序、依据、方法和手段	优秀	熟练掌握建筑工程质量控制的程序、依据、方法和手段
			良好	掌握建筑工程质量控制的程序、依据、方法和手段
			合格	基本能掌握建筑工程质量控制的程序、依据、方法和手段
掌握施工准备阶段的质量控制、施工过程的质量控制	施工准备阶段的质量控制、施工过程的质量控制	学生分组讨论施工准备阶段和施工过程怎样进行质量控制	优秀	熟练掌握施工准备阶段的质量控制、施工过程的质量控制
			良好	掌握施工准备阶段的质量控制、施工过程的质量控制
			合格	基本能掌握施工准备阶段的质量控制、施工过程的质量控制

学习单元 2.1　建筑工程质量控制阶段

建筑工程质量是工程项目的灵魂,因此只有提高工程质量,才能杜绝各种安全隐患,确保工程顺利进行。由于施工阶段是使工程设计意图最终实现而形成工程实体的阶段,也是最终形成工程实体质量的系统过程,所以施工阶段的质量控制是一个对投入资源和条件的质量控制,进而对生产过程及各环节质量进行控制,直到对所完成的工程产出品的质量检验与控制的全过程的系统控制过程。这个系统过程按施工阶段工程实体质量形成时间的阶段划分为施工准备、施工过程和竣工验收三个阶段,因此质量控制也应从这三个阶段进行控制。

2.1.1　施工准备阶段的质量控制

施工准备阶段的质量控制是指对工程项目开工前的全面施工准备和施工过程中各分部分项工程施工作业前的施工准备进行的质量控制。控制重点是做好施工准备工作,施工准备阶段的工作要贯穿于施工全过程。施工准备是项目实施的前奏,准备工作的好坏,不仅对项目的安全、质量、工期产生直接影响,而且对项目施工质量起到一定的预防、预控作用。

2.1.2　施工过程阶段的质量控制

施工过程阶段的质量控制是指在施工过程中对实际投入的生产要素质量及作业技术活动的实施状态和产出结果所进行的控制,包括作业者发挥技术能力过程的自控行为和来自有关管理者的监控行为。如作业技术交底、工序控制与交接检查、隐蔽工程与中间产品的检查与验收、设计变更的审查控制等。

2.1.3　竣工验收阶段的质量控制

竣工验收阶段的质量控制是指对于通过施工过程所完成的具有独立功能和使用价值的最终产品(如单位工程、整个项目)及有关方面(如质量文档)的质量进行认可的控制。

学习单元 2.2　建筑工程质量控制主体

建筑工程质量控制主体主要有政府监管部门、工程监理单位、勘察设计单位、工程施工单位。

2.2.1　政府的工程质量控制

政府属于监控主体,它主要是以法律、法规为依据,通过工程报建、施工图设计文件审查、施工许可、材料和设备准用、工程质量监督、重大工程竣工验收备案等主要环节进行监控。

2.2.2 工程监理单位的质量控制

工程监理单位属于监控主体,它主要受建设单位委托,代表建设单位对工程实施全过程进行质量监督和控制。其监控权限仅限于委托合同中建设单位授予的权限。

2.2.3 勘察设计单位的质量控制

勘察设计单位属于自控主体,它是以法律、法规及合同为依据,对勘察设计的整个过程进行控制,包括工作程序、工作进度、费用及成果文件所包含的功能和使用价值。

2.2.4 施工单位的质量控制

施工单位属于自控主体,它是以工程合同、设计图样和技术规范为依据,对施工准备阶段、施工阶段、竣工验收交付阶段等施工全过程的工作质量和工程质量进行的控制,以达到合同文件规定的质量要求。

学习单元 2.3 施工阶段质量控制的程序

工程项目施工阶段,是工程实体形成的过程,也是工程质量目标具体实现的过程,为了保证工程施工质量,对于承建方而言,工程项目部应对工程建设对象的施工生产进行全过程、全面的质量监督和检查与控制,即包括事前的各项施工准备工作质量控制,施工过程中的控制,以及各单项工程及整个工程项目完成后,对建筑施工及安装产品质量的事后控制。同时,施工的各工种班组也应实行班组"自检、互检、交接检"制度,加强班组间和各分部质量管理,严格遵循质量控制的各道程序。施工阶段质量控制程序如图 2-1 所示。

作为建设单位委托监管该项目的工程建设监理单位应对施工的全过程进行监控,对每道工序、分项工程、分部工程和单位工程进行监督、检查和验收,使工程质量的形成处于受控状态。

工程项目开工时,承包单位在全面完成开工前的准备工作的基础上,提出工程项目的开工申请,并提交施工准备的有关资料,其中包括人员、材料、机械进场情况,主要原料的质量证明书、试验报告及现场复验报告等。项目监理机构应对承包单位提交的开工申请进行审查,并对其完成的施工准备情况进行全面的检查。审查通过后,项目监理机构方可签发开工令并报建设单位。

工程项目开工后,项目监理机构应对施工过程进行巡视和检查。对隐蔽工程的隐蔽过程、下道工序施工完成后难以检查的重点部位,项目监理机构应安排监理员进行旁站监督。专业监理工程师应对承包单位报送的隐蔽工程报验申请表和自检结果进行现场检查,符合要求予以签认。未经项目监理人员验收或验收不合格的工序,项目监理人员应拒绝签认,并严禁承包单位进行下一道工序的施工。

对施工过程中出现的质量缺陷,专业监理工程师应及时下达监理通知,要求承包单位整改,并检查整改结果。项目监理人员发现施工存在重大质量隐患可能造成质量事故或已经造成质量事故的,应通过项目监理机构及时下达暂停令,要求承包单位停工整改。整

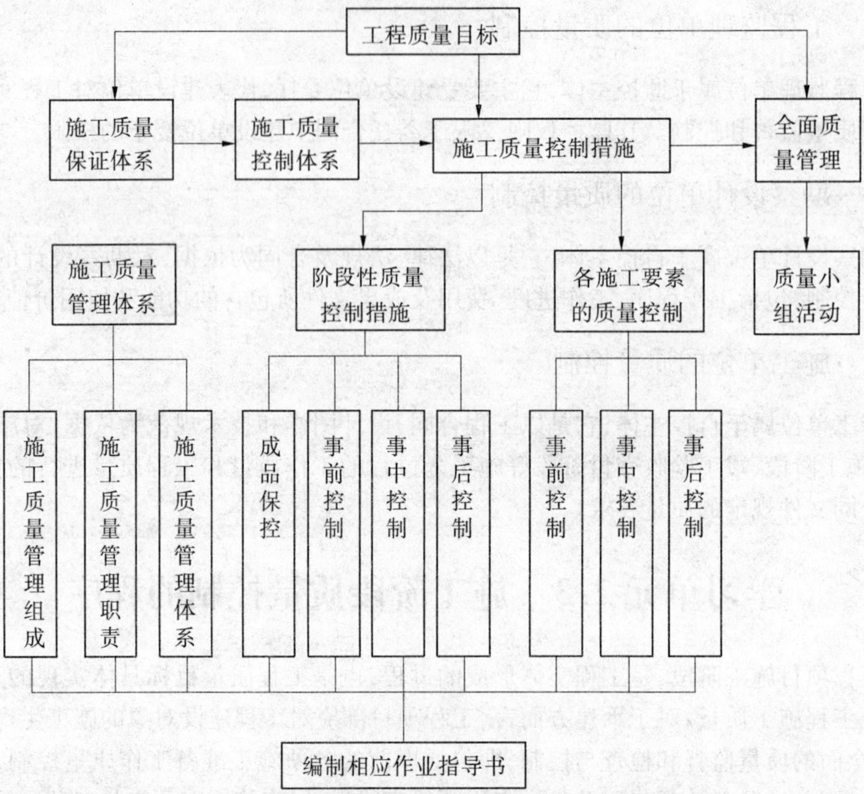

图 2-1　施工阶段质量控制程序

改完毕经监理人员复查，符合规定要求后，项目监理机构应及时签署工程复工报审表予以复工。项目监理机构下达工程暂停令和签署工程复工报审表，宜事先向建设单位报告。对需要返工处理或加固补强的质量事故，项目监理机构应责令承包单位报送质量事故报告和经设计等相关单位认可的处理方案；项目监理机构应对质量事故的处理过程和处理结果进行跟踪检查和验收。项目监理机构应及时向建设单位及监理公司提交有关质量事故的书面报告，并应将完整的质量事故处理记录整理归档。

分项或检验批工程完成后，承包单位在质量自检合格的基础上，填报分项工程报检单，通知项目监理机构验收。项目监理机构在接到承包单位的验收通知单后由专业监理工程师组织相关人员进行现场质量检查，并对承包单位提交的该分项工程的有关资料（“检验批质量验收记录”等）进行审查，合格后准予验收并签认。分部（子部分）工程完工后，承包单位在质量自检合格的基础上，填报分部工程验收单。项目监理机构应组织监理人员对承包单位报送的质量验评资料进行审核和现场实物检查，符合要求后予以签认。单位（子单位）工程或分项工程完工后，承包单位应组织内部预验，在预验合格的基础上，向项目监理机构提出验收申请，并提交该单位工程的质量保证（质量、安全、功能控制）资料。项目监理机构在接到承包单位提交的验收申请后，应组织项目监理人员进行现场检查和内业资料审查的竣工预验收。如发现问题，应通知承包单位返工整改。若检查通过或整改合格，承包单位应编写单位工程质量报告，项目监理机构应编写单位工程质量评估报告、监理工作总结，并报建设单位。在建设单位同意并向政府监督部门备案后，参加建设单位组织的备案制验收。

学习单元2.4　施工阶段质量控制的依据

施工阶段质量控制的依据必须是科学合理的，能反映施工全过程各环节质量控制的要求。施工阶段质量控制的依据，根据其适用范围及性质，可分为共同性依据和专门技术法规性依据两大类。

2.4.1　质量管理与控制的共同性依据

质量管理与控制的共同性依据是指适用于工程项目施工阶段与质量控制有关的、通用的、具有普遍指导意义和必须共同遵守的基本文件。质量管理与控制的共同性依据主要包括以下几个方面。

2.4.1.1　工程承包合同文件

工程承包合同是发包方和承包方为完成特定的建筑安装工程施工，明确双方权利和义务的协议。在签订工程承包合同时，是按照合法性、严肃性、严密性、协作性和等价有偿性等原则进行的。由于合同中分别规定了参与建设的各方在质量控制方面的职责，因此有关方必须履行在合同中的承诺。

2.4.1.2　工程项目设计文件

经过集体会审的设计图纸和设计文件，是指导施工的直接依据。按图施工是施工阶段质量控制的一项重要原则。因此，经过批准的设计图纸和设计说明书等设计文件是非常重要的施工阶段质量控制的依据。

2.4.1.3　国家及政府有关部门颁布的法律、法规

建筑工程的质量究竟如何，除按工程承包合同中的规定执行外，最重要的评价标准是国家及政府有关部门颁布的有关质量方面的法律、法规性文件。这些文件涉及质量管理方面的各种规定，主要包括：质量管理机构与职责；质量监督工作的要求、程序与内容；工程建设参与各方的质量责任与任务；质量问题的处理；设计、施工单位质量体系建立的要求、标准及其资质等级的标准和认证；质量检测机构的性质、权限及其管理等方面的内容。

由于在建设实施的过程中，各地和各建设行业具有其特殊性，必须根据国家的基本法规文件的精神，结合本地区和本行业的特点，制定和颁布相应的法规性文件。因此，国家的基本法规文件和本地区、本行业的法规性文件可分别适用于全国和本地区、本行业的工程建设质量管理和质量控制，这些都是进行工程质量控制的重要依据。

2.4.2　有关质量检验与控制的专门技术法规性依据

这类文件依据一般是针对不同行业、不同质量控制对象而制定的技术法规性文件，包括各种有关的标准、规范、规程或规定。

技术标准有国际标准（如 ISO 系列）、国家标准、行业标准和企业标准之分。它是建立和维护正常的生产和工作秩序应遵守的准则，也是衡量工程、设备和材料质量的尺度。

技术规程或规范,一般是执行技术标准,保证施工有秩序地进行,而为有关人员制定的行动准则,通常与质量的形成有密切关系,应严格遵守,如施工技术规程、操作规程等。

各种有关质量方面的规定,一般是有关主管部门根据需要而发布的带有方针目标性的文件,它对保证标准、规程、规范的实施和改善实际存在的问题具有指令性及及时性的特点。

此外,对于大型工程,特别是对外承包工程,可能还会涉及国际标准、国外标准或规范。概括说来,属于这类专门的技术法规性的依据主要有以下几类:工程项目质量检验评定标准;有关工程材料、半成品和构配件质量控制方面的专门技术法规性依据;控制施工工序质量等方面的技术法规性依据;凡采用新工艺、新技术、新方法的工程,事先应进行试验,并有权威性技术部门的技术鉴定书及有关质量数据、指标。以此作为控制质量的依据。

学习单元2.5　施工质量控制的方法与手段

2.5.1　施工质量控制的方法

施工质量控制的方法,主要包括审核有关技术文件、报告和直接进行检查或必要的试验等。

2.5.1.1　审核有关技术文件、报告或报表

对技术文件、报告、报表的审核,是项目经理对工程质量进行全面控制的重要手段,具体内容有:

(1)审核分包单位的有关技术资质证明文件,控制分包单位的质量。

(2)审核开工报告,并经现场核实。

(3)审核施工方案、质量计划、施工组织设计或施工计划,控制工程施工质量有可靠的技术措施保障。

(4)审核有关材料、半成品和构配件质量证明文件(如出场合格证、质量检验或试验报告等),确保工程质量有可靠的物质基础。

(5)审核反映工序质量动态的统计资料或控制图表。

(6)审核设计变更、修改图纸和技术核定书等,确保设计及施工图纸的质量。

(7)审核有关质量事故或质量问题的处理报告,确保质量事故或问题处理的质量。

(8)审核有关新材料、新工艺、新技术、新结构的技术鉴定书,确保新技术应用的质量。

(9)审核有关工序交接检查,分部分项工程质量检查报告等文件,以确保和控制施工过程中的质量。

(10)审核并签署现场有关技术签证、文件等。

2.5.1.2　现场质量检查

1.现场质量检查的内容

(1)开工前检查。目的是检查是否具备开工条件,开工后能否连续正常施工,能否保证工程质量。

(2)工序交接检查。对于重要的工序或对质量有重大影响的工序,在自检、互检的基

础上,还要组织专职人员进行工序交接检查。

(3)隐蔽工程检查。凡是隐蔽工程均应检查认证后方能掩盖。

(4)停工后复工前的检查。因处理质量问题或某种原因停工后需复工时,经检查认可后方能复工。

(5)分项、分部工程完工后,经检查认可,签署验收记录后方可进行下一工程项目施工。

(6)成品保护检查。检查成品有无保护措施,或保护措施是否可靠。

此外,还应经常深入现场,对施工操作质量进行巡检,必要时还应进行跟班或追踪检查。

2. 现场进行质量检查的方法

现场进行质量检查的方法有目测法、实测法和试验法三种。

(1)目测法。其手段可归纳为看、摸、敲、照四个字。

①看,是根据质量标准进行外观目测。如清水墙面是否洁净,喷涂是否密实,颜色是否均匀,内墙抹灰大面积及口角是否平直,地面是否光洁平整,油漆浆活表面观感等。

②摸,是手感检查。主要用于装饰工程的某些检查项目,如水刷石、干粘石黏结牢固程度,油漆的光滑度,浆活是否掉粉等。

③敲,是运用工具进行音感检查。如对地面工程、装饰工程中的水磨石、面砖、大理石贴面等均应进行敲击检查,通过声音的虚实判断有无空鼓,还可根据声音的清脆和沉闷判定属于面层空鼓还是底层空鼓。

④照,指对于难以看到或光线较暗的部位,可采用镜子反射或灯光照射的方法进行检查。

(2)实测法。指通过实测数据与施工规范及质量标准所规定的允许偏差对照,来判断质量是否合格。实测检查法的手段可归纳为靠、吊、量、套四个字。

①靠,是用直尺、塞尺检查墙面、地面、屋面的平整度。

②吊,是用托线板以线锤吊线检查垂直度。

③量,是用测量工具盒计量仪表等检查断面尺寸、轴线、标高、适度、温度等的偏差。这种方法用的最多,主要是检查允许偏差项目。如外墙砌砖上下窗口偏移用经纬仪或吊线检查等。

④套,是以方尺套方,辅以塞尺检查。如对阴阳角的方正、踢脚线的垂直度、预制构件的方正等项目的检查。

(3)试验法。指必须通过试验手段,才能对质量进行判断的检查方法。如对钢筋对焊接头进行拉力试验,检验焊接的质量等。

①理化试验。常用的理化试验包括物理力学性能方面的检验和化学成分及含量的测定等。

物理性能有:密度、含水量、凝结时间、安定性、抗渗等。力学性能的检验有:抗拉强度、抗压强度、抗弯强度、抗折强度、冲击韧性、硬度、承载力等。

②无损测试或检验。借助专门的仪器、仪表等探测结构或材料、设备内部组织结构或损伤状态。这类仪器有:回弹仪、超声波探测仪、渗透探测仪等。

2.5.2 施工质量控制的手段

对于工程的施工质量可以从事前、事中、事后三阶段加以控制。

2.5.2.1 施工质量的事前控制

事前控制是以施工准备工作为核心，包括开工前的施工准备、作业活动前的施工准备等工作质量控制。施工质量的事前预控途径如下：

(1)施工条件的调查和分析。包括合同条件、法规条件和现场条件，做好施工条件的调查和分析，发挥其重要的预控作用。

(2)施工图纸会审和设计交底。理解设计意图和对施工的要求，明确质量控制要点、重点和难点，以及消除施工图纸的差错等。因此，严格进行设计交底和图纸会审，具有重要的事前预控作用。

(3)施工组织设计文件的编制与审查。施工组织设计文件是直接指导现场施工作业技术活动和管理工作的纲领性文件。工程项目施工组织设计是以施工技术方案为核心，统盘考虑施工程序，施工质量、进度、成本和安全目标的要求。科学合理的施工组织设计对有效地配置合格的施工生产要素，规范施工技术活动和管理行为，将起到重要的导向作用。

(4)工程测量定位和标高基准点的控制。施工单位必须按照设计文件所确定的工程测量定位及标高的引测依据，建立工程测量基准点，自行做好技术复核，并报告项目监理机构进行复核检查。

(5)施工总(分)包单位的选择和资质的审查。对总(分)包单位资格与能力的控制是保证工程施工质量的重要方面。确定承包内容、单位及方式既直接关系到业主方的利益和风险，更关系到建设工程质量的保证问题。因此，按照我国现行法规的规定，业主在招标投标前必须对总(分)包单位进行资格审查。

(6)材料设备及部品采购质量的控制。建筑材料、构配件、半成品和设备是直接构成工程实体的物质，应该从施工备料开始进行控制，包括对供应厂商的评审、询价、采购计划与方式的控制等。施工单位必须有健全有效的采购控制程序，按照我国现行法规规定，主要材料采购前必须将采购计划报送工程监理部审查，实施采购质量预控。

(7)施工机械设备及工器具的配置与性能控制，对施工质量、安全、进度和成本有重要的影响，应在施工组织设计过程中根据施工方案的要求来确定，施工组织设计批准之后应对其落实状态进行检查控制，以保证技术预案的质量能力。

2.5.2.2 施工质量的事中控制

建设项目施工过程质量控制是最基本的控制途径，因此必须抓好与作业工序质量形成相关的配套技术与管理工作，其主要途径有：

(1)施工技术复核。施工技术复核是施工过程中保证各项技术基准正确性的重要措施，凡属轴线、标高、配方、样板、加工图等用作施工依据的技术工作，都要进行严格复核。

(2)施工计量管理。包括投料计量、检测计量等，其正确性与可靠性直接关系到工程质量的形成和客观效果的评价。因此，施工全过程必须对计量人员资格、计量程序和计量器具的准确性进行控制。

(3)见证取样送检。为了保证工程质量,我国规定对工程使用的主要材料、半成品、构配件以及施工过程留置的试块及试件等实行现场见证取样送检。见证员由建设单位及工程监理机构中有相关专业知识的人员担任,送检的试验室应具备国家或地方工程检测主管部门批准的相关资质,见证取样送检必须严格执行规定的程序,包括取样见证并记录,样本编号、填单、封箱,送试验室核对、交接、试验检测、报告。

(4)技术核定和设计变更。在工程项目施工过程中,因施工方对图纸的某些要求不甚明白,或者是图纸内部的某些矛盾,或施工配料调整与代用、改变建筑节点构造、管线位置或走向等,需要通过设计单位明确或确认的,施工方必须以技术联系单的方式向业主或监理工程师提出,报送设计单位核准确认。在施工期间,无论是建设单位、设计单位或施工单位提出,需要进行局部设计变更的内容,都必须按规定程序用书面方式进行变更。

(5)隐蔽工程验收。所谓隐蔽工程,是指上一工序的施工成果要被下一道工序所覆盖,如地基与基础工程、钢筋工程、预埋管线等均属隐蔽工程。施工过程中,总监理工程师应安排监理人员对施工过程进行巡视和检查,对隐蔽工程、下道工序施工完成后难以检查的重点部位,专业监理工程师应安排监理员进行旁站,对施工过程中出现的质量缺陷,专业监理工程师应及时下达监理工程师通知,要求承包单位整改并检查整改结果。工程项目的重点部位、关键工序应由项目监理机构与承包单位协商后共同确认。监理工程师应从巡视、检查、旁站监督等方面对工序工程质量进行严格控制。加强隐蔽工程质量验收,是施工质量控制的重要环节。其程序要求施工方首先完成自检并合格,然后填写专用的"隐蔽工程验收单",验收的内容应与已完成的隐蔽工程实物相一致,事先通知监理机构及有关方面,按约定时间进行验收。验收合格的工程由各方共同签署验收记录。验收不合格品的隐蔽工程,应按验收意见进行整改后重新验收,应严格隐蔽工程验收的程序和记录,对于预防工程质量隐患,提供可溯的质量记录具有重要作用。

(6)其他。长期施工管理实践过程形成的质量控制途径和方法,如批量施工前应做样板示范、现场施工技术质量例会、质量控制资料管理等,也是施工过程质量控制的重要工作途径。

2.5.2.3 施工质量的事后控制

施工质量的事后控制,主要是进行已完工程的成品保护、质量验收和对不合格品的处理,以保证最终验收的建设工程质量。

(1)已完工程的成品保护,目的是避免已完施工成品受到来自后续施工以及其他方面的污染或损坏。其成品保护问题和措施,在施工组织设计与计划阶段就应该从施工顺序上进行考虑,防止施工顺序不当或交叉作业造成相互干扰、污染和损坏,成品形成后可采取防护、覆盖、封闭、包裹等相应措施进行保护。

(2)施工质量检查验收作为事后质量控制的途径,应严格按照施工质量验收统一标准规定的质量验收划分,从施工顺序作业开始,依次做好检验批、分项工程、分部工程及单位工程的施工质量验收。通过多层次的设防把关,严格验收,控制建设工程项目的质量目标。

(3)当建筑工程质量不符合要求时应按下列规定进行处理:

①经返工重做或更换器具设备的检验批应重新进行验收。

②经有资质的检测单位检测鉴定能够达到设计要求的检验批应予以验收。

③经有资质的检测单位检测鉴定达不到设计要求但经原设计单位核算认可能够满足结构安全和使用功能的检验批可予以验收。

④经返修及加固处理的分项分部工程虽然改变外形尺寸但仍能满足安全使用要求可按技术处理方案和协商文件进行验收。

通过返修或加固处理仍不能满足安全使用要求的分部工程、单位(子单位)工程严禁验收。

学习单元 2.6　建筑工程施工准备阶段的质量控制

施工准备阶段的质量控制是指项目正式施工活动开始前,对各项准备工作及影响质量的各因素和有关方面进行的质量控制。施工准备是为保证施工生产正常进行而必须事先做好的工作。施工准备工作不仅是在工程开工前要做好,而且贯穿于整个施工过程。施工准备的基本任务就是为施工项目建立一切必要的施工条件,确保施工生产顺利进行,确保工程质量符合要求。施工准备阶段质量控制工作的基本任务是:掌握施工项目工程的特点;了解施工总进度的要求;摸清施工条件;编制施工组织设计;全面规划和安排施工力量,制订合理的施工方案;组织物资供应;做好现场"三通一平"和平面布置;兴建施工临时设施,为现场施工做好准备工作。

2.6.1　技术资料、文件准备的质量控制

2.6.1.1　施工项目所在地的自然条件及技术经济条件调查资料

对施工项目所在地的自然条件和技术经济条件的调查,是为选择施工技术与组织方案收集基础资料,并以此作为施工准备工作的依据。具体收集的资料包括:地形与环境条件、地质条件、地震级别、工程水文地质情况、气象条件,以及当地水、电、能源供应条件、交通运输条件、材料供应条件等。

2.6.1.2　施工组织设计

施工组织设计是指导施工准备和组织施工的全面性技术经济文件。对施工组织设计要进行两方面的控制:一是选定施工方案后,制订施工进度时,必须考虑施工顺序、施工流向,主要分部分项工程的施工方法,特殊项目的施工方法和技术措施能否保证工程质量;二是制订施工方案时,必须进行技术经济比较,使工程项目满足符合性、有效性和可靠性要求,取得施工工期短、成本低、安全生产、效益好的经济质量。

2.6.1.3　法律、法规性文件及质量验收标准

国家及政府有关部门颁布的有关质量管理方面的法律、法规,规定了工程建设参与各方的质量责任和义务,质量管理体系建立的要求、标准,质量问题处理的要求、质量验收标准等,这些是进行质量控制的重要依据。

2.6.1.4　工程测量控制资料

施工现场的原始基准点、基准线、参考标高及施工控制网等数据资料,是施工之前进行质量控制的一项基础工作,这些数据资料是进行工程测量控制的重要内容。

2.6.2 设计交底和图纸审核的质量控制

设计图纸是进行质量控制的重要依据。为使施工单位熟悉有关的设计图纸,充分了解拟建项目的特点、设计意图和工艺与质量要求,减少图纸的差错,消灭图纸中的质量隐患,要做好设计交底和图纸审核工作。

2.6.2.1 设计交底

工程施工前,由设计单位向施工单位有关人员进行设计交底,其主要内容包括:

(1)地形、地貌、水文气象、工程地质及水文地质等自然条件。

(2)施工图设计依据:初步设计文件,规划、环境等要求,设计规范。

(3)设计意图:设计思想、设计方案比较、基础处理方案、结构设计意图、设备安装和调试要求、施工进度安排等。

(4)施工注意事项:对基础处理的要求,对建筑材料的要求,采用新结构、新工艺的要求,施工组织和技术保证措施等。

交底后,由施工单位提出图纸中的问题和疑点,以及要解决的技术难题,经协商研究,拟订出解决办法。

2.6.2.2 图纸审核

图纸审核是设计单位和施工单位进行质量控制的重要手段,也是使施工单位通过审查熟悉设计图纸,了解设计意图和关键部位的工程质量要求,发现和减少设计差错,保证工程质量的重要方法。图纸审核的主要内容包括:

(1)对设计者的资质进行认定。

(2)设计是否满足抗震、防火、环境卫生等要求。

(3)图纸与说明是否齐全。

(4)图纸中有无遗漏、差错或相互矛盾之处,图纸表示方法是否清楚并符合标准要求。

(5)工程地质及水文地质等资料是否充分、可靠。

(6)所需材料来源有无保证,能否替代。

(7)施工工艺、方法是否合理,是否切合实际,是否便于施工,能否保证质量要求。

(8)施工图及说明书中涉及的各种标准、图册、规范、规程等,施工单位是否具备。

2.6.3 采购质量控制

采购质量控制主要包括对采购产品及其供方的控制,制订采购要求和验证采购产品。建设项目中的工程分包,也应符合规定的采购要求。

2.6.3.1 物资采购

采购物资应符合设计文件、标准、规范、相关法规及承包合同的要求,如果项目部另有附加的质量要求,也应予以满足。

对于重要物资、大批量物资、新型材料以及对工程最终质量有重要影响的物资,可由企业主管部门对可供选用的供方进行逐个评价,并确定合格供方名单。

2.6.3.2 分包服务

对各种分包服务选用的控制应根据其规模、对它控制的复杂程度区别对待。一般通过分包合同,对分包服务进行动态控制。评价及选择分包方应考虑的原则如下:

(1)有合法的资质,外地单位应经本地主管部门核准。

(2)与本组织或其他组织合作的业绩、信誉。

(3)分包方质量管理体系对按要求如期提供稳定质量的产品的保证能力。

(4)对采购物资的样品、说明书或检验与试验结果进行评定。

2.6.3.3 采购要求

采购要求是采购产品控制的重要内容。采购要求的形式可以是合同、订单、技术协议、询价单及采购计划等。采购要求包括:

(1)有关产品的质量要求或外包服务要求。

(2)有关产品提供的程序性要求,如供方提交产品的程序,供方生产或服务提供的过程要求,供方设备方面的要求。

(3)对供方人员资格的要求。

(4)对供方质量管理体系的要求。

2.6.3.4 采购产品验证

(1)对采购产品的验证有多种方式,如在供方现场检验、进货检验、查验供方提供的合格证据等。组织应根据不同产品或服务的验证要求规定验证的主管部门及验证方式,并严格执行。

(2)当组织或其顾客拟在供方现场实施验证时,组织应在采购要求中事先作出规定。

2.6.4 质量教育与培训

通过教育培训和其他措施提高员工的能力,增强质量和顾客意识,使员工能满足所从事的质量工作对能力的要求。

项目领导班子应着重以下几方面的培训:

(1)质量意识教育。

(2)充分理解和掌握质量方针和目标。

(3)质量管理体系有关方面的内容。

(4)质量保持和持续改进意识。

可以通过面试、笔试、实际操作等方式检查培训的有效性,还应保留员工的教育、培训及技能认可的记录。

学习单元2.7 建筑工程施工过程的质量控制

施工过程控制是指对施工过程中实际投入的生产要素质量及作业技术活动的实施状态和结果所进行的控制。施工过程控制主要包括施工作业技术交底、施工过程的质量控制、中间产品质量控制及分部分项工程质量验收。在施工过程控制当中,主要选择好质量控制点,事先分析可能造成质量问题的成因,再针对原因制订对策和措施进行预控。选择质量控制的重点部位、重点工序和重点的质量因素作为质量控制点,进行重点控制和预控,这是进行质量控制行之有效的办法。真正要搞好建设工程质量,不仅仅局限于以上的几个方面,还应在工程施工的全过程当中实施。施工过程质量控制的策略是全面控制施工过程,重点控制工序质量。其具体措施是:工序交接有检查;质量预控有对策;施工项目有方案,技术措施有交底,图纸会审有记录;配制材料有试验;隐蔽工程有验收;计量器具校正有复核;设计变更有手续;钢筋代换有制度;质量处理有复查;成品保护有措施;质量文件有档案。

2.7.1 作业技术准备状态的控制

作业技术准备状态是各项施工准备工作(如配置的人员、材料、机具、环境、通风、照明、安全设施等)在正式开展作业技术活动前,按预先计划的安排是否落实到位的情况。作业技术准备状态的检查有助于落实实际的施工条件,避免计划与实际偏离。

作业技术准备状态的控制应控制好以下环节。

2.7.1.1 质量控制点的设置

质量控制点的设置主要针对关键技术、薄弱环节、控制难度大、重要部位、经验欠缺的施工内容及新工艺、新材料、新技术、新设备等。质量控制人员对项目的特点进行分析,进而列出质量控制点,分析其影响质量的原因,提出控制措施,进行质量控制重点预控。

1. 选择质量控制点的原则

质量控制点的选择对象很广,不论是技术要求高、施工难度大的结构部位,还是影响质量的关键工序、操作或某一环节等均可作为质量控制点来控制。常见的控制点如下:

(1)施工过程中的关键工序或环节以及隐蔽工程;

(2)对后续工程施工或对后续工序质量及安全有重大影响的工序、部位与对象;

(3)施工中的薄弱环节,质量不稳定的工序、部位或对象;

(4)质量通病及质量标准或质量精度要求高的工序或部位;

(5)施工上无足够把握的、施工条件困难的或技术难度大的工序或环节;

(6)使用新技术、新工艺、新材料、新设备的部位或环节。

是否设置质量控制点,主要针对其对质量要求影响的大小、危害程度以及其质量保证的难度大小而定。

2. 质量控制点重点控制的对象

(1)人的控制。全面考核人的生理缺陷、思想素质、心理活动、技术能力等方面,对人开展控制。实施前必须反复交底,提醒注意事项,避免产生错误行为和违纪违章等现象。例如:高空、水下等危险作业,对人的身体(心理)素质有相应的要求;对从事技术难度大或精度要求高的作业的人的技术水平均应有相应的要求。

(2)物的控制。质量控制点要以物的状态作为控制重点,对直接影响工程质量和安全的重要因素应予以严格的控制。

(3)施工过程的控制。注重施工过程的控制,确定技术参数,控制关键操作,合理确定施工顺序,保证必要的技术间歇。

(4)施工时将新材料、新工艺、新技术作为重点进行严格控制。

(5)对易发生质量通病的工序进行严格控制。

(6)对工程质量易产生重大影响的施工工艺也应作为质量控制的重点。

(7)特殊地基(如湿陷性黄土、膨胀土等特殊土地基)或难度大的施工环节和重要部位都应予以特别重视。

根据质量特性的要求,准确、有效地进行质量控制点的选择,选择质量控制的重点因素、重点部位和重点工序作为质量控制点,继而进行重点控制和预控,这是质量控制的最有效的方法。

2.7.1.2 作业技术交底的控制

作业技术交底是对技术实施方案的进一步明确,是对施工组织设计的进一步具体化,是工序施工具体的指导文件。技术交底的内容主要有施工过程中需注意的问题,施工方法、质量要求、验收标准和应急方案及措施。要紧紧围绕操作者、机械设备、使用的材料、方法、施工环境、具体管理措施等方面进行技术交底,要明确做的工作、由谁来做、如何完成、作业标准及要求、进度上的要求等。

2.7.1.3 进场原材料、半成品、构配件质量控制

1. 进场材料的质量控制

进场原材料、半成品、构配件,均要有产品出厂合格证及技术说明书。施工单位进行自验后,向监理工程师提出检验申请,经审查并确认其质量合格后,方准进场。对于没有出厂合格证及检验未合格的,不准进场。

2. 材料存放条件的控制

施工单位准备的各种材料的存放条件及环境,应事先得到确认。如存放、保管条件不满足要求,应加以改善使其满足要求,方可予以确认。对存入后的存放材料,每隔一定时间须进行检查,随时掌握存放材料的质量情况。此外,使用存放的材料之前,应对其质量再次确认合格后,方可使用。

3. 材料试配

对于现场配置的及一些当地的材料,施工单位一般事先进行试配,满足标准的要求方可实施。这些制品或材料应达到规定的力学强度,还要注意分析化学成分,考虑施工现场条件与设计(试验)条件不同而导致质量差异。

2.7.1.4 施工方案(方法)、工艺的控制

对施工组织设计的审核,应从以下几个方面重点控制:组织体系尤其是质量管理体系是否健全,主要技术措施是否有针对性、有效性,施工现场总体布置是否合理,工程地质特征及厂区环境状况是否认真审查等。

施工方案主要审查以下几个方面:

(1)施工顺序安排是否合理,是否符合“先地下、后地上,先土建、后设备,先主体、后围护,先结构、后装修”的基本原则。

(2)施工机械设备的技术性能、工作效率、工作质量是否可靠及维修是否方便,机械操作是否安全、灵活,机械数量配置是否满足施工质量的要求,选择的施工机械设备是否和施工组织方式相适应。

(3)施工方法技术上是否可行,经济上是否合理,是否符合施工现场及施工工艺要

求,是否符合国家相关施工规范和质量检验评定标准等。

2.7.1.5　**进场机械设备的质量控制**

施工现场作业机械设备的技术性能及工作状态,对施工质量有重要的影响,只有状态良好,性能满足施工需要的机械设备方可进入现场。

1. 施工机械设备的进场检查

施工单位在机械设备进场前,应列出进场机械设备的型号、数量、规格、技术性能、设备状况、进场时间等清单,根据清单核对现场机械设备是否符合施工组织设计所列的要求。

2. 机械设备工作状态检查

为保证投入作业的机械设备状态良好,须审查作业机械设备的使用、保养记录,检查其工作状况。

3. 特殊设备运行的审核

进入施工现场使用的塔吊及有特殊安全要求的设备,在使用前,须经当地劳动部门鉴定,符合要求并办理好相关手续后方可投入施工。

2.7.1.6　**环境状态的控制**

1. 控制施工作业环境

作业技术环境条件(如水、电、施工照明、安全防护设备、施工场地条件及交通运输和道路条件等)是否良好,直接影响到施工是否能够顺利进行。施工单位应事先检查作业技术环境条件的有关准备工作是否已安排准备妥当,确认准备可靠、有效后,方可进行实施。

2. 控制施工质量管理环境

确保施工单位质量保证体系和质量控制自检系统处于良好状态,完善和明确项目的组织结构、管理制度、检测制度及人员配备等,落实质量责任制。

3. 控制现场自然环境条件

在未来施工工程中,施工单位应检查自然环境条件(如严寒季节的防冻、夏季的防高温等)出现对施工质量不利影响时,事先是否有充分认识,作好充分准备,采取有效措施和对策来保证工程质量。

2.7.1.7　**施工现场劳动组织及作业人员上岗资格的控制**

1. 控制现场劳动组织

审查施工现场操作人员的数量是否满足作业技术活动的需要,相关管理人员必须到位,要有健全的相关制度等。

2. 持证上岗

控制作业人员的上岗资格,从事特殊作业的人员(如电焊工、架子工等)必须持证上岗。

2.7.2　作业技术活动运行过程的控制

工程质量不是在最后检验出来的,而是在施工过程中形成的。施工过程中控制的主要内容如下。

2.7.2.1　监控施工单位自检与专检

施工单位的自检体系表现为:作业者在作业活动结束后必须自检,工序之间的交接、转换必须进行交接检查,设置专职质检员进行专检。施工单位必须建立相应制度及工作程序,具有相应试验设备及检测仪器,配备满足需要的专职质检(试验检测)人员,自检体系方可有效运行。

2.7.2.2　监控技术复核工作

设置专人对涉及施工作业技术活动基准和依据的技术工作(如工程的定位、轴线、标高等)进行复核性检查,避免基准失误给工程质量带来难以弥补的危害。

2.7.2.3　监控见证取样工作

住房和城乡建设部规定,在市政工程及房屋建筑工程项目中,对工程材料、承重结构的混凝土试块、承重墙体的砂浆试块、结构工程的受力钢筋等实行见证取样,取样的工作程序必须符合有关见证取样的规程。

2.7.2.4　监控质量记录资料

质量记录资料不仅在施工期间对工程质量控制起重要作用,而且在工程竣工、投入运行时,对了解工程质量情况以及工程使用和维修方面也能提供有价值的资料。

监控质量记录资料主要包括三方面:

(1)施工现场质量检查记录资料。主要有:专业工种上岗证书,地质勘查、施工图审核资料,施工组织设计(施工方案)审批记录,施工技术标准,施工单位现场质量责任制、质量检验制度等管理制度,现场材料、设备存放与管理,分包单位资质等。

(2)材料质量记录。包括进场材料、半成品、构配件、设备的质量证明资料及各种试验(检验)报告,设备进场维修(运行)检验记录等。

(3)作业活动质量记录资料。包括质量自检资料,验收资料,各工序原始施工记录,不合格项目的通知、报告及处理、检查验收资料等,作业活动质量记录资料应真实、完整、齐全,各方人员的签字应齐全、清晰、结论明确,和施工过程的进度同步。如缺少资料和资料不全,在对作业活动效果的验收中不能通过验收。

2.7.2.5　监控暂停(恢复)施工

在作业活动过程中出现下列情况时,应暂停施工:

(1)隐蔽作业未经查验确认合格而擅自封闭。

(2)未经审查确认擅自修改图纸或进行变更设计实施施工。

(3)不合格人员或未经技术资质审查的人员进入现场施工。

(4)使用不合格或未经检查确认的原材料、构配件或未经审查认可擅自采用代用的材料。

(5)未经项目监理机构审查认可擅自允许分包单位进入现场施工。

(6)工程质量出现异常情况,经提出后,施工单位未采取有效措施,或措施不力未能扭转这种情况者。

(7)已发生质量事故仍未按要求进行处理,或是已发生质量问题(事故),如不停工则质量问题(事故)将继续扩展。

施工单位经整改具备恢复施工条件时,须报送复工申请及有关材料,证明已经消除造成停工的原因。经现场复查确认符合继续施工的条件时施工单位才可继续施工。

2.7.3 作业技术活动结果的控制

作业技术活动结果(如工序的产品、已完分部分项工程及已完单位工程等)的控制是对施工过程中间产品以及最终产品的质量控制,作业活动中间产品的质量只有都符合要求,才能保证最终单位工程的质量达到竣工要求。

作业技术活动结果控制的主要内容如下。

2.7.3.1 基槽(基坑)验收

基槽(基坑)进行质量验收时,由于基槽开挖的质量状况对后续工程质量影响较大,故作为一个关键工序或一个重要的检验批进行验收。基槽开挖质量验收主要涉及检查确认地基的承载力、检查确认地质的条件和开挖边坡是否稳定及检查确认支护的状况等。

2.7.3.2 隐蔽工程验收

隐蔽工程验收由于会被其后续工程施工所隐蔽、覆盖,因此在隐蔽前必须进行检查验收。隐蔽工程是质量控制的一个关键工程,由于检查对象要被其他工程所覆盖,对以后的检查造成困难,所以隐蔽工程验收是已完分部分项工程质量的最后一道检查。

1. 验收程序

施工单位完成隐蔽工程施工后,按有关技术规程、规范、图纸自检合格后,填写“报验申请表”,附相应的工程检查证明(或隐蔽工程检查记录)及有关证明材料、试验(复试)报告等资料。经现场检查,如检查不合格,签发“不合格项目通知”,指令施工单位整改,经整改自检合格后再重新审核。如符合质量要求,则签字确认,准予施工单位隐蔽、覆盖,进入下一道工序施工。

2. 隐蔽工程设置的质量控制点

进行隐蔽工程检查时必须重点控制以下工程部位的质量:对地基质量(尤其地基承载力)的检查;基坑回填前检查基础的质量;混凝土浇筑前检查钢筋、模板的质量;混凝土墙体施工前,检查敷设的电线等隐蔽管线的质量;防水层施工前检查基层的质量;幕墙施工挂板前检查龙骨系统;检查屋面板与屋架预埋件的焊接;检查避雷引下线及接地引下线的连接;覆盖前检查直埋于楼地面的电缆,封闭前检查敷设于暗井道、吊顶、楼板垫层内的设备管道的质量;检查易出现质量通病的部位。

2.7.3.3 工序交接验收

在施工作业活动中,工序交接是一种必要的技术停顿,是对作业方式的转换及作业活动效果的确认。工序交接验收要求上道工序必须满足下道工序的施工条件和要求,各相关专业工序交接同样如此。各工序间和相关专业工序之间通过交接验收形成一个有机整体。

2.7.3.4 检验批、分部工程、分项工程验收

检验批(分部、分项工程)施工完成以后,施工单位自行检查确认符合设计文件和相关验收规范的规定后,提交验收申请,监理工程师依据图纸及有关文件(规范、标准)等,检查审核其外观、几何尺寸、质量控制资料及内在质量等,确认其是否符合质量要求,如符合质量要求则予以检查验收。对涉及结构安全和使用功能的重要分部工程,应进行必要

的抽样检测。

2.7.3.5　**单位工程或整个工程项目的竣工验收**

单位工程或整个工程项目完成后，施工单位应进行竣工自检，自检合格后，提交“工程竣工报验单”，进行竣工初验，其工作主要有：

(1)对各种质量控制资料、试验报告以及各种有关的技术文件等进行审查。所提交的验收文件资料如不全或有相互矛盾、不符之处，应及时补充、核实并改正。

(2)审核竣工图，对照已完工程有关的技术文件(如设计图纸、工程变更文件、施工记录及其他文件)进行核查。

(3)检查拟验收工程项目的现场，如发现质量问题，施工单位应及时进行处理。

(4)总监理工程师对拟验收项目初验合格后，对承包单位的“工程竣工报验单”予以签认，并上报建设单位。

(5)进行正式的竣工验收。

2.7.3.6　**不合格的处理**

工序不合格，不允许进入下道工序的施工；材料、构配件、半成品不合格不准进入施工现场且不允许使用，应及时标识、记录已进场的不合格品，指定专人看管，避免错用，并限期清除现场；工序不合格或工程产品不合格，不予验收与计价，直到整改符合要求后，重新进行验收。

2.7.3.7　**成品保护**

1. 成品保护的要求

(1)成品保护要求施工单位必须对已完工程部分采取妥善措施予以保护，避免造成成品损害或污染，进而影响工程质量。

(2)成品保护的措施根据保护产品不同的特点，可采取下述方法：

①防护。根据被保护对象的特点采取不同防护措施(如门窗安装后加契固定等)。

②包裹。为防止损伤或污染而把被保护物包裹起来(如楼梯扶手在油漆前裹纸保护，铝合金门窗用塑料布包扎保护等)。

③覆盖。为了防止堵塞或损伤将成品表面覆盖(如落水口排水管等安装后覆盖、地面用锯末覆盖以防止喷浆等污染)。

④封闭。为保护而采取局部封闭的办法(如垃圾道完成后，将进口封闭起来；室内装修完成后，加锁封闭等)。

⑤合理安排施工顺序。通过合理安排不同工序的施工先后顺序(如先地下后地上、先深后浅的施工顺序)来防止后一道工序被已完施工的成品或生产设备损坏或污染。

2. 作业技术活动检验程序和方法

(1)检验程序。

施工单位的作业人员在作业活动结束后按规定进行自检，自检合格后与下一道工序的作业人员进行交检检查，确认满足质量要求后，再由施工单位专职质检员进行检查。施工单位在自检、交检、专检均符合质量要求的基础上提交“报验申请表”，监理工程师接到通知后，在合同规定的时间内对其质量进行检查，确认其质量合格后予以签认验收。

(2)质量检验的主要方法。

①目测法。这类方法根据质量要求，凭借感官进行检查，采用看、照、敲、摸等手法进行检查。

②实测法。通过利用量测工具（计量仪表），将实际量测结果与规定的质量标准、规范的要求相对比，判断质量是否符合质量要求。实测的方法有：靠、套、吊、量。

③试验法。通过现场（试验室）试验等理化试验手段，取得数据，判断其质量情况，包括理化试验、无损测试（检验）。

（3）质量检验计划。质量检验计划可以向相关人员表明什么是检验的对象，应该如何检验，检验的评价标准是什么及其他质量要求等。

检验计划内容一般包括：分部（分项）工程名称及检验部位，检验的程度和抽检方案，检验的项目，采用的检验方法和手段，检验的技术标准和评价标准，评定合格的标准，质量检验是否合格及处理，对签发检验报告及检验记录的要求，检验（检验项目）实施的程序等。

习　题

一、单选题

1. 施工阶段的质量控制按施工阶段工程实体质量形成的时间划分为三个阶段，下列不属于该三阶段的是（　　）。

A. 设计阶段　　B. 施工准备阶段　　C. 施工过程阶段　　D. 竣工验收阶段

2. 对阴阳角的方正、踢脚线的垂直度应用下列哪种质量检查方法进行检查（　　）。

A. 看　　B. 靠　　C. 套　　D. 量

3. 建设项目施工过程质量控制是最基本的控制途径。因此，必须抓好与作业工序质量形成相关的配套技术与管理工作，下列不属于施工质量的事中控制的途径是（　　）。

A. 施工计量管理　　B. 见证取样送检

C. 隐蔽工程验收　　D. 已完工程成品保护

4. 在作业活动过程中出现某些情况时，应暂停施工，下列不属于此类情况的是（　　）。

A. 隐蔽作业未经查验确认合格而擅自封闭

B. 工程进度款未完全支付

C. 未经审查确认擅自修改图纸或进行变更设计实施施工

D. 不合格人员或未经技术资质审查的人员进入现场施工

5. 下列不属于隐蔽工程检查时设置的质量控制点的是（　　）。

A. 地基质量

B. 混凝土浇筑前检查钢筋、模板的质量

C. 混凝土墙体施工前，检查敷设的电线等隐蔽管线

D. 隐蔽工程的资料

二、多选题

1. 建筑工程质量控制主体主要有(　　)。

A. 政府监管部门B. 建设单位

C. 工程监理单位D. 勘察设计单位

E. 工程施工单位

2. 施工阶段的质量管理与控制的共同性依据主要包括(　　)。

A. 工程承包合同文件

B. 国家及政府有关部门颁布的法律、法规

C. 工程项目设计文件

D. 国际标准(如ISO系列)

E. 国家标准、行业标准和企业标准

3. 现场进行质量检查的方法有目测法、实测法和试验法三种,下列属于目测法的是(　　)。

A. 看　　B. 摸　　C. 敲　　D. 照　　E. 量

4. 对于工程的施工质量可以从事前、事中、事后三阶段加以控制。下列属于施工质量的事前预控途径的有(　　)。

A. 施工条件的调查和分析

B. 施工图纸会审和设计交底

C. 施工组织设计文件的编制与审查

D. 工程测量定位和标高基准点的控制

E. 施工总(分)包单位的选择和资质的审查

5. 为选择合适的施工技术与组织方案,需对施工项目所在地的自然条件和技术经济条件进行调查并收集相关数据,具体收集的资料有(　　)。

A. 地形与环境条件B. 地震级别、工程水文地质情况

C. 气象条件以及当地水、电、能源供应条件

D. 交通运输条件E. 材料供应条件等

三、简答题

1. 建筑工程质量控制的主体有哪些?

2. 现场进行质量检查的方法主要有哪些?

3. 设计交底和图纸审核的内容有哪些?

4. 简述质量控制点的选择原则。

5. 作业技术活动结果控制的主要内容有哪些?

学习任务3　建筑工程施工质量控制要点

【学习目标】 掌握地基基础工程、砌体工程、钢筋混凝土工程、防水工程、钢结构工程和装饰装修工程的质量控制要点；熟悉地基与基础工程、砌体工程、钢筋混凝土工程、防水工程、钢结构工程和装饰装修工程的质量验收标准；了解地基与基础工程、砌体工程、钢筋混凝土工程、防水工程、钢结构工程和装饰装修工程质量控制的方法。

工作任务表

能力目标	主讲内容	学生完成任务	评价标准	
掌握建筑工程施工各分部分项工程质量控制要点	建筑工程各分部分项工程的质量控制要点	学生分组讨论各分部分项工程的质量控制要点	优秀	能正确说出各分部分项工程的质量控制要点
			良好	基本正确地说出各分部分项工程的质量控制要点
			合格	能说出大部分分部分项工程的质量控制要点
了解建筑工程各分部分项工程质量控制的方法	建筑工程各分部分项工程质量控制的方法	学生分组模拟进行分部分项工程验收，指出存在的问题	优秀	能正确运用验收方法对建筑工程进行验收，能指出问题所在
			良好	基本正确运用验收方法对建筑工程进行验收
			合格	能运用验收方法对大部分建筑工程进行验收

建筑工程质量控制要点就是根据建筑工程施工质量控制的重要性和特点，从不同的施工阶段提出了具体的施工质量控制措施以及在施工过程中应注意的事项，以保证建筑工程按质完成。

学习单元3.1　地基基础工程的质量控制

地基基础工程施工前，必须具备完备的地质勘察资料及工程附近管线、建筑物、构筑物和其他公共设施的构造情况，必要时应作施工勘察和调查以确保工程质量及邻近建筑的安全。

施工单位必须具备相应专业资质，并应建立完善的质量管理体系和质量检验制度。

从事地基基础工程检测及见证试验的单位，必须具备省级以上（含省、自治区、直辖市）建设行政主管部门颁发的资质证书和计量行政主管部门颁发的计量认证合格证书。

地基基础工程是分部工程，如有必要，根据现行国家标准《建筑工程施工质量验收统一标准》（GB 50300—2001）规定，可再划分若干个子分部工程。

施工过程中出现异常情况时,应停止施工,由监理或建设单位组织勘察、设计、施工等有关单位共同分析情况,解决问题,消除质量隐患,并应形成文件资料。

地基处理的方法很多,本书只介绍几种常见的地基处理方法的质量控制要点和验收标准。

3.1.1 灰土地基

由石灰和土的混合体构成的地基称为灰土地基。由于在土中掺入了一定比例的石灰,从而改良了土的力学性能,使得灰土垫层能够更好地把基础传来的荷载分担给地面。灰土地基可以是单层地基,也可以是多层地基,一般为浅层地基。

3.1.1.1 灰土地基施工过程质量控制要点

灰土土料、石灰或水泥(当水泥替代灰土中的石灰时)等材料及配合比应该符合设计要求,灰土应该搅拌均匀。

施工过程中应检查分层铺设的厚度、分段施工时上下两层的搭接长度、夯实时加水量、夯压遍数、压实系数。

施工结束后,应检验灰土地基的承载力。

3.1.1.2 灰土地基工程施工质量验收标准

灰土地基质量检验标准应符合表3-1的规定。

表3-1 灰土地基质量检验标准

项目	序号	检查项目	允许偏差或允许值		检查方法
			单位	数值	
主控项目	1	地基承载力	设计要求		按规定方法
	2	配合比	设计要求		按拌和时的体积比
	3	压实系数	设计要求		现场实测
一般项目	1	石灰粒径	mm	≤5	筛分法
	2	土料有机质含量	%	≤5	试验室焙烧法
	3	土颗粒粒径	mm	≤15	筛分法
	4	含水量(与要求的最优含水量比较)	%	±2	烘干法
	5	分层厚度偏差(与设计要求比较)	mm	±50	水准仪

主控项目的检查要求如下:

(1)地基承载力检验方法一般采用静载法或其他原位测试方法。检验的数量是每单位工程不少于3点。每1 000 m^2 以上的工程,每100 m^2 至少应有1点;3 000 m^2 以上的工程,每300 m^2 至少应有1点。每一独立基础下至少有1点,基槽每20延长米应有1点。

(2)灰土配合比检验方法采取现场检查拌和时的体积比方法。检验数量:柱坑按总数抽查10%,但不少于5个;基坑、沟槽每10 m^2 抽查1处,但不少于5处。灰土配合比对垫层承载力影响较大,特别是灰土中活性氧化钙含量。如以灰土中活性氧化钙含量81.74%的灰土强度为100%计,当氧化钙含量为74.59%时,相对强度就降到74%;当氧化钙含量降为69.49%时,相对强度就降到60%,所以在检查时要重点看灰土中石灰的氧化钙含量的大小。

(3)压实系数采用环刀法或其他方法进行检验。检查数量:分层抽样检验土的干密度,当采用贯入仪或钢筋检验垫层的质量时,检验点的间距应小于4 m。当取土样检验垫层的质量时,对大基坑每50~100 m^2 应不少于1个点,对基槽每10~20 m应不少于1个点,每个单独柱基应不少于1个点。

当采用环刀法抽样时,取样点应位于每层2/3的深度处。合格标准:经检查求得的压实系数不得低于设计要求或表3-2的规定。

表3-2 填土压实系数表

<table>
<tr><th>结构分类</th><th>填土部位</th><th>压实系数</th><th>控制含水量</th></tr>
<tr><td rowspan="2">砌体承重结构或框架结构</td><td>在地基主要受力层范围内</td><td>≥0.97</td><td rowspan="4">$\omega_{op}\pm2$</td></tr>
<tr><td>在地基主要受力层范围以下</td><td>≥0.95</td></tr>
<tr><td rowspan="2">排架结构</td><td>在地基主要受力层范围内</td><td>≥0.96</td></tr>
<tr><td>在地基主要受力层范围以下</td><td>≥0.94</td></tr>
</table>

注:1. 压实系数为压实填土的控制干密度与最大干密度的比值,ω_{op}为最优含水量。

2. 地坪垫层以下及基础底面标高以上的压实填土,压实系数不应小于0.94。

3.1.2 砂和砂石地基

采用坚硬的中砂、粗砂、碎石、砂砾等材料构成的地基称为砂和砂石地基。

3.1.2.1 砂和砂石地基的质量控制要点

砂、石等原材料质量及配合比应符合设计要求,砂、石应搅拌均匀。

所用的材料内不得含有草根、垃圾等有机杂质。

碎石或卵石的最大粒径不宜大于50 mm。

施工过程中必须检查砂和砂石的地基的分层厚度、分段施工时搭接部分的压实情况、加水量、压实遍数、压实系数。

施工结束后,应检验砂石地基的承载力。

3.1.2.2 砂和砂石地基的质量检验标准

砂和砂石地基质量检验标准应符合表3-3的规定。

砂石的级配应根据设计要求或试验确定。人工制作的砂石地基,待拌制均匀后再铺填捣实。

分段施工时,接头应该做成斜坡,每一层相错0.5~1 m,充分捣实。若地基底面深度不一致,在铺设砂及砂石时,应预先挖成阶梯状或斜坡状。

3.1.3 强夯地基

强夯地基是利用重锤自由下落时的冲击能来夯实浅层填土地基,使表面形成一层较为均匀的硬层来承受上部荷载。强夯的锤击与落距要远大于重锤夯实地基。

表 3-3　砂及砂石地基质量检验标准

项目	序号	检查项目	允许偏差或允许值		检查方法
			单位	数值	
主控项目	1	地基承载力	设计要求		按规定方法
	2	配合比	设计要求		检查拌和时的体积比或重量比
	3	压实系数	设计要求		现场实测
一般项目	1	砂石料有机质含量	%	≤5	焙烧法
	2	砂石料含泥量	%	≤5	水洗法
	3	石料粒径	mm	≤100	筛分法
	4	含水量(与最优含水量比较)	%	±2	烘干法
	5	分层厚度(与设计要求比较)	mm	±50	水准仪

3.1.3.1　**强夯地基的质量控制要点**

施工前应检查夯锤重量、尺寸,落距控制手段,排水设施及被夯地基的土质。

施工中应检查落距、夯击遍数、夯点位置、夯击范围。

施工结束后,检查被夯地基的强度并进行承载力检验。

3.1.3.2　**强夯地基的质量检验标准**

强夯地基质量检验标准应符合表 3-4 的规定。

表 3-4　强夯地基质量检验标准

项目	序号	检查项目	允许偏差或允许值		检查方法
			单位	数值	
主控项目	1	地基强度	设计要求		按规定方法
	2	地基承载力	设计要求		按规定方法
一般项目	1	夯锤落距	mm	±300	钢索设标志
	2	锤重	kg	±100	称重
	3	夯击遍数及顺序	设计要求		计数法
	4	夯点间距	mm	±500	用钢尺量
	5	夯击范围(超出基础范围距离)	设计要求		用钢尺量
	6	前后两遍间歇时间	设计要求		

3.1.4　振冲地基

振冲地基是指利用振冲器的强力振动和高压水冲加固土体的方法。该法是国内应用较普遍和有效的地基处理方法,适用于各类可液化土的加密和抗液化处理,以及碎石土、砂土、粉土、黏性土、人工填土、湿陷性土等地基的加固处理。采用振冲地基处理技术,可以达到提高地基承载力、减小建筑物地基沉降量、提高地基的稳定性、消除地基液化的目的。

3.1.4.1 振冲地基的质量控制要点

施工前应检查振冲器的性能,电流表、电压表的准确度及填料的性能。

施工中应检查密实电流、供水压力、供水量、填料量、孔底留振时间、振冲点位置、振冲器施工参数等(施工参数由振冲试验或设计确定)。

施工结束后,应在有代表性的地段做地基强度或地基承载力检验。

3.1.4.2 振冲地基的质量检验标准

振冲地基质量检验标准应符合表3-5的规定。

表3-5 振冲地基质量检验标准

项目	序号	检查项目	允许偏差或允许值		检查方法
			单位	数值	
主控项目	1	填料粒径	设计要求		抽样检查
	2	密实电流(黏性土)	A	50~55	电流表读数
		密实电流(砂土或粉土)(以上为功率30 kW振冲器)	A	40~50	
		密实电流(其他类型振冲器)	A_0	1.5~2.0	电流表读数,A_0为空振电流
	3	地基承载力	设计要求		按规定方法
一般项目	1	填料含泥量	%	<5	抽样检查
	2	振冲器喷水中心与孔径中心偏差	mm	≤50	用钢尺量
	3	成孔中心与设计孔位中心偏差	mm	≤100	用钢尺量
	4	桩体直径	mm	<50	用钢尺量
	5	孔深	mm	±200	量钻杆或重锤测

3.1.5 高压喷射注浆地基

高压喷射注浆地基是利用钻机把带有喷嘴的注浆管钻至土层的预定位置或先钻孔后将注浆管放至预定位置,以高压使浆液或水从喷嘴中射出,边旋转边喷射浆液,使土体与浆液搅拌混合形成一固结体。施工采用单独喷出水泥浆的工艺,称为单管法;施工采用同时喷出高压空气与水泥浆的工艺,称为二管法;施工采用同时喷出高压水、高压空气及水泥浆的工艺,称为三管法。

3.1.5.1 高压喷射注浆地基的质量控制要点

施工前应检查水泥、外掺剂等的质量,桩位,压力表、流量表的精度和灵敏度,高压喷射设备的性能等。

施工中应检查施工参数(压力、水泥浆量、提升速度、旋转速度等)及施工程序。

施工结束后,应检验桩体强度、平均直径、桩身中心位置、桩体质量及承载力等。桩体质量及承载力检验应在施工结束后 28 d 进行。

3.1.5.2　高压喷射注浆地基的质量检验标准

高压喷射注浆地基质量检验标准应符合表 3-6 的规定。

表 3-6　高压喷射注浆地基质量检验标准

项目	序号	检查项目	允许偏差或允许值		检查方法
			单位	数值	
主控项目	1	水泥及外掺剂质量	符合出厂要求		查产品合格证书或抽样送检
	2	水泥用量	设计要求		查看流量表及水泥浆水灰比
	3	桩体强度或完整性检验	设计要求		按规定方法
	4	地基承载力	设计要求		按规定方法
一般项目	1	钻孔位置	mm	≤50	用钢尺量
	2	钻孔垂直度	%	≤1.5	经纬仪测钻杆或实测
	3	孔深	mm	±200	用钢尺量
	4	注浆压力	按设定参数指标		查看压力表
	5	桩体搭接	mm	>200	用钢尺量
	6	桩体直径	mm	≤50	开挖后用钢尺量
	7	桩身中心允许偏差		≤0.2D	开挖后桩顶下 500 mm 处用钢尺量,D 为桩径

承载力检验,数量为总数的 0.5% ~1%,但不应少于 3 处。有单桩强度检验要求时,数量为总数的 0.5% ~1%,但不应少于 3 根。

3.1.6　水泥土搅拌桩地基

水泥土搅拌桩地基是利用水泥作为固化剂,通过搅拌机械将其与地基土强制搅拌,硬化后构成的地基。

3.1.6.1　水泥土搅拌桩地基的质量控制要点

施工前应检查水泥及外掺剂的质量、桩位、搅拌机工作性能及各种计量设备完好程度(主要是水泥浆流量计及其他计量装置)。

施工中应检查机头提升速度、水泥浆或水泥注入量、搅拌桩的长度及标高。

施工结束后,应检查桩体强度、桩体直径及地基承载力。

进行强度检验时,对承重水泥土搅拌桩应取 90 d 后的试件;对支护水泥土搅拌桩应取 28 d 后的试件。

3.1.6.2　水泥土搅拌桩地基的质量检验标准

水泥土搅拌桩地基质量检验标准应符合表 3-7 的规定。

表 3-7 水泥土搅拌桩地基的质量检验标准

项目	序号	检查项目	允许偏差或允许值		检查方法
			单位	数值	
主控项目	1	水泥及外掺剂质量	设计要求		查看产品合格证书或抽样送检
	2	水泥用量	参数指标		查看流量计
	3	桩体强度	设计要求		按规定方法
	4	地基承载力	设计要求		按规定方法
一般项目	1	机头提升速度	m/min	≤0.5	量机头上升距离及时间
	2	桩底标高	mm	±200	测机头深度
	3	桩顶标高	mm	+100、-50	水准仪(最上部 500 mm 不计入)
	4	桩位偏差	mm	<50	用钢尺量
	5	桩径		<0.04D	用钢尺量,D 为桩径
	6	垂直度	%	≤1.5	经纬仪
	7	搭接	mm	>200	用钢尺量

承载力检验,数量为总数的 0.5% ~1%,但不应少于 3 处。有单桩强度检验要求时,数量为总数的 0.5% ~1%,但不应少于 3 根。

3.1.7 水泥粉煤灰、碎石桩地基

水泥粉煤灰、碎石桩地基是用长螺旋钻机钻孔或沉管桩机成孔,将水泥、粉煤灰及碎石混合搅拌后,泵压或经下料斗投入孔内,构成密实的桩体。

3.1.7.1 水泥粉煤灰、碎石桩地基的质量控制要点

水泥、粉煤灰、砂及碎石等原材料应符合设计要求。

施工中应检查桩身混合料的配合比、坍落度和提拔钻杆速度(或提拔套管速度)、成孔深度、混合料灌入量等。

施工结束后,应对桩顶标高、桩位、桩体质量、地基承载力以及褥垫层的质量做检查。

3.1.7.2 水泥粉煤灰、碎石桩复合地基的质量检验标准

水泥粉煤灰、碎石桩复合地基的质量检验标准应符合表 3-8 的规定。

表 3-8 水泥粉煤灰、碎石桩复合地基质量检验标准

项目	序号	检查项目	允许偏差或允许值		检查方法
			单位	数值	
主控项目	1	原材料	设计要求		查看产品合格证书或抽样送检
	2	桩径	mm	-20	用钢尺量或计算填料量
	3	桩身强度	设计要求		查 28 d 试块强度
	4	地基承载力	设计要求		按规定的办法

续表 3-8

项目	序号	检查项目	允许偏差或允许值		检查方法
			单位	数值	
一般项目	1	桩身完整性	按桩基检测技术规范		按桩基检测技术规范
	2	桩位偏差		满堂布桩≤0.40D 条基布桩≤0.25D	用钢尺量,D 为桩径
	3	桩垂直度	%	≤1.5	用经纬仪测桩管
	4	桩长	mm	+100	测桩管长度或用垂球测孔深
	5	褥垫层夯填度	≤0.9		用钢尺量

注:1. 夯填度指夯实后的褥垫层厚度与虚体厚度的比值。

2. 桩径允许偏差负值是指个别断面。

承载力检验,数量为总数的0.5%～1%,但不应少于3处。有单桩强度检验要求时,数量为总数的0.5%～1%,但不应少于3根。

学习单元3.2　砌体工程的质量控制

砌体工程包括砖砌体工程、混凝土小型空心砌块工程、石砌体工程、配筋砌体工程、填充墙砌体工程等类型。在建筑结构中主要有三个作用,即承重作用、围护作用、分隔作用。为了更好地发挥砌体的作用和功能,要求砌体的质量必须达到《砌体工程施工质量验收规范》(GB 50203—2002)的规定。

3.2.1　砌筑砂浆的质量控制

3.2.1.1　原材料的质量控制

1. 水泥

水泥进场使用前,应分批对其强度、安定性进行复验。检验批应以同一生产厂家、同一编号为一批。

当在使用中对水泥质量有怀疑或水泥出厂超过三个月(快硬硅酸盐水泥超过一个月)时,应复查试验,并按其结果使用。

不同品种的水泥,不得混合使用。

2. 砂

砂浆用砂不得含有害杂物。砂浆用砂的含泥量应满足下列要求:

(1)砂浆和强度等级小于M5的水泥混合砂浆,不应超过5%。

(2)强度等级小于M5的水泥混合砂浆,不应超过10%。

(3)人工砂、山砂及特细砂,应经试配能满足砌筑砂浆技术条件要求。

3. 水

拌制砂浆用水,水质应符合国家现行标准《混凝土拌合用水标准》(JGJ 63—2006)的规定。

4. 其他材料

(1)配制水泥石灰砂浆时,不得采用脱水硬化的石灰膏。

(2)消石灰粉不得直接使用于砌筑砂浆中。

3.2.1.2 **砂浆制备及使用时间的质量控制**

1. 砂浆配合比

砌筑砂浆应通过试配确定配合比。当砌筑砂浆的组成材料有变更时,其配合比应重新确定。

施工中当采用水泥砂浆代替水泥混合砂浆时,应重新确定砂浆强度等级。

砂浆现场拌制时,各组分材料应采用重量计量。

凡在砂浆中掺入有机塑化剂、早强剂、缓凝剂、防冻剂等,应经检验和试配符合要求后,方可使用。有机塑化剂应有砌体强度的型式检验报告。

2. 砂浆的制备

砌筑砂浆应采用机械搅拌,自投料完算起,搅拌时间应符合下列规定:

(1)水泥砂浆和水泥混合砂浆不得少于 2 min。

(2)水泥粉煤灰砂浆和掺用外加剂的砂浆不得少于 3 min。

(3)掺用有机塑化剂的砂浆,应为 3 ~ 5 min。

3. 砂浆的使用时间

砂浆应随拌随用,水泥砂浆和水泥混合砂浆应分别在 3 h 和 4 h 内使用完毕。

当施工期间最高气温超过 30 ℃时,应分别在拌成后 2 h 和 3 h 内使用完毕。

对掺用缓凝剂的砂浆,其使用时间可根据具体情况延长。

3.2.1.3 **砂浆质量检验**

砌筑砂浆试块强度验收时其强度合格标准必须符合以下规定:

砂浆强度应以标准养护、龄期为 28 d 的试块抗压试验结果为准。砌筑砂浆的验收批,同一类型、强度等级的砂浆试块应不少于 3 组。当同一验收批只有一组试块时,该组试块抗压强度的平均值必须大于或等于设计强度等级所对应的立方体抗压强度。

同一验收批砂浆试块抗压强度平均值必须大于或等于设计强度等级所对应的立方体抗压强度;同一验收批砂浆试块抗压强度的最小一组平均值必须大于或等于设计强度等级所对应的立方体抗压强度的 0.75 倍。

抽检数量:每一检验批且体积不超过 250 m^3 砌体的各种类型及强度等级的砌筑砂浆,每台搅拌机应至少抽检一次。

检验方法:在砂浆搅拌机出料口随机取样制作砂浆试块(同盘砂浆只应制作一组试块),最后检查试块强度试验报告单。

3.2.1.4 **原位检测**

原位检测就是采用标准的检验方法,在现场砌体中选样进行非破损或微破损检测,以判定砌筑砂浆和砌体实体强度的检测。

当施工中或验收时出现下列情况,可采用现场检验方法对砂浆和砌体强度进行原位检测或取样检测,并判定其强度:

(1)砂浆试块缺乏代表性或试块数量不足。

(2)对砂浆试块的试验结果有怀疑或有争议时。

(3)砂浆试块的试验结果,不能满足设计要求。

3.2.2　砖砌体工程的质量控制

3.2.2.1　砖的质量控制要点

砌体工程中所用的砖有烧结普通砖、烧结多孔砖、蒸压灰砂砖、粉煤灰砖等,砌体工程所用的砖进场时砖的品种、强度等级必须符合设计要求,并应规格一致,同时要有质量证明书。砖材料进场后,应在见证抽取试样复验合格后方可使用。

用于清水墙、柱表面的砖,应边角整齐,色泽均匀。

砌筑砖砌体时,砖应提前1~2 d浇水湿润,烧结普通砖、多孔砖宜有10%~15%的含水量;灰砂砖、粉煤灰砖含水量宜为8%~12%。

3.2.2.2　墙体砌筑质量控制要点

1.皮数杆设置

在墙体的转角处、纵轴或横轴墙体每15~20 m应设皮数杆。皮数杆设置在距墙角或墙皮50 mm处。皮数杆应垂直、牢固、标高一致,对皮数杆或皮数线应进行复核并办理预检手续。皮数杆上应标明窗洞口、圈梁等结构的尺寸标高。

2.基础墙砌筑

基础的组砌方法采用一顺一丁排砖法。首先根据皮数杆最下面一层砖的底标高,拉线检查基础垫层表面标高是否合适,若一层砖的水平灰缝大于20 mm,应采用细石混凝土找平。砌筑时,必须达到里外咬槎、上下层错缝。基础大放脚的盘底尺寸必须符合设计要求。若是一层一退,里外均应设丁砖;若是两层一退,一层为条砖,二层为丁砖。盘砌墙角,每次盘角高度不得超过五层砖。变形缝的墙角应按直角要求砌筑。

3.墙体砌筑

砌筑墙体前先盘砌墙体的四个大角,每次盘砌高度不得超过五皮砖。新盘的大角及时进行吊、靠检测,如有偏差应及时进行修整。

砌筑砖墙厚度超过一砖厚时应采用双面挂线,超过10 m的长墙,中间设支撑点,小线要拉紧,每皮砖都要穿线看平,使水平灰缝通顺平直,均匀一致。水平灰缝的厚度应控制在8~12 mm,一般为10 mm。

除构造柱外,砖砌体的转角处和交接处应同时砌筑。对不能同时砌筑而又必须留置的临时间断处应砌筑成斜槎,斜槎水平投影长度不小于高度的2/3。

砌体接槎时,必须将接槎处的表面清理干净,浇水湿润,并应填实砂浆,保持灰缝平直。砖砌体应上下错缝,内外搭砌。实心砌体应该采用一顺一丁、梅花丁或三顺一丁的砌筑形式。砖柱不得采用包心砌法。240 mm厚承重墙的每层墙的最上一皮砖,砖砌体的阶台水平面上及挑出层,在梁和梁垫的下面以及砌砖挑出的挑檐、腰线等均为整砖丁砌层,砖柱和宽度小于1 m的窗间墙,亦先用整砖砌筑。

留置的施工洞口侧边离交接处不应小于500 mm,洞口净宽度不应超过1 m。施工洞口可留直槎且为阳槎同时应设拉结筋,拉结筋长度从留槎处算起每边不应小于1 000 mm,末端应有90°弯钩。

在砌筑墙体时,门框、窗框处应预埋木砖或混凝土砖。洞口高度在1.2 m以内的,每边应放置两块预埋砖;高度为1.2~2.0 m的,每边放3块;高度为2~3 m的,每边放4

块。预埋砖的放置位置一般在洞口上下边的四皮砖层处,中间均匀分布。

砌体中设有构造柱时,在砌砖前,先根据设计图纸弹出构造柱位置线,并把构造柱插筋处理顺直。砌筑砖墙时与构造柱连接处应砌成马牙楼,采用先退后进的砌筑方法,每一个马牙楼沿高度方向尺寸不得超过 300 mm。

非抗震设防及抗震设防烈度为 6 度、7 度地区的临时间断处不能留斜楼时,除转角外,可留直楼,但直楼要做成凸楼并加设拉结筋。拉结筋的数量为每 120 mm 墙厚设置一根直径 6 mm 的钢筋;间距沿墙高不得超过 500 mm,埋入长度从墙的留楼处算起,每边均不应小于 1 000 mm,末端有 90°弯钩(见图 3-1)。拉结筋不得穿过烟道和通气道,如遇烟道或通气道,拉结筋应分成两段沿孔道两侧平行设置。

隔墙与外墙或柱不能同时砌筑而又不能留成斜楼时,可从外墙或柱中引出凸楼。对于抗震设防区,灰缝中还应预埋拉结筋,构造应该符合上述规定,每道墙不得少于 2 根。

下列位置不得设置脚手眼:120 mm 厚的墙体和独立柱;过梁上与过梁成 60°角的三角形范围及过梁净跨度 1/2的高度范围内,宽度小于 1 m 的窗间墙;砌体门窗洞口两侧 200 mm 和转角处 450 mm 范围内;梁或梁垫及其左右 500 mm 范围内;设计上不允许设置脚手眼的部位。施工脚手眼补砌时,灰缝应填满砂浆,不得用干砖填塞。

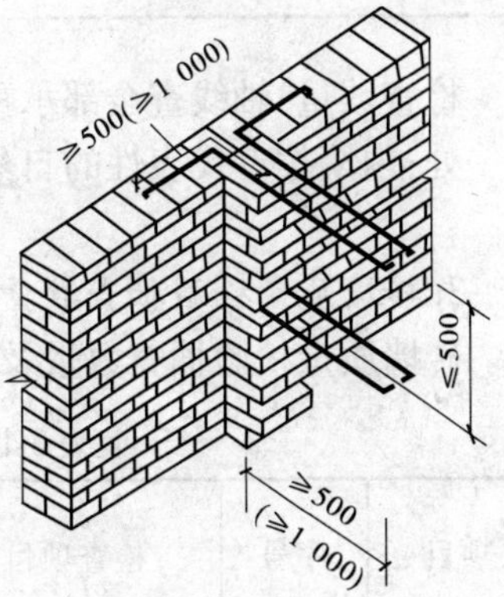

图 3-1　直楼与拉结筋　(单位:mm)

对于烧结普通砖砌体水平灰缝的砂浆饱满度不得小于 80%;竖缝宜采用挤浆或加浆使砖缝灰浆饱满,不得出现透明缝。

3.2.2.3　砖砌体质量验收标准

1. *砌体的尺寸偏差允许值*

砖砌体的一般尺寸允许偏差应符合表 3-9 的规定。

表 3-9　砖砌体的一般尺寸允许偏差值

项次	项目		允许偏差(mm)	检验方法	抽检数量
1	基础顶面和楼面标高		±15	用水平仪和尺检查	不应少于 5 处
2	表面平整度	清水墙、柱	5	用 2 m 靠尺和楔形塞尺检查	有代表性自然间 10%,但不应少于 3 间,每间不应少于 2 处
		混水墙、柱	8		
3	门窗洞口高、宽(后塞口)		±5	用尺检查	检验批洞口的 10%,且不应少于 5 处
4	外墙上下窗口偏移		20	以底层窗口为准,用经纬仪或吊线检查	检验批的 10%,且不应少于 5 处
5	水平灰缝平直度	清水墙	7	拉 10 m 线和尺检查	有代表性自然间 10%,但不应少于 3 间,每间不应少于 2 处
		混水墙	10		
6	清水墙游丁走缝		20	吊线和尺检查,以每层第一皮砖为准	有代表性自然间 10%,但不少于 3 间,每间不应少于 2 处

2. 砌体的垂直度

砌体的垂直位置及垂直度允许偏差应符合表3-10的规定。

表3-10　砌体的垂直位置及垂直度允许偏差

项次	项目			允许偏差(mm)	检验方法
1	轴线位置偏移			10	用经纬仪和尺检查或用其他测量仪器检查
2	垂直度	每层		5	用2 m托线板检查
		全高	≤10 m	10	用经纬仪、吊线和尺检查,或用其他测量仪器检查
			>10 m	20	

检查数量:轴线查全部承重墙柱;外墙垂直度全高查阳角,不少于4处,每层每20 m查一处;内墙按有代表性的自然间抽10%,但不少于3间,每间不少于2处,柱不少于5根。

3. 砖墙质量检验抽查数量及检查方法

砖墙质量检验抽查数量及检查方法见表3-11。

表3-11　砖墙质量检验抽查数量及检查方法

项目	序号	检查项目	抽查数量	检查方法
主控项目	1	砖	烧结砖15万块、多孔砖5万块、灰砂砖及粉煤灰砖10万块各为一验收批,抽查一组	查产品合格证书或抽样送检
	2	砂浆强度	每台搅拌机应至少抽检一次	检查试块强度试验报告单
	3	水平灰缝的砂浆饱满度	每检验批抽查不应少于5处	用百格网检查砖底面与砂浆的黏结痕迹面积。每处检测3块砖,取其平均值
	4	转角处和交接处	每检验批抽20%接槎,且不应少于5处	观察检查
	5	临时间断处留槎	每检验批抽20%接槎,且不应少于5处	观察和尺量检查
一般项目	1	组砌方法	外墙每20 m抽查一处,每处3~5 m,且不应少于3处;内墙按有代表性的自然间抽10%,且不应少于3间	观察检查
	2	灰缝厚度	每步脚手架施工的砌体,每20 m抽查1处	用尺量10皮砖砌体高度折算

3.2.3 混凝土小型空心砌块砌体工程质量控制

3.2.3.1 小型空心砌块材料的质量要求

混凝土小型空心砌块分为普通混凝土小型空心砌块和轻骨料混凝土小型空心砌块(简称小砌块)。

施工时所用的小砌块的产品龄期不应小于28 d。

砌筑小砌块时,应清除表面污物和芯柱用小砌块孔洞底部的毛边,剔除外观质量不合格的小砌块。

3.2.3.2 小型空心砌块施工质量控制要点

施工时所用的砂浆,宜选用专用的小砌块砌筑砂浆。

小砌块砌筑时,在天气干燥炎热的情况下,可提前洒水湿润小砌块;对轻骨料混凝土小砌块,可提前浇水湿润。小砌块表面有浮水时,不得施工。

小砌块应底面朝上反砌于墙上。

需要移动砌体中的小砌块或小砌块被撞动时,应重新铺砌。

小型空心砌块砌体的质量控制标准见表3-12。

表3-12 小型空心砌块砌体的质量控制标准

项目	序号	检查项目	抽查数量	检查方法
主控项目	1	小型砌块	每一生产厂家,每1万块小砌块至少应抽检一组	查产品合格证书或抽样送检
	2	砂浆强度	每台搅拌机应至少抽检一次	检查试块强度试验报告单
	3	灰缝的砂浆饱满度	每检验批不应少于3处	用专用百格网检测小砌块与砂浆黏结痕迹,每处检测3块小砌块,取其平均值
	4	转角处和交接处	每检验批抽20%接槎,且不应少于5处	观察检查
	5	轴线偏移和垂直度偏差	同砖墙	同砖墙
一般项目	1	一般尺寸允许偏差	同砖墙	同砖墙
	2	灰缝厚度	每层楼的检测点不应少于3处	用尺量5皮小砌块的高度和2 m砌体长度折算

注:1. 砌体水平灰缝的砂浆饱满度,应按净面积计算不得低于90%;竖向灰缝饱满度不得小于80%,竖缝凹槽部位应用砌筑砂浆填实;不得出现瞎缝、透明缝。

2. 墙体的水平灰缝厚度和竖向灰缝宽度宜为10 mm,但不应大于12 mm,也不应小于8 mm。

3.2.4 石砌体工程的质量控制

3.2.4.1 材料质量要求

1. *石材的质量要求*

石砌体所用石材应质地坚实,无风化剥落和裂纹。用于清水墙、柱表面的石材,应色泽均匀。毛石砌体中所用的毛石应呈块状,其中部厚度不小于 150 mm,各种砌筑用的料石宽度、厚度均不宜小于 200 mm,长度不宜大于厚度的 4 倍。

石材表面的泥垢、水锈等杂质,砌筑前应清除干净。

2. *水泥、砂、砂浆的质量要求*

水泥、砂、砂浆的质量要求同砌砖工程。

3.2.4.2 石砌体工程施工质量控制要点

1. *料石砌体*

砌筑毛石基础的第一皮石块应坐浆,并将大面向下;砌筑料石基础的第一皮石块应用丁砌层坐浆砌筑。

2. *毛石砌体*

毛石砌体的第一皮及转角处、交接处和洞口处,应用较大的平毛石砌筑。每个楼层(包括基础)砌体的最上一皮,宜选用较大的毛石砌筑。

3. *挡土墙*

(1)砌筑毛石挡土墙应符合下列规定:

每砌 3 ~4 皮为一个分层高度,每个分层高度应找平一次;外露面的灰缝厚度不得大于 40 mm,两个分层高度间分层处的错缝不得小于料石挡土墙,当中间部分用毛石砌筑时,丁砌料石伸入毛石部分的长度不应小于 200 mm。

(2)挡土墙的泄水孔当设计无规定时,施工应符合下列规定:

泄水孔应均匀设置,在每米高度上间隔 2 m 左右设置一个泄水孔;

泄水孔与土体间铺设长宽各为 300 mm、厚 200 mm 的卵石或碎石作疏水层。

4. *石砌体工程的质量控制标准*

(1)石砌体的轴线位置及垂直度允许偏差应符合表 3-13 的规定。

表 3-13 石砌体的轴线位置及垂直度允许偏差

项次	项目		允许偏差(mm)							检验方法
			毛石砌体		料石砌体					
					毛石料		粗石料		细石料	
			基础	墙	基础	墙	基础	墙	墙、柱	
1	轴线位置		20	15	20	15	15	10	10	用经纬仪和尺量
2	墙面垂直度	每层		20		20		10	7	用经纬仪、吊线和尺量
		全高		30		30		25	20	

(2)石砌体一般尺寸允许偏差。

石砌体一般尺寸允许偏差应符合表 3-14 的规定。

表 3-14　石砌体一般尺寸允许偏差

项次	项目		允许偏差(mm)							检验方法
			毛石砌体		料石砌体					
					毛石料		粗石料		细石料	
			基础	墙	基础	墙	基础	墙	墙、柱	
1	基础和墙砌体顶面标高		±25	±15	±25	±15	±15	±15	±15	用水准仪和尺
2	砌体厚度		±30	±20 -10	+30	+30	+15	+10 -5	+10 -5	用尺检查
3	表面平整度	清水墙、柱	—	20	—	20	—	10	5	细料石用 2 m 靠尺和塞尺,其他用两直尺垂直于灰缝拉 2 m 线检查
		混水墙、柱	—	20	—	20	—	15	—	
4	清水墙水平灰缝平直度		—	—	—	—	—	10	5	拉 10 m 线检查和尺量

(3)石砌体工程的质量控制抽查数量及检查方法见表 3-15。

表 3-15　石砌体工程的质量控制抽查数量及检查方法

项目	序号	检查项目	抽查数量	检查方法
主控项目	1	小型砌块	同一产地的石材至少应抽检一组	料石检查产品质量证明书,石材检查试块试验报告
	2	砂浆强度	每台搅拌机应至少抽检一次	检查试块强度试验报告单
	3	灰缝的砂浆饱满度	每步架抽查不应少于 1 处	观察检查
	4	轴线偏移和垂直度偏差	按楼层(或 4 m 高以内)每 20 m 抽查 1 处,每处 3 延长米,但不应少于 3 处;内墙,按有代表性的自然间抽查 10%,但不应少于 3 间,每间不应少于 2 处,柱子不应少于 5 根	见表 3-13
一般项目	1	一般尺寸允许偏差	外墙,按楼层(4 m 高以内)每 20 m 抽查 1 处,每处 3 延长米,但不应少于 3 处;内墙,按有代表性的自然间抽查 10%,但不应少于 3 间,每间不应少于 2 处,柱子不应少于 5 根	见表 3-14
	2	组砌形式	外墙,按楼层(或 4 m 高以内)每 20 m 抽查 1 处,每处 3 延长米,但不应少于 3 处;内墙,按有代表性的自然间抽查 10%,但不应少于 3 间	观察检查

注:砂浆饱满度不应小于 80%。

(4)石砌体的组砌形式应符合下列规定：内外搭砌，上下错缝，拉结石、丁砌石交错设置；毛石墙拉结石每0.7 m^2 墙面不应少于1块。

3.2.5 配筋砌体的质量控制

网状配筋砌体柱、水平配筋砌体墙、砖砌体和钢筋混凝土面层或钢筋砂浆面层组合砌体柱(墙)、砖砌体和钢筋混凝土构造柱组合墙以及配筋砌块砌体剪力墙统称为配筋砌体。

3.2.5.1 一般规定

(1)配筋砌体工程除应满足砌体工程的要求外，还应该符合砖砌体工程、混凝土小型空心砌块砌体工程的规定。

(2)构造柱浇灌混凝土前，必须将砌体留槎部位和模板浇水湿润，将模板内的落地灰、砖渣和其他杂物清理干净，并在结合面处注入适量与构造柱混凝土相同的去石水泥砂浆。振捣时，应避免触碰墙体，严禁通过墙体传振。

(3)设置在砌体水平灰缝中钢筋的锚固长度不宜小于50d(d为钢筋直径)，且其水平或垂直弯折段的长度不宜小于20d和150 mm；钢筋的搭接长度不应小于55d。

(4)配筋砌块砌体剪力墙，应采用专用的小砌块砌筑砂浆和专用的小砌块灌孔混凝土。

(5)浇灌芯柱混凝土，应遵守下列规定：

①清除孔洞内的砂浆等杂物，并用水冲洗；

②砌筑砂浆强度大于1 MPa时，方可浇灌芯柱混凝土；

③在浇灌芯柱混凝土前应先注入适量与芯柱混凝土相同的去石水泥砂浆，再浇灌混凝土；

④浇灌芯柱的混凝土，宜选用专用的小砌块灌孔混凝土，当采用普通混凝土时，其坍落度不应小于90 mm。

3.2.5.2 主控项目

(1)钢筋的品种、规格和数量应符合设计要求。

检验方法：检查钢筋的合格证书、钢筋性能试验报告、隐蔽工程记录。

(2)构造柱、芯柱、组合砌体构件、配筋砌体剪力墙构件的混凝土或砂浆的强度等级应符合设计要求。

抽检数量：各类构件每一检验批砌体至少应做一组试块。

检验方法：检查混凝土或砂浆试块试验报告。

(3)构造柱与墙体的连接处应砌成马牙槎，马牙槎应先退后进，预留的拉结筋应位置正确，施工中不得任意弯折。

抽检数量：每检验批抽20%构造柱，且不少于3处。

检验方法：观察检查。

合格标准：钢筋竖向移位不应超过100 mm，每一马牙槎沿高度方向尺寸不应超过300 mm。钢筋竖向位移和马牙槎尺寸偏差每一构造柱不应超过2处。

(4)构造柱位置及垂直度的允许偏差应符合表3-16的规定。

表 3-16 构造柱位置及垂直度的允许偏差

<table>
<tr><th>项次</th><th colspan="3">项目</th><th>允许偏差(mm)</th><th>检验方法</th></tr>
<tr><td>1</td><td colspan="3">柱中心位置</td><td>10</td><td>用经纬仪和尺或用其他测量仪器检查</td></tr>
<tr><td>2</td><td colspan="3">柱层间错位</td><td>8</td><td>用经纬仪和尺或用其他测量仪器检查</td></tr>
<tr><td rowspan="3">3</td><td rowspan="3">垂直度</td><td colspan="2">每层</td><td>10</td><td>用 2 m 托线板检查</td></tr>
<tr><td rowspan="2">全高</td><td>≤10 m</td><td>15</td><td rowspan="2">用经纬仪、吊线和尺检查,或用其他测量仪器检查</td></tr>
<tr><td>>10 m</td><td>20</td></tr>
</table>

(5)对配筋混凝土小型空心砌块砌体,芯柱混凝土应在装配式楼盖处贯通,不得削弱芯柱截面尺寸。

抽检数量:每检验批抽 10%,且不应少于 5 处。

检验方法:观察检查。

3.2.5.3 一般项目

(1)设置在砌体水平灰缝内的钢筋,应居中置于灰缝中。水平灰缝厚度应大于钢筋直径 4 mm 以上。砌体外露面砂浆保护层的厚度不应小于 15 mm。

抽检数量:每检验批抽检 3 个构件,每个构件检查 3 处。

检验方法:观察检查,辅以钢尺检测。

(2)设置在砌体灰缝内的钢筋的防腐保护应符合规范规定。

抽检数量:每检验批抽检 10% 的钢筋。

检验方法:观察检查。

合格标准:防腐涂料无漏刷(喷浸),无起皮脱落现象。

(3)网状配筋砌体中,钢筋网及放置间距应符合设计规定。

抽检数量:每检验批抽 10%,且不应少于 5 处。

检验方法:钢筋规格检查钢筋网成品,钢筋网放置间距局部剔缝观察,或用探针刺入灰缝内检查,或用钢筋位置测定仪测定。

合格标准:钢筋网沿砌体高度位置超过设计规定一皮砖厚不得多于 1 处。

(4)组合砖砌体构件,竖向受力钢筋保护层应符合设计要求,距砖砌体表面距离不应小于 5 mm;拉结筋两端应设弯钩,拉结筋及箍筋的位置应正确。

抽检数量:每检验批抽检 10%,且不应少于 5 处。

检验方法:支模前观察与尺量检查。

合格标准:钢筋保护层符合设计要求;拉结筋位置及弯钩设置 80% 及以上符合要求,箍筋间距超过规定者,每件不得多于 2 处,且每处不得超过一皮砖。

(5)配筋砌块砌体剪力墙中,采用搭接接头的受力钢筋搭接长度不应小于 $35d$,且不应少于 300 mm。

抽检数量:每检验批每类构件抽 20%(墙、柱、连梁),且不应少于 3 件。

检验方法:尺量检查。

3.2.6 填充墙砌体的质量控制

3.2.6.1 填充墙材料质量要求

(1)填充墙砌体所用的砖为:空心砖、蒸压加气混凝土砌块、轻骨料混凝土小型空心砌块等。

(2)蒸压加气混凝土砌块、轻骨料混凝土小型空心砌块砌筑时,其产品龄期应超过28 d。

(3)空心砖、蒸压加气混凝土砌块、轻骨料混凝土小型空心砌块等的运输、装卸过程中,严禁抛掷和倾倒。进场后应按品种、规格分别堆放整齐,堆置高度不宜超过2 m。加气混凝土砌块应防止雨淋。

(4)填充墙砌体砌筑前块材应提前2 d浇水湿润。蒸压加气混凝土砌块砌筑时,应向砌筑面适量浇水。

(5)用轻骨料混凝土小型空心砌块或蒸压加气混凝土砌块砌筑墙体时,墙底部应砌烧结普通砖或多孔砖,或普通混凝土小型空心砌块,或现浇混凝土坎台等,其高度不宜小于200 mm。

3.2.6.2 填充墙砌体的质量控制

(1)填充墙砌体的一般尺寸允许偏差见表3-17。

表3-17 填充墙砌体的一般尺寸允许偏差

<table>
<tr><th>项次</th><th colspan="2">项目</th><th>允许偏差(mm)</th><th>检验方法</th><th>抽检数量</th></tr>
<tr><td rowspan="3">1</td><td colspan="2">轴线位移</td><td>10</td><td>用尺检查</td><td rowspan="4">检验批的标准间中随机抽查10%,但不应少于3间;大面积房间和楼道按两个轴线或每10延长米按一标准间计数。每间检验不应少于3处</td></tr>
<tr><td rowspan="2">垂直度</td><td>小于或等于3 m</td><td>5</td><td rowspan="2">用2 m托线板或吊线、尺检查</td></tr>
<tr><td>大于3 m</td><td>10</td></tr>
<tr><td>2</td><td colspan="2">表面平整度</td><td>8</td><td>用2 m靠尺和楔形塞尺检查</td></tr>
<tr><td>3</td><td colspan="2">门窗洞口高、宽(后塞口)</td><td>±5</td><td>用尺检查</td><td rowspan="2">在检验批中抽检10%,且不应少于5处</td></tr>
<tr><td>4</td><td colspan="2">外墙上、下窗口偏移</td><td>20</td><td>用经纬仪或吊线检查</td></tr>
</table>

(2)填充墙砌体的质量控制抽查数量与检查方法见表3-18。

表3-18 填充墙砌体的质量控制抽查数量与检查方法

<table>
<tr><th>项目</th><th>序号</th><th>检查项目</th><th>抽查数量</th><th>检查方法</th></tr>
<tr><td rowspan="2">主控项目</td><td>1</td><td>砖、砌块</td><td></td><td>产品合格证书、产品性能检测报告</td></tr>
<tr><td>2</td><td>砂浆强度</td><td>每台搅拌机应至少抽检一次</td><td>检查试块强度试验报告单</td></tr>
</table>

续表 3-18

项目	序号	检查项目	抽查数量	检查方法
一般项目	1	一般尺寸允许偏差	见表 3-17	见表 3-17
	2	蒸压加气混凝土砌块砌体和轻骨料混凝土小型空心砌块砌体不应与其他块材混砌	在检验批中抽检 20%，且不应少于 5 处	外观检查
	3	砂浆饱满度	每步架子不少于 3 处，且每处不应少于 3 块	采用百格网检查块材底面砂浆的黏结痕迹面积
	4	拉结筋位置	在检验批中抽检 20%，且不应少于 5 处	观察和用尺量检查

注：砂浆饱满度：空心砖砌体的水平缝大于等于 80%，垂直缝填满砂浆，不得有透明缝、瞎缝、假缝。加气混凝土砌块和轻骨料混凝土小砌块砌体灰缝都不应小于 80%。

学习单元 3.3　钢筋混凝土工程的质量控制

钢筋混凝土工程的质量控制包括钢筋、模板和混凝土工程三部分内容。

3.3.1　钢筋工程的质量控制

3.3.1.1　原材料的质量控制

进场的钢筋应检查钢筋的出厂质量合格证明书、检验报告单，并按规定分批抽取试样做机械性能检验，合格后方可使用。

钢筋表面或每捆（盘）钢筋均应有标识；钢筋表面不得有裂纹、结疤、折痕和锈蚀现象。进场时和使用前采用观察的方法全数检查。

当发现钢筋有脆断、焊接性能不良或力学性能显著不正常等现象时，应对该批钢筋进行化学成分检验或其他专项检验。

3.3.1.2　钢筋加工的质量控制

（1）钢筋加工制作在现场进行，配置钢筋弯曲机、钢筋切断机和卷扬机用于钢筋加工。

（2）技术人员负责编制钢筋配料单，操作人员严格按钢筋配料单进行钢筋加工，确保尺寸正确。

（3）对特殊复杂部位钢筋，加工前应放大样，经复核无误后再进行加工制作，做到尺寸依图纸，操作按规范。

（4）严格按操作规程及质量标准执行，成型后的钢筋要挂牌分类堆放，存于钢筋棚内，并做好防锈措施。

（5）焊工须有上岗操作证，钢筋焊接施工前，应先进行钢筋试验焊接，合格后方可进行施工焊接。钢筋焊接接头按规范要求做抽样试验。

（6）箍筋弯钩应满足 135°，平直部分长度不小于箍筋直径的 10 倍。Ⅰ级钢筋末端应作 180°弯钩,其弯弧内直径不应小于钢筋直径的 2.5 倍,弯钩的弯后平直部分长度不应小于钢筋直径的 3 倍;当设计要求钢筋末端须做 135°弯钩时,HRB335 级、HRB400 级钢筋的弯弧内直径不应小于钢筋直径的 4 倍,弯钩的弯后平直部分长度应符合设计要求;钢筋做不大于 90°的弯折时,弯折处的弯弧内直径不应小于钢筋直径的 5 倍。

(7)一级盘圆钢筋加工前先进行调直,钢筋调直宜采用机械方法,也可采用冷拉方法,冷拉率控制在 4% 以内。

(8)钢筋加工的形状、尺寸应符合设计要求,其偏差应符合表 3-19 的规定。

表 3-19 钢筋加工的允许偏差

项目	允许偏差(mm)
受力钢筋顺长度方向全长的净尺寸	±10
弯起钢筋的弯折位置	±20
箍筋内净尺寸	±5

3.3.1.3 钢筋连接的质量控制

钢筋的接头宜设置在受力较小处。同一纵向受力钢筋不宜设置两个或两个以上接头。接头末端至钢筋弯起点的距离不应小于钢筋直径的 10 倍。

对钢筋机械连接接头、焊接接头的外观进行检查,其质量应符合有关规程的规定。

当受力钢筋采用机械连接接头或焊接接头时,设置在同一构件内的接头宜相互错开。

纵向受力钢筋机械连接接头及焊接接头连接区段的长度为 35d(d 为纵向受力钢筋的较大直径),且不小于 500 mm,凡接头中点位于该连接区段长度内的接头均属于同一连接区段。同一连接区段内,纵向受力钢筋机械连接及焊接的接头面积百分率为该区段内有接头的纵向受力钢筋截面面积与全部纵向受力钢筋截面面积的比值。

同一连接区段内,纵向受力钢筋的接头面积百分率应符合设计要求;当设计无具体要求时,应符合在受拉区不宜大于 50%;接头不宜设置在有抗震设防要求的框架梁端、柱端的箍筋加密区;当无法避开时,对等强度高质量机械连接接头,不应大于 50%;直接承受动力荷载的结构构件中,不宜采用焊接接头;当采用机械连接接头时,不应大于 50%。

同一构件中相邻纵向受力钢筋的绑扎搭接接头宜相互错开。绑扎搭接接头中钢筋的横向净距不应小于钢筋直径,且不应小于 25 mm。

在梁、柱类构件的纵向受力钢筋搭接长度范围内,应按设计要求配置箍筋。当设计无具体要求时,应符合:箍筋直径不应小于搭接钢筋较大直径的 0.25 倍;受拉搭接区段的箍筋间距不应大于搭接钢筋较小直径的 5 倍,且不应大于 100 mm;受压搭接区段的箍筋间距不应大于搭接钢筋较小直径的 10 倍,且不应大于 200 mm;当柱中纵向受力钢筋直径大于 25 mm 时,应在搭接接头两个端面外 100 mm 范围内各设置两个箍筋,其间距宜为 50 mm。

3.3.1.4 钢筋安装的质量控制

钢筋安装时,应全数检查受力钢筋的品种、级别、规格和数量是否符合设计要求。

钢筋安装位置的偏差应符合表 3-20 的规定。

表 3-20 钢筋安装位置的允许偏差和检验方法

项目			允许偏差(mm)	检验方法
绑扎钢筋网	长、宽		±10	钢尺检查
	网眼尺寸		±20	钢尺量连续三档,取最大值
绑扎钢筋骨架	长		±10	钢尺量一端及中部,取较大值
	宽、高		±5	钢尺检查
受力钢筋	间距		±10	钢尺检查
	排距		±5	钢尺量两端及中部各一点,取较大值
	保护层厚度	基础	±10	钢尺检查
		柱、梁	±5	钢尺检查
		板、墙、壳	±3	钢尺检查
绑扎钢筋、横向钢筋间跨			±20	钢尺量连续三档,取最大值
钢筋弯起点位置			20	钢尺检查
预埋件	中心线位置		5	钢尺检查,沿纵、横两个方向量测,取较大值
	水平高差		+3,0	钢尺及塞尺检查

基础钢筋四周两根钢筋交叉点每点扎牢,中间部分交叉点每隔一根呈梅花形绑牢,双向受力主筋的钢筋网,应将全部钢筋相交点扎牢,相邻绑扎点的绑扣要呈八字形,以免网片歪斜变形。现浇柱、墙与基础连接用的插筋下端,用90°弯钩与基础钢筋进行绑扎,插筋位置应用钢筋架成井字形固定牢固,以免造成柱子钢筋位移。基础配有双层钢筋网时,应在上层钢筋网下面设置钢筋撑脚(螺纹Φ14@1 000 mm,双向),以保证上下层钢筋间距和位置的正确。

剪力墙、柱(剪力墙边缘构件)钢筋的安装,平面位置和垂直度均在绑扎前进行校正。剪力墙及柱(剪力墙边缘构件)钢筋接头位置按设计规定错开,剪力墙钢筋连接采用绑扎搭接,柱(剪力墙边缘构件)纵向受力钢筋接头采用电渣压力焊连接,根据规范及图集要求,二者钢筋接头百分率均按不大于50%控制。箍筋加密区按规定布置,梁、柱节点内的加密箍筋事先按顺序布好。箍筋弯钩重叠处,应交错布置在四角纵向钢筋上;箍筋转角与纵向钢筋交叉点均应扎牢,绑扎箍筋时绑扣相互之间呈八字形。柱(剪力墙边缘构件)箍筋端头弯成135°,平直长度不小于10d。柱钢筋控制保护层采用塑料定位卡卡在柱主筋外皮上,间距为1 000 mm,以确保主筋保护层的厚度。

梁钢筋安装的流程:主筋穿好箍筋,按划好的间距逐个分开→固定主筋→穿次梁钢筋并套好箍筋→放主梁架立筋、次梁架立筋→隔一定间距将梁底主筋与箍筋绑住→绑架立筋→再绑主筋。主次梁同时配合进行。主梁与次梁上部纵向钢筋相遇处,次梁钢筋置于主梁钢筋之上。纵向受力钢筋采用双层排列时,两排钢筋之间垫以直径为25 mm的短钢筋,短钢筋的设置间距≤1 000 mm。悬臂梁端部边梁的上部钢筋,布在悬臂梁筋的上部。梁箍筋的接头(弯钩重叠处),应交错布置在两根架立筋上。四角主筋用骑马式绑扣,使主筋与梁箍圆弧部分相吻合。距墙或柱边 50 mm 为第一道箍筋位置。梁钢筋接头采用闪光对焊连接,接头百分率控制在不超过 50% 的范围内。钢筋接头位置:上皮钢筋接头留在跨中 1/3 范围内,下皮钢筋接头留在支座内,且满足锚固长度要求。

板钢筋绑扎前应修整模板,将模板上垃圾杂物清扫干净,根据设计间距用粉笔在模板上分好主筋、分布筋的安装位置。按划好的间距先排放受力主筋、后放分布筋,预埋件、电线管、预留孔洞等同时配合安装并固定。板下部钢筋不留接头,钢筋端部按设计要求锚固长度直接埋入支座。双向板的底部钢筋,短跨钢筋在下排,长跨钢筋在上排。板上洞口尺寸≤300 mm,一般将钢筋从洞边绕过,当洞口尺寸 >300 mm 时按设计要求设加强筋。双层网筋之间为保证上层筋的有效高度,采用设置几字形支撑筋,一般纵横向间距为 Φ10@600 mm,撑脚长度不小于 200 mm。板筋四周两行钢筋交叉点每点扎牢,中间部分交叉点可间隔交错扎牢,但必须保证钢筋位置正确,双向受力主筋的钢筋网,应将全部钢筋相交点扎牢,相邻绑扎点的绑扣要呈八字形,以免网片歪斜变形。板、次梁与主梁交叉处,板钢筋在上,次梁钢筋居中,主梁钢筋在下。梁、板钢筋绑扎时应防止水电管线将钢筋抬起或压下。

楼梯钢筋绑扎在楼梯支好的模板上,弹上主筋和分布筋的位置线。按设计图纸中主筋和分布筋的排列,先绑扎主筋,后绑扎分布筋,每个交点均应绑扎。有楼梯梁,先绑扎梁,后绑扎板钢筋,板钢筋要锚固到梁内。

3.3.2 模板工程的质量控制

模板安装和浇筑混凝土时,应对模板及其支架进行观察和维护。发生异常情况时,应按施工技术方案及时进行处理。

3.3.2.1 模板安装的质量控制

安装现浇结构的上层模板及其支架时,下层楼板应具有承受上层荷载的承载能力,或加设支架;上、下层支架的立柱应对准,并铺设垫板。要对照模板设计文件和施工技术方案进行全数观察。

在涂刷模板隔离剂时,不得沾污钢筋和混凝土接槎处。

模板安装应满足下列要求:

(1)模板的接缝不应漏浆;在浇筑混凝土前,木模板应浇水湿润,但模板内不应有积水。

(2)模板与混凝土的接触面应清理干净并涂刷隔离剂,但不得采用影响结构性能或妨碍装饰工程施工的隔离剂。

(3)浇筑混凝土前,模板内的杂物应清理干净。

(4)对清水混凝土工程及装饰混凝土工程,应使用能达到设计效果的模板。

用作模板的地坪、胎模等应平整光洁,不得产生影响构件质量的下沉、裂缝、起砂或起鼓。

对跨度不小于 4 m 的现浇钢筋混凝土梁、板,其模板应按设计要求起拱;当设计无具体要求时,起拱高度宜为跨度的 1/1 000~3/1 000。

固定在模板上的预埋件、预留孔和预留洞均不得遗漏,且应安装牢固,其偏差应符合表 3-21 的规定。

表 3-21　预埋件和预留孔、洞的允许偏差及检查数量

项目		允许偏差(mm)	检查数量
预埋钢板中心线位置		3	在同一检验批内,对梁、柱和独立基础,应抽查构件数量的 10%,且不少于 3 件;对墙和板,应按有代表性的自然间抽查 10%,且不少于 3 间;对大空间结构,墙可按相邻轴线间高度 5 m 左右划分检查面,板可按纵横轴线划分检查面,抽查 10%,且均不少于 3 面
预埋管、预留孔中心线位置		3	
插筋	中心线位置	5	
	外露长度	+10,0	
预埋螺栓	中心线位置	2	
	外露长度	+10,0	
预留洞	中心线位置	10	
	外露长度	+10,0	

现浇结构模板安装的允许偏差应符合表 3-22 的规定。

表 3-22　现浇结构模板安装的允许偏差、检验方法及检查数量

项目		允许偏差(mm)	检查方法	检查数量
轴线位置		5	钢尺检查	在同一检验批内,对梁、柱和独立基础,应抽查构件数量的 10%,且不少于 3 件;对墙和板,应按有代表性的自然间抽查 10%,且不少于 3 间;对大空间结构,墙可按相邻轴线间高度 5 m 左右划分检查面,板可按纵、横轴线划分检查面,抽查 10%,且均不少于 3 面
底模上表面标高		±5	水准仪或拉线、钢尺检查	
截面内部尺寸	基础	±10	钢尺检查	
	柱、墙、梁	+4,-5	钢尺检查	
层高垂直度	不大于 5 m	6	经纬仪或吊线、钢尺检查	
	大于 5 m	8	经纬仪或吊线、钢尺检查	
相邻两板表面高低差		2	钢尺检查	
表面平整度		5	2 m 靠尺和塞尺检查	

3.3.2.2　模板拆除的质量控制

底模及其支架拆除时的混凝土强度应符合设计要求;当设计无具体要求时,混凝土强度应符合表 3-23 的规定。侧模拆除时的混凝土强度应能保证其表面及棱角不受损伤。

表 3-23　底模拆除时的混凝土强度要求

构件类型	构件跨度(m)	达到设计的混凝土立方体抗压强度标准值的百分率(%)
板	≤2	≥50
	>2,≤8	≥75
	>8	≥100
梁、拱、壳	≤8	≥75
	>8	≥100
悬臂结构	—	≥100

对后张法预应力混凝土结构构件，侧模宜在预应力张拉前拆除；底模支架的拆除应按施工技术方案执行，当无具体要求时，不应在结构构件建立预应力前拆除。

模板拆除时，不应对楼层形成冲击荷载。拆除的模板和支架宜分散堆放并及时清运。

3.3.3 混凝土工程的质量控制

混凝土工程是指由胶凝材料将各种分散性材料，经科学地配制，浇筑成符合建筑结构设计和构件尺寸要求的形状，并能承受各种环境条件中作用力的复合性整体。由于混凝土的质量对结构安全、外部尺寸及承载力影响较大，所以在质量控制中应对混凝土的浇筑质量进行严密的检验和把关。

3.3.3.1 原材料质量控制

水泥进场必须有出厂合格证，质量检查员还应按批量进行取样复检，水泥的性能指标必须符合相应的水泥品种的标准规定。当在使用中对水泥质量有怀疑或水泥出厂超过三个月（快硬硅酸盐水泥超过一个月）时，应进行复验，并按复验结果使用。钢筋混凝土结构、预应力混凝土结构中，严禁使用含氯化物的水泥。按同一生产厂家、同一等级、同一品种、同一批号且连续进场的水泥，袋装不超过200 t为一批，散装不超过500 t为一批，每批抽样不少于一次。

混凝土用的粗骨料、细骨料，应符合标准要求，所用骨料的最大颗粒粒径不得超过结构截面最小尺寸的1/4，且不得超过钢筋间最小净距的3/4。对于混凝土实心板，骨料的最大粒径不宜超过板厚的1/2，且不得超过40 mm。

骨料进场后，应按品种、规格分别堆放，不得混杂，骨料中严禁混入烧过的白云石或石灰石。

混凝土中掺用的外加剂，质量应该符合现行国家标准要求。外加剂的品种及掺量必须依据混凝土的性能要求、施工及气候条件、混凝土所采用的原材料及配合比等因素经试验确定。在蒸汽养护的混凝土和预应力混凝土中，不宜掺入引气剂或引气减水剂。

在钢筋混凝土中掺用氯盐类防冻剂时，氯盐掺量按无水状态计算不得超过水泥用量的1%，当采用素混凝土时，氯盐掺量不得大于水泥用量的3%。

如果使用商品混凝土，混凝土商应该提供混凝土各类技术指标，即强度等级、配合比、外加剂品种、混凝土的坍落度等，按批量出具出厂合格证。

拌制混凝土宜采用饮用水；当采用其他水源时，水质应符合国家现行标准，同一水源检查不应少于一次水质试验报告。

3.3.3.2 混凝土质量控制要点

1. 混凝土的配合比

对混凝土的配合比控制，一方面查看配合比通知单，另一方面按照该通知单各材料用量的质量进行抽查。每盘混凝土的各种材料用量必须过磅秤称量，组成材料计量结果的偏差应符合表3-24的规定。对混凝土组成材料计量结果的检查，每一工作班进行抽检二次，并有检查记录；对带有配料装置和自动控制装置的搅拌站上的自动配料秤或电子传感装置，按有关规定执行。

表 3-24　组成材料每盘称量的允许偏差

材料名称	允许偏差(mm)
水泥、掺合料	±2
粗、细骨料	±3
水、外加剂	±2

泵送混凝土的配合比，骨料最大粒径与输送管内径之比，碎石不宜大于1∶3，卵石不宜大于1∶2.5，通过0.315 mm筛孔的砂不应小于15%；砂率应控制在40%～50%；最小水泥用量不得小于300 kg/m³；混凝土的坍落度为80～180 mm。

2. 混凝土的拌制

混凝土拌制前，应测定砂、石含水量并根据测试结果调整材料用量，提出施工配合比。

拌制混凝土所用的搅拌机类型应与所拌混凝土品种相适应。

向搅拌机内投料的顺序应根据搅拌机的类型来确定；但为了保证混凝土的拌制质量和拌和料的质量，在搅拌第一盘混凝土时，均应采用加半砂或减半石子的方法进行。

混凝土搅拌时间的长短，对拌制的混凝土拌和物的质量和均匀性有较大影响。搅拌时间短，拌和物不均匀，水泥不能均匀地包裹在沙子里面；搅拌时间过长，混凝土的强度反而会下降，并且易产生材料离析现象。所以，应随时检查混凝土的最短搅拌时间。混凝土搅拌的最短时间应根据搅拌机型和混凝土坍落度的要求，按表3-25的规定执行，并且应做好检查记录。

表 3-25　混凝土搅拌最短时间　　（单位：s）

混凝土坍落度	搅拌机型	搅拌机出料量(L)		
		<250	250～500	>500
≤30 mm	自落式	90	120	150
	强制式	60	90	120
>30 mm	自落式	90	90	120
	强制式	60	60	90

3. 混凝土强度控制

结构混凝土的强度等级必须符合设计要求。用于检查结构构件混凝土强度的试件，应在混凝土的浇筑地点随机抽取，每拌制100盘且不超过100 m³的同配合比的混凝土，取样不得少于一次；每工作班拌制的同一配合比的混凝土不足100盘时，取样不得少于一次；当一次连续浇筑超过1 000 m³时，同一配合比的混凝土每200 m³取样不得少于一次；每一楼层、同一配合比的混凝土，取样不得少于一次；每次取样应至少留置一组标准养护试件，同条件养护试件的留置组数应根据实际需要确定。

对有抗渗要求的混凝土结构，其混凝土试件应在浇筑地点随机取样。同一工程、同一配合比的混凝土，取样不应少于一次，留置组数可根据实际需要确定。

4. 混凝土的浇筑

混凝土浇筑前应检查模板、支架、钢筋保护层厚度、配筋的数量、箍筋的间距，预埋件、吊环等规格。浇筑时，自高处倾落的自由高度不应超过 2 m，若超过，应用溜管或溜槽等辅助设备。在浇筑竖向结构混凝土前，应先在底部填以 50 ~ 100 mm 厚与混凝土内砂浆成分相同的水泥砂浆。混凝土浇筑层厚度应符合表 3-26 的规定。

表 3-26　混凝土浇筑层厚度　（单位：mm）

捣实混凝土的方法		浇筑层厚度
表面振动		200
插入式振动		振动器作用部分长度的 1.25 倍
人工振捣	在基础、无配筋混凝土或配筋稀疏的结构中	250
	在梁、墙板、柱结构中	200
	在配筋密列的结构中	150
轻骨料混凝土	插入式振动	300
	表面振动	200

5. 混凝土的捣实

振捣是混凝土密实的主要工艺，应采用快插慢拔振捣器，当采用插入式振捣器时，每一振点的振捣延续时间，应使混凝土表面不再沉落和出现浮浆；捣实普通混凝土的移动间距，不宜大于振捣器作用半径的 1.5 倍；振捣轻骨料混凝土的移动间距，不应大于其作用半径；振捣器与模板的距离，不应大于其作用半径的 0.5 倍，并不准碰振钢筋、模板、芯管、吊环等；振捣器插入下层混凝土内的深度不应大于 50 mm。

当采用表面振捣器时，其移动间距应保证振捣器的底板能覆盖已振实部位的边缘。当采用附着式振捣器时，其间距应通过试验确定，并应与模板紧密连接。当采用振动台振实干硬性混凝土和轻骨料混凝土时，应采用加压振动的方法，所加压力为 1 ~ 3 kN/m^2。

6. 混凝土的养护

混凝土浇筑完毕后，应按施工技术方案及时采取有效的养护措施，并应符合下列规定：

（1）应在浇筑完毕后的 12 h 以内对混凝土加以覆盖并保湿养护；当日平均气温低于 5 ℃时，不得浇水；当采用其他品种水泥时，混凝土的养护时间应根据所采用水泥的技术性能确定。

（2）混凝土浇水养护的时间：对采用硅酸盐水泥、普通硅酸盐水泥或矿渣硅酸盐水泥拌制的混凝土，不得少于 7 d；对掺用缓凝型外加剂或有抗渗要求的混凝土，不得少于 14 d。

（3）浇水次数应能保持混凝土处于湿润状态，混凝土养护用水应与拌制用水相同。

（4）采用塑料布覆盖养护的混凝土，其敞露的全部表面应覆盖严密，并应保持塑料布内有凝结水。

（5）混凝土强度达到 1.2 N/mm^2 前，不得在其上踩踏或安装模板及支架。

(6)混凝土表面不便浇水或使用塑料布时,宜涂刷养护剂。

(7)对大体积混凝土的养护,应根据气候条件按施工技术方案采取控温措施。

7. 施工缝的留置

施工缝的位置应留置在结构受剪力较小且便于施工的位置。

柱的施工缝应留置在基础的顶面、梁或吊车梁牛腿的下面、吊车梁的上面、无梁楼板柱帽的下面;与板连成整体的大截面梁的施工缝,应留置在板底以下 20 ~ 30 mm 处,当板下有梁托时,应留置在梁托下部;单向板的施工缝,应留置在与板平行的短边的任何位置;有主次梁的楼板应顺着次梁方向浇筑,施工缝应留置在次梁跨度的中间 1/3 范围内;墙的施工缝,应留置在门洞口过梁跨中 1/3 范围内,也可留在纵横墙的交接处;对于双向受力楼板、大体积混凝土结构、多层钢架、拱、薄壳等其他结构复杂的工程,施工缝的位置应按设计要求留置。

学习单元 3.4 防水工程的质量控制

建筑物的防水一般分为三部分,即屋面防水、地下防水和卫生间防水。其中,屋面防水工程分为卷材防水和刚性防水等;地下防水工程分为混凝土、水泥砂浆、卷材和涂料防水等;卫生间防水分为聚氨酯防水涂料防水、聚合物水泥防水涂料防水等。

3.4.1 卷材防水层

3.4.1.1 原材料要求

卷材防水层适用于防水等级为Ⅰ~Ⅳ级的屋面防水。

卷材防水层应采用高聚物改性沥青防水卷材、合成高分子防水卷材或沥青防水卷材。所选用的基层处理剂、接缝胶粘剂、密封材料等配套材料应与铺贴的卷材材性相容。

卷材防水层所用卷材及其配套材料,必须符合设计要求,应检查出厂合格证、质量检验报告和现场抽样复验报告。

卷材厚度的选用应符合表 3-27 的规定。

表 3-27 卷材厚度选用

屋面防水等级	设防道数	合成高分子防水卷材	高聚物改性沥青防水卷材	沥青防水卷材
Ⅰ	三道或三道以上	不应小于 1.5 mm	不应小于 3 mm	—
Ⅱ	二道设防	不应小于 1.2 mm	不应小于 3 mm	—
Ⅲ	一道设防	不应小于 1.2 mm	不应小于 4 mm	三毡四油
Ⅳ	一道设防	—	—	二毡三油

3.4.1.2 卷材防水施工质量控制要点

在坡度大于 25% 的屋面上采用卷材作防水层时,应采取固定措施,固定点应密封严密。

铺设屋面防水层前,基层必须干净、干燥。干燥基层的简易方法,是将 1 m^2 卷材平坦地干铺在找平层上，静止 3～4 h 后掀开检查，找平层覆盖部位与卷材上未见水印即可铺设。

卷材铺贴方向应符合表 3-28 的规定，且上下层卷材不得相互垂直铺贴。

表 3-28　卷材铺贴方向

序号	坡度	铺贴方向
1	屋面坡度小于 3% 时	卷材宜平行屋脊铺贴
2	屋面坡度在 3%～15% 时	卷材可平行或垂直屋脊铺贴
3	屋面坡度大于 15% 或屋面受振动时	沥青防水卷材应垂直屋脊铺贴，高聚物改性沥青防水卷材和合成高分子防水卷材可平行或垂直屋脊铺贴

铺贴卷材采用搭接法时，上下层及相邻两幅卷材的搭接缝应错开。各种卷材搭接宽度应符合表 3-29 的要求。

表 3-29　卷材搭接宽度　（单位：mm）

卷材种类		短边搭接		长边搭接	
		满粘法	空铺、点粘、条粘法	满粘法	空铺、点粘、条粘法
沥青防水卷材		100	150	70	100
高聚物改性沥青防水卷材		80	100	80	100
合成高分子防水卷材	胶粘剂	80	100	80	100
	胶粘带	50	60	50	60
	单焊缝	60，有效焊缝宽度不小于 25			
	双焊缝	80，有效焊缝宽度 10×2＋空腔宽			

卷材的铺贴方向应正确，卷材搭接宽度的允许偏差为 －10 mm。

冷粘法铺贴卷材应做到：胶粘剂涂刷应均匀，不露底，不堆积。根据胶粘剂的性能，应控制胶粘剂涂刷与卷材铺贴的间隔时间。铺贴的卷材下面的空气应排尽，并辊压黏结牢固。铺贴卷材应平整顺直，搭接尺寸准确，不得扭曲、皱褶。接缝口应用密封材料封严，宽度不应小于 10 mm。

热熔法铺贴卷材应做到：火焰加热器加热卷材应均匀，不得过分加热或烧穿卷材；厚度小于 3 mm 的高聚物改性沥青防水卷材严禁采用热熔法施工。卷材表面热熔后应立即滚铺卷材，卷材下面的空气应排尽，并辊压黏结牢固，不得空鼓。卷材接缝部位必须溢出热熔的改性沥青胶。铺贴的卷材应平整顺直，搭接尺寸准确，不得扭曲、皱褶。

自粘法铺贴卷材应做到：铺贴卷材前基层表面应均匀涂刷基层处理剂，干燥后应及时铺贴卷材。铺贴卷材时，应将自粘胶底面的隔离纸全部撕净。卷材下面的空气应排尽，并辊压黏结牢固。铺贴的卷材应平整顺直，搭接尺寸准确，不得扭曲、皱褶。搭接部位宜采用热风加热，随即粘贴牢固。接缝口应用密封材料封严，宽度不应小于 10 mm。

卷材热风焊接施工应做到:焊接前卷材的铺设应平整顺直,搭接尺寸准确,不得有扭曲、褶皱。卷材的焊接面应清扫干净,无水滴、油污及附着物。焊接时应先焊长边搭接缝,后焊短边搭接缝。控制热风加热温度和时间,焊接处不得有漏焊、跳焊、焊焦或焊接不牢现象。焊接时不得损害非焊接部位的卷材。

天沟、檐沟、檐口、泛水和立面卷材收头的端部应裁齐,塞入预留凹槽内,用金属压条钉压固定,最大钉距不应大于 900 mm,并用密封材料嵌填封严。

卷材防水层的搭接缝应黏(焊)结牢固,密封严密,不得有褶皱、翘边和鼓泡等缺陷;防水层的收头应与基层黏结并固定牢固,缝口封严,不得翘边。

3.4.1.3 卷材防水层的保护与检验

卷材防水层完工并经验收合格后,应做好成品保护。保护层的施工应符合下列规定:

(1)绿豆砂应清洁、预热、铺撒均匀,并使其与沥青玛瑞脂黏结牢固,不得残留未黏结的绿豆砂。

(2)云母或蛭石保护层不得有粉料,撒铺应均匀,不得露底,多余的云母或蛭石应清除。

(3)水泥砂浆保护层的表面应抹平压光,并设表面分格缝,分格面积宜为 1 m^2。

(4)块体材料保护层应留设分格缝,分格面积不宜大于 100 m^2,分格缝宽度不宜小于 20 mm。

(5)细石混凝土保护层,混凝土应密实,表面抹平压光,并留设分格缝,分格面积不大于 36 m^2。

(6)浅色涂料保护层应与卷材黏结牢固,厚薄均匀,不得漏涂。

(7)水泥砂浆、块材或细石混凝土保护层与防水层之间应设置隔离层。

(8)刚性保护层与女儿墙、山墙之间应预留宽度为 30 mm 的缝隙,并用密封材料嵌填严密。

采用雨水或淋水、蓄水检验卷材防水层,防水层不得有渗漏或积水现象。

3.4.2 刚性防水屋面

防水层在受到拉伸外力大于防水材料的抗拉强度时(包括沉降变形、温差变形等),防水层发生脆性开裂而造成渗漏水,称为刚性防水。一般特指屋面细石混凝土防水层(新屋面规范已取消细石混凝土刚性防水层)、防水砂浆类防水层、薄层无机刚性防水层(如“水不漏”防水层)等。下面只介绍细石混凝土防水层的质量控制。

3.4.2.1 原材料要求

刚性防水适用于防水等级为Ⅰ～Ⅲ级的屋面防水,不适用于设有松散材料保温层的屋面以及受较大振动或冲击的和坡度大于15%的建筑屋面。

细石混凝土不得使用火山灰质硅酸盐水泥;当采用矿渣硅酸盐水泥时,应采取减少泌水性的措施。粗骨料含泥量不应大于1%,细骨料含泥量不应大于2%。

细石混凝土的原材料及配合比必须符合设计要求。

3.4.2.2 细石混凝土防水层施工质量控制要点

细石混凝土防水层与立墙及突出屋面结构等交接处,应作柔性密封处理;细石混凝土防水层应表面平整、压实抹光,不得有裂缝、起壳、起砂等缺陷,表面平整度的允许偏差为5 mm;细石混凝土防水层在天沟、檐沟、檐口、水落口、泛水、变形缝和伸出屋面管道的防水构造,必须符合设计要求;细石混凝土防水层施工完毕应通过雨后或淋水、蓄水检验,不得有渗漏或积水现象。

细石混凝土防水层的厚度和钢筋位置应符合设计要求,厚度不应小于40 mm,并应配置双向钢筋网片。钢筋网片在分格缝处应断开,其保护层厚度不应小于10 mm。

细石混凝土防水层的分格缝,应设在屋面板的支承端、屋面转折处、防水层与突出屋面结构的交接处,其纵横间距不宜大于6 m。分格缝内应嵌填密封材料,细石混凝土分格缝的位置和间距应符合设计要求。

3.4.3 防水混凝土

防水混凝土是指抗渗性能良好,在0.6 MPa以上水压下不透水的混凝土。通过改善骨料级配、减少用水量、掺用适当外加剂等措施来提高混凝土的抗渗性。浇筑质量要求均匀密实,并需要适当的湿养护以防止干缩裂纹。防水混凝土可分为普通防水混凝土、外加剂防水混凝土、膨胀水泥防水混凝土等。

防水混凝土适用于防水等级为Ⅰ~Ⅳ级的地下整体式混凝土结构。不适用环境温度高于80 ℃或处于耐侵蚀系数小于0.8的侵蚀介质中适用的地下工程。

3.4.3.1 原材料的要求

水泥品种应按设计要求选用,其强度等级不应低于32.5级,不得使用过期或受潮结块水泥。

碎石式卵石的粒径宜为5~40 mm,含泥量不得大于1.0%,泥块含量不得大于0.5%。

砂宜用中砂,含泥量不得大于3.0%,泥块含量不得大于1.0%。

外加剂的技术性能,应符合国家或行业标准一等品及以上的质量要求。

粉煤灰的级别不应低于二级,掺量不宜大于20%;硅粉掺量不应大于3%;其他掺合料的掺量应通过试验确定。

拌制混凝土所用的水,应采用不含有害物质的洁净水。

3.4.3.2 防水混凝土施工质量控制要点

防水混凝土的配合比应符合:试配要求的抗渗水压值应比设计值提高0.2 MPa;水泥用量不得少于300 kg/m^3;掺有活性掺合料时,水泥用量不得小于280 kg/m^3;砂率宜为35%~45%,灰砂比宜为1∶2~1∶2.5;水灰比不得大于0.55。普通混凝土坍落度不宜大于50 mm,泵送时其坍落度宜为100~140 mm。

拌制混凝土所用材料的品种、规格和用量,每工作班检查不应少于两次。

每盘混凝土各组成材料计量结果的偏差应符合表3-30的规定。

每工作班至少检查两次混凝土在浇筑地点的坍落度。混凝土坍落度试验应符合现行《普通混凝土拌和物性能试验方法》(GB/T 50080—2002)的有关规定。

混凝土实测的坍落度与要求坍落度之间的偏差应符合表3-31的规定。

表 3-30 混凝土组成材料计量结果的允许偏差

混凝土组成材料	每盘允许偏差(%)	累计允许偏差(%)
水泥、掺合料	±2	±1
粗、细骨料	±3	±2
水、外加剂	±2	±1

注:累计允许偏差仅适用于微机计量的搅拌站。

表 3-31 混凝土坍落度的允许偏差

要求坍落度(mm)	允许偏差(mm)
≤40	±10
50~90	±15
≥100	±20

防水混凝土抗渗性能,应采用标准条件下养护混凝土抗渗试件的试验结果评定。试件应在浇筑地点制作。

防水混凝土施工质量的检验数量,应按照混凝土外露面积每 100 m^2 抽查 1 处,且不得少于 3 处;细部构造应按全数检查。

防水混凝土的变形缝、施工缝、后浇带、穿墙管道、埋设件等设置和构造,均须符合设计要求,严禁有渗漏。

防水混凝土结构表面应坚实、平整,不得有露筋、蜂窝等缺陷;埋设件位置应正确。

防水混凝土结构表面的裂缝宽度不应大于 0.2 mm,并不得贯通。

防水混凝土结构厚度不应小于 250 mm,其允许偏差为 +15 mm、-10 mm;迎水面钢筋保护层厚度不应小于 50 mm,其允许偏差为 ±10 mm。

3.4.4 水泥砂浆防水层

水泥砂浆防水层适用于混凝土或砌体结构的基层上采用多层抹面的水泥砂浆防水层,不适用于环境有侵蚀性、持续振动或温度高于 80 ℃的地下工程。

3.4.4.1 原材料的要求

水泥品种应按设计要求选用,其强度等级不应低于 32.5 级,不得使用过期或结块水泥。砂宜采用中砂,粒径 3 mm 以下,含泥量不得大于1%,硫化物和硫酸盐含量不得大于1%。水应采用不含有害物质的洁净水。聚化物乳液的外观质量无颗粒、异物和凝固物。外加剂的技术性能应符合国家行业标准一等品及以上的要求。

3.4.4.2 水泥砂浆防水层施工质量控制要点

普通水泥砂浆防水层的配合比应按表 3-32 选用;掺入外加剂、掺合料、聚合物水泥砂浆的配合比应符合所掺材料的规定。

水泥砂浆防水层的基层质量应满足:水泥砂浆铺抹前,基层的混凝土和砌筑砂浆强度应不低于设计值的80%。基层表面应坚实、平整、粗糙、洁净,并充分湿润,无积水。基层表面的孔洞、缝隙应用于防水层相同的砂浆填塞抹平。

表 3-32 普通水泥砂浆防水层的配合比

名称	配合比(质量比)		水灰比	适用范围
	水泥	砂		
水泥浆	1	—	0.55~0.60	水泥砂浆防水层的第一层
水泥浆	1	—	0.37~0.40	水泥砂浆防水层的第三、五层
水泥砂浆	1	1.5~2.0	0.40~0.50	水泥砂浆防水层的第二、四层

水泥砂浆防水层施工应分层铺抹或喷涂,铺抹时应压实、抹平和表面压光。防水层各层应紧密贴合,必须结合牢固,无空鼓现象,每层宜连续施工,必须留施工缝时采用阶梯坡形槎,但距离阴阳角不得小于 200 mm。防水层的阴阳角应做成圆弧形。水泥砂浆终凝后应及时进行养护,养护温度不宜低于 5 ℃并保持湿润,养护时间不得少于 14 d。

水泥砂浆防水层施工缝留槎位置正确,接槎应按层次顺序操作,层层搭接紧密。

水泥砂浆防水层的平均厚度应符合设计要求,最小厚度不得小于设计值的 85%。

水泥砂浆防水层施工质量的检验数量,应按施工面积每 100 m^2 抽查 1 处,每处 10 m^2,且不得少于 3 处。

3.4.5 涂料防水层

防水涂料是指涂料形成的涂膜能够防止雨水或地下水渗漏的一种涂料。

防水涂料可按涂料状态和形式分为溶剂型、乳液型、反应型和改性沥青。

第一类是溶剂型涂料:这类涂料种类繁多,质量也好,但是成本高,安全性差,使用不是很普遍。

第二类是水乳型及反应型高分子涂料:这类涂料在工艺上很难将各种补强剂、填充剂、高分子弹性体均匀分散于胶体中,只能用研磨法加入少量配合剂,反应型聚氨酯为双组分,易变质,成本高。

第三类是塑料型改性沥青:这类产品能抗紫外线,耐高温性好,但断裂延伸性略差。

3.4.5.1 原材料的要求

涂料防水层所用材料及配合比必须符合设计要求,应检查防水涂料的出厂合格证、质量检验报告、计量措施和现场抽样试验报告。

3.4.5.2 防水涂料施工质量控制要点

涂料涂刷前应先在基层上涂一层与涂料相容的基层处理剂。

涂膜应多遍完成,涂刷应待前遍涂层干燥成膜后进行。

每遍涂刷时应交替改变涂层的先后搭接宽度,宜为 30~50 mm。

涂料防水层的施工缝(甩槎)应注意保护,搭接缝宽度应大于 100 mm,接涂前应将其甩槎表面处理干净。

涂刷程序应先做转角处、穿墙管道、变形缝等部位的涂料加强层,后进行大面积涂刷。

涂料防水层中铺贴的胎体增强材料,同层相邻的搭接宽度应大于 100 mm,上下层接缝应错开 1/3 幅宽。

防水涂料的保护层应符合规范的规定。

防水涂料厚度的选用应符合表3-33的规定。涂料防水层的平均厚度应符合设计要求,最小厚度不得小于设计厚度的80%。用针测法或割取20 mm×20 mm实样用卡尺测量厚度。

表3-33　防水涂料厚度　（单位:mm）

防水等级	设防道数	有机涂料			无机涂料	
		反应型	水乳型	聚合物水泥	水泥基	水泥基渗透结晶型
1级	三道或三道以上设防	1.2~2.0	1.2~1.5	1.2~2.0	1.2~2.0	≥0.8
2级	二道设防	1.2~2.0	1.2~1.5	1.2~2.0	1.2~2.0	≥0.8
3级	一道设防	—	—	≥2.0	≥2.0	—
	复合设防	—	—	≥1.5	≥1.5	—

涂料防水层的基层应牢固,基面应洁净、平整,不得有空鼓、松动、起砂和脱皮现象;基层阴阳角处应做成圆弧形。

涂料防水层应与基层黏结牢固,表面平整、涂刷均匀,不得有流淌、褶皱、鼓泡、漏胎体和翘边等缺陷。

学习单元3.5　钢结构工程的质量控制

3.5.1　原材料及成品要求

3.5.1.1　钢材的要求

通过检查质量合格证明文件、中文标志及检验报告等来检查原材料的质量,进场的钢材、钢铸件的品种、规格、性能等应符合现行国家产品标准和设计要求。进口钢材产品的质量应符合设计和合同规定标准的要求。

对于国外进口钢材、钢材混批、板厚等于或大于40 mm,且设计有Z向性能要求的厚板、建筑结构安全等级为一级,大跨度钢结构中主要受力构件所采用的钢材、设计有复验要求的钢材、对质量有异义的钢材,应进行抽样复验,其复验结果应符合现行国家产品标准和设计要求。

钢板厚度和型钢的规格尺寸及允许偏差应符合其产品标准的要求,用游标卡尺量测,对每一品种、规格的钢板应抽查5处。

观察进场钢材,其表面外观质量除应符合国家现行有关标准的规定外,尚应符合下列规定:当钢材的表面有锈蚀、麻点或划痕等缺陷时,其深度不得大于该钢材厚度负允许偏差值的1/2;钢材表面的锈蚀等级应符合现行国家标准《涂装前钢材表面锈蚀等级和除锈等级》(GB/T 8923—88)规定的C级及C级以上;钢材端边或断口处不应有分层、夹渣等缺陷。

对原材料的质量控制应全数检查，不符合要求的材料一律清除出场。

3.5.1.2 **焊接材料的检查**

通过检查焊接材料的质量合格证明文件、中文标志及检验报告等，焊接材料的品种、规格、性能等应符合现行国家产品标准和设计要求。

重要钢结构采用的焊接材料应进行抽样复验，复验结果应符合现行国家产品标准和设计要求。

用钢尺和游标卡尺量测进行抽查焊钉及焊接瓷环的规格、尺寸及偏差，其应符合现行国家标准《圆柱头焊钉》(GB 10433—2002)中的规定。按量抽查1%，且不应少于10套。

焊条外观不应有药皮脱落、焊芯生锈等缺陷；焊剂不应受潮结块，按量抽查1%，且不应少于10包。

3.5.1.3 **连接用紧固标准件**

对于连接用紧固标准件，通过检查其复验报告来控制其质量。

钢结构连接用高强度大六角头螺栓连接副、扭剪型高强度螺栓连接副、钢网架用高强度螺栓、普通螺栓、铆钉、自攻钉、拉铆钉、射钉、锚栓(机械型和化学试剂型)、地脚锚栓等紧固标准件及螺母、垫圈等标准配件，其品种、规格、性能等应符合现行国家产品标准和设计要求。高强度大六角头螺栓连接副和扭剪型高强度螺栓连接副出厂时应分别随箱带有扭矩系数和紧固轴力(预拉力)的检验报告。

高强度大六角头螺栓连接副应按《钢结构工程施工质量验收规范》(GB 50205—2001)的规定检验其扭矩系数，其检验结果应符合《钢结构工程施工质量验收规范》(GB 50205—2001)的规定。

扭剪型高强度螺栓连接副应按《钢结构工程施工质量验收规范》(GB 50205—2001)的规定检验预拉力，其检验结果应符合《钢结构工程施工质量验收规范》(GB 50205—2001)的规定。

对于连接用紧固标准件，通过外观检查来控制其外观：高强度螺栓连接副，应按包装箱配套供货，包装箱上应标明批号、规格、数量及生产日期。螺栓、螺母、垫圈外观表面应涂油保护，不应出现生锈和沾染脏物，螺纹不应损伤。

对于连接用紧固标准件，通过用硬度计、10倍放大镜或磁粉探伤来控制其硬度：对建筑结构安全等级为一级，跨度40 m及以上的螺栓球节点钢网架结构，其连接高强度螺栓应进行表面硬度试验，对8.8级的高强度螺栓其硬度应为HRC21 ~ HRC29；10.9级高强度螺栓其硬度应为HRC32 ~ HRC36，且不得有裂纹或损伤。

3.5.1.4 **焊接球与螺栓球**

每一规格按数量抽查5%，且不应少于3个对焊接球进行外观检查。

焊接球直径、圆度、壁厚减薄量等尺寸及允许偏差应符合规范规定。焊接球表面应无明显波纹且局部凹凸不平不大于1.5 mm。

焊接球及制造焊接球所采用的原材料，其品种、规格、性能等应符合现行国家产品标准和设计要求。通过检查产品的质量合格证明文件、中文标志及检验报告等控制焊接球质量。

焊接球焊缝应进行无损检验，其质量应符合设计要求，当设计无要求时应符合本规范中规定的二级质量标准。抽查按数量抽查5%,且不应少于3个,查看超声波探伤或检查检验报告。

用10倍放大镜观察和表面探伤来检查螺栓球外观:螺栓球不得有过烧、裂纹及褶皱现象。

通过检查产品的质量合格证明文件、中文标志及检验报告等来检查螺栓球质量:螺栓球及制造螺栓球节点所采用的原材料,其品种、规格、性能等应符合现行国家产品标准和设计要求。

用标准螺纹规检查螺栓球的螺纹尺寸:螺栓球螺纹尺寸应符合现行国家标准《普通螺纹基本尺寸》(GB/T 196—2003)中粗牙螺纹的规定,螺纹公差必须符合现行国家标准《普通螺纹公差与配合》(GB/T 197—2003)中6H级精度的规定。

用卡尺和分度头仪检查螺栓球直径、圆度、相邻两螺栓孔中心线夹角等尺寸及允许偏差应符合《钢结构工程施工质量验收规范》(GB 50205—2001)的规定。

3.5.1.5 金属压型板

金属压型板的规格尺寸及允许偏差、表面质量、涂层质量等应符合设计要求和相关规范的规定。

金属压型板及制造金属压型板所采用的原材料,其品种、规格、性能等应符合现行国家产品标准和设计要求。压型金属泛水板、包角板和零配件的品种、规格以及防水密封材料的性能应符合现行国家产品标准和设计要求。通过检查产品的质量合格证明文件、中文标志及检验报告等来控制。

3.5.1.6 涂装材料

钢结构防腐涂料、稀释剂和固化剂等材料的品种、规格、性能等应符合现行国家产品标准和设计要求。钢结构防火涂料的品种和技术性能应符合设计要求,并应经过具有资质的检测机构检测符合国家现行有关标准的规定。通过检查产品的质量合格证明文件、中文标志及检验报告等来控制。

防腐涂料和防火涂料的型号、名称、颜色及有效期应与其质量证明文件相符。开启后,不应存在结皮、结块、凝胶等现象。

3.5.2 钢结构焊接工程

3.5.2.1 钢构件焊接工程

碳素结构钢应在焊缝冷却到环境温度,低合金结构钢应在完成焊接24 h以后,进行焊缝探伤检验。焊缝施焊后应在工艺规定的焊缝及部位打上焊工钢印。

焊条、焊丝、焊剂、电渣焊熔嘴等焊接材料与母材的匹配应符合设计要求及国家现行行业标准《建筑钢结构焊接技术规程》(JGJ 81—2002)的规定。焊条、焊剂、药芯焊丝、熔嘴等在使用前,应按其产品说明书及焊接工艺文件的规定进行烘焙和存放,应检查质量证明书和烘焙记录。

焊工必须经考试合格并取得合格证书。持证焊工必须在其考试合格项目及其认可范围内施焊。要检查焊工合格证及其认可范围、有效期。

施工单位对其首次采用的钢材、焊接材料、焊接方法、焊后热处理等,应进行焊接工艺评定，并应根据评定报告确定焊接工艺。监理单位要检查焊接工艺评定报告。

设计要求全焊透的一、二级焊缝应采用超声波探伤进行内部缺陷的检验，超声波探伤不能对缺陷作出判断时，应采用射线探伤，其内部缺陷分级及探伤方法应符合现行国家标准《钢焊缝手工超声波探伤方法和探伤结果分级法》(GB 11345—2007)或《金属熔化焊对接接头射线照相》(GB 3323—2005)的规定。

一级、二级焊缝的质量等级及缺陷分组应符合表3-34的规定。

通过检查超声波或射线探伤记录来控制质量。

表3-34　焊缝质量等级及缺陷分组

焊缝质量等级		一级	二级
内部超声波探伤	评定等级	Ⅱ	Ⅲ
	检测等级	B级	B级
	探伤比例	100%	20%
内部缺陷射线探伤	评定等级	Ⅱ	Ⅲ
	检测等级	AB级	AB级
	探伤比例	100%	20%

注：探伤比例的计数方法按下列原则确定：

1. 对工厂制作焊缝，应按每条焊缝计算百分比探伤长度，且探伤长度不应小于200 mm；当焊缝长度不足200 mm时，应对整条焊缝进行探伤。
2. 对现场安装焊缝，应按同一类型、同一施焊条件焊缝条数计算百分比探伤长度，应不小于200 mm，并应不少于1条焊缝。

T形接头、十字接头、角接接头等要求熔透的对接和角对接组合焊缝，其焊脚尺寸不应小于$t/4$(见图3-2(a)、(b)、(c))；设计有疲劳验算要求的吊车梁或类似构件的腹板与上翼缘连接焊缝的焊脚尺寸为$t/2$(见图3-2(d))，且不应大于10 mm。焊脚尺寸的允许偏差为0~4 mm。资料全数检查；同类焊缝抽查10%，且不应少于3条。

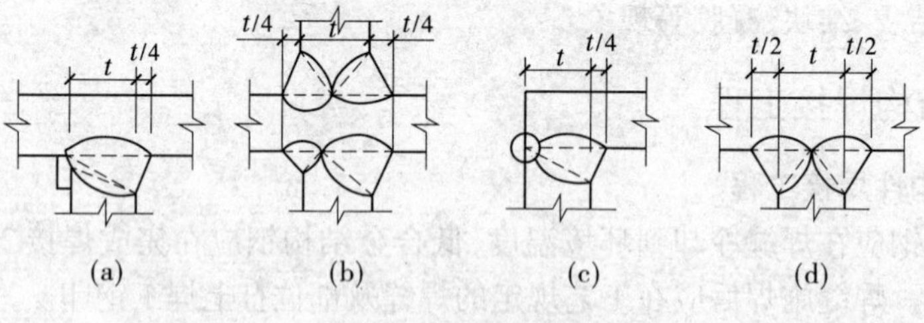

图3-2　焊脚尺寸

焊缝表面不得有裂纹、焊瘤等缺陷。一级、二级焊缝不得有表面气孔、夹渣、弧坑裂纹、电弧擦伤等缺陷，且一级焊缝不得有咬边、未焊满、根部收缩等缺陷。观察检查或使用放大镜、焊缝量规和钢尺检查，每批同类构件抽查10%，且不应少于3件；被抽查构件中，每一类型焊缝按条数抽查5%，且不应少于1条；每条检查1处，总抽查数不应少于10处。

对于需要进行焊前预热或焊后热处理的焊缝，其预热温度或后热温度应符合国家现行有关标准的规定或通过工艺试验确定。预热区在焊道两侧，每侧宽度均应大于焊件厚度的 1.5 倍，且不应小于 100 mm；后热处理应在焊后立即进行，保温时间应根据板厚按每 25 mm 板厚 1 h 确定，要检查预后热施工记录和工艺试验报告。

二级、三级焊缝外观质量标准应符合规范规定。三级对接焊缝应按二级焊缝标准进行外观质量检验。每批同类构件抽查 10%，且不应少于 3 件；被抽查构件中，每一类型焊缝按条数抽查 5%，且不应少于 1 条；每条检查 1 处，总抽查数不应少于 10 处。

焊缝尺寸允许偏差应符合规范 GB 50205—2001 规定。每批同类构件抽查 10%，且不应少于 3 件；被抽查构件中，每种焊缝按条数各抽查 5%，但不应少于 1 条；每条检查 1 处，总抽查数不应少于 10 处。

焊成凹形的角焊缝，焊缝金属与母材间应平缓过渡；加工成凹形的角焊缝，不得在其表面留下切痕。每批同类构件抽查 10%，且不应少于 3 件。

焊缝感观应达到：外形均匀、成型较好，焊道与焊道、焊道与基本金属间过渡较平滑，焊渣和飞溅物基本清除干净。每批同类构件抽查 10%，且不应少于 3 件；被抽查构件中，每种焊缝按数量各抽查 5%，总抽查处不应少于 5 处。

3.5.2.2　焊钉（栓钉）焊接工程

施工单位对其采用的焊钉和钢材焊接应进行焊接工艺评定，其结果应符合设计要求和国家现行有关标准的规定。瓷环应按其产品说明书进行烘焙。通过检查焊接工艺评定报告和烘焙记录来控制质量。

焊钉焊接后应进行弯曲试验检查，其焊缝和热影响区不应有肉眼可见的裂纹。每批同类构件抽查 10%，且不应少于 10 件；被抽查构件中，每件检查焊钉数量的 1%，但不应少于 1 个。用焊钉弯曲 30°后用角尺检查和观察检查。

焊钉根部焊脚应均匀，焊脚立面的局部未熔合或不足 360°的焊脚应进行修补。按总焊钉数量抽查 1%，且不应少于 10 个。

3.5.3　钢构件组装工程

3.5.3.1　焊接 H 型钢

焊接 H 型钢的翼缘板拼接缝和腹板拼接缝的间距不应小于 200 mm。翼缘板拼接长度不应小于 2 倍板宽；腹板拼接宽度不应小于 300 mm，长度不应小于 600 mm。

焊接 H 型钢的允许偏差应符合规范规定。按钢构件数抽查 10%，宜不应少于 3 件，用钢尺、角尺、塞尺等抽查。

3.5.3.2　组装

构件直立，在两端支承后，用水准仪和钢尺检查吊车梁和吊车桁架，不应下挠。

焊接连接组装的允许偏差应符合表 3-35 的规定。按构件数抽查 10%，且不应少于 3 个。

顶紧接触面应有 75% 以上的面积紧贴。按接触面的数量抽查 10%，且不应少于 10 个。用 0.3 mm 塞尺检查，其塞入面积应小于 25%，边缘间隙不应大于 0.8 mm。

桁架结构杆件轴线交点错位的允许偏差不得大于 3.0 mm，允许偏差不得大于 4.0 mm。用尺量按构件数抽查 10%，且不应少于 3 个，每个抽查构件按节点数抽查 10%，且不应少于 3 个节点。

表 3-35　焊接连接组装的允许偏差　（单位：mm）

项目		允许偏差	图例
对口错边 Δ		$t/10$，且不应大于 3.0	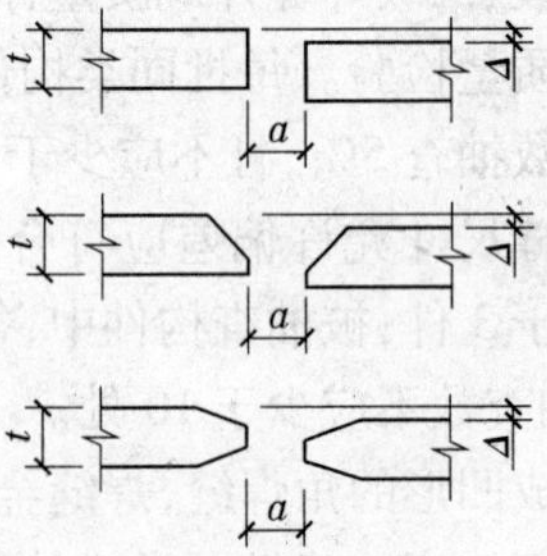
间隙 a		±1.0	
搭接长度 a		±5.0	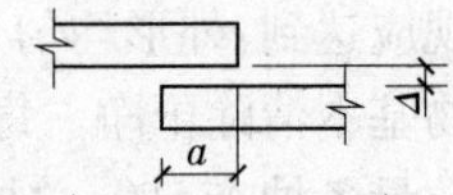
缝隙 Δ		1.5	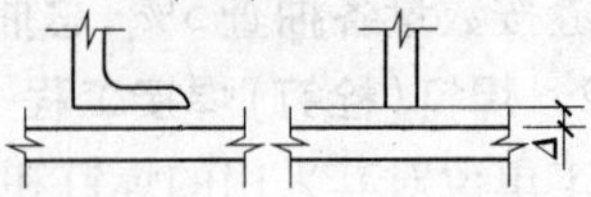
高度 h		±2.0	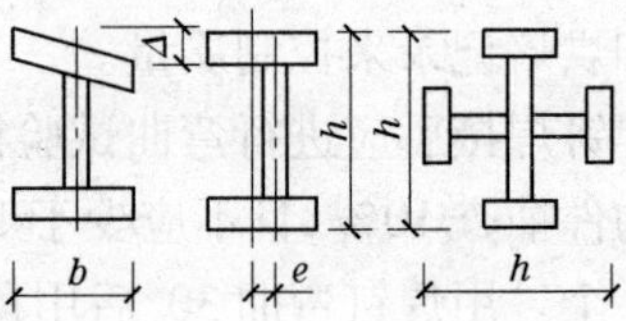
垂直度 Δ		$b/100$，且不应大于 3.0	
中心偏移 e		±2.0	
型钢错位	连接处	1.0	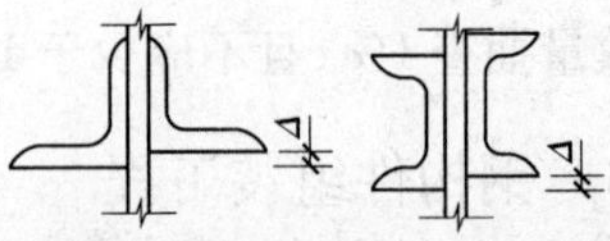
	其他处	2.0	
箱形截面高度 h		±2.0	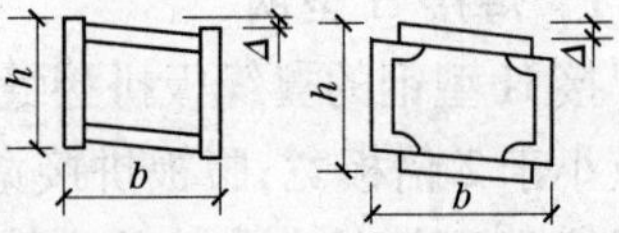
宽度 b		±2.0	
垂直度 Δ		$b/200$，且不应大于 3.0	

3.5.3.3　端部铣平及安装焊缝坡口

外露铣平面应防锈保护。

端部铣平的允许偏差应符合表 3-36 的规定。用钢尺、角尺、塞尺等按铣平面数量抽查 10%，且不应少于 3 个。

安装焊缝坡口的允许偏差应符合表 3-37 的规定。用焊缝量规按坡口数量抽查 10%，且不应少于 3 条。

3.5.3.4　钢构件外形尺寸

钢构件外形尺寸主控项目的允许偏差应符合表 3-38 的规定。

表 3-36　端部铣平的允许偏差　（单位:mm）

项目	允许偏差
两端铣平时构件长度	±2.0
两端铣平时零件长度	±0.5
铣平面的平面度	0.3
铣平面对轴线的垂直度	L/1 500

注:L 为杆件长度。

表 3-37　安装焊缝坡口的允许偏差

项目	允许偏差
坡口角度	±5°
钝边	±1.0 mm

表 3-38　钢构件外形尺寸主控项目的允许偏差　（单位:mm）

项目	允许偏差
单层柱、梁、桁架受力支托（支承面）表面至第一个安装孔距离	±1.0
多节柱铣平面至第一个安装孔距离	±1.0
实腹梁两端最外侧安装孔距离	±3.0
构件连接处的截面几何尺寸	±3.0
柱、梁连接处的腹板中心线偏移	2.0
受压构件（杆件）弯曲矢高	L/1 000,且不应大于 10.0

注:L 为构件跨度。

钢构件外形尺寸一般项目的允许偏差应符合规范的规定。按构件数量抽查 10%,且不应少于 3 件。

3.5.4　单层钢结构安装工程

3.5.4.1　基础和支质量控制

建筑物的定位轴线、基础轴线和标高、地脚螺栓的规格及其紧固应符合设计要求。

基础顶面直接作为柱的支承面和基础顶面预埋钢板或支座作为柱的支承面时,其支承面、地脚螺栓（锚栓）位置的允许偏差应符合表 3-39 的规定。用经纬仪、水准仪、全站仪、水平尺和钢尺按柱基数抽查 10%,且不应少于 3 个。

表 3-39　支承面、地脚螺栓（锚栓）位置的允许偏差　（单位:mm）

项目		允许偏差
支承面	标高	±3.0
	水平度	L/1 000
地脚螺栓（锚栓）	螺栓中心偏移	5.0
预留孔中心偏移		10.0

注:L 为基础截面边长。

采用座浆垫板时,座浆垫板的允许偏差应符合表3-40的规定。用水准仪、全站仪、水平尺和钢尺按柱基数现场抽查10%,且不应少于3个。资料全数检查。

表3-40 座浆垫板的允许偏差 (单位:mm)

项目	允许偏差
顶面标高	0.0 −3.0
水平度	L/1 000
位置	20.0

注:L为垫板边长。

采用杯口基础时,杯口尺寸的允许偏差应符合表3-41的规定。观察及尺量按基础数抽查10%,且不应少于4处。

表3-41 杯口尺寸的允许偏差 (单位:mm)

项目	允许偏差
底面标高	0.0 −5.0
杯口深度H	±5.0
杯口垂直度	H/100,且不应大于10.0
位置	10.0

地脚螺栓(锚栓)尺寸的允许偏差应符合表3-42的规定。地脚螺栓(锚栓)的螺纹应受到保护。用钢尺按柱基数抽查10%,且不应少于3个。

表3-42 地脚螺栓(锚栓)尺寸的允许偏差 (单位:mm)

项目	允许偏差
地脚螺栓(锚栓)露出长度	+30.0 0.0
螺纹长度	+30.0 0.0

3.5.4.2 安装和校正

钢构件应符合设计要求和本规范的规定。运输、堆放和吊装等造成的钢构件变形及涂层脱落,应进行矫正和修补。用拉线、钢尺按构件数10%,且不应少于3个进行实测或观察。

设计要求顶紧的节点,接触面不应少于70%紧贴,且边缘最大间隙不应大于0.8 mm。用钢尺及0.3 mm和0.8 mm厚的塞尺按节点数10%,且不应少于3个进行抽查。

钢屋(托)架、桁架、梁及受压杆件垂直度和侧向弯曲矢高的允许偏差应符合表3-43的规定。用吊线、拉线、经纬仪和钢尺按同类构件数10%,且不应少于3个抽查。

表 3-43　钢屋(托)架、桁架、梁及受压杆件垂直度和侧向弯曲矢高的允许偏差

(单位:mm)

项目	允许偏差		图例
跨中的垂直度	$h/250$,且不应大于 15.0		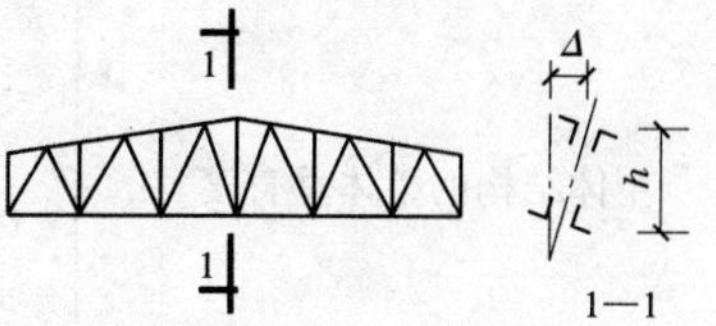
侧向弯曲矢高 f	$L\leqslant 30$ m	$L/1\,000$, 且不应大于 10.0	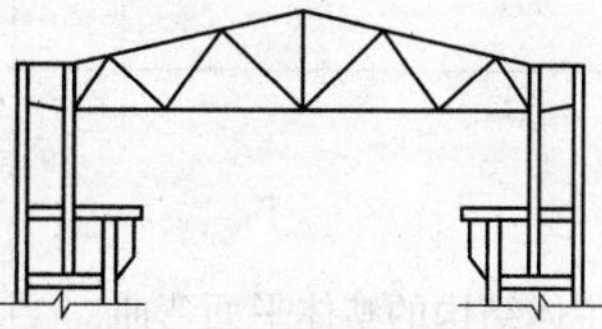
	30 m $< L \leqslant 60$ m	$L/1\,000$, 且不应大于 30.0	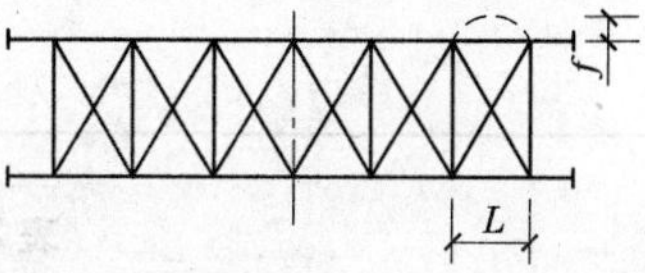
	$L > 60$ m	$L/1\,000$, 且不应大于 50.0	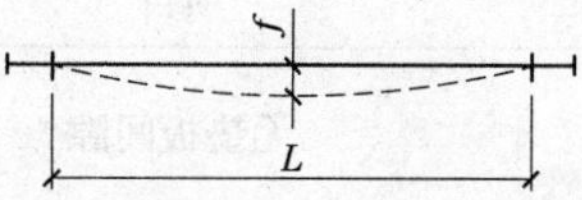

注:L 为跨度。

单层钢结构主体结构的整体垂直度和整体平面弯曲的允许偏差应符合表 3-44 的规定。采用经纬仪、全站仪等对主要立面全部检查。对每个所检查的立面,除两列角柱外尚应至少选取一列中间柱。

钢柱等主要构件的中心线及标高基准点等标记应齐全。按同类构件数 10%,且不应少于 3 件进行观察。

当钢桁架(或梁)安装在混凝土柱上时,其支座中心对定位轴线的偏差不应大于 10 mm;当采用大型混凝土屋面板时,钢桁架(或梁)间距的偏差不应大于 10 mm。用拉线和钢尺按同类构件数 10%,且不应少于 3 榀进行抽查。

钢柱安装的允许偏差应符合规范的规定。按钢柱数抽查 10%,且不应少于 3 件。

钢吊车梁或直接承受动力荷载的类似构件,其安装的允许偏差应符合规范的规定。按钢吊车梁数抽查 10%,且不应少于 3 榀。

檩条、墙架等次要构件安装的允许偏差应符合规范的规定。按同类构件数抽查 10%,且不应少于 3 件。

现场焊缝组对间隙的允许偏差应符合表 3-45 的规定。按同类节点数 10%,且不应少于 3 个进行尺量抽查。

表 3-44　整体垂直度和整体平面弯曲的允许偏差　（单位:mm）

项目	允许偏差	图例
主体结构的整体垂直度	H/1 000，且不应大于 25.0	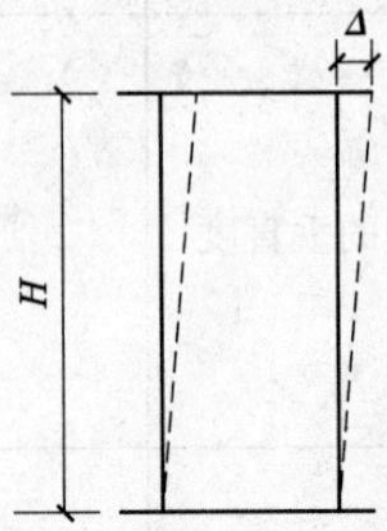
主体结构的整体平面弯曲	L/1 500，且不应大于 25.0	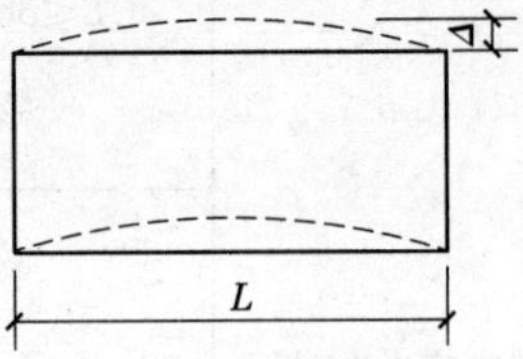

表 3-45　现场焊缝组对间隙的允许偏差　（单位:mm）

项目	允许偏差
无垫板间隙	+3.0 0
有垫板间隙	+3.0 -2.0

钢结构表面应干净，结构主要表面不应有疤痕、泥沙等污垢。

3.5.5　多层及高层钢结构安装工程

3.5.5.1　基础和支承面质量控制

建筑物的定位轴线、基础上柱的定位轴线和标高、地脚螺栓（锚栓）的规格和位置、地脚螺栓（锚栓）紧固应符合设计要求。当设计无要求时，应符合表 3-46 的规定。采用经纬仪、水准仪、全站仪和钢尺按柱基数 10%，且不应少于 3 个进行抽查。

表 3-46　建筑物的定位轴线、基础上柱的轴线和标高、地脚螺栓（锚栓）的允许偏差

项目	允许偏差(mm)	项目	允许偏差(mm)
建筑物定位轴线	L/20 000，且不应大于 3.0	基础上柱底标高	±2.0
基础上柱的定位轴线	1.0	地脚螺栓（锚栓）位移	2.0

注：L 为建筑物的边长。

多层建筑以基础顶面直接作为柱的支承面，或以基础顶面预埋钢板或支座作为柱的支承面时，其支承面、地脚螺栓（锚栓）位置的允许偏差应符合表 3-39 的规定。用经纬仪、

水准仪、全站仪、水平尺和钢尺按柱基数的10%,且不应少于3个进行抽查。

多层建筑采用座浆垫板时,座浆垫板的允许偏差应符合表3-40的规定。用水准仪、全站仪、水平尺和钢尺按柱基数的10%,且不应少于3个进行抽查,资料全数检查。

当采用杯口基础时,杯口尺寸的允许偏差应符合表3-41的规定。通过观察及尺量按基础数的10%,且不应少于4处进行抽查。

地脚螺栓(锚栓)尺寸的允许偏差应符合表3-42的规定。地脚螺栓(锚栓)的螺纹应受到保护。按柱基数的10%,且不应少于3个用钢尺抽查。

3.5.5.2　**安装和校正**

钢构件应符合设计要求和规范(GB 50205—2001)的规定。运输、堆放和吊装等造成的钢构件变形及涂层脱落,应进行矫正和修补。

柱子安装的允许偏差应符合表3-47的规定。标准柱全部检查;非标准柱抽查10%,且不应少于3根。用全站仪或激光经纬仪和钢尺实测。

表3-47　柱子安装允许偏差

项目	允许偏差(mm)
底层柱底轴线对定位轴线偏移	3.0
柱子定位轴线	1.0
单节柱的垂直度	$h/1\,000$,且不应大于10.0

注:h为单节柱高。

设计要求顶紧的节点,接触面不应少于70%紧贴,且边缘最大间隙不应大于0.8 mm。用钢尺及0.3 mm和0.8 mm厚的塞尺现场按节点数的10%,且不应少于3个进行抽查。

钢主梁、次梁及受压杆件的垂直度和侧向弯曲矢高的允许偏差应符合表3-43中有关钢屋(托)架允许偏差的规定。用吊线、拉线、经纬仪和钢尺现场按同类构件数的10%,且不应少于3个进行抽查。

多层及高层钢结构主体结构的整体垂直度和整体平面弯曲的允许偏差应符合表3-48的规定。

表3-48　整体垂直度和整体平面弯曲允许偏差

项目	允许偏差(mm)	图例
主体结构的整体垂直度	$(H/2\,500+10.0)$且不应大于50.0	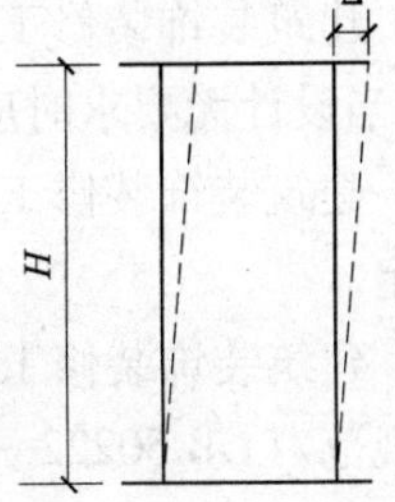

续表 3-48

项目	允许偏差(mm)	图例
主体结构的整体平面弯曲	L/1 500,且不应大于 25.0	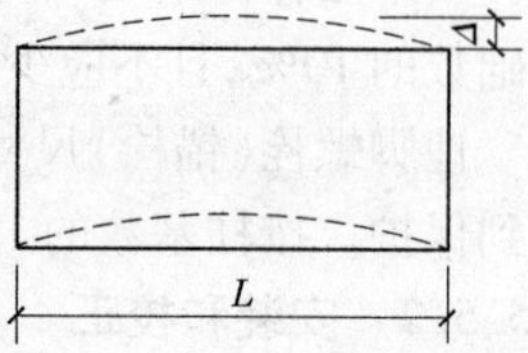

检查数量:对主要立面全部检查。对每个所检查的立面,除两列角柱外,尚应至少选取一列中间柱。

检验方法:对于整体垂直度,可采用激光经纬仪、全站仪测量,也可根据各节柱的垂直度允许偏差累计(代数和)计算。对于整体平面弯曲,可按产生的允许偏差累计(代数和)计算。

钢结构表面应干净,结构主要表面不应有疤痕、泥沙等污垢。

钢柱等主要构件的中心线及标高基准点等标记应齐全。

当钢构件安装在混凝土柱上时,其支座中心对定位轴线的偏差不应大于 10 mm;当采用大型混凝土屋面板时,钢梁(或桁架)间距的偏差不应大于 10 mm。

多层及高层钢结构中钢吊车梁或直接承受动力荷载的类似构件,其安装的允许偏差应符合规范规定。

多层及高层钢结构中现场焊缝组对间隙的允许偏差应符合规范的规定。按同类节点数抽查 10%,且不应少于 3 个。

学习单元 3.6 装饰装修工程的质量控制

建筑装饰装修工程设计必须保证建筑物的结构安全和主要使用功能。当涉及主体和承重结构改动或增加荷载时,必须由原结构设计单位或具备相应资质的设计单位核查有关原始资料对既有建筑结构的安全性进行核验确认。

建筑装饰装修工程所用材料的品种规格和质量应符合设计要求和国家现行标准的规定,当设计无要求时应符合国家现行标准的规定,严禁使用国家明令淘汰的材料。

建筑装饰装修工程所用材料应符合国家有关建筑装饰装修材料有害物质限量标准的规定。

建筑装饰装修工程所用材料的燃烧性能应符合现行国家标准《建筑内部装修设计防火规范》(GB 50222—95)(2001 年版)、《建筑设计防火规范》(GB 50016—2006)和《高层民用建筑设计防火规范》(GB 50045—95)(2005 年版)的规定。

进场后需要进行复验的材料种类及项目应符合规范规定:同一厂家生产的同一品种、

同一类型的进场材料应至少抽取一组样品进行复验，合同另有约定时应按合同执行。

现场配制的材料（如砂浆胶粘剂等）应按设计要求或产品说明书配制。

室内外装饰装修工程施工的环境条件应满足施工工艺的要求，施工环境温度不应低于5 ℃，当必须在低于5 ℃气温下施工时应采取保证工程质量的有效措施。

建筑装饰装修工程施工过程中应做好半成品、成品的保护，防止污染和损坏。

3.6.1 抹灰工程

3.6.1.1 抹灰工程的材料要求与检查要点

抹灰用的石灰膏的熟化期不应少于15 d，罩面用的磨细石灰粉的熟化期不应少于3 d。

当要求抹灰层具有防水、防潮功能时应采用防水砂浆。

抹灰工程应对水泥的凝结时间和安定性进行复验。砂浆的配合比应符合设计要求。

各种砂浆抹灰层在凝结前应防止快干、水冲、撞击、振动和受冻，在凝结后应采取措施防止沾污和损坏，水泥砂浆抹灰层应在湿润条件下养护。

外墙和顶棚的抹灰层与基层之间及各抹灰层之间必须黏结牢固。

抹灰总厚度大于或等于35 mm时应加强措施，不同材料基体交接处应加强措施。

相同材料、工艺和施工条件的室外抹灰工程每500～1 000 m^2 应划分为一个检验批，不足500 m^2 也应划分为一个检验批。相同材料、工艺和施工条件的室内抹灰工程每50个自然间（大面积房间和走廊按抹灰面积30 m^2 为一间）应划分为一个检验批，不足50间也应划分为一个检验批。

3.6.1.2 一般抹灰工程

一般抹灰工程分为普通抹灰和高级抹灰，当设计无要求时按普通抹灰验收。

普通抹灰表面应光滑、洁净、接槎平整，分格缝应清晰；高级抹灰表面应光滑、洁净、颜色均匀、无抹纹，分格缝和灰线应清晰美观。

抹灰前基层表面的尘土、污垢、油渍等应清除干净并应洒水润湿。

护角、孔洞、槽、盒周围的抹灰表面应整齐、光滑；管道后面的抹灰表面应平整。

抹灰层的总厚度应符合设计要求，水泥砂浆不得抹在石灰砂浆层上，罩面石灰膏不得抹在水泥砂浆层上。

分格缝的设置应符合设计要求，宽度和深度应均匀，表面应光滑，棱角要整齐。

抹灰工程应分层进行，当抹灰总厚度大于或等于35 mm时，应采取加强措施；不同材料基体交接处表面的抹灰，应采取防止开裂的加强措施；当采用加强网时，加强网与各基体的搭接宽度不应小于100 mm。

抹灰层与基层之间及各抹灰层之间必须黏结牢固，抹灰层应无脱层、空鼓，面层应无爆灰和裂缝。可用小锤轻击检查并检查施工记录。

有排水要求的部位应做滴水线（槽）。滴水线（槽）应整齐顺直，滴水线应内高外低，滴水槽的宽度和深度均不应小于10 mm。

一般抹灰工程质量的允许偏差和检验方法应符合表3-49的规定。

普通抹灰，可不检查阴角方正；顶棚抹灰，可不检查表面平整度，但应平顺。

表 3-49　一般抹灰工程质量的允许偏差和检验方法

项次	项目	允许偏差(mm)		检验方法
		普通抹灰	高级抹灰	
1	立面垂直度	4	3	用 2 m 垂直检测尺检查
2	表面垂直度	4	3	用 2 m 垂直检测尺检查
3	阴、阳角方正	4	3	用直角检测尺检查
4	分隔条(缝)的直线度	4	3	拉 5 m 线，不足 5 m 拉通线，用钢卷尺检查
5	墙裙、勒脚上口直线度	4	3	拉 5 m 线，不足 5 m 拉通线，用钢卷尺检查

3.6.1.3　装饰抹灰工程

装饰抹灰工程有水刷石、斩假石、干粘石、假面砖等。

抹灰前基层表面的尘土、污垢、油渍等应清除干净，并应洒水润湿。

分格缝的设置应符合设计要求，宽度和深度应均匀，表面应光滑，棱角要整齐。

水刷石表面应石粒清晰、分布均匀、紧密平整、色泽一致，应无掉粒和接槎痕迹。

斩假石表面剁纹应均匀顺直、深浅一致，应无漏剁处，阳角处应横剁并留出宽窄一致的不剁边条，棱角应无损坏。

干粘石表面应色泽一致、不露浆、不漏粘，石粒应黏结牢固、分布均匀，阳角处应无明显黑边。

假面砖表面应平整、沟纹清晰、留缝整齐、色泽一致，应无掉角、脱皮、起砂等缺陷。

装饰抹灰工程所用材料的品种和性能应符合设计要求，水泥的凝结时间和安定性复验应合格，砂浆的配合比应符合设计要求。要检查产品合格证书、进场验收记录、复验报告和施工记录等。

抹灰工程应分层进行，当抹灰总厚度大于或等于 35 mm 时，应采取加强措施；不同材料基体交接处表面的抹灰，应采取防止开裂的加强措施；当采用加强网时，加强网与各基体的搭接宽度不应小于 100 mm。抹灰工程通过检查隐蔽工程验收记录和施工记录来控制。

各抹灰层之间及抹灰层与基体之间必须黏结牢固，抹灰层应无脱层、空鼓和裂缝。通过观察或用小锤轻击检查，同时检查施工记录。

有排水要求的部位应做滴水线(槽)。滴水线(槽)应整齐顺直，滴水线应内高外低，滴水槽的宽度和深度均不应小于 10 mm。

装饰抹灰工程质量的允许偏差和检验方法应符合表 3-50 的规定。

3.6.2　门窗工程

门窗工程有木门窗制作与安装、金属门窗安装、塑料门窗安装、特种门安装、门窗玻璃安装等。本书只介绍金属门窗和塑料门窗的安装工程。

门窗安装前应对门窗洞口尺寸进行检验。

金属门窗和塑料门窗安装应采用预留洞口的方法施工，不得采用边安装边砌口或先安装后砌口的方法施工。

表 3-50 装饰抹灰工程质量的允许偏差和检验方法

项次	项目	允许偏差(mm)				检验方法
		水刷石	斩假石	干粘石	假面砖	
1	立面垂直度	5	4	5	5	用 2 m 垂直检测尺检查
2	表面平整度	3	3	5	4	用 2 m 垂直检测尺检查
3	阳角方正	3	3	4	5	用直角检测尺检查
4	分隔条(缝)直线度	3	3	3	3	拉 5 m 线,不足 5 m 拉通线,用钢卷尺检查
5	墙裙、勒脚上口直线度	3	3	—	—	拉 5 m 线,不足 5 m 拉通线,用钢卷尺检查

3.6.2.1 金属门窗安装工程

金属门窗有钢门窗、铝合金门窗、涂色镀锌钢板门窗等。

金属门窗表面应洁净、平整、光滑、色泽一致、无锈蚀、大面应无划痕、碰伤、漆膜或保护层应连续。

金属门窗的品种、类型、规格、尺寸、性能、开启方向、安装位置、连接方式及型材壁厚应符合设计要求,金属门窗的防腐处理及填嵌、密封处理应符合设计要求。通过观察或尺量检查,同时要检查产品合格证书、性能检测报告、进场验收记录等。

金属门窗框和副框的安装必须牢固,预埋件的数量、位置、埋设方式、与框的连接方式必须符合设计要求。用手扳检查,同时检查隐蔽工程验收记录和复验报告。

金属门窗扇必须安装牢固,并应开关灵活、关闭严密、无倒翘,推拉门窗扇必须有防脱落措施。通过观察、开启和关闭检查、手扳检查等方法控制。

金属门窗配件的型号、规格、数量应符合设计要求,安装应牢固,位置应正确,功能应满足使用要求。通过观察、开启和关闭检查、手扳检查等方法控制。

用弹簧秤检查:铝合金门窗、推拉门窗扇开关力应不大于 100 N。

金属门窗框与墙体之间的缝隙应填嵌饱满,并采用密封胶密封,密封胶表面应光滑顺直、无裂纹。通过观察或轻敲门窗框检查和检查隐蔽工程验收记录等方法控制。

观察或开启和关闭检查:金属门窗扇的橡胶密封条或毛毡密封条应安装完好,不得脱槽。

有排水孔的金属门窗,排水孔应畅通,位置和数量应符合设计要求。

钢门窗安装的允许偏差和检验方法应符合表 3-51 的规定。

铝合金门窗、涂色镀锌钢板门窗安装的允许偏差和检验方法应符合表 3-52 的规定。

3.6.2.2 塑料门窗安装工程

塑料门窗的品种、类型、规格、尺寸、开启方向、安装位置、连接方式及填嵌密封处均应符合设计要求,内衬增强型钢的壁厚及设备应符合国家现行产品标准的重要要求。通过观察和尺量检查,检查产品合格证书、性能检测报告、进场验收记录和复验报告,检查隐蔽工程验收记录等方法来控制。

表 3-51 钢门窗安装的允许偏差和检验方法

项次	项目		允许偏差(mm)	检验方法
1	门窗槽口宽度、高度	≤1 500 mm	2.5	用钢尺检查
		>1 500 mm	3.5	用钢尺检查
2	门窗槽口对角线长度差	≤2 000 mm	5	用1 m垂直检测尺检查
		>2 000 mm	6	用1 m水平尺和塞尺检查
3	门窗框的正、侧面垂直度		3	用钢尺检查
4	门窗横框的水平度		3	用钢直尺检查
5	门窗横框标高		5	用钢尺检查
6	门窗竖向偏离中心		4	用钢直尺检查
7	双层门窗内外框间距		5	用钢尺检查

表 3-52 铝合金门窗、涂色镀锌钢板门窗安装的允许偏差和检验方法

项次	项目		铝合金门窗允许偏差(mm)	涂色镀锌钢板门窗允许偏差(mm)	检验方法
1	门窗槽口宽度、高度	≤1 500 mm	2.5	2	用钢尺检查
		>1 500 mm	3.5	3	用钢尺检查
2	门窗槽口对角线长度差	≤2 000 mm	5	4	用垂直检测尺检查
		>2 000 mm	6	5	用1 m水平尺和塞尺检查
3	门窗框的正、侧面垂直度		3	3	用钢尺检查
4	门窗横框的水平度		3	3	用钢直尺检查
5	门窗横框标高		5	5	用钢尺检查
6	门窗竖向偏离中心		4	5	用钢直尺检查
7	双层门窗内外框间距		5	4	用钢尺检查
8	推拉门窗扇与框搭接量		1.5	2	用钢直尺检查

塑料门窗框、副框和扇的安装必须牢固,固定片或膨胀螺栓的数量与位置应正确,连接方式应符合设计要求,固定点应距窗角、中横框、中竖框 150 ~ 200 mm,固定点间距应不大于 600 mm。通过观察和手扳检查,检查隐蔽工程验收记录等方法控制。

塑料门窗拼樘料内衬增强型钢的规格、壁厚必须符合设计要求,型钢应与型材内腔紧密吻合,其两端必须与洞口固定牢固,窗框必须与拼樘料连接紧密,固定点间距应不大于 600 mm。通过观察或手扳检查、尺量检查,检查进场验收记录等方法来控制。

塑料门窗扇应开关灵活、关闭严密、无倒翘，推拉门窗扇必须有防脱落措施。通过观察、开启和关闭检查、手扳检查等方法来控制。

塑料门窗配件的型号、规格、数量应符合设计要求，安装应牢固，位置应正确，功能应满足使用要求。通过观察、手扳检查、尺量检查等方法来控制。

塑料门窗框与墙体间缝隙应采用闭孔弹性材料填嵌饱满，表面应采用密封胶密封，密封胶应黏结牢固，表面应光滑、顺直、无裂纹。通过观察，并检查隐蔽工程验收记录来控制。

塑料门窗表面应洁净、平整、光滑，大面应无划痕、碰伤。

塑料门窗扇的密封条不得脱槽，旋转窗间隙应基本均匀。

用弹簧秤检查门窗开关力：平开门窗扇平铰链的开关力应不大于 80 N；滑撑铰链的开关力应不大于 80 N，并不小于 30 N；推拉门窗扇的开关力应不大于 100 N。

玻璃密封条与玻璃及玻璃槽口的接缝应平整，不得卷边、脱槽。

排水孔应畅通，位置和数量应符合设计要求。

塑料门窗安装的允许偏差和检验方法应符合表 3-53 的规定。

表 3-53 塑料门窗安装的允许偏差和检验方法

项次	项目		允许偏差（mm）	检验方法
1	门窗槽口宽度、高度	≤1 500 mm	2	用钢尺检查
		>1 500 mm	3	用钢尺检查
2	门窗槽口对角线长度差	≤2 000 mm	3	用 1 m 垂直检测尺检查
		>2 000 mm	5	用 1 m 水平尺和塞尺检查
3	门窗框的正、侧面垂直度		3	用钢尺检查
4	门窗横框的水平度		3	用钢直尺检查
5	门窗横框标高		5	用钢尺检查
6	门窗竖向偏离中心		5	用钢直尺检查
7	双层门内外框间跨		4	用钢尺检查
8	同樘门平开门窗相邻扇高度差		2	用钢直尺检查
9	平开门窗铰链部位配合间隙		+2，-1	用塞尺检查
10	推拉门窗扇与框搭接量		+1.5，-2.5	用钢直尺检查
11	推拉门窗扇与竖框平行度		2	用 1 m 水平尺和塞尺检查

3.6.3 吊顶工程

吊顶工程以轻钢龙骨、铝合金龙骨、木龙骨等为骨架，以石膏板、金属板、矿棉板、木板、塑料板或格栅等为饰面材料。吊顶工程分为暗龙骨吊顶和明龙骨吊顶。

吊顶工程应对下列隐蔽工程项目进行验收：

(1)吊顶内管道、设备的安装及水管试压。

(2)木龙骨防火、防腐处理。

(3)预埋件或拉结筋。

(4)吊杆安装。

(5)龙骨安装。

(6)填充材料的设置。

安装龙骨前,应按设计要求对房间净高、洞口标高和吊顶内管道、设备及其支架的标高进行交接检验。

吊顶工程的木吊杆、木龙骨和木饰面板必须进行防火处理,并应符合有关设计防火规范的规定。

吊顶工程中的预埋件、钢筋吊杆和型钢吊杆应进行防锈处理。

安装饰面板前应完成吊顶内管道和设备的调试及验收。

吊杆距主龙骨端部距离不得大于 300 mm,当大于 300 mm 时,应增加吊杆。当吊杆长度大于 1.5 m 时,应设置反支撑;当吊杆与设备相遇时,应调整并增设吊杆。

重型灯具、电扇及其他重型设备严禁安装在吊顶工程的龙骨上。

吊顶工程应对人造木板的甲醛含量进行复验。

3.6.3.1 暗龙骨吊顶工程

用尺检查吊顶标高、尺寸、起拱和造型,应符合设计要求。

饰面材料的材质、品种、规格、图案和颜色应符合设计要求,饰面材料表面应洁净、色泽一致,不得有翘曲、裂缝及缺损,压条应平直、宽窄一致。

通过观察和检查产品合格证书、性能检测报告、进场验收记录和复验报告等方法控制饰面材料的质量。

手扳检查暗龙骨吊顶工程的吊杆、龙骨和饰面材料的安装是否牢固,同时检查隐蔽工程验收记录和施工记录。

吊杆、龙骨的材质、规格、安装间距及连接方式应符合设计要求。金属吊杆、龙骨应经过表面防腐处理,木吊杆、龙骨应进行防腐和防火处理。

检验方法:观察、尺量检查,检查产品合格证书、性能检测报告、进场验收记录和隐蔽工程验收记录。

石膏板的接缝应按其施工工艺标准进行板缝防裂处理,安装双层石膏板时面层板与基层板的接缝应错开并不得在同一根龙骨上接缝。

饰面板上的灯具、烟感器、喷淋头、风口篦子等设备的位置应合理、美观,与饰面板的交接应吻合、严密。

金属吊杆、龙骨的接缝应均匀一致,角缝应吻合,表面应平整,无翘曲、锤印。木质吊杆、龙骨应顺直,无劈裂、变形。应检查隐蔽工程验收记录和施工记录。

吊顶内填充吸声材料的品种和铺设厚度应符合设计要求,并应有防散落措施。

暗龙骨吊顶工程安装的允许偏差和检验方法应符合表 3-54 的规定。

表 3-54　暗龙骨吊顶工程安装的允许偏差和检验方法

项次	项目	允许偏差(mm)				检验方法
		纸面石膏板	金属板	矿棉板	木板、塑料板、格栅	
1	表面平整度	3	2	2	2	用2 m靠尺和塞尺检查
2	接缝直线度	3	1.5	3	3	拉5 m线,不足5 m拉通线,用钢直尺检查
3	接缝高低差	1	1	1.5	1	用2 m靠尺和塞尺检查

3.6.3.2　明龙骨吊顶工程

吊顶标高、尺寸、起拱和造型应符合设计要求。

饰面材料的材质、品种、规格、图案和颜色应符合设计要求,当饰面材料为玻璃板时应使用安全玻璃或采取可靠的安全措施。

检验方法:观察,检查产品合格证书、性能检测报告和进场验收记录。

饰面材料的安装应稳固严密,饰面材料与龙骨的搭接宽度应大于龙骨受力面宽度的2/3。饰面材料表面应洁净、色泽一致,不得有翘曲、裂缝及缺损,饰面板与明龙骨的搭接应平整、吻合,压条应平直、宽窄一致。

检验方法:观察,手扳检查,尺量检查。

吊杆与龙骨的材质、规格、安装间距及连接方式应符合设计要求,金属吊杆、龙骨应进行表面防腐处理,木龙骨应进行防腐和防火处理。

检验方法:观察,尺量检查,检查产品合格证书、进场验收记录和隐蔽工程验收记录。

手扳检查明龙骨吊顶工程的吊杆和龙骨安装是否牢固。

饰面板上的灯、烟感器、喷淋头、风口篦子等设备的位置应合理与美观。与饰面板的交接应吻合、严密。

金属龙骨的接缝应平整、吻合,颜色一致,不得有划伤、擦伤等表面缺陷,木质龙骨应平整、顺直、无劈裂。

吊顶内填充吸声材料的品种和铺设厚度应符合设计要求,并应有防散落措施。

明龙骨吊顶工程安装的允许偏差和检验方法应符合表3-55的规定。

表 3-55　明龙骨吊顶工程安装的允许偏差和检验方法

项次	项目	允许偏差(mm)				检验方法
		石膏板	金属板	矿棉板	塑料板、玻璃板	
1	表面平整度	3	2	3	2	用2 m靠尺和塞尺检查
2	接缝直线度	3	2	3	3	拉5 m线,不足5 m拉通线,用钢直尺检查
3	接缝高低差	1	1	2	1	用2 m靠尺和塞尺检查

3.6.4 饰面板(砖)工程

饰面板(砖)工程分为饰面板安装、饰面砖粘贴等工程。

饰面板(砖)工程验收时应检查下列文件和记录:

(1)饰面板(砖)工程的施工图、设计说明及其他设计文件。

(2)材料的产品合格证书、性能检测报告、进场验收记录和复验报告。

(3)后置埋件的现场拉拔检测报告。

(4)外墙饰面砖样板件的黏结强度检测报告。

(5)隐蔽工程验收记录。

(6)施工记录。

饰面板(砖)工程应对下列材料及其性能指标进行复验:

(1)室内用花岗石的放射性。

(2)粘贴用水泥的凝结时间、安定性和抗压强度。

(3)外墙陶瓷面砖的吸水率。

(4)寒冷地区外墙陶瓷面砖的抗冻性。

饰面板(砖)工程应对下列隐蔽工程项目进行验收:

(1)预埋件(或后置埋件)。

(2)连接节点。

(3)防水层。

检查数量应符合下列规定:

(1)室内每个检验批应至少抽查10%,并不得少于3间,不足3间时应全数检查。

(2)室外每个检验批每100 m应至少抽查一处,每处不得小于10 m。

外墙饰面砖粘贴前和施工过程中,均应在相同基层上做样板件,并对样板件的饰面砖黏结强度进行检验,其检验方法和结果判定应符合《建筑工程饰面砖粘结强度检验标准》(JGJ 110—2008)的规定。

3.6.4.1 饰面板安装工程

饰面板的品种、规格、颜色和性能应符合设计要求,木龙骨、木饰面板和塑料饰面板的燃烧性能等级应符合设计要求。饰面板表面应平整、洁净、色泽一致,无裂痕和缺损,石材表面应无泛碱等污染。通过观察,检查产品合格证书、进场验收记录和性能检测报告等来控制质量。

饰面板孔与槽的数量、位置和尺寸应符合设计要求。

饰面板安装工程的预埋件(或后置埋件)与连接件的数量、规格、位置、连接方法和防腐处理必须符合设计要求。后置埋件的现场拉拔强度必须符合设计要求。饰面板安装必须牢固。

检验方法:手扳检查,检查进场验收记录、现场拉拔检测报告、隐蔽工程验收记录和施工记录。

饰面板嵌缝应密实、平直,宽度和深度应符合设计要求。嵌填材料色泽应一致。

采用湿作业法施工的饰面板工程,石材应进行防碱背涂处理,饰面板与基体之间的灌注材料应饱满、密实。检验方法:用小锤轻击检查,检查施工记录等。

饰面板上的孔洞应套割吻合,边缘应整齐。

饰面板安装的允许偏差和检验方法应符合表 3-56 的规定。

表 3-56 饰面板安装允许偏差和检验方法

项次	项目	允许偏差(mm)							检验方法
		石材			瓷板	木材	塑料	金属	
		光面	剁斧石	蘑菇石					
1	立面垂直度	2	3	3	2	1.5	2	2	用 2 m 垂直检测尺检查
2	表面平整度	2	3	—	1.5	1	3	3	用 2 m 靠尺和塞尺检查
3	阴、阳角方正	2	4	4	2	1.5	3	3	用直角检测尺检查
4	接缝直线度	2	4	4	2	1	1	1	拉 5 m 线,不足 5 m 拉通线,用钢直尺检查
5	墙裙、勒脚上口直线度	2	3	3	2	2	2	2	拉 5 m 线,不足 5 m 拉通线,用钢直尺检查
6	接缝高低差	0.5	3	—	0.5	0.5	1	1	用钢尺和直塞尺检查
7	接缝宽度	1	2	2	1	1	1	1	用钢直尺

3.6.4.2 饰面砖粘贴工程

饰面砖的品种、规格、图案、颜色和性能应符合设计要求。饰面砖表面应平整、洁净、色泽一致,无裂痕和缺损。

检验方法:观察,检查产品合格证书、进场验收记录、性能检测报告和复验报告。

饰面砖粘贴工程的找平、防水、黏结和勾缝材料及施工方法应符合设计要求与国家现行产品标准和工程技术标准的规定。

检验方法:检查产品合格证书、复验报告和隐蔽工程验收记录。

饰面砖粘贴必须牢固。

检验方法:检查样板件黏结强度、检测报告和施工记录。

满粘法施工的饰面砖工程应无空鼓、裂缝。

检验方法:观察,用小锤轻击检查。

阴阳角处搭接方式、非整砖使用部位应符合设计要求。

墙面突出物周围的饰面砖应整砖套割吻合,边缘应整齐。墙裙、贴脸突出墙面的厚度应一致。

饰面砖接缝应平直、光滑,填嵌应连续、密实,宽度和深度应符合设计要求。

有排水要求的部位应做滴水线(槽),滴水线(槽)应顺直,流水坡向应正确,坡度应符合设计要求。

饰面砖粘贴的允许偏差和检验方法应符合表 3-57 的规定。

表 3-57　饰面砖粘贴的允许偏差和检验方法

项次	项目	允许偏差(mm)		检查方法
		外墙面砖	内墙面砖	
1	立面垂直度	3	2	用 2 m 垂直检测尺检查
2	表面平整度	4	3	用 2 m 靠尺和塞尺检查
3	阴、阳角方正	3	3	用直角检测尺检查
4	接缝直线度	3	2	拉 5 m 线,不足 5 m 拉通线,用钢直尺检查
5	接缝高低差	1	0.5	用钢尺和直塞尺检查
6	接缝宽度	1	1	用钢塞尺

3.6.5　涂饰工程

涂饰工程分为水性涂料涂饰、溶剂型涂料涂饰、美术涂饰等工程。

涂饰工程验收时应检查下列文件和记录:

(1)涂饰工程的施工图、设计说明及其他设计文件。

(2)材料的产品合格证书、性能检测报告和进场验收记录。

(3)施工记录。

涂饰工程的基层处理应符合下列要求:

(1)新建筑物的混凝土或抹灰基层在涂饰涂料前应涂刷抗碱封闭底漆。

(2)旧墙面在涂饰涂料前应清除疏松的旧装修层,并涂刷界面剂。

(3)混凝土或抹灰基层涂刷溶剂型涂料时,含水量不得大于 8%,涂刷乳液型涂料时含水量不得大于 10%,木材基层的含水量不得大于 12%。

(4)基层腻子应平整、坚实、牢固,无粉化、起皮和裂缝,内墙腻子的黏结强度应符合《建筑室内用腻子》(JG/T 298—2010)的规定。

(5)厨房、卫生间墙面必须使用耐水腻子。

3.6.5.1　水性涂料涂饰工程

水性涂料涂饰工程施工的环境温度应为 5 ~ 35 ℃。

水性涂料涂饰工程所用涂料的品种、型号和性能应符合设计要求。检查产品合格证书、性能检测报告和进场验收记录。

水性涂料涂饰工程的颜色、图案应符合设计要求。

水性涂料涂饰工程应涂饰均匀、黏结牢固,不得漏涂、透底、起皮和掉粉。

薄涂料的涂饰质量和检验方法应符合表 3-58 的规定。

厚涂料的涂饰质量和检验方法应符合表 3-59 的规定。

复层涂料的涂饰质量和检验方法应符合表 3-60 的规定。

表 3-58 薄涂料的涂饰质量和检验方法

项次	项目	普通涂饰	高级涂饰	检查方法
1	颜色	均匀一致	均匀一致	观察
2	泛碱、咬色	允许少量轻微	不允许	
3	流坠、疙瘩	允许少量轻微	不允许	
4	砂眼、刷纹	允许少量轻微砂眼,刷纹通顺	无砂眼、无刷纹	
5	装饰线、分色线直线度允许偏差(mm)	2	1	拉5 m线,不足5 m拉通线,用钢直尺检查

表 3-59 厚涂料的涂饰质量和检验方法

项次	项目	普通涂饰	高级涂饰	检查方法
1	颜色	均匀一致	均匀一致	观察
2	泛碱、咬色	允许少量轻微	不允许	
3	点状分布	—	疏密均匀	

表 3-60 复层涂料的涂饰质量和检验方法

项次	项目	质量要求	检查方法
1	颜色	均匀一致	观察
2	泛碱、咬色	不允许	
3	喷点疏密程度	均匀,不允许连片	

涂层与其他装修材料和设备衔接处应吻合,界面应清晰。

3.6.5.2 **溶剂型涂料涂饰**

溶剂型涂料涂饰工程所选用涂料的品种、型号和性能应符合设计要求。

检验方法:检查产品合格证书、性能检测报告和进场验收记录。

溶剂型涂料涂饰工程的颜色、光泽、图案应符合设计要求。

溶剂型涂料涂饰工程应涂饰均匀、黏结牢固,不得漏涂、透底、起皮和反锈。

色漆的涂饰质量和检验方法应符合表 3-61 的规定。

清漆的涂饰质量和检验方法应符合表 3-62 的规定。

涂层与其他装修材料和设备衔接处应吻合,界面应清晰。

3.6.5.3 **美术涂饰工程**

美术涂饰所用材料的品种、型号和性能应符合设计要求。

检验方法:观察,检查产品合格证书、性能检测报告和进场验收记录。

美术涂饰工程应涂饰均匀、黏结牢固,不得漏涂、透底、起皮、掉粉和反锈。

美术涂饰的套色、花纹和图案应符合设计要求。

表 3-61　色漆的涂饰质量和检验方法

项次	项目	普通涂饰	高级涂饰	检验方法
1	颜色	均匀一致	均匀一致	观察
2	光泽、光滑	光泽基本均匀,光滑无挡手感	光泽均匀一致,光滑	观察、手摸检查
3	刷纹	刷纹通顺	无刷纹	观察
4	裹漆、流坠、皱皮	明显处不允许	不允许	观察
5	装饰线、分色线直线度允许偏差(mm)	2	1	拉 5 m 线,不足 5 m 拉通线,用钢直尺检查

注:无光色漆不检查光泽。

表 3-62　清漆的涂饰质量和检验方法

项次	项目	普通涂饰	高级涂饰	检验方法
1	颜色	基本一致	均匀一致	观察
2	木纹	棕眼刮平、木纹清楚	棕眼刮平、木纹清楚	观察
3	光泽、光滑	光泽基本均匀,光滑无挡手感	光泽基本均匀,光滑	观察,手摸检查
4	刷纹	刷纹通顺	无刷纹	观察
5	裹漆、流坠、皱皮	明显处不允许	不允许	观察

美术涂饰表面应洁净,不得有流坠现象。

仿花纹涂饰的饰面应具有被模仿材料的纹理。

套色涂饰的图案不得移位,纹理轮廓应清晰。

习　题

一、单选题

1. 砂和砂石地基质量检验标准中砂石料含泥量应为(　　)。

A. ≤5%　　B. ≤3%　　C. ≤4%　　D. ≤2%

2. 振冲地基的质量验收标准中桩体直径允许偏差(　　)mm。

A. <50　　B. <40　　C. <30　　D. <60

3. 水泥土搅拌桩地基的垂直度允许偏差(　　)。

A. ≤1.5%　　B. ≤1.2%　　C. ≤1.0%　　D. ≤2.0%

4. 水泥砂浆和水泥混合砂浆搅拌时间不得少于(　　)min。

A. 2　　B. 3　　C. 1.5　　D. 2.5

5. 砖砌体的转角处和交接处应同时砌筑,对不能同时砌筑而又必须留置的临时间断处应砌筑成斜槎,斜槎水平投影长度不小于高度的(　　)。

A. 2/3　　B. 1/3　　C. 2/5　　D. 1/4

6. 小型空心砌块砌体水平灰缝的砂浆饱满度,应按净面积计算不得低于(　　)。

A. 90%　　B. 80%　　C. 70%　　D. 85%

7. 丁砌料石伸入毛石部分的长度不应小于(　　) mm。

A. 200　　B. 150　　C. 250　　D. 180

8. 蒸压加气混凝土砌块、轻骨料混凝土小型空心砌块砌筑时，其产品龄期应超过(　　)d。

A. 28　　B. 14　　C. 25　　D. 18

9. 跨度为 8 m 的梁，其底模板拆除时的混凝土强度要求为达到设计混凝土立方体抗压强度标准值的(　　)。

A. 100%　　B. 75%　　C. 85%　　D. 50%

10. 混凝土浇筑时，自高处倾落的自由高度不应超过(　　) m，若超过应用溜管或溜槽等辅助设备。

A. 2　　B. 3　　C. 1　　D. 2.5

11. 吊杆距主龙骨端部距离不得大于(　　) mm。

A. 300　　B. 200　　C. 250　　D. 350

二、多选题

1. 高压喷射注浆地基施工中应检查的施工参数有(　　)。

A. 压力　　B. 水泥浆量　　C. 提升速度　　D. 旋转速度　　E. 施工程序

2. 水泥粉煤灰、碎石桩地基施工结束后，应对(　　)以及褥垫层的质量做检查。

A. 桩顶标高　　B. 桩位　　C. 桩体质量　　D. 地基承载力　　E. 成孔深度

3. 钢筋混凝土结构工程的质量控制包括(　　)工程内容。

A. 钢筋　　B. 模板　　C. 混凝土　　D. 脚手架　　E. 预埋件

4. 装饰抹灰工程有(　　)。

A. 水刷石　　B. 斩假石　　C. 干粘石　　D. 假面砖　　E. 水泥浆

5. 吊顶工程龙骨按材料分为(　　)。

A. 轻钢龙骨　　B. 铝合金龙骨　　C. 木龙骨　　D. 暗龙骨　　E. 明龙骨

三、简答题

1. 灰土地基和强夯地基的质量控制要点有哪些？

2. 配筋砌体需要怎样控制质量？

3. 在混凝土工程中，保证混凝土质量需要注意的要点及保证钢筋质量需要注意的要点各有哪些？

4. 现场如何判断混凝土振捣密实？

5. 防水工程具体有哪几项工程？各自保证施工质量的施工要点有哪些？

6. 钢结构工程的原材料需要注意的要点是什么？钢结构焊接工程和多层及高层钢结构安装工程的质量控制要点是什么？

7. 装饰装修工程可分为哪几项？各自的主控质量和一般要求是什么？

学习任务4　建筑工程施工质量验收

【学习目标】 使学生了解施工质量验收统一标准、规范体系的编制依据及其相互关系，建筑工程施工质量验收划分的目的层次。理解施工质量验收统一标准、规范体系的编制指导思想与施工质量验收的有关术语。掌握建筑工程质量验收层次的划分和建筑工程施工质量验收。

工作任务表

能力目标	主讲内容	学生完成任务	评价标准	
了解施工质量验收的基本规定	施工质量验收统一标准、规范体系相关内容以及建筑工程施工质量验收的术语和基本规定	学生分组讨论施工质量验收的基本规定	优秀	熟悉施工质量验收的基本规定
			良好	了解施工质量验收的基本规定
			合格	基本了解施工质量验收的基本规定
明确建筑工程施工质量验收	建筑工程质量验收层次的划分和建筑工程施工质量验收以及相关程序	学生分组讨论建筑工程质量验收层次的划分和建筑工程施工质量验收以及相关程序	优秀	熟悉建筑工程质量验收层次的划分和建筑工程施工质量验收以及相关程序
			良好	了解建筑工程质量验收层次的划分和建筑工程施工质量验收以及相关程序
			合格	基本了解建筑工程质量验收层次的划分和建筑工程施工质量验收以及相关程序
了解建筑工程质量事故的处理	建筑工程质量事故的处理	学生分组讨论建筑工程质量事故的处理	优秀	熟悉建筑工程质量事故的处理
			良好	了解建筑工程质量事故的处理
			合格	基本了解建筑工程质量事故的处理

学习单元4.1　基本认知

工程施工质量验收是工程建设质量控制的一个重要环节，它包括工程施工质量的中间验收和工程的竣工验收两个方面。通过对工程建设中间产出品和最终产品的质量验收，从过程控制和中端把关两个方面进行工程项目的质量控制，以确保达到业主所要求的功能和使用价值，实现建设投资的经济效益和社会效益。工程项目的竣工验收，是项目建设程序的最后一个环节，是全面考核项目建设成果，检查设计与施工质量，确认项目能否投入使用的重要步骤。竣工验收的顺利完成，标志着项目建设阶段的结束和生产使用阶段的开始。尽快完成竣工验收工作，对促进项目的早日投产使用，发挥投资效益，有着非常重要的意义。本章结合《建筑工程施工质量验收统一标准》(GB 50300—2001)及建筑工程其他专业验收规范,着重说明了建筑工程质量验收的相关问题。

4.1.1 施工质量验收统一标准、规范体系的编制指导思想

为了进一步做好工程质量验收工作,结合当前建设工程质量管理的问题和策略,增强各规范间的协调性及适用性并考虑与国际惯例接轨,在建筑工程施工质量验收标准、规范体系的编制中坚持了“验收分离,强化验收,完善手段,过程控制”的指导思想。

4.1.2 施工质量验收统一标准、规范体系的编制依据及其相互关系

建筑工程施工质量验收统一标准的编制依据,主要是《中华人民共和国建筑法》、《建设工程管理条例》、《建筑结构可靠度统一标准》及其他有关设计规范等。建筑工程施工质量验收统一标准及专业验收规范体系的落实和执行,还需要有其他相关标准的支持。

学习单元4.2 建筑工程施工质量验收的术语和基本规定认知

4.2.1 施工质量验收的有关术语

《建筑工程施工质量验收统一标准》(GB 50300—2001)中共给出17个术语,这些术语对规范有关工程施工质量验收活动中的用语,加深对标准条文的理解,特别是更好地贯彻执行标准是十分必要的。下面列出几个较重要的与质量验收相关的术语。

4.2.1.1 验收

建筑工程在施工单位自行质量检查评定的基础上,参与建设活动的有关单位共同对检验批、分项、分部、单位工程的质量进行抽样复验,根据相关标准以书面形式对工程质量达到合格与否做出确认。

4.2.1.2 检验批

检验批是按统一的生产条件或按规定的方式汇总起来供检验用的,由一定数量样本组成的检验体。检验批是施工质量验收的最小单位,是分项工程乃至整个建筑工程验收的基础。

4.2.1.3 主控项目

主控项目是指建筑工程中对安全、卫生、环境保护和公众利益起决定性作用的检验项目。例如:混凝土结构工程中“钢筋安装时,受力钢筋的品种、级别、规格和数量必须符合设计要求”,“纵向受力钢筋连接方式应符合设计要求”,“安装现浇结构的上层模板及其支架时,下层模板应具有承受上层荷载的承载能力,或加设支架,上、下层支架的立柱应对准,并铺设垫板”等都是主控项目。

4.2.1.4 一般项目

除主控项目以外的项目都是一般项目。例如:混凝土结构工程中,除主控项目外,“钢筋的接头宜设置在受力较小处。同一纵向受力钢筋不宜设置两个或两个以上接头。接头末端至钢筋弯起点的距离不应小于钢筋直径的10倍”,“钢筋应平直、无损伤,表面

不得有裂纹、油污、颗粒状或片状老锈”,“施工缝的位置应在混凝土的浇筑前按设计要求和施工技术方法确定,施工缝的处理应按施工技术方法执行”等都是一般项目。

4.2.1.5 观感质量

观感质量指通过观察和必要的量测所反映的工程外在质量。

4.2.1.6 返修

返修指对工程不符合标准规定的部位采取整修等的措施。

4.2.1.7 返工

返工指对不合格的工程部位采取的重新制作、重新施工等的措施。

4.2.2 施工质量验收的基本规定

施工现场质量管理应有相应的施工技术标准,健全的质量管理体系、施工质量检验制度和综合施工质量水平评价考核制度,并做好施工现场质量检查记录。

施工现场质量管理检查记录应由施工单位按表 4-1 填写,总监理工程师(建设单位项目负责人)进行检查,并作出检查结论。

表 4-1 施工现场质量管理检查记录

开工日期:

工程名称				施工许可证(开工证)	
建设单位				项目负责人	
设计单位				项目负责人	
监理单位				总监理工程师	
施工单位		项目经理		项目技术负责人	

序号	项目	内容
1	现场质量管理制度	
2	质量责任制	
3	主要专业工种操作上岗证书	
4	分包方资质与对分包方单位的管理制度	
5	施工图审查情况	
6	地质勘查资料	
7	施工组织设计、施工方法及审批	
8	施工技术标准	
9	工程质量检验制度	
10	搅拌站及计量设置	
11	现场材料、设备存放与管理	
12		

检查结论:

总监理工程师

(建设单位负责人)　　　　年　　月　　日

建筑工程施工质量应按下列要求进行验收：

(1)建筑工程施工质量应符合建筑工程施工质量验收统一标准和相关专业验收规范的规定。

(2)建筑工程施工应符合工程勘察、设计文件的要求。

(3)参与工程施工质量验收的各方人员应具备规定的要求。

(4)工程质量的验收应在施工单位自行检查评定的基础上进行。

(5)隐蔽工程在隐蔽前应由施工单位通知有关方进行验收，形成验收文件。

(6)涉及结构安全的试块、试件以及有关材料，应按规定见证取样检测。

(7)检验批的质量应按主控项目和一般项目验收。

(8)对设计结构安全和实用功能的分部工程应进行抽样检测。

(9)承担见证取样检测及有关结构安全监测的单位应具有相应资质。

(10)工程的观感质量应由验收人员通过现场检查，并应共同确认。

学习单元 4.3　建筑工程施工质量验收层次的划分

4.3.1　施工质量验收层次划分的目的

建筑工程施工质量验收涉及建筑工程控制和竣工验收控制，是工程施工质量控制的重要环节，合理划分建筑工程施工质量验收层次是非常必要的。特别是不同专业工程的验收批如何确定，将直接影响到质量验收工作的科学性、经济性、实用性及可操作性。因此，有必要建立统一的工程施工质量验收的层次划分。通过验收批和中间验收层次及最终验收单位的确定，实施对工程质量的过程控制和终端把关，确保工程施工质量达到工程项目决策阶段所确定的质量目标和水平。

4.3.2　施工质量验收划分的层次

随着社会经济的发展和施工技术的进步，现代工程建设呈现出建设规模不断扩大、技术复杂程度高等特点。近年来，出现了大量建筑规模较大的单位工程和具有综合使用功能的综合性建筑物，几万平方米的建筑比比皆是，100 000 m^2 以上的建筑也不少。由于这些工程的建设周期较长，工程建设中可能会出现建设资金不足，部分工程停缓建，已建成部分提前投入使用或先将部分提前建成使用等情况，再加之对规模特别大的工程一次验收也不方便，等等。因此，标准规定，可将此类工程划分为若干个子单位工程进行验收。同时为了更加科学地评价工程质量和验收，考虑到建筑物内部设施越来越多样化，按建筑物的主要部分和专业来划分分部工程已不适合当前的要求。因此，在分部工程中，按相近工作内容和系统划分为若干个分部工程。每个分部工程中包括若干个分项工程。每个分项工程中包含若干个检验批，检验批是工程施工质量验收的最小单位。

4.3.3　单位工程的划分

单位工程的划分应按以下原则划分：

(1)具备独立施工条件并能形成独立使用功能的建筑物及构筑物为一个单项工程。如一个学校中的一栋教学楼,某城市的广播电视塔等。

(2)规模较大的单位工程,可将其能形成独立使用功能的部分划分为一个子单位项目。

子单位工程的划分一般可根据工程的建筑设计分区、施工功能的显著差异、结构缝的设置等实际情况。在施工前由建设、监理、施工单位自行商定,并据此收集、整理施工技术资料和验收。

(3)室外工程可根据专业类别和工程规模划分为单位工程、室外单位工程、分部工程,按表4-2采用。

表4-2　室外工程划分

单位工程	子单位工程	分部(子分部)工程
室外建筑环境	附属建筑	车棚,围墙,大门,挡土墙,垃圾收集站
	室外环境	建筑小品,道路,亭台,连廊,花坛,场坪绿化
室外安装	给水排水与采暖	室外给水系统,室外给水排水系统,室外供热系统
	电气	室外供电系统,室外照明系统

4.3.4　分部工程的划分

(1)分部工程的划分应按专业性质、建筑部位确定。如建筑工程划分为地基和基础、主体结构、建筑装饰装修、建筑层面、建筑给水排水及采暖、建筑电气、智能建筑、通风和空调、电梯等九个分部工程。

(2)当分部工程较大或较复杂时,可按施工程序、专业系统及类别划分为若干个子分部工程。如智能建筑分部工程中就包含了火灾及报警消防联动系统,安全防范系统,综合布线系统,智能化集成系统,电源与接地、环境、住宅智能化系统等子分部工程。

4.3.5　分项工程的划分

分项工程应按主要工种、材料、施工工艺、设备类别等进行划分。如混凝土结构工程中按主要工种分为模板工程、钢筋工程、混凝土工程等分项工程,按施工工艺又分为预应力现浇结构、装配式结构等分项工程。

建筑工程分部工程、分项工程的具体划分见《建筑工程施工质量验收统一标准》(GB 50300—2001)。

4.3.6　检验批的划分

分项工程可由一个或若干个检验批组成,检验批可根据施工及质量控制和专业验收需要按楼层、施工段、变形缝等进行划分。

建筑工程的地基基础分部工程中的分项工程一般划分为一个检验批;有地下层的基础工程可按不同地下层划分检验批;层面分部工程中的分项工程可按不同楼层层面划分

为不同的检验批;单层建筑工程中的分项工程可按变形缝等划分检验批,多层及高层建筑工程中主体部分的分项工程可按楼层或施工段划分检验批;其他分部工程中的分项工程一般按楼层划分检验批;对于工程量较少的分项工程可统一划分为一个检验批。安装工程一般按一个设计系统或组别划分为一个检验批。室外工程统一划分为一个检验批。散水、台阶、明沟等含在地面检验批中。

学习单元4.4 建筑工程施工质量验收

4.4.1 检验批的质量验收

4.4.1.1 检验批合格质量规定

(1)主控项目和一般项目的质量经抽样检验合格。

(2)具有完整的施工操作依据、质量检查记录。

从上面的规定可以看出,检验批的质量验收包括了质量资料的检查和主控项目、一般项目的检验两方面的内容。

4.4.1.2 检验批按规定验收

1.质量资料检查

质量控制资料反映了检验批从原材料到验收的各施工工序的施工操作依据、检查情况以及保证质量所必需的管理制度等。对其完整性的检查,及时对过程控制的确认,这是检验批合格的前提,所检查的资料主要包括:

(1)图纸会审,设计变更,洽商记录。

(2)建筑材料、成品、半成品、建筑构配件、器具和设备的质量证明书及进场检验报告。

(3)工程测量,放线记录。

(4)按专业质量验收规范规定的抽样检验报告。

(5)隐蔽工程检查记录。

(6)施工过程记录和施工过程检查记录。

(7)新材料、新工艺的施工记录。

(8)质量管理资料和施工单位操作依据等。

2.主控项目和一般项目的检验

为确保工程质量,使检验批的质量符合安全和实用功能的基本要求,各专业质量验收规范对各检验批的主控项目和一般项目的子项合格质量都给予明确规定。如砖砌体工程检验批质量验收时主控项目包括砂浆强度等级、斜槎留置、直槎拉结钢筋及接槎处理、砂浆饱满度、轴线位移、每层垂直度等内容;而一般项目则包括组砌方法、水平灰缝厚度、顶楼表高、表面平整度、门窗洞口高宽、窗口偏移、水平灰缝的平直度及清水墙游丁走缝等内容。

检验批的合格质量主要取决于对主控项目和一般项目的检验结果。主控项目是对检验批的基本质量起决定性影响的检验项目,因此必须全部符合有关专业工程验收规范的规定。这意味着主控项目不允许有不符合要求的检验结果,即这种项目的检查具有否决权。鉴于主控项目对基本质量的决定性影响,从严要求是必须的。如混凝土结构工程中混凝土分项工程的配合比设计,其主控项目要求:混凝土应按国家规定现行标准《普通混凝土配合比设计规程》(JGJ 55—2011)的有关规定,根据混凝土强度等级、耐久性和工作性等要求进行配合比设计。对有特殊要求的混凝土,其配合比设计尚应符合国家现行标准的专门规定。其检验方法是检查配合比设计资料,而其一般项目则可按专业规范的要求处理。如:首次使用的混凝土配合比应进行开盘鉴定,其工作性应满足设计配合比的要求。开始生产时应至少留置一组标准养护试件,作为验证配合比的依据,并通过检查开盘鉴定资料和试件强度试验报告进行检验。混凝土拌制前,应测定砂石、含水量并根据测试结果调整材料用量,提出施工配合比,并通过检查含水量测试结果和施工配合比通知单位进行检查,每工作班检查一次。

3. 检验批的抽样方法

合理的抽样方法的制订对检验批的质量验收有十分重要的影响。在制订检验批的抽样方法时,应考虑合理分配生产方风险和使用方风险。主控项目,对应于合格质量水平的 α 和 β 均不宜超过 5%;对于一般项目,对应于合格质量水平的 α 和 β 均不宜超过 10%。检验批的质量检验,应根据检验项目的特点在下列方法中进行选择:

(1)计量、计数或计量-计数等抽样方法。

(2)一次、二次或多次抽样方法。

(3)根据生产连续性和生产控制稳定性等情况,尚可采取调整型抽样方法。

(4)对重要的检验项目可采用简易快速的检验方法时,可选用全数检验方法。

(5)经实践检验有效的抽样方法,进行分层抽样。

4. 检验批的质量验收记录

检验批的质量验收记录由施工项目专业质量检查员记录,监理工程师组织项目专业质量检查员等进行验收,并按表 4-3 记录。

4.4.2 分项工程质量验收

分项工程的质量验收在检验批的基础上进行。一般情况下,两者具有相同或相近的性质,只是批量的大小不同而已。因此,将有关的检查批汇集构成分项工程。分项工程质量合格的条件比较简单,只要构成分项工程的各检验批的验收资料文件完整,并且均已验收合格,则分项工程质量验收合格。

4.4.2.1 分项工程质量验收合格的规定

(1)分项工程所含的检验批均应符合合格质量规定。

(2)分项工程所含的检验批的质量验收记录应完整。

4.4.2.2 分项工程质量验收记录

分项工程质量应由监理工程师组织项目专业技术负责人等进行验收,并按表 4-4 记录。

表 4-3　检验批质量验收记录

<table>
<tr><td>工程名称</td><td></td><td>分项工程名称</td><td></td><td>验收部位</td><td></td></tr>
<tr><td>施工单位</td><td></td><td>专业工长</td><td></td><td>项目经理</td><td></td></tr>
<tr><td>施工执行标准名称及编号</td><td colspan="5"></td></tr>
<tr><td>分包单位</td><td></td><td>分包项目经理</td><td></td><td>施工班组长</td><td></td></tr>
<tr><td></td><td colspan="2">质量验收规范的规定</td><td>施工单位检查评定记录</td><td colspan="2">监理（建设）单位验收记录</td></tr>
<tr><td rowspan="9">主控项目</td><td>1</td><td></td><td></td><td colspan="2" rowspan="9"></td></tr>
<tr><td>2</td><td></td><td></td></tr>
<tr><td>3</td><td></td><td></td></tr>
<tr><td>4</td><td></td><td></td></tr>
<tr><td>5</td><td></td><td></td></tr>
<tr><td>6</td><td></td><td></td></tr>
<tr><td>7</td><td></td><td></td></tr>
<tr><td>8</td><td></td><td></td></tr>
<tr><td>9</td><td></td><td></td></tr>
<tr><td rowspan="4">一般项目</td><td>1</td><td></td><td></td><td colspan="2" rowspan="4"></td></tr>
<tr><td>2</td><td></td><td></td></tr>
<tr><td>3</td><td></td><td></td></tr>
<tr><td>4</td><td></td><td></td></tr>
<tr><td colspan="2">施工单位检查评定结果</td><td colspan="4">项目验收质量检查员　　　　年　月　日</td></tr>
<tr><td colspan="2">监理（建设）单位验收结论</td><td colspan="4">监理工程师
（建设单位项目专业技术负责人）
年　月　日</td></tr>
</table>

表 4-4 ________分项工程质量验收记录

<table>
<tr><td colspan="2">工程名称</td><td></td><td>结构类型</td><td></td><td>检验批数</td><td></td></tr>
<tr><td colspan="2">施工单位</td><td></td><td>项目经理</td><td></td><td>项目技术负责人</td><td></td></tr>
<tr><td colspan="2">分包单位</td><td></td><td>分包单位负责人</td><td></td><td>分包单位项目经理</td><td></td></tr>
<tr><td>序号</td><td colspan="2">检验批部位、区段</td><td>施工单位检查评定结果</td><td colspan="3">监理(建设)单位验收结论</td></tr>
<tr><td>1</td><td colspan="2"></td><td></td><td colspan="3"></td></tr>
<tr><td>2</td><td colspan="2"></td><td></td><td colspan="3"></td></tr>
<tr><td>3</td><td colspan="2"></td><td></td><td colspan="3"></td></tr>
<tr><td>4</td><td colspan="2"></td><td></td><td colspan="3"></td></tr>
<tr><td>5</td><td colspan="2"></td><td></td><td colspan="3"></td></tr>
<tr><td>6</td><td colspan="2"></td><td></td><td colspan="3"></td></tr>
<tr><td>7</td><td colspan="2"></td><td></td><td colspan="3"></td></tr>
<tr><td>8</td><td colspan="2"></td><td></td><td colspan="3"></td></tr>
<tr><td>9</td><td colspan="2"></td><td></td><td colspan="3"></td></tr>
<tr><td>10</td><td colspan="2"></td><td></td><td colspan="3"></td></tr>
<tr><td></td><td colspan="2"></td><td></td><td colspan="3"></td></tr>
<tr><td></td><td colspan="2"></td><td></td><td colspan="3"></td></tr>
<tr><td></td><td colspan="2"></td><td></td><td colspan="3"></td></tr>
<tr><td></td><td colspan="2"></td><td></td><td colspan="3"></td></tr>
<tr><td>检查结论</td><td colspan="2">项目专业技术负责人
年 月 日</td><td>验收结论</td><td colspan="3">监理工程师
(建设单位项目专业技术负责人)
年 月 日</td></tr>
</table>

4.4.3 分部(子分部)工程质量验收

4.4.3.1 分部工程质量验收合格的规定

(1)分部工程所含分项工程的质量均应验收合格。

(2)质量控制资料完整。

(3)地基和基础、主体结构和设备安装等分部工程有关安全及功能的检验和抽样检测结果应符合有关规定。

(4)观感质量验收应符合要求。

分部工程的验收在其所含各分项工程验收的基础上进行。首先,分部工程的各分项工程必须已验收且相应的质量控制资料文件必须完整,这是分部工程验收的基本条件。此外,由于各分项工程的执行不尽相同,因此作为分部工程不能把各分项工程简单的组合而加以验收,尚需增加以下两类检查。

涉及安全和实用功能的地基基础、主体结构、有关安全及重要使用功能的安装分部工程,应进行有关见证取样、送样试验或抽样检测。如建筑物垂直度、标高、全高测量记录,建筑物沉降观测测量记录,给水排水管道通水试验记录,暖气管道、散热器压力测试记录,照明动力全负荷试验记录等。关于观感质量验收,这类检查往往难以定量,只能以观察、触摸或简单量测的方式进行,并由各人的主观印象判断,检查结果并不给出"合格"或"不合格"的结论,而是综合给出质量评价。评价结论为"好"、"一般"和"差"三种。对于"差"的检查结果,应通过返修处理等进行补救。

4.4.3.2 分部工程质量验收记录

分部工程质量应由总监理工程师组织施工项目经理和有关勘察、设计单位项目负责人进行验收,并按表 4-5 记录。

4.4.4 单位(子单位)工程质量验收

4.4.4.1 单位工程质量验收合格的规定

(1)单位工程所含分部工程的质量应验收合格。

(2)质量控制资料完整。

(3)单位工程所含分部工程有关安全和功能的检验资料应完整。

(4)主要功能项目的抽查结果应符合相关专业质量验收规范的规定。

(5)观感质量验收应符合要求。

单位工程质量验收也称质量竣工验收,是建筑工程投入使用前的最后一次验收,也是最重要的一次验收。验收合格的条件有五个,除构成单位工程的各分部工程应该合格,并且有相关的资料文件应完整外,还应进行以下三方面的检查。

涉及安全和实用功能的分部工程应进行检验资料的复查。不仅是全面检查其完整性,而且对分部工程验收时补充进行的见证抽样检验报告也要复核。这种强化验收的手段体现了对安全和主要使用功能的重视。

表 4-5　________分部(子分部)工程验收记录

工程名称		结构类型		层数	
施工单位		技术部门负责人		质量部门负责人	
分包单位		分包单位负责人		分包技术负责人	
序号	分项工程名称	检验批数	施工单位检查评定	验收意见	
1					
2					
3					
4					
5					
6					
质量控制资料					
安全和功能检验(检测)报告					
观感质量验收					
验收单位	分包单位	项目经理　　年　月　日			
	施工单位	项目经理　　年　月　日			
	勘察单位	项目负责人　　年　月　日			
	设计单位	项目负责人　　年　月　日			
	监理(建设)单位	总监理工程师 (建设单位项目专业负责人)　　年　月　日			

此外,对主要使用功能还需进行抽查。使用功能的检查是对建筑工程和设备安装工程最终质量的综合检查,也是用户最为关心的内容。因此,在分项、分部工程验收合格的基础上,竣工验收时再做全面检查。抽查项目是在检查资料文件的基础上由参与验收的各方人员商定,并用计量、计数的抽样方法确定检查部位。检查要求按有关专业工程施工

质量验收标准的要求进行。

最后,还应有参加验收的各方人员共同进行观感质量检查。检查的方法、内容、结论等标准应在分部工程的相应部分阐述,最后共同确定是否通过验收。

4.4.4.2　**单位工程质量竣工验收记录**

表 4-6 为单位工程质量竣工验收的汇总表,单位工程质量竣工验收应按表 4-6 记录。表 4-6 与表 4-5 和表 4-7、表 4-8、表 4-9 配合使用。

表 4-6　单位(子单位)工程质量竣工验收记录

工程名称		结构类型		层数/建筑面积	
施工单位		技术负责人		开工日期	
项目经理		项目技术负责人		竣工日期	
序号	项目		验收记录		验收结论
1	分部工程		共　分部,经查　分部,符合标准及设计要求　分部		
2	质量控制资料核查		共　项,经审查符合要求　项,经核定符合规范要求　项		
3	安全和主要使用功能核查及抽查结果		共核查　项,符合要求　项,共抽查　项,符合要求　项,经返工处理符合要求　项		
4	观感质量验收		共抽查　项,符合要求　项,不符合要求　项		
5	综合验收结论				
参加验收单位	建设单位 (公章) 单位(项目)负责人 年　月　日	监理单位 (公章) 总监理工程师 年　月　日	施工单位 (公章) 单位负责人 年　月　日	设计单位 (公章) 单位(项目)负责人 年　月　日	

表4-6的验收记录由施工单位填写，验收结论由监理单位填写。综合验收结论由参与验收各方共同商定，建设单位填写，应对工程质量是否符合设计和规范要求及总体质量水平作出评价。

表4-7 单位（子单位）工程质量控制资料核查记录

工程名称			施工单位		
序号	项目	资料名称	份数	核查意见	核查人
1	建筑与结构	图纸会审、设计变更、洽商记录			
2		工程定位测量、放线记录			
3		原材料出厂合格证书及进场检（试）验报告			
4		施工试验报告及见证检测报告			
5		隐蔽工程验收记录			
6		施工记录			
7		预制构件、预拌混凝土合格证			
8		地基基础、主体结构检验及抽样检测资料			
9		分项、分部工程质量验收记录			
10		工程质量事故及事故调查处理资料			
11		新材料、新工艺施工记录			
12					
1	给水排水与采暖	图纸会审、设计变更、洽商记录			
2		材料配件出厂合格证书及进场试验报告			
3		管道、设备强度试验、严密性试验记录			
4		隐蔽工程验收记录			
5		系统清洗、灌水、通水、通球试验记录			
6		施工记录			
7		分项、分部工程质量验收记录			
8					
1	建筑电气	图纸会审、设计变更、洽商记录			
2		材料配件出厂合格证书及进场试验报告			
3		设备调试记录			
4		接地、绝缘电阻测试记录			
5		隐蔽工程验收记录			
6		施工记录			
7		分项、分部工程质量验收记录			
8					

续表 4-7

序号	项目	资料名称	份数	核查意见	核查人
1	通风与空调	图纸会审、设计变更、洽商记录			
2		材料配件出厂合格证书及进场试验报告			
3		制冷、空调、水管道强度试验、严密性试验记录			
4		隐蔽工程验收记录			
5		制冷设备运行调试记录			
6		通风、空调系统调试记录			
7		施工记录			
8		分项、分部工程质量验收记录			
9					
1	电梯	图纸会审、设计变更、洽商记录			
2		设备出场合格证书及开箱检验记录			
3		隐蔽工程验收记录			
4		施工记录			
5		接地、绝缘电阻测试记录			
6		负荷试验、安全装置检查记录			
7		分项、分部工程质量验收记录			
8					
1	建筑智能化	图纸会审、设计变更、洽商记录、竣工图及设计说明			
2		材料设备出场合格证、技术文件及进场试验报告			
3		隐蔽工程验收记录			
4		系统功能测定及设备调试记录			
5		系统技术、操作和维护手册			
6		系统管理、操作人员培训记录			
7		系统检测报告			
8		分项、分部工程质量验收记录			

结论：

总监理工程师

施工单位项目经理　　　　（建设单位项目负责人）

年　月　日　　　　年　月　日

表4-8 单位(子单位)工程安全和功能检验资料核查及主要功能抽查记录

工程名称			施工单位			
序号	项目	安全和功能检查项目	份数	核查意见	抽查结果	核查(抽查)人
1	建筑与结构	屋面淋水试验记录				
2		地下室防水效果检查记录				
3		有防水要求的地面蓄水试验记录				
4		建筑物垂直度、标高、全高测量记录				
5		抽气(风)道检查记录				
6		幕墙及外窗气密性、水密性、耐高压检测报告				
7		建筑物沉降观测测量记录				
8		节能、保温测试记录				
9		室内环境检测记录				
10						
1	给水排水与采暖	给水管道通水试验记录				
2		暖气管道、散热器压力试验记录				
3		卫生器具满水试验记录				
4		消防管道、燃气管道压力试验记录				
5		排水干管通球试验记录				
6						
1	电气	照明全负荷试验记录				
2		大型灯具牢固性试验记录				
3		避雷接地电阻测试记录				
4		线路、插座、开关接地检验记录				
5						
1	通风与空调	通风、空调系统试运行记录				
2		风量、温度测试记录				
3		洁净室洁净度测试记录				
4		制冷机组试运行记录				
5						
1	电梯	电梯运行记录				
2		电梯安全装置检测报告				
1	智能建筑	系统运行记录				
2		系统电源及接地检测报告				
3						

结论:

总监理工程师

施工单位项目经理　　　　　　　　　　（建设单位项目负责人）

年　月　日　　　　　　　　　　　　　年　月　日

注:抽查项目由验收组协商确定。

表 4-9　单位(子单位)工程观感质量检查记录

工程名称				施工单位							
序号	项目		抽查质量状况						质量评价		
									好	一般	差
1	建筑与结构	室外墙面									
2		变形缝									
3		水落管、屋面									
4		室内墙面									
5		室内顶棚									
6		室内地面									
7		楼梯、踏步、护栏									
8		门窗									
1	给水排水与采暖	管道接口、坡度、支架									
2		卫生器具、支架、阀门									
3		检查口、扫除口、地漏									
4		散热器、支架									
1	建筑电气	配电箱、盘、板、接线盒									
2		设备器具、开关、插座									
3		防雷、接地									
1	通风与空调	风管、支架									
2		风口、风阀									
3		风机、空调设备									
4		阀门、支架									
5		水泵、冷却塔									
6		绝热									
1	电梯	运行、平层、开关门									
2		层门、信号系统									
3		机房									
1	智能建筑	机房设备安装及布局									
2		现场设备安装									
3											
观感质量综合评价											
检查结论	施工单位项目经理 年　月　日						总监理工程师 (建设单位项目负责人) 年　月　日				

注:质量评价为差的项目,应进行返修。

4.4.5　工程施工质量不符合要求时的处理

一般情况下,不合格现象在检验批的验收时就应发现并及时处理,所有质量隐患必须尽快消灭在萌芽状态,否则将影响后续检验批和相关的分项工程、分部工程的验收。但非正常情况可按下述规定进行处理：

(1)经返工重做或更换器具、设备检验批，应重新进行验收。这种情况是指当主控项目不能满足验收规范规定或一般项目超过偏差限制的子项不符合检验规定的要求时，应及时进行处理的检验批。其中，严重的缺陷应推倒重来；一般的缺陷通过返修或更换器具、设备予以解决，应允许施工单位在采取相应的措施后重新验收。如能够符合相应的专业工程质量验收规范，则应认为该检验批合格。

(2)经有资质的检测单位鉴定达到设计要求的检验批，应予以验收。这种情况是指个别检验批发现试块强度不满足要求等问题，难以确定是否验收时，应请具有资质的法定检测单位检测，当鉴定结果能够达到设计要求时，该检验批应允许通过验收。

(3)经有资质的检测单位鉴定达不到设计要求但经原设计单位核算认可能满足结构安全和使用功能的检验批，可予以验收。

这种情况是指，一般情况下，规范标准给出了满足安全和功能的最低限度要求，而设计往往在此基础上留有一些余地。不满足设计要求但符合相应规范标准的要求，两者并不矛盾。

(4)经返修或加固的分项、分部工程，虽然改变了外形尺寸但仍能满足安全使用要求，可按技术处理方法和协商文件进行验收。

这种情况是指更为严重缺陷或范围超过检验批的更大范围内的缺陷可能影响结构的安全性和使用功能。如经法定检测单位检测鉴定以后认为达不到规范标准的相应要求，即不能满足最低限度的安全储备和使用功能，则必须按一定的技术方法进行加固处理，使之能保证其满足安全使用的基本要求。这样会造成一些永久性的缺陷，如改变结构的外形尺寸，影响一些次要的使用功能等。为了避免社会财富更大的损失，在不影响安全和主要使用功能条件下可按处理技术方法和协商文件进行验收，但不能作为轻视质量而回避责任的一种出路，这是应该特别注意的。

(5)通过返修或加固仍不能满足安全使用要求的分部工程、单位(子单位)工程，严禁验收。

学习单元4.5　建筑工程施工质量验收的程序和组织

4.5.1　检验批及分项工程的验收过程与组织

检验批由专业监理工程师组织项目专业质量检验员等进行验收，分项工程由专业监理工程师组织项目专业技术负责人等进行验收。

检验批和分项工程是建筑工程施工质量的基础，因此所有检验批和分项工程均应由监理工程师或建设单位项目技术负责人组织验收。验收前，施工单位先填好“检验批和分项工程的验收记录”(有关监理记录和结论不填)，并由项目专业质量检验员和项目专业技术负责人分别在检验批和分项工程质量检验记录相关栏目中签字，然后由监理工程师组织，严格按规定程序进行验收。

4.5.2　分部工程的验收程序与组织

分部工程应由总监理工程师（建设单位项目负责人）组织施工单位项目负责人和项目技术、质量负责人等进行验收；由于地基基础、主体结构技术性能要求严格，技术性强，关系到整个工程的安全，因此规定与地基基础及主体结构分部工程相关的勘察、设计单位工程项目负责人和施工单位技术、质量部门负责人也应参加相关分部工程验收。

4.5.3　单位（子单位）工程的验收程序与组织

4.5.3.1　竣工初验收的程序

当单位工程达到竣工验收条件后，施工单位应在自查、自评工作完成后，填写工程竣工报验单，并将全部竣工资料报送项目监理机构，申请竣工验收。总监理工程师应组织各专业监理工程师对竣工资料及各专业工程的质量情况进行全面检查，对检查出的问题，应督促施工单位及时整改。对需要进行功能试验的项目（包括单机试车和无负荷试车），监理工程师应督促施工单位及时进行试验，并对重要项目进行监督、检查，必要时请建设单位和设计单位参加；监理工程师应认真审查试验报告单并督促施工单位搞好成品保护和现场清理。

经项目监理机构对竣工资料及实物全面检查、验收合格后，由总监理工程师签署工程竣工报验单，并向建设单位提出质量评估报告。

4.5.3.2　正式验收

建设单位在收到工程验收报告后，应由建设单位（项目）负责人组织施工（含分包单位）、设计、监理等单位（项目）负责人进行单位（子单位）工程验收。单位工程由分包单位施工时，分包单位对所承包的工程项目应按规定的程序检查评定，总包单位应派人参加。分包工程完成后，应将工程有关资料交总包单位。建设工程验收合格的，方可交付使用。

建设工程竣工验收应当具备下列条件：

（1）完成建设工程设计和合同约定的各项内容。

（2）有完整的技术档案和施工管理资料。

（3）有工程使用的主要建筑材料、建筑构配件和设备的进场试验报告。

（4）有勘察、设计、施工、工程监理等单位分别签署的质量合格文件。

（5）有施工单位签署的工程保修书。

在一个单位工程中，对满足生产要求或具备使用条件，施工单位已预验，监理工程师已初验通过的子单位工程，建设单位可组织进行验收。由几个施工单位负责施工的单位工程，当其中的施工单位所负责的子单位工程已按设计完成，并经自行检验，也可组织正式验收，办理交工手续。在整个单位工程进行全部验收时，已验收的子单位工程验收资料应作为单位工程验收的附件。

在竣工验收时，对某些剩余工程和缺陷工程，在不影响交付的前提下，经建设单位、设计单位、施工单位和监理单位协商，施工单位应在竣工验收后的限定时间内完成。

参加验收各方对工程质量验收意见不一致时，可请当地建设行政主管部门或工程质量监督机构协调处理。

4.5.4 单位工程竣工验收备案

单位工程质量验收合格后，建设单位应在规定时间内将工程竣工验收报告和有关文件，报建设行政管理部门备案。

凡在中华人民共和国内新建、扩建、改建各类房屋建筑工程和市政基础设施工程的竣工验收，均应按有关规定进行备案。

国务院建设行政主管部门和有关专业部门负责全国工程竣工验收的监督管理工作。县级以上地方人民政府建设行政主管部门负责本行政区域内工程的竣工验收备案管理工作。

学习单元 4.6 建筑工程质量事故的处理

建筑工程质量的处理严格执行“三不放过”原则，严肃处理工程质量事故，即发生质量事故的原因不查清不放过，引发事故原因责任单位的责任人不查清不放过，责任人不处理不放过。

4.6.1 建筑工程质量事故的特点和分类

4.6.1.1 工程质量事故的特点

工程质量事故具有复杂性、严重性、可变性和多发性的特点。

1. 复杂性

建设生产与一般工业相比具有产品固定，生产流动；产品多样，结构类型不一；露天作业多，自然条件复杂多变；材料品种、规格多，材料性能各异；多工种、多专业交叉施工，相互干扰大；工艺要求不同，施工方法各异，技术标准不一等特点。因此，影响工程质量的因素繁多，造成质量施工的原因错综复杂，即使是同一类质量事故，而原因却可能多种多样。例如，就钢筋混凝土楼板开裂质量事故而言，其产生的原因就可能是：设计计算有误，结构构成不良，地基不均匀沉陷，或温度应力、地震力、膨胀力、冻胀力不良等，也可能是施工质量低劣、偷工减料或质量不良等。所以，使得对质量事故进行分析，判断其性质、原因及发展，确定处理方法与措施等都增加了复杂性及困难。

2. 严重性

工程项目一旦出现质量事故，其影响较大。轻者影响施工顺利进行、拖延工期、增加工程费用；重者则会留下隐患成为危险的建筑，影响使用功能或不能使用，更严重的还会引起建筑失稳、倒塌，造成人民生命、财产的巨大损失。例如，1995 年韩国汉城三峰百货大楼出现倒塌事故，死亡达到 400 余人，在国内外造成很大的影响，甚至导致国内人心恐慌，韩国国际形象下降；1999 年我国重庆市綦江县彩虹大桥突然整体垮塌，造成 40 人死亡，14 人受伤，直接经济损失 631 万元，在国内一度成为人们关注的热点，引起社会对建设工程质量整体水平的怀疑，构成社会不安定因素。所以，对于建设工程质量问题和质量事故均不能掉以轻心，必须予以高度重视。

3. 可变性

许多工程的质量问题出现后,其质量状态并非稳定于发现的初始状态,而是有可能随着时间而不断地发展、变化。例如,桥墩的超量沉降可能随上部荷载不断增大而继续发展;混凝土结构出现的裂缝可能随环境温度的变化而变化,或随荷载的变化及负担荷载的时间而变化等。因此,有些在初始阶段并不严重的质量问题,如不能及时处理和纠正,有可能发展成一般质量事故,一般质量事故有可能发展成为严重或重大质量事故。例如,开始时微细的裂缝有可能发展导致结构裂缝或者倒塌事故;土坝的涓涓渗漏有可能发展为溃坝。所以,在分析、处理工程质量问题时,一定要注意问题的可变性,应及时采取可靠的措施,防止其进一步恶化而发生质量事故;或加强观测与试验,取得数据,预测未来发展的趋势。

4. 多发性

建筑工程的质量,往往在一些工程部位中经常发生。例如,悬梁挑板断裂、雨篷坍塌、钢屋架失稳等。因此,总结经验,吸取教训,采取有效措施予以防范十分必要。

4.6.1.2 工程质量事故的分类

建筑工程质量事故的分类方法有多种,既可以按损失的严重程度划分,又可按产生的原因划分,也可按其造成的后果或事故责任划分。各部门、专业工程,甚至各地区在不同时期界定和划分质量事故的标准尺度也不一样。国家现行的对工程质量通常采用按造成人员伤亡或者直接经济损失进行分类,其基本分类如下所述。

1. 一般质量事故

一般质量事故指造成3人以下死亡,或者10人以下重伤,或者100万元以上1 000万元以下直接经济损失的事故。

2. 较大质量事故

较大质量事故指造成3人以上10人以下死亡,或者10人以上50人以下重伤,或者1 000万元以上5 000万元以下直接经济损失的事故。

3. 重大质量事故

重大质量事故指造成10人以上30人以下死亡,或者50人以上100人以下重伤,或者5 000万元以上1亿元以下直接经济损失的事故。

4. 特别重大事故

凡具备国务院发布的《特别重大事故调查程序暂行规定》所列发生一次死亡30人及其以上,或者100人以上重伤,或直接经济损失达1亿元及其以上,或其他性质特别严重,上述三个影响之一均属特别重大事故。

4.6.2 建筑工程质量事故处理的依据和程序

4.6.2.1 工程质量事故处理的依据

进行工程质量事故处理的主要依据有四个方面:质量事故的实况资料;具有法律效力的,得到有关当事各方认可的工程承包合同、设计委托合同、材料或设备购销合同以及监理合同或分包合同等合同文件;有关的技术文件、档案和相关的建设法规。

在这四方面依据中,前三种是与特定的工程项目密切相关的具有特定性质的依据。

第四种法规性依据，是具有很高权威性、约束性、通用性和普遍性的依据，因而它在工程质量事故处理事务中，也具有极其重要的、不容置疑的作用。现将这四方面依据详述如下。

1. 质量事故的实况资料

要搞清质量事故的原因和确定处理对策，首要的是要掌握质量事故的实际情况。有关质量事故的资料主要可来自以下几个方面。

(1)施工单位的质量事故调查报告。

质量事故发生后，施工单位有责任就所发生的质量事故进行周密的调查、研究，掌握情况，并在此基础上写出调查报告，提交监理工程师和业主。在调查报告中首先就与质量事故有关的实际情况做详尽的说明，其内容应包括：

①质量事故发生的时间、地点。

②质量事故状况的描述。例如，发生的事故类型（如混凝土裂缝、砌砖体裂缝），发生的部位（如楼层、梁、柱，及其所在的具体位置），分布状态及范围，严重程度（如裂缝长度、宽度、深度等）。

③质量事故发展变化的情况（其范围是否继续扩大，程度是否已经稳定等）。

④有关质量事故的观测记录、事故现场状态的照片或录像。

(2)监理单位调查研究所获得的第一手资料。

其内容大致与施工单位的调查报告中有关内容相似，可用来与施工单位所提供的情况对照、核实。

2. 有关合同及合同文件

(1)所涉及的合同文件可以是：工程承包合同，设计委托合同，设备与器材购销合同，监理合同等。

(2)有关合同和合同文件在处理质量事故中的作用是：确定在施工过程中有关各方是否按照合同有关条款实施其活动，借以探寻产生事故的可能原因。例如，施工单位是否在给定时间内通知监理单位进行隐蔽工程验收，监理单位是否按规定时间实施了检查验收，施工单位在材料进场时，是否按规定或约定进行了检验等。此外，有关合同文件还是界定质量责任的重要依据。

3. 有关的技术文件和档案

(1)有关的设计文件。

有关设计文件如施工图纸和技术说明等，是施工的重要依据。在处理质量事故中，其作用一方面是可以对照设计文件，核查施工质量是否符合设计的规定和要求；另一方面是可以根据所发生的质量事故情况，核查设计中是否存在问题或缺陷。

(2)与施工有关的技术文件、档案和资料。

属于这类文件、档案的有：

①施工组织设计或施工方法、施工计划。

②施工记录、施工日志等。根据它们可以查对发生质量事故的工程施工时的情况，如：施工时的气温、降雨、风、浪等有关的自然条件，施工人员的情况，施工工艺与操作过程的情况，使用材料的情况，施工场地、工作面、交通情况等。借助这些资料可以追溯和探寻事故的可能原因。

③有关建筑材料的质量证明资料。例如,材料批次、出厂日期、出厂合格证或检验报告、施工单位抽检或试验报告等。

④现场制备材料的质量证明资料。例如,混凝土拌和料的级配、水灰比、坍落度记录;混凝土试块强度试验报告,沥青拌和料配比、出机温度和摊铺温度记录等。

⑤质量事故发生后,对事故状况的观测记录、试验记录或试验报告等,例如:对地基沉降的观测记录,对建筑倾斜或变形的观测记录,对地基钻探的取样记录与试验报告,对混凝土结构钻取式样的记录与试验报告等。

⑥其他有关资料。

上述各类技术资料对于分析质量事故原因,判断其发展变化趋势,推断事故影响及严重程度,考虑处理措施等都是不可缺少的,并起着重要的作用。

4. 相关的建设法规

1998 年 3 月 1 日《中华人民共和国建筑法》颁布实施,对加强建筑活动的监督管理,维护市场秩序,保证建设工程质量提供了法律保障。这部工程建设和建筑业大法的实施,标志着我国工程建设和建筑业进入了法制管理新时期。通过几年的发展,国家已基本建立起以《中华人民共和国建筑法》为基础与社会主义市场经济体制相适应的工程建设和建筑业法规体系,包括法律、法规、规章及示范文本等。与工程质量及质量事故处理有关的有以下几类,简述如下。

(1)勘察、设计、施工、监理等单位资质管理方面的法规。

《中华人民共和国建筑法》明确规定:国家对从事建筑活动的单位实行资质审查制度。这方面的法规有建设部于2001 年以部令发布的《建设工程勘察设计企业资质管理规定》、《建筑业企业资质管理规定》和《工程监理企业资质管理规定》等。这类法规主要内容涉及:勘察、设计、施工和监理等单位的等级划分,明确各级企业应具备的条件,确定各级企业所能承担的任务范围,以及其等级评定的申请、审查、批准、升降管理等方面。例如《建筑业企业资质管理规定》中,明确规定建筑业企业经审查合格,取得相应等级的资质证书,方可在其资质等级许可的范围内从事建筑活动。

(2)从业者资格管理方面的法规。

《中华人民共和国建筑法》规定对注册建筑师、注册结构工程师和注册监理工程师等有关人员实行资格认证制度。1995 年国务院颁布的《中华人民共和国注册建筑师条例》,1997 年建设部、人事部颁布的《注册结构工程师职业资格制度暂行规定》和 1998 年建设部、人事部颁布的《监理工程师考试和注册试行办法》等,这类法规主要涉及建筑活动的从业者应具有相应的职业资格,注册等级划分,考试和注册办法,执业范围,权利、义务及管理等。例如《注册结构工程师执业资格制度暂行规定》中明确注册结构工程师不得准许他人以本人名义执行业务。

(3)建筑市场方面的法规。

这类法律、法规主要涉及工程发包与承包活动,以及国家对建筑市场的管理活动。于 1999 年 1 月 1 日施行的《中华人民共和国合同法》和于 2000 年 1 月 1 日施行的《中华人民共和国招标投标法》是国家对建筑市场管理的两个基本法律。与之相配套的法规有 2001 年国务院发布的《工程建设项目招标范围和规模标准的规定》、国家发展计划委员会发布的《工程项目自行招标的试行办法》、建设部发布的《建筑工程设计招标投标管理办法》、2001 年国家发展计划委员会等七部委联合发布的《评标委员会和评标方法的暂行规定》等以及 2001 年建设部发布的《建筑工程发包与承包价格计价管理办法》和与国家工商行政管理总局共同发布的《建设工程勘察合同》、《建筑工程设计合同》、《建设工程施工合同》和《建设工程监理合同》等示范文本。

这类法律、法规、文件主要是为了维护建筑市场的正常秩序和良好环境，充分发挥竞争机制，保证工程项目质量，提高建设水平。例如《中华人民共和国招标投标法》明确规定“投标人不得以低于成本的报价竞标”，就是防止恶性杀价竞争，导致偷工减料引起工程质量事故。《中华人民共和国合同法》规定“禁止承包人将工程分包给不具备相应资质条件的单位，禁止分包单位将其承包的工程再分包。建设工程主体结构的施工必须由承包人自行完成”。对违反者处以罚款，没收非法所得直至吊销资质证书，这均是为了保证工程施工的质量，防止因操作人员素质低造成质量事故。

(4)建筑施工方面的法规。

以《中华人民共和国建筑法》为基础，国务院于 2000 年颁布了《建筑工程勘察设计管理条例》和《建设工程质量管理条例》。建设部于 1989 年发布了《工程建设重大事故报告和调查程序的规定》，于 1991 年发布《建筑安全生产监督管理规定》，于 2000 年发布了《房屋建筑工程质量保修办法》以及《关于建设工程质量监督机构深化改革的指导意见》、《建设工程质量监督机构监督工作指南》和《建设工程监理规范》等法规和文件，主要涉及施工技术管理、建设工程监理、建筑安全生产管理、施工机械设备管理和建设工程质量监督管理。它们与现场施工密切相关，因而与工程施工质量有密切关系或直接关系。

这类法律、法规文件涉及的内容十分广泛，其特点是大多与现场施工有直接关系。例如:《建设工程监理规范》(GB 50319—2000)明确了现场监理工作的内容、深度、范围、程序、行为规范和工作制度;《建设工程施工现场管理规定》则要求有施工技术、安全岗位责任制度、组织措施制度，对施工准备，计划、技术、安全交底，施工组织设计编制，现场总平面布置等均作了明确规定。

特别是国务院颁布的《建设工程质量管理条例》，以《中华人民共和国建筑法》为基础，全面系统地对与建设工程有关的质量责任和管理问题，做了明确的规定，可操作性强。它不但对建设工程的质量管理具有指导作用，而且是全面保证工程质量和处理工程质量事故的重要依据。

(5)关于标准化管理方面的法规。

这类法规主要涉及技术标准(勘察、设计、施工、安装、验收等)、经济标准和管理标准(如建设程序、设计文件深度、企业生产组织和生产能力标准、质量管理与质量保证标准等)。

2000 年建设部发布的《工程建设标准强制性条文》和《实施工程建设强制性标准监督规定》是典型的标准化管理类法规，它的实施为《建设工程质量管理条例》提供了技术法规支持，是参与建设活动各方执行工程建设强制性标准和政府实施的依据，同时也是保证工程质量的必要条件，是分析处理工程质量事故，判定责任方的重要依据。一切工程建设的勘察、设计、施工、安装、验收都应按现行标准进行，不符合现行强制性标准的勘察报告不得报出，不符合强制性条文规定的设计不得审批，不符合强制性标准的材料、半成品、设备不得进场,不符合强制性标准的工程质量必须处理,否则不得验收,不得投入使用。

4.6.2.2　**工程质量事故处理的程序**

监理工程师熟悉各级政府建设行政主管部门处理工程质量事故的基本程序,特别是应把握在质量事故处理过程中如何履行自己的职责。

工程质量事故发生后,监理工程师可按以下程序进行处理:

(1)工程质量事故发生后,监理工程师应签发“工程暂停令”,并要求停止进行质量缺陷部位和与其有关部位及下道工序施工,应要求施工单位采取必要的措施,防止事故扩大并保护好现场。同时,要求质量事故发生单位迅速按类别和等级向相应的主管部门上报,并于24 h内写出书面报告。

质量事故报告应包括以下主要内容:

①事故发生的单位名称,工程(产品)名称、部位、时间、地点;

②事故概况和初步估计的直接损失;

③事故发生原因的初步分析;

④事故发生后采取的措施;

⑤各种相关资料(有条件时)。

各级主管部门处理权限及组成调查组权限如下:特别重大质量事故由国务院按有关程序和规定处理,重大质量事故由国家建设行政主管部门归口管理,严重质量事故由省、自治区、直辖市建设行政主管部门归口管理,一般质量事故由市、县级建设行政主管部门归口管理。

工程质量事故调查组由事故发生地的市、县以上建设行政主管部门或国务院有关主管部门组织成立。特别重大质量事故调查组的组成由国务院批准;一、二级重大质量事故由省、自治区、直辖市建设行政主管部门提出组成意见,人民政府批准;三、四级重大质量事故由市、县级建设行政主管部门提出组成意见,相应级别人民政府批准;严重质量事故,调查组由市、县级建设行政主管部门组织;事故发生单位属国务院部委的,由国务院有关主管部门或其授权部门会同当地建设行政主管部门组织调查组。

(2)监理工程师在事故调查组展开工作后,应积极协助,客观地提供相应证据,若监理方无责任,监理工程师可应邀参加调查组,参与事故调查;若监理方有责任,则应予以回避,但应配合调查组工作。质量事故调查组的职责是:

①查明事故发生的原因、过程、事故的严重程度和经济损失情况。

②查明事故的性质、责任单位和主要责任人。

③组织技术鉴定。

④明确事故主要责任单位和次要责任单位,承担经济损失的责任划分原则。

⑤提出技术处理意见及防止类似事故再次发生应采取的措施。

⑥提出对事故责任单位和责任人的处理建议。

⑦写出事故调查报告。

(3)当监理工程师接到质量事故调查组提出的技术处理意见后,可组织相关单位研究,并责成相关单位完成技术处理方法,并予以审核签认。质量事故技术处理方法,一般应委托原设计单位提出,由其他单位提供的技术处理方法,应经原设计单位同意签认。技术处理方法的制订，应征求建设单位的意见。技术处理方法必须依据充分，应在质量事故的部位、原因全部查清的基础上，必要时，应委托法定工程质量检测单位进行质量鉴定或请专家论证，以确保技术处理方法可靠、可行，保证结构安全和使用功能。

(4)技术处理方法核签后，监理工程师应要求施工单位制订详细的施工方法设计，必要时应编制监理实施细则，对工程质量事故技术处理施工质量进行监理，技术处理过程中的关键部位和关键工序应进行旁站，并会同设计、建设等有关单位共同检查认可。

(5)施工单位完工自检后报验结果，组织有关各方进行检查验收，必要时应进行处理结果鉴定。要求事故单位整理编写质量事故处理报告，并审核签认，将有关技术资料归档。

工程质量事故处理报告主要内容如下：

①工程质量事故情况、调查情况、原因分析(选自质量事故调查报告)。

②质量事故处理的依据。

③质量事故技术处理方法。

④实施技术处理施工中有关问题和资料。

⑤对处理结果的检查鉴定和验收。

⑥质量事故处理结论。

(6)签发“工程复工令”，恢复正常施工。

4.6.3 工程质量事故处理的方法与验收

4.6.3.1 工程质量事故处理方法的确定

本节所指工程质量事故处理方法是指技术处理方法，其目的是消除质量隐患，以达到建筑物的安全可靠和正常使用各项及寿命要求，并保证施工的正常进行。其一般处理原则是：正确确定事故性质，是表面性还是实质性、是结构性还是一般性、是迫切性还是可缓性；正确确定处理范围，除直接发生部位外，还应检查处理事故相邻影响范围的结构部位或构件。其处理基本要求是：安全可靠，不留隐患；满足建筑物的功能和使用要求；技术上可行，经济合理。

这就要求监理工程师在审核质量事故处理方法时，以分析事故调查报告中事故原因为基础，结合实地勘查成果，努力掌握事故的性质和变化规律，并应尽量满足建设单位的要求。因同类和同一性质的事故常可以选择不同的处理方法，故在签认时，应审核其是否遵循一般处理原则和要求，尤其应重视工程实际条件，如建筑物实际状态、材料实测性能、各种作用的实际情况等，以确保作出正确判断和选择。

尽管对造成质量事故的技术处理方法多种多样，但根据质量事故的情况可归纳为三种类型的处理方法，监理工程师应掌握从中选择最适合的处理方法，方能对相关单位上报的事故技术处理方法作出正确审核结论。

1. 工程质量事故处理方法类型

1)修补处理

这是最常用的一类处理方法。通常，当工程的某个检验批、分项或分部工程的质量虽未达到规定的规范、标准或设计要求，存在一定缺陷，但通过修补或更换器具、设备后还可达到要求的标准,又不影响使用功能和外观要求,在此情况下,可以进行修补处理。

属于修补处理的这类具体方法很多,诸如封闭保护、复位纠偏、结构补强、表面处理等。某些事故造成的结构混凝土表面裂缝,可根据其受力情况,仅作表面封闭保护。某些混凝土结构表面的蜂窝、麻面,经调查分析,可进行剔凿、抹灰等表面处理,一般不会影响其使用和外观。

对较严重的质量问题,可能影响结构的安全性和使用功能,必须按一定的技术方法进行加固补强处理,这样往往会造成一些永久性缺陷,如改变结构外形尺寸,影响一些次要的使用功能等。

2)返工处理

当工程质量未达到规定的标准和要求,存在的严重质量问题,对结构的使用和安全构成重大的影响,且又无法通过修补处理的情况下,可对检验批、分项工程、分部工程甚至整个工程返工处理。例如,某防洪堤坝填筑压实后,其压实土的干密度未达到规定值,经核算将影响土体的稳定且不满足抗渗能力的要求,可挖除不合格土,重新填筑,进行返工处理。又如某公路桥梁工程预应力按规定张力系数为1.3,实际仅为0.8,属于严重的质量缺陷,也无法修补,只能返工处理。对某些存在严重质量缺陷,且无法采用加固补强等修补处理或修补处理费用比原工程造价还高的工程,应进行整体拆除,全面返工。

3)不作处理

某些工程质量问题虽然不符合规定要求和标准构成质量事故,但视其严重情况,经过分析、论证、法定检查单位鉴定和设计等有关单位认可,对工程或结构使用及安全影响不大,也可不作专门处理。通常不用专门处理的情况有以下几种:

(1)不影响结构安全和正常使用。例如,有的工业建筑物出现放线定位偏差,且严重超过规定标准规定,若纠正会造成重大经济损失,若经过分析、论证其偏差不影响生产工艺和正常使用,在外观也无明显影响,可不作处理。又如,某些隐蔽部位结构混凝土表面裂缝,经检查分析,属于表面养护不够的干缩微缝,不影响使用及外观,也可以不作处理。

(2)有些质量问题,经过后续工序可以弥补。例如,混凝土墙表面轻微麻面,可通过后续的抹灰、喷涂或刷白等工序弥补,亦可不作专门处理。

(3)经法定检测单位鉴定合格。例如,某检验批混凝土试块强度值不满足规范要求,强度不足,在法定检测单位对混凝土实体采用非破损检验等方法测定其实际强度已达规范允许和设计要求值时,可不作处理。对未达到要求值,但相差不多,经分析论证,只要使用前经再次检测达到设计强度,也可以不作处理,但应严格控制施工荷载。

(4)出现的质量问题,经检测鉴定达不到设计要求,但经原设计单位核算,仍能满足结构安全和使用功能。例如,某一结构构件尺寸不足,或材料强度不足,影响结构承载力,但经按实际检测所得截面尺寸和材料强度复核验算,仍能满足设计的承载力,可不进行专门处理。这是因为一般情况下,规范标准给出了满足安全和功能的最低限度要求,而设计往往在此基础上留有一定余量,这种处理方式实际上是挖掘了设计潜力或降低了设计的安全系数。

监理工程师应牢记,不论哪种情况,特别是不作处理的质量问题,均要备好必要的书面文件,对技术处理方法、不作处理结论和各方协调文件等有关档案资料认真组织签认。

对责任方应承担的经济责任和合同约定的罚则应正确判定。

2. 选择最适用的工程质量事故处理方法的辅助方法

选择工程质量处理方法，是复杂而重要的工作，它直接关系到工程的质量、费用和工期。处理方法选择不合理，不仅劳民伤财，严重的还会留有隐患，危及人身安全，特别是对需要返工或不作处理的方法，更应慎重对待。

下面给出一些可采取的选择工程质量事故处理方法的辅助决策方法。

(1)试验验证。即对某些有严重质量缺陷的项目，可采取合同常规试验以外的试验方法进一步进行试验，以便确定缺陷的严重程度。例如，混凝土构件的试件强度低于要求的标准不太大(例如10%以下)时，可进行加载试验，以证明其是否满足使用要求。又如，公路工程的沥青面层厚度误差超过了规范允许的范围，可采取弯沉试验，检查路面的整体强度等。监理工程师可根据对试验验证结果的分析、论证，再研究选择最佳的处理方法。

(2)定期观测。有些工程在发现其质量缺陷时其状态可能尚未达到稳定仍会继续发展，在这种情况下一般不宜过早作出决定，可以对其进行一段时间的观测，然后根据情况作出决定。属于这类的质量问题如桥墩或其他工程的基础在施工期间发生沉降超过预计的或规定的标准；混凝土表面发生裂缝，并处于发展状态等。有些有缺陷的工程，短期内其影响可能不十分明显，需要长时间的观测才能得出结论。对此，监理工程师应与建设单位及施工单位协商，是否可以留待责任期解决或采取修改合同，延长责任期的办法。

(3)专家论证。对于某些工程质量问题，可能涉及的技术领域比较广泛，或问题很复杂，有时仅根据合同规定难以决策，这时可提请专家论证。而采取这种办法时，应事先做好充分准备，尽早为专家提供尽可能详尽的情况和资料，以便使专家能够进行较充分的、全面和细致的分析及研究，提出切实的意见与建议。实践证明，采用这种方法，对于监理工程师正确选择重大工程质量缺陷的处理方法十分有益。

(4)方案比较。这是比较常用的一种方法。同类型和同性质的事故可先涉及多种方法，然后结合当地的资源情况、施工条件等逐项给出权重，作出对比，从而选择具有较高处理效果又便于施工的处理方法。例如，结构构件承载力达不到设计要求，可采用改变结构构造来减少结构内力、结构卸荷或结构补强等不同处理方法，并将其每一方法按经济、工期、效果等指标列项并分配相应权重值，进行对比，辅助决策。

4.6.3.2 工程质量事故处理的鉴定验收

工程质量事故的技术处理是否达到了预期目的并消除了工程质量不合格和工程质量问题，是否仍留有隐患，监理工程师应通过组织检查和必要的鉴定，进行验收并予以最终确认。

1. 检查验收

工程质量事故处理完后，监理工程师在施工单位自检合格报验的基础上，应严格按施工验收标准及有关规范的规定进行，结合监理人员的旁站、巡视和平行检验结果，依据质量事故技术处理方法设计要求，通过实际量测，检查各种资料数据进行验收，并应办理交工验收文件，组织各有关单位会签。

2. 必要的鉴定

为确保工程质量事故的处理效果，凡涉及结构承载力等使用安全和其他重要性能的处理工作,常需做必要的试验和检验鉴定工作。质量事故处理施工过程中建筑材料及构配件资料严重缺乏,或对检查验收结果各参与单位有争议时,常见的检验工作有:混凝土钻芯取样,用于检查密实性和裂缝修补效果,或检测实际强度;结构荷载试验,确定其实际承载力;超声波检测焊接或结构内部质量;池、罐、箱柜工程的渗漏检验等。检测鉴定必须委托政府批准的有资质的法定检测单位进行。

3. 验收结论

对所有质量事故无论是经过技术处理,通过检查鉴定验收后,还是不须专门处理的,均应有明确的书面结论。若对后续工程施工有特定要求,或对建筑物使用有一定限制条件,应在结论中提出。

验收结论通常有以下几种:

(1)事故已排除,可以继续施工。

(2)隐患已消除,结构安全有保证。

(3)经修补处理后,完全能够满足使用要求。

(4)基本上满足使用要求,但使用时应有附加限制条件,例如限制荷载等。

(5)对耐久性的结论。

(6)对建筑物外观影响的结论。

(7)对短期内难以作出结论的,可提出进一步观测检测意见。

对于处理后符合《建筑工程施工质量验收统一标准》(GB 50300—2001)规定的,监理工程师应予以验收、确认,并应注明责任方主要承担的经济责任。对经加固补强或返工处理仍不能满足安全使用要求的分部工程、单位(子单位)工程,应拒绝验收。

4.6.4 建筑工程质量事故处理的资料

4.6.4.1 质量事故处理所需的资料

处理工程质量事故,必须分析原因,作出正确的处理决策,这就要以充分的、准确的有关资料作为决策的基础和依据。一般质量事故处理,必须具备以下资料:

(1)与工程质量事故有关的施工图。

(2)与工程施工有关的资料、记录。

(3)事故调查分析报告,一般应包括以下内容:

①质量事故的情况。包括发生质量事故的时间、地点、事故情况,有关的观测记录,事故的发展变化趋势,是否已趋稳定等。

②事故性质。应区分是结构性问题还是一般性问题;是内在的实质性问题还是表面性问题;是否需要及时处理,是否需要采取保护性措施。

③事故原因。阐明造成质量事故的主要原因。

④事故评估。应阐明该质量事故对于建筑物功能、使用要求、结构承载力性能及施工安全有何影响,并应附有实测、验算数据和试验资料。

⑤事故涉及的人员与主要责任人的情况等。

(4)设计单位、施工单位、监理单位和建设单位对事故处理的意见和要求。

4.6.4.2 事故处理后的资料

事故处理后,应由监理工程师提出事故处理报告,其内容包括:

(1)质量事故调查报告。

(2)质量事故原因分析。

(3)质量事故处理依据。

(4)质量事故处理方案、方法及技术措施。

(5)质量事故处理施工过程的各种原始记录资料。

(6)质量事故检查验收记录。

(7)质量事故结论等。

学习单元4.7 建筑工程施工过程的质量控制案例分析

案例一

政府投资在某市修建一个高标准、高质量、供国际高层人员集会活动的国际会议中心。该工程项目位于该市环境幽雅、风景优美的地区。该工程项目已通过招标确定由某承包公司A总承包并签订了施工合同,还与监理公司B签订了委托监理合同。监理机构在该工程项目实施中遇到了以下几种情况:

(1)该地区地质情况不良,且极为复杂多变,施工可能十分困难,为了保证工程质量,总承包商决定将基础工程施工发包给一个专业基础工程公司C。

(2)整个工程质量标准要求极高,建设单位要求监理机构要把住所使用的主要材料、设备进场的质量关。

(3)建设单位还要求监理机构对于主要的工程施工,无论是钢筋混凝土主体结构,还是精美的装饰工程,都要求严格把好每一道工序施工质量关,要达到合同规定的高标准和高质量保证率。

(4)建设单位要求必须确保所使用的混凝土拌和料、砂浆材料和钢筋混凝土承重结构及承重焊缝的强度达到质量要求的标准。

(5)在修建沟通该会议中心与该市市区和主干高速公路相衔接的高速公路支线的初期,监理工程师发现发包该路基工程的施工队填筑路基的质量没有达到规定的质量要求。监理工程师指令暂停施工,并要求返工重做。但是,承包方对此拖延,拒不进行返工,并通过有关方面"劝说"监理方同意不进行返工,双方坚持不下持续很久,影响了工程正常进度。

(6)在进行某层钢筋混凝土楼板浇筑混凝土施工过程中,土建监理工程师得悉该层楼板钢筋施工虽已经过监理工程师检查认可签证,但其中设计预埋的电气暗管却未通知电气监理工程师检查签证。此时混凝土已浇筑了全部工程量的1/5。

问题:

(1)监理工程师进行施工过程质量控制的手段主要有哪几方面?

(2)针对上述几种情况,你认为监理工程师应当分别运用什么手段以保证质量?请逐项作出回答。

(3)为了确保作业质量,在什么情况下,总监理工程师有权行使质量控制权、下达停工令,及时进行质量控制?

案例分析:

(1)监理工程师进行施工过程质量控制的手段主要有以下五个方面:

①通过审核有关技术文件、报告或报表等手段进行控制;

②通过下达指令文件和一般管理文书的手段进行控制(一般是以通知的方式下达);

③通过进行现场监督和检查的手段进行控制(包括旁站监督、巡视检查和平等检验);

④通过规定质量监控工作程序,要求按规定的程序工作和活动;

⑤利用支付控制权的手段进行控制。

(2)针对题示所提出的6种情况,监理工程师应采用以下手段进行控制(逐项对应解答)。

①首先通过审核分包商的资质证明文件控制分包商的资质(审核文件、报告的手段);然后通过审查总包商提交的施工方案(实际为分包商提出的基础施工方案)控制基础施工技术,以保证基础施工质量。

②为保证进场材料、设备的质量,可采取以下手段:

a. 通过审查进场材料、设备的出厂合格证、材质化验单、试验报告等文件、报表、报告进行控制;

b. 通过平行检验方式进行现场监督检查控制。

③通过规定质量监控程序严把每道工序的施工质量关;通过现场巡视及旁站监督严把施工过程关。

④通过旁站监督和见证取样控制混凝土拌和料、砂浆及承重结构质量。

⑤通过下达暂停施工的指令中止不合格填方继续扩大,通过停止支付工程款的手段促使承包方返工。

⑥通过下达暂停施工的指令的手段,防止质量问题恶化与扩大;通过下达质量通知单进行调查、检查,提出处理意见;通过审查与批准处理方案,下达返工或整改的指令,进行质量控制。

(3)在出现下列情况下,总监理工程师有权下达停工令,及时进行质量控制:

①施工中出现质量异常,承包方未能扭转异常情况者;

②隐蔽工程未依法检验确认合格,擅自封闭者;

③已发生质量问题迟迟不作处理,或如不停工,质量情况可能继续发展;

④未经监理工程师审查同意,擅自变更设计或修改图纸;

⑤未经合法审查或审查不合格的人员进入现场施工;

⑥使用的材料、半成品未经检查认可,或检查认为不合格的进入现场并使用;

⑦擅自使用未经监理方审查认可或资质不合格的分包单位进场施工。

案例二

某省H市一幢商住楼工程项目,建设单位A与施工单位B和监理单位C分别签订了施工承包合同和施工阶段委托监理合同。该工程项目的主体工程为钢筋混凝土框架式结构,设计要求混凝土抗压强度达到C20。在主体工程施工至第三层时,钢筋混凝土柱浇筑完毕拆模后,监理工程师发现,第三层全部(80根)钢筋混凝土柱的外观质量很差,不仅蜂窝麻面严重,而且表面的混凝土质地酥松,用锤轻敲即有混凝土碎块脱落。经检查,施工单位提交的从施工现场取样的9根柱混凝土强度试验结果表明,混凝土抗压强度值均达到或超过设计要求值,其中最大值达到C30的水平,监理工程师对施工单位提交的试验报告结果十分怀疑。

问题:

(1)在上述情况下,作为监理工程师,你认为应当按什么步骤处理?

(2)常见的工程质量问题产生的原因主要有哪几方面?

(3)工程质量问题的处理方式有哪些?质量事故处理应遵循什么程序进行?质量事故分为几类?如有一造价8 000万元的高层建筑,主体工程完成封顶后,装修过程中发现建筑物整体倾斜,无法控制,最后人工控制爆破炸毁。这一质量事故属于哪一类?

(4)工程质量事故处理的依据包括哪几方面?质量事故处理方案有哪几类?事故处理的基本要求是什么?事故处理验收结论通常有哪几种?如果上述质量问题经检验证明抽验结果质量严重不合格(最高 < C18,最低仅为C8),而且施工单位提交的试验报告结果不是根据施工现场取样,而是试验室按设计配合比做出的试样试验结果,你认为应当如何处理?

案例分析:

(1)该质量事故发生后,监理工程师可按下述步骤处理:

①监理工程师应首先指令施工单位暂停施工。

②如果自己具有相应技术实力及设备,可通知施工单位,在其参加下,从已浇筑的柱体上钻孔取样进行抽样检验和试验;也可以请具有权威性的第三方检测机构进行抽检和试验;或要求施工单位在有监理方现场见证的情况下,重新见证取样和试验。

③根据抽检结果判断质量问题的严重程度,必要时需通过建设单位请原设计单位及质量监督机构参加对该质量问题的分析判断。

④根据判断的结果及质量问题产生的原因决定处理方式或处理方案。

⑤指令施工单位进行处理,监理方应跟踪监督。

⑥处理后施工单位自检合格后,监理工程师复检合格加以确认。

⑦明确质量责任,按责任归属承担责任。

(2)常见的工程质量问题可能的成因有:

①违背建设程序;

②违反法规行为;

③地质勘查失真;

④设计差错;

⑤施工管理不到位；

⑥使用不合格的原材料、制品及设备；

⑦自然环境因素；

⑧使用不当。

(3)工程质量问题的处理方式、处理程序和质量事故分类与判断如下。

①工程质量问题的处理，根据其性质及严重程度不同可有以下处理方式：

a. 当施工引起的质量问题尚处于萌芽状态时，应及时制止，并要求施工单位立即改正。

b. 当施工引起的质量问题已出现，立即向施工单位发出“监理通知”，要求其进行补救处理，当其采取保证质量的有效措施后，向监理单位填报“监理通知回复单”。

c. 某工序分项工程完工后，如出现不合格项，监理工程师应填写“不合格项处置记录”，要求施工单位整改，并对其补救方案进行确认，跟踪其处理过程，对处理结果进行验收，不合格不允许进入下道工序或分项工程施工。

d. 在交工使用后保修期内，发现施工质量问题时，监理工程师应及时签发“监理通知”，指令施工单位进行保修(修补、加固或返工处理)。

②质量事故处理的一般程序是：

a. 质量事故发生后，总监理工程师签发“工程暂停令”，暂停有关部分的工程施工。要求施工单位采取措施，防止扩大，保护现场，上报有关主管部门，并于 24 h 内写出书面报告。

b. 监理工程师应积极协助上级有关主管部门组织成立事故调查组的工作，提供有关的证据；若监理方有责任，则应回避。

c. 总监理工程师接到事故调查组提出的技术处理意见后，可征求建设单位意见，组织有关单位研究并委托原设计单位完成技术处理方案，予以审核签认。

d. 处理方案核签后，监理工程师应要求施工单位制订详细施工方案，报监理审批后监督其实施处理。

e. 施工单位处理完工自检后报验结果，组织各方检查验收，必要时进行处理鉴定。

③质量事故可分为以下四类：

a. 一般质量事故。指直接经济损失在 5 000 元及其以上、不满 5 万元，或者是影响使用功能和结构安全，造成永久质量缺陷。

b. 严重质量事故。指具备下述条件之一：直接经济损失达 5 万元及其以上不满 10 万元，严重影响使用功能或结构安全、存在重大质量隐患，事故性质恶劣或造成 2 人以下重伤。

c. 重大质量事故。指具备下述条件之一：工程倒塌或报废，造成人员死亡或重伤 3 人以上，直接经济损失 10 万元以上。重大质量事故又分为四级：死亡 30 人以上或直接经济损失 300 万元以上为一级；死亡 10 人以上、29 人以下或直接经济损失 100 万元以上(300 万元以下)为二级；死亡 3 人以上、9 人以下，或重伤 20 人以上，或经济损失 30 万元以上(不满 100 万元)为三级；死亡 2 人以下，或重伤 3 人以上、19 人以下，或经济损失 10 万元以上(不满 30 万元)为四级。

d. 特别重大事故。一次死亡 30 人及以上,或直接经济损失达 500 万元及以上,或其他性质特别严重的事故。

④本问题中所述情况属于特别重大事故。

(4)关于工程质量事故处理的依据、处理方案类型、处理的基本要求和处理验收结论的问题答案如下:

①工程质量事故处理的依据有四个方面:一是质量事故的实况资料;二是具有法律效力的工程承包合同、设计委托合同、材料或设备购销合同及监理合同、分包合同等文件;三是有关的技术文件、档案;四是相关的建设法规。

②质量事故处理方案类型有:修补处理,返工处理,不作专门处理。不作专门处理的条件是:不影响结构安全和使用;可以经过后续工序弥补;经法定单位鉴定合格;经检测鉴定达不到设计要求,但经原设计单位核算能满足结构、安全及使用功能。

③事故处理的基本要求是:满足设计要求和用户期望,保证结构安全可靠,不留任何隐患,符合经济的合理原则。

④事故处理验收结论可以有:事故已排除可继续施工;隐患消除、结构安全有保证;修补处理后能满足使用;基本满足使用要求,但有附加限制的使用条件;对耐久性的结论;外观影响的结论;短期内难作结论的可提出进一步观测检验意见。

⑤根据本问题所述检验结果,应当全部返工处理。由此产生的经济损失及工期延误应由施工单位承担责任。监理工程师在对施工单位抽样检验的环节中失控,应对建设单位承担一定的失职责任。

案例三

某高层大型商住楼工程项目,建设单位 A 将其实施阶段的工程监理任务委托给监理公司 B 进行监理,并通过招标决定将施工承包合同授予施工单位 C。在施工准备阶段,由于资金紧缺,建设单位向设计单位提出修改设计方案、降低设计标准,以便降低工程造价和投资的要求。设计单位为此将基础工程及装饰工程设计标准降低,减少了原设计方案的基础厚度。

问题:

(1)通常对于设计变更,监理工程师应如何控制?注意些什么问题?

(2)针对上述设计变更情况,监理工程师应如何控制?

案例分析:

(1)应注意以下问题:

①不论谁提出的设计变更要求,都必须征得建设单位同意并办理书面变更手续;

②涉及施工图审查内容的设计变更必须报原审查机构审查后再批准实施;

③注意随时掌握国家政策法规的变化及有关规范、规程、标准的变化,并及时将信息通知设计单位与建设单位,避免产生潜在的设计变更及因素;

④加强对设计阶段的质量控制,特别是施工图设计文件的审核;

⑤对设计变更要求进行统筹考虑,确定其必要性及对工期及费用等的影响;

⑥严格控制对设计变更的签批手续,明确责任,减少索赔。

(2)对上述设计变更，监理工程师应进行严格控制：

①应对建设单位提出的变更要求进行统筹考虑，确定其必要性，并将变更对工程工期的影响及安全使用的影响通报建设单位，如必须变更，应采取措施尽量减少对工程的不利影响；

②坚持变更必须符合国家强制性标准，不得违背；

③必须报请原审查机构审查批准后才实施变更。

案例四

某大型商业建筑工程项目，主体建筑物10层。在主体工程进行到第二层时，该层的100根钢筋混凝土柱已浇筑完成并拆模后，监理人员发现混凝土外观质量不良，表面疏松，怀疑其混凝土强度不够，设计要求混凝土抗压强度达到C25的等级，于是要求承包商出示有关混凝土质量的检验与试验资料和其他证明材料。承包商向监理单位出示其对9根柱施工时混凝土抽样检验和试验结果，表明混凝土抗压强度值(28 d强度)全部达到或超过C25的设计要求，其中最大值达到了C30(即30 MPa)。

问题：

(1)你作为监理工程师应如何判断承包商这批混凝土结构施工质量是否达到了要求？

(2)如果监理方组织复核性检验结果证明该批混凝土全部未达到C25的设计要求，其中最小值仅有10 MPa即仅达到C10，应采取什么处理决定？

(3)如果承包商承认他所提交的混凝土检验和试验结果不是按照混凝土检验和试验规程及规定在现场抽取试样进行试验的，而是在试验室内，按照设计提出的最优配合比进行配制和制取试件后进行试验的结果。对于这起质量事故，监理单位应承担什么责任？承包方应承担什么责任？

(4)如果查明发生的混凝土质量事故主要是由于业主提供的水泥质量问题导致混凝土强度不足，而且在业主采购及向承包商提供这批水泥时，均未向监理方咨询和提供有关信息，协助监理方掌握材料质量和信息。虽然监理方与承包商都按规定对业主提供的材料进行了进货抽样检验，并根据检验结果确认其合格而接受。试问在这种情况下，业主及监理单位应当承担什么责任？

案例分析：

(1)作为监理工程师，为了准确判断混凝土的质量是否合格，应当在有承包方在场的情况下组织自身检验力量或聘请有权威性的第三方检测机构，或是承包商在监理方的监督下，对第二层主体结构的钢筋混凝土柱，用钻取混凝土芯的方法，钻取试件再分别进行抗压强度试验，取得混凝土强度的数据，进行分析鉴定。

(2)采取全部返工重做的处理决定，以保证主体结构的质量。承包方应承担为此所付出的全部费用。

(3)承包方不按合同标准规范与设计要求进行施工和质量检验与试验，应承担工程质量责任，承担返工处理的一切有关费用和工期损失责任。监理单位未能按照建设部有关规定实行见证取样，认真、严格地对承包方的混凝土施工和检验工作进行监督、控制，使施工单位的施工质量得不到严格的、及时的控制和发现,以致出现严重的质量问题,造成重大经济损失和工期拖延,属于严重失误,监理单位应承担不可推卸的间接责任,并应按合同的约定处以罚金。

(4)业主向承包商提供了质量不合格的水泥,导致出现严重的混凝土质量问题,业主应承担其质量责任,承担质量处理的一切费用并给承包商延长工期。监理单位及施工单位都按规定对水泥等材料质量和施工质量进行了抽样检验和试验,不承担质量责任。

习　题

一、单选题

1. 凡工程质量不合格,由此造成直接经济损失低于(　　)元的称之为质量问题。

A. 3 000　　B. 4 000　　C. 5 000　　D. 6 000

2. 凡工程质量不合格,由此造成直接经济损失在(　　)元以上的,称之为工程质量事故。

A. 5 000　　B. 8 000　　C. 9 000　　D. 10 000

3. 工程质量事故发生后,要求质量事故发生单位迅速按类别和等级向相关的主管部门上报,并在(　　)内写出书面报告。

A. 8 h　　B. 36 h　　C. 12 h　　D. 24 h

4. 直接经济损失在(　　)万元以上的工程质量事故为严重质量事故。

A. 3　　B. 5　　C. 8　　D. 10

5. 由于质量事故,造成人员死亡或重伤(　　)人以上的为重大质量事故。

A. 2　　B. 3　　C. 4　　D. 5

6. 直接经济损失在(　　)万元以上的工程质量事故,为重大质量事故。

A. 15　　B. 30　　C. 10　　D. 20

7. 某建设工程发生质量事故导致直接经济损失 8.5 万元,则该质量事故属于(　　)。

A. 一般质量事故　　B. 严重质量事故

C. 一级重大质量事故　　D. 四级重大质量事故

8. 在进行质量问题成因分析中,首先要做的工作是(　　)。

A. 收集有关资料　　B. 现场调查研究

C. 进行必要的计算　　D. 分析、比较可能的因素

9. 当发生工程质量问题时,监理工程师首先应做的工作是(　　)。

A. 签发"监理通知"　　B. 签发"工程暂停令"

C. 要求施工单位 24 h 内上报　　D. 判断质量问题的严重程度

10. 工程质量问题处理完毕,由(　　)编写质量问题处理报告。

A. 质量问题责任单位　　B. 项目监理机构

C. 施工单位　　D. 设计单位

11. 按规定，建设工程四级重大质量事故应由(　　)归口管理。

A. 国务院　　B. 国家建设行政主管部门

C. 省、自治区、直辖市建设行政主管部门　　D. 市、县级建设行政主管部门

12. 严重质量事故由(　　)建设行政主管部门归口管理。

A. 国家　　B. 省、自治区、直辖市

C. 市、县　　D. 地区

二、多选题

1. 工程质量问题、事故发生的原因主要有(　　)。

A. 违背建设程序和违反法规行为

B. 地质勘察失真和设计差错

C. 施工管理不到位

D. 使用不合格的原材料、制品和设备

E. 建设监理不力

2. 工程质量事故处理完成后，监理工程师应依据(　　)检查验收。

A. 经批准的施工图设计文件

B. 工程质量事故调查报告

C. 工程质量事故处理报告

D. 施工验收标准及有关规范的规定

E. 质量事故处理方案设计要求

3. 工程质量事故处理依据应包括(　　)。

A. 质量事故的实况资料

B. 有关的合同文件

C. 建设单位和监理单位的意见

D. 相关的建设法规

E. 相关的设计文件

4. 工程质量事故处理完成后，监理工程师在施工单位自检合格报验的基础上，应严格按验收标准及有关规范的规定并结合(　　)进行验收。

A. 监理人员的旁站、巡视和平行检验结果

B. 质量事故处理方案的要求

C. 实际量测结果

D. 有关的各种资料数据

E. 建设单位意见

5. 工程质量事故与其他行业的质量事故相比，其具有的特点是(　　)。

A. 复杂性　　B. 严重性

C. 多发性　　D. 不变性

E. 随机性

6. 工程质量事故通常按造成损失的严重程度可分为(　　)质量事故。

A. 一般

B. 中等

C. 严重

D. 重大

E. 特别重大

7. 工程质量事故处理方案类型可分为(　　)。

A. 修补处理

B. 返工处理

C. 限制使用

D. 观察研究

E. 不作处理

三、简答题

1. 如何区分工程质量不合格、工程质量问题与质量事故?
2. 常见的工程质量问题发生的原因主要有哪些方面?
3. 试述工程质量问题处理的程序。
4. 简述工程质量事故的特点、分类及其处理的权限范围。
5. 工程质量事故处理的依据是什么?
6. 简述工程质量事故原因进行分析的基本步骤和原理。
7. 简述工程质量事故处理的程序及监理工程师在事故处理过程中应如何去做。
8. 质量事故处理方法确定的一般原则和基本要求是什么?
9. 质量事故处理可能采取的处理方法有哪几类?它们各适合在何种情况下采用?
10. 监理工程师应如何选择最适用工程质量事故处理方法?
11. 监理工程师如何对工程质量事故处理进行鉴定与验收?
12. 试说明当建筑工程质量不符合要求时应如何进行处理。
13. 试说明建筑工程施工质量验收的基本规定。

学习任务5　现代建筑工程安全管理基本知识认知

【学习目标】 理解安全生产的基本概念及安全管理的方针、目标和特点；理解施工项目安全管理的基本原则；了解当前建筑安全管理中存在的主要问题；掌握加强建筑施工安全管理的对策；了解建设工程安全生产管理有关法律、法规与标准、规范；了解建设工程安全生产管理的常用术语。

工作任务表

<table>
<tr><th>能力目标</th><th>主讲内容</th><th>学生完成任务</th><th colspan="2">评价标准</th></tr>
<tr><td rowspan="3">理解安全生产管理的基本概念</td><td rowspan="3">安全生产的重要性，建筑工程安全生产管理的基本概念，现代建筑工程施工的特点，安全管理的方针、目标和特点，施工项目安全管理的基本原则</td><td rowspan="3">学生分组讨论安全生产的重要性，并能结合实际，把概念融入建筑工程实践中</td><td>优秀</td><td>熟悉安全生产管理的基本概念</td></tr>
<tr><td>良好</td><td>了解安全生产管理的基本概念</td></tr>
<tr><td>合格</td><td>基本了解安全生产管理的基本概念</td></tr>
<tr><td rowspan="3">熟悉安全生产管理的基本常识和相关法律、法规与基本规范</td><td rowspan="3">当前建筑安全管理中存在的主要问题，加强建筑施工安全管理的对策，全面的安全管理手段是实现安全生产管理的利器，建设工程安全生产管理有关法律、法规与标准规范，建设工程安全生产管理的常用术语</td><td rowspan="3">学生分组讨论当前建筑安全管理中存在的主要问题，并能阐述在建筑工程安全上需要注意的地方</td><td>优秀</td><td>熟悉安全生产管理的基本常识和相关法律、法规与基本规范</td></tr>
<tr><td>良好</td><td>了解安全生产管理的基本常识和相关法律、法规与基本规范</td></tr>
<tr><td>合格</td><td>基本了解安全生产管理的基本常识和相关法律、法规与基本规范</td></tr>
</table>

学习单元5.1　现代建筑工程安全管理基本知识

5.1.1　安全生产的重要性

据统计，建筑业的生产事故频率、灾害率要高于全国各行业的平均水平，每年建筑业生产事故伤亡人数占全国生产事故总伤亡人数的25%。频繁和严重的伤亡事故，给国家和人民群众的生命财产造成了很大的损失，影响了经济建设的健康发展。

安全生产是指企事业单位在劳动生产过程中的人身安全、设备和产品安全，以及交通运输安全等；是为了使生产过程在符合物质条件和工作秩序下进行的，防止发生人身伤亡和财产损失等生产事故，消除或控制危险、有害因素，保障人身安全与健康、设备和设施免受损坏。

5.1.1.1　引起建筑工程安全事故发生的原因

(1)有些领导对安全生产政策、法规认识不足,不能摆正安全与生产、安全与效益、安全与进度的关系,在进度、质量、效益与安全发生矛盾时,往往是安全让步,没有把安全当大事抓。

(2)实行项目法施工,项目经理在短期行为的冲击下,在安全设施上舍不得投资,只求在近期取得好的经济效益,只顾当前,不顾长远,急功近利,对安全生产心存侥幸。

(3)有些安全管理人员安全素质差,对规范、标准不熟悉,对安全操作规程掌握少,对安全隐患视而不见。

(4)施工队伍素质低。随着我国基础设施建设规模日益发展,建筑队伍迅速壮大,大量民工涌进,而民工的安全技术知识较差,对安全操作知识也非常肤浅、不系统,因此缺乏自我防护能力。

(5)对机械设备操作不规范,人员不固定,维修保养跟不上,只重使用,轻管理,对防护装置,或弃而不用,或失灵不修复就使用,机械设备老化,该报废的不报废仍在继续使用。

(6)没有按规定使用安全保护用品,或者保护用品质量低劣,根本起不到保护作用。如桥梁工程施工采取多层作业,主体施工时,该设栏杆、安全网的地方不设等。

(7)施工现场用电不规范,在高空线路或设备边不设围栏或防护网,电器设备未进行有效的接地接零,没有必需的漏电保护装置,电线及电缆破皮、老化、乱拉乱扯,管理混乱造成漏电等。

(8)施工现场没有足够的消防设备,施工人员对消防设备不熟悉,发生火灾,就手足无措。

综上所述,发生安全事故的最根本的原因:一是人的思想不重视,素质低下,安全意识差;二是机械设备安全保护性能差,施工人员操作不规范;三是安全防护措施不到位,可靠性差。为防止发生安全事故,必须抓住事故发生的根本原因,从根本上消除安全隐患,才能有效控制事故的发生。

5.1.1.2　搞好安全生产的措施

(1)提高企业各级领导的认识。特别是企业法人代表必须充分认识国家提出的“企业法定代表人是本企业安全生产第一责任人”,必须意识到安全生产不但关系到企业的信誉,而且关系到国家财产及施工人员生命的安危。因此,必须坚持贯彻执行好“安全第一,预防为主”的方针,做到“管生产必须管安全”的原则。正确处理好安全与生产,安全与效益,安全与进度的关系。在生产、效益、进度与安全发生矛盾时,坚持“安全第一”的原则。

(2)建立安全生产管理小组。从企业到各项目经理均成立安全生产管理小组,以法人代表、项目经理为首,由各分管领导、专职安全员以及各分项工程安全员组成。其职责是:认真贯彻执行劳动保护和安全生产的政策、法律和规章,审批安全生产措施、计划,完善各部门管理人员的安全责任制,定期研究解决安全生产中的难题,主持事故的调查,提出对责任人的处理意见和改进措施。同时,组织施工班组每周进行安全学习并填写好记录,组织安全大检查,召开安全会议,交流安全工作经验,确保生产在安全的状态下进行。

5.1.2 建筑工程安全生产管理的基本概念

安全生产是指生产过程处于避免人身伤害、设备损坏及其他不可接受的损害风险(危险)的状态。不可接受的损害风险(危险)是指:超出了法律、法规和规章的要求,超出了方针、目标和企业规定的其他要求,超出了人们普遍接受的(通常是隐含)要求。建筑工程安全生产管理是指建设行政主管部门、建筑安全监督管理机构、建筑施工企业及有关单位对建筑安全生产过程中的安全工作,进行计划、组织、指挥、控制、监督、调节和改进等一系列致力于满足生产安全的管理活动。

5.1.2.1 建筑工程安全生产管理的特点

(1)安全生产管理涉及面广、涉及单位多。

由于建筑工程规模大,生产工艺复杂、工序多,在建造过程中流动作业多,高处作业多,作业位置多变,遇到不确定因素多,所以安全管理工作涉及范围大,控制面广。安全管理不仅是施工单位的责任,还包括建设单位、勘察设计单位、监理单位,这些单位也要为安全管理承担相应的责任和义务。

(2)安全生产管理动态性。

①由于建筑工程项目的单件性,使得每项工程所处的条件不同,所面临的危险因素和防范也会有所改变。

②工程项目的分散性。

施工人员在施工过程中,分散于施工现场的各个部位,当他们面对各种具体的生产问题时,一般依靠自己的经验和知识进行判断并作出决定,从而增加了施工过程中由不安全行为而导致事故的风险。

(3)安全生产管理的交叉性。

建筑工程项目是开放系统,受自然环境和社会环境影响很大,安全生产管理需要把工程系统和环境系统及社会系统相结合。

(4)安全生产管理的严谨性。

安全状态具有触发性,安全管理措施必须严谨,一旦失控,就会造成损失和伤害。

5.1.2.2 建筑工程安全生产管理的方针

“安全第一”是建筑工程安全生产管理的原则和目标,“预防为主”是实现安全第一的最重要手段。

5.1.2.3 建筑工程安全管理的原则

(1)“管生产必须管安全”的原则。一切从事生产、经营的单位和管理部门都必须管安全,全面开展安全工作。

(2)“安全具有否决权”的原则。安全管理工作是衡量企业经营管理工作好坏的一项基本内容,在对企业进行各项指标考核时,必须首先考虑安全指标的完成情况。安全生产指标具有一票否决的作用。

(3)职业安全卫生“三同时”的原则。“三同时”指建筑工程项目其劳动安全卫生设施必须符合国家规范规定的标准,必须与主体工程同时设计、同时施工、同时投入生产和使用。

5.1.2.4 建筑工程安全生产管理有关法律、法规与标准、规范

(1)我国的安全生产的法律制度。

我国的安全生产法律体系如图5-1所示。

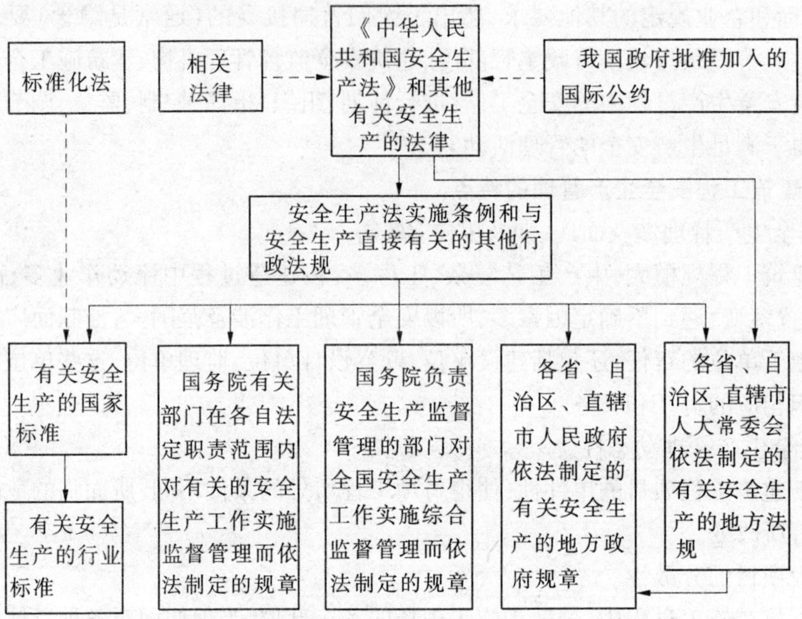

图5-1 安全生产管理体系

(2)法治是强化安全管理的重要内容。

法律是上层建筑的组成部分,为其赖以建立的经济基础服务。

(3)事故处理“四不放过”的原则。

①事故原因分析不清不放过;

②事故责任者和群众没有受到教育不放过;

③没有采取防范措施不放过;

④事故责任者没有受到处理不放过。

5.1.2.5 安全生产管理体制

根据国务院发[1993]50号文,当前我国的安全生产管理体制是“企业负责、行业管理、国家监察和群众监督、劳动者遵章守法”。

5.1.2.6 安全生产责任制度

安全生产责任制度是建筑生产中最基本的安全管理制度,是所有安全规章制度的核心。安全生产责任制度是指将各种不同的安全责任落实到具体安全管理的人员和具体岗位人员身上的一种制度。这一制度是安全第一、预防为主的具体体现,是建筑安全生产的基本制度。

5.1.2.7　**安全生产目标管理**

安全生产目标管理就是根据建筑施工企业的总体规划要求，制订出在一定时期内安全生产方面所要达到的预期目标并组织实现此目标。其基本内容是：确定目标、目标分解、执行目标、检查总结。

5.1.2.8　**施工组织设计**

施工组织设计是组织建设工程施工的纲领性文件，是指导施工准备和组织施工的全面性的技术、经济文件，是指导现场施工的规范性文件。施工组织设计必须在施工准备阶段完成。

5.1.2.9　**安全技术措施**

安全技术措施是指为防止工伤事故和职业病的危害，从技术上采取的措施。在工程施工中，是指针对工程特点、环境条件、劳力组织、作业方法、施工机械、供电设施等制订的确保安全施工的措施。

安全技术措施也是建设工程项目管理实施规划或施工组织设计的重要组成部分。

5.1.2.10　**安全技术交底**

安全技术交底是落实安全技术措施及安全管理事项的重要手段之一。重大安全技术措施及重要部位的安全技术由公司负责人向项目经理部技术负责人进行书面的安全技术交底；一般安全技术措施及施工现场应注意的安全事项由项目经理部技术负责人向施工作业班组、作业人员作出详细说明，并经双方签字认可。

5.1.2.11　**安全教育**

安全教育是实现安全生产的一项重要基础工作，它可以提高职工搞好安全生产的自觉性、积极性和创造性，增强安全意识，掌握安全知识，提高职工的自我防护能力，使安全规章制度得到贯彻执行。安全教育培训的主要内容有：安全生产思想、安全知识、安全技能、安全操作规程标准、安全法规、劳动保护和典型事例。

5.1.2.12　**班组安全活动**

班组安全活动是指在上班前由班组长组织并主持，根据本班目前工作内容，重点介绍安全注意事项、安全操作要点，以达到组员在班前掌握安全操作要领，提高安全防范意识，减少事故发生的活动。

5.1.2.13　**特种作业**

特种作业是指在劳动过程中容易发生伤亡事故，对操作者本人，尤其对他人和周围设施的安全有重大危害因素的作业。直接从事特种作业者，称特种作业人员。

5.1.2.14　**安全检查**

安全检查是指建设行政主管部门、施工企业安全生产管理部门或项目经理，对施工企业和工程项目经理部贯彻国家安全生产法律及法规的情况、安全生产情况、劳动条件、事故隐患等进行的检查。

5.1.2.15　**安全事故**

安全事故是人们在进行有目的的活动中，发生了违背人们意愿的不幸事件，使其有目的的行动暂时或永久的停止。重大安全事故，是指在施工过程中由于责任过失造成工程倒塌或废弃、机械设备破坏和安全设施失当造成人身伤亡或者重大经济损失的事故。

5.1.2.16 安全评价

安全评价是采用系统科学方法，辨别和分析系统存在的危险性并根据其形成事故的风险大小，采取相应的安全措施，以达到系统安全的过程。安全评价的基本内容有：识别危险源、评价风险、采取措施，直到达到安全目标。

5.1.2.17 安全标志

安全标志由安全色、几何图形符号构成，以此表达特定的安全信息。其目的是引起人们对不安全因素的注意，预防事故的发生。安全标志分为禁止标志、警告标志、指令标志、提示性标志四类。

5.1.3 现代建筑工程施工的特点

建筑业的生产活动危险性大，不安全因素多，是事故多发行业。每年因工死亡人数仅次于矿难，居全国各行业的第二位。伤亡事故多主要是由建筑行业的特点决定的，建筑施工的特点主要是：

(1)工程建设最大的特点就是产品固定，这是它不同于其他行业的根本点，建筑产品是固定的，体积大、生产周期长。建筑物一旦施工完毕就固定了，生产活动都是围绕着建筑物、构筑物来进行的，有限的场地上集中了大量的人员、建筑材料、设备零部件和施工机具等，这样的情况可以持续几个月或一年，有的甚至需要七八年，工程才能完成。

(2)高处作业多，工人常年在室外操作。一栋建筑物从基础、主体结构到屋面工程、室外装修等，露天作业约占整个工程的70%。现在的建筑物一般都在7层以上，绝大部分工人都在十几米或几十米的高处从事露天作业。工作条件差，且受到气候条件多变的影响。

(3)手工操作多，繁重的劳动消耗大量体力。建筑业是劳动密集型的传统行业之一，大多数工种需要手工操作。例如，一名砖瓦工，每天如果砌筑1 000块砖，以每块砖重2.5 kg计算，就要凭体力用两只手把约3 t重的砖砌起来，弯腰两三千次。还有许多工种，如抹灰工、架子工、混凝土工、管工、木工等都在从事繁重的体力劳动。近几年来，墙体材料有了改革，出现了大模、滑模、大板等施工工艺，但就全国来看，绝大多数墙体仍然是使用黏土砖、水泥空心砖和小砌块砌筑。

(4)现场变化大。每栋建筑物从基础、主体到装修，每道工序都不同，不安全因素也就不同，即使同一工序由于施工工艺和施工方法不同，生产过程也不同。而随着工程进度的推进，施工现场的施工状况和不安全因素也随之变化。为了完成施工任务，要采取很多临时性措施。

(5)近年来，建筑任务已由以工业为主向以民用建筑为主转变，建筑物由低层向高层发展，施工现场由较为宽阔的场地向狭窄的场地变化。施工现场的吊装工作量增多，垂直运输的办法也多了，多采用龙门架(或井字架)、高大旋转塔吊等。随着流水施工技术和网络施工技术的运用，交叉作业也随之大量增加，木工机械如电平刨、电锯普遍使用。因施工条件变化，伤亡类别增多。过去是“钉子扎脚”等小事故较多，现在则是机械伤害、高处坠落、触电等事故较多。

建筑施工复杂，加上流动分散、工期不固定，比较容易形成临时观念，不采取可靠的安全防护措施，存在侥幸心理，伤亡事故必然频繁发生。

5.1.4 安全管理的方针、目标和特点

5.1.4.1 安全管理的方针

我国建筑安全管理的方针是安全第一、预防为主。安全第一勿庸置疑，但应有更具体的含义，如当安全与工期、安全与费用产生矛盾时，应确保安全。预防为主是明智之见，目前的绝大部分管理和安全措施都是为了预防事故的发生。但对事故发生后的控制、救援、处理也应从制度和管理上予以加强，这一方面可以减少事故的损失，另一方面完善的救援措施也可为工人提供一种安全感。长期以来，世界各国不断加强对建筑安全的管理，取得了显著的效果。但是当事故率、死亡率下降到一定水平后，同样的方法、投入更多的资源获得的效果已不明显。

5.1.4.2 安全管理的原则

借鉴发达国家的经验，结合我国的实际情况和建筑业生产的特点，安全管理应该遵循以下原则：

(1)管理与自律并重。严格的管理大大遏制了安全事故的发生，但也会使得被管理者产生依赖心理，主动防范的意识逐渐淡化。因此，在加强管理的同时强调劳动者保护自己和他人安全的义务非常重要。

(2)强制与引导并重。现行的法律、法规都是必须遵守的基本要求，强制执行和必要的惩罚必不可少。但通过一系列的激励措施，使得劳动者自觉主动地参与提高安全水平将会收到更好的效果。

(3)治标与治本并重。目前的安全检查重点是法律、法规和技术规范的执行情况，一般情况下事故调查的结论也停留在较浅的层次上。对管理方面的检查评价缺乏科学的方法，对事故机制方面的研究与治理不够深入。

(4)现场管理与文件管理并重。由于建设工程的特点，安全管理的大量工作需要通过现场的检查与纠正来完成，而文字材料不是太少就是流于形式。实际上，全面周详的文件系统是保证安全管理顺利实施的前提，特别是需要通过签字来划分和确认责任的文件，对于增强责任心和事故处理有非常重要的意义。

5.1.4.3 安全管理的目标

建筑安全管理的目标是保护劳动者的安全与健康不因工作而受到损害，同时减少因建筑安全事故导致的全社会包括个人家庭、企业行业的损失。这样一个目标充分体现了以人为本的原则，应该成为安全立法、行政管理、企业管理乃至全行业的共识，应该认识到保护他人就是保护自己，就是保护企业，就是保护整个国家的利益。

5.1.4.4 安全管理的特点

(1)生产岗位不固定、流动作业多，作业环境不断变化，作业人员随时面临着新的隐患的威胁。

(2)作业内容多变，主要表现在：一是同工种，但在不同的作业时段、不同作业部位的

作业内容常常不同；二是同工种，但在不同施工现场的作业内容和作业环境并不相同；三是工种时常不固定。

(3)多工序同时或连续作业，工序间配合，材料设备调度，与建设各方的协调等过程多，管理过程复杂，综合性强。

(4)立体交叉作业及电气、起重吊装、高处作业等特种作业多。

(5)多为露天作业，受自然环境影响大，如高低温作业，雨、雪、风中作业等。

(6)手工作业多，劳动强度大。

(7)人员流动性大、作业技能参差不齐。

(8)分包作业多，总、分包之间以及各分包队伍之间的企业安全文化背景不同，容易形成文化冲突。

5.1.5 施工项目安全管理的基本原则

施工现场的安全管理，主要是组织实施企业安全管理规划、指导、检查和决策，同时，又是保证生产处于最佳安全状态的根本环节。施工现场安全管理的内容，大体可归纳为安全组织管理、场地与设施管理、行为控制和安全技术管理四个方面，分别对生产中的人、物、环境的行为与状态，进行具体的管理与控制。为有效地将生产因素的状态控制好，实施安全管理过程中，必须坚持基本管理原则。

5.1.5.1 管生产同时管安全

安全寓于生产之中，并对生产发挥促进与保证作用。因此，安全与生产虽有时会出现矛盾，但从安全、生产管理的目标及目的，表现出高度的一致和完全的统一。

安全管理是生产管理的重要组成部分，安全与生产在实施过程中存在着密切的联系，有着进行共同管理的基础。

管生产同时管安全，不仅是对各级领导人员明确安全管理责任，同时也是向一切与生产有关的机构、人员明确了业务范围内的安全管理责任。由此可见，一切与生产有关的机构、人员，都必须参与安全管理并在管理中承担责任。那种认为安全管理只是安全部门的事，是一种片面的、错误的认识。

各级人员安全生产责任制度的建立，管理责任的落实，体现了管生产同时管安全。

5.1.5.2 安全具有否决权

安全工作是考量项目管理的一项基本内容，在对项目各项指标考核时，首先必须考虑安全指标的完成情况。如安全出现问题，那么项目创优夺杯的目标就无法完成。此外，安全否决权还应表现在：施工企业安全资质不符合国家规定，不准参加施工，施工区域位置环境不合格，不得投资动工，机械设备未经验收，不准使用等。

5.1.5.3 事故处理坚持“四不放过”

根据国家有关法律及法规规定，项目一旦发生事故，在处理时必须坚持“四不放过”的原则。所谓“四不放过”，是指因工伤亡事故的调查处理中，必须坚持事故原因分析不清不放过，事故责任者和务工者未受到教育不放过，没有整改预防措施不放过，事故责任者和责任领导不处理不放过。

学习单元5.2 当前建筑安全管理中存在的主要问题及相应对策

5.2.1 当前建筑安全管理中存在的主要问题

建筑安全生产管理是对建筑生产过程中的安全工作进行计划、组织、指挥、监督等一系列的管理活动。而无论是哪一个管理环节出现疏漏，都有可能导致安全生产事故。安全生产事故的发生地往往都在建筑企业的施工现场。它不仅给国家建设和人民生命财产安全带来严重的危害，也使建筑施工企业自身背上政治的、经济的沉重包袱。当前建筑施工安全管理工作中存在的主要问题如下：

(1)安全生产责任制度落实不到位，管理不规范，缺乏有效的安全运行机制。

(2)安全生产的法制建设滞后于社会主义市场经济发展的需要。

近年来，党和国家相继出台了一系列安全生产的法律、法规，但已有的法规还不同程度地存在贯彻不力、有法不依、执法不严、违法不究的现象；另外，有的配套法规及规范制定相对滞后、更新不及时；监督检查体系不完善，人员数量和素质与其所承担的任务不相适应。

(3)对经济发展中新出现的安全问题，缺乏足够的重视程度和应对能力，不能正确处理发展经济与安全生产的关系。

(4)安全专业人才严重缺乏，待遇也相对较低。这种情况严重阻碍了安全工作科学有序的开展，同时没有高素质的专业队伍，安全管理工作只能在低水平徘徊，这将不利于我国安全事业的发展。

(5)安全教育培训不严格，特别是对农民工、临时工的安全教育与管理，是安全工作的薄弱环节。有些单位不是缺少必须的安全认证、安全培训，就是应付差事走形式，甚至花钱买证的现象也在一定范围内存在，安全教育培训不严格是导致"人失误"等各种不安全行为的主要原因。另外，一些单位对进城务工的农民工、临时工的安全教育与管理几乎是空白，加之文化水平低、安全技能差，如不加强安全教育与管理，他们往往是各种伤亡事故的受害者。

(6)事故处理不够及时，不够得力，落实效果差。

一年四季，组织的各项安全检查不少，发现的事故隐患挺多，会上强调了，通报上提到了，就是谁也没有真正去整改、去落实。出现事故，首先想到的是处理直接责任人，达不到事故反面教材的作用与目的。

(7)安全生产资金投入不足的现象仍普遍存在。

近年来，不断发生的群死群伤类重特大安全事故，在很大程度上是由安全生产资金投入不足导致安全防护措施不到位而引起的。

5.2.2 加强建筑施工安全管理的对策

随着建筑市场安全管理的法律、法规的不断出台，在一定程度上，建筑施工安全的管理有了较大的提高，不过由于建筑市场作业人员流动性强，广大农民工文化程度较低，而且部分政府部门的监管、执行等力度不够，导致建筑施工的安全事故仍然不断发生，如何最大程度地避免各项安全施工事故的发生，减少、降低人们生命财产的损失，就必须加强建筑施工安全管理的对策。

5.2.2.1 依法落实政府监管责任，加强建筑行业安全管理

政府是安全生产监管主体。政府及负有安全生产监督管理职责的有关部门，要认真贯彻执行《中华人民共和国安全生产法》、《建设工程安全生产管理条例》等法律、法规，根据权、责统一的原则，依法全面落实政府安全监管责任。建设行政主管部门应对各类建设工程实施监督管理，对建筑行业安全生产工作负全责；安全生产监督管理部门应对建设工程安全生产实施综合监管，指导、协调和监督各有关部门加强相应的全面管理工作。同时要进一步研究和明确、细化安全监管部门综合监管的职责定位，形成建设行政主管部门依法统一监管，各相关部门各司其职，各负其责，相互支持，密切配合，协调运转的建筑业安全生产管理格局和工作机制。

5.2.2.2 强化安全基础管理，落实企业主体责任

企业是安全生产的责任主体。要按照《中华人民共和国安全生产法》、《建设工程安全生产管理条例》等法律、法规的规定，落实企业安全生产责任制，制定完备的安全生产规章制度，设置独立的安全生产管理机构，配备专职安全管理人员，保障安全投入，把安全生产各项工作真正落实到位。特别是要落实企业法定代表人安全生产第一责任人的责任，将安全责任落实到每个班组、岗位、项目经理和施工人员。政府有关部门要强化对企业安全生产"第一责任人"履职尽职情况的监督和考核，促进企业主体责任落实到位。同时，要加强施工现场的生产管理、技术管理和劳动组织管理，严格按照安全生产法规、标准和规范进行施工作业，大力推进建筑企业安全质量标准化工作，打牢安全管理基础，确保施工企业本质安全。工程建设、监理、设计、勘察等单位要依法认真履行有关安全职责，并承担相应的法定责任，有关部门要加强监督检查，督促落实各方相关安全责任。

5.2.2.3 研究和实施建筑安全生产的治本之策

标本兼治，重在治本，是实现安全生产长治久安的基本途径。一是要加强建筑安全管理法律、法规和行政规章及安全标准、规范的修订与制定工作。当前应加快《中华人民共和国建筑法》的修订工作，增加有关安全生产内容，特别是要明确建设行政主管部门对建筑活动实施统一监督管理的行政管理主体地位，明确其对建筑安全生产实施统一监督管理的职责；在从业资格和施工许可前置条件中应补充有关安全生产许可的规定；修订、完善"两个责任主体"安全职责、责任和行为等方面的内容；研究制定建筑施工企业违反安全生产法律、法规的处罚办法等。二是研究制定建筑安全生产的经济政策。制定建筑施工企业安全生产费用提取、安全生产风险抵押金、意外伤害保险、工伤保险及建筑事故死亡、伤害的经济赔付标准和实施办法，发挥经济政策对建筑安全生产的引导和保障作用。

5.2.2.4 认真开展建筑施工安全专项整治工作

有关部门要结合本部门、本行业建设工程的特点，按照职责分工，落实国务院安全生产委员会办公室印发的《建筑施工安全专项整治工作方案》提出的以预防坍塌、高处坠落事故为重点的专项整治总体目标和各项要求，细化实施方案，认真组织实施。各有关部门

要加强领导,落实责任,强化监督,严格督查,相互配合,突出重点,务求实效。对整治中发现的问题,限期整改,消除事故隐患。对隐患严重或不符合安全生产条件的施工企业,责令停业整顿。对整改不合格的,应暂扣或吊销安全生产许可证,直至取消相关资质。

5.2.2.5 严格实施安全生产许可条例,强化日常动态监管

建筑施工企业安全生产许可制度是从源头强化政府安全生产监管、落实企业主体安全责任的重要手段。用足用好这一有力武器,必须狠下决心,严把建筑市场安全准入关。一是对逾期未取证的施工企业,依法责令退出建筑市场。二是加强对持证施工企业的日常动态监管。进一步完善许可证日常动态监管制度和监管程序,实施许可证年检制度,对持证企业进行抽查和回检,加大对持证企业的监管力度。对安全生产条件发生重大变化、降低安全生产条件或发生事故的持证企业,必须重新审核安全生产条件,责令整改。同时针对不同情况,依法暂扣、吊销许可证,并进行经济处罚。三是要加强执法监督检查,对无安全生产许可证仍擅自进行建筑施工活动的企业,要依法严格处罚,清除出建筑市场,决不能放任自流。建设行政主管部门、安全生产监管部门和有关行业主管部门,应加强协调配合,推进联合执法,强化监督检查,确保法律的权威性。

5.2.2.6 加强农民工的安全培训教育,提高从业人员安全素质

各级政府及有关部门要制定和实施建筑施工企业农民工从事安全培训教育强制性的规定和办法,明确政府及企业的职责、任务,以及从业条件、培训教育内容、考试考核办法、违规处罚责任等。采取有效措施,有针对性地引导施工企业加强对农民工的安全培训教育和管理,做到未经安全培训或培训考核不合格的人员,不得上岗作业。同时,加大对建筑施工企业“三类”人员和特种作业人员的培训考核工作力度,提高培训质量,严格考核标准。通过培训教育,提高农民工和其他从业人员的安全技能知识和安全防护意识,自觉按照安全技术标准,规范从业人员的安全生产行为,真正做到“不伤害自己,不伤害别人,不被别人伤害”,防止“三违”现象发生,维护职工生命健康权益,实现安全生产。

5.2.3 全面的安全管理手段是实现安全生产管理的利器

全面安全管理是一项长期和艰巨的工作,由于涉及范围广,社会影响大,这项工作的重要性和难度不言而喻。开展一系列专项整治行动是安全生产监管中必不可少的一个方面,通过各类整治项目可以起到打击非法生产、排查重大安全事故隐患的作用。但专项整治项目与安全生产管理相比,有阶段性和时效性的局限。安全管理是一个长期的过程,是对整个安全生产体系的全面监督控制工作,以管理代整治无疑是今后安全生产工作的一个趋势。

安全生产涉及各个行业的方方面面,因此靠单一的部门、单一的手段很难达到一个较佳的管理效果。一个理念和一个技术方面的更新势在必行。

首先,全面安全管理依赖于一个严格的责权制度和运转流程。安全生产是一个直接关系到广大人民群众生命财产安全的工作,而且涉及各个行业的生产、物流、经营等多个环节,因此需要各职能部门密切配合,建立一个全面的监管体系,以严格的分管责任制度带动严格的流程运转体系。

在确定了安全管理责权制度并初步建立了一个流程运转体系之后,接下来就需要运

用科学的管理手段和方法对体系进行管理。科学的统计分析方法运用到安全生产管理工作中,可以达到一个良好的效果。引入先进、科学的思维方式,运用方差、控制图等工具对安全生产体系中各类数据和材料进行分析处理,从而能够总结出不同时间、不同地点、不同行业中对安全生产影响最大的、范围最广的因素,接下来就可按照原因进行有针对性的预防和监控。现开展的重大危险源普查及后续的监控工作显然已经运用到“全面安全管理”的思路和方法。我们将全区各个重大危险源进行普查登记,并建立详细的危险源资料数据库,并将危险源按行业、地域、级别进行分类,在电子地图上标明,以便进行全面的、动态的监控管理。对于重大危险源的监控管理,广西柳州的“五可”(可视、可检、可报、可记、可巡)监管方案颇有可借鉴之处,这其实也是“全面安全管理”理念的体现。

建立责权制度和流程体系,引入科学的管理方法,最关键的还是要对体系进行持续改进。持续改进就是要通过持续的调整改进来适应各类变化着的环境和形势。持续改进过程中使用的一个被实践证明是最有效最简洁的方法,就是 PDCA 循环法。PDCA 循环过程由四个阶段组成:P(Plan),计划阶段,就是在改进项目开始之初作出的一个详尽具体的计划,确立改进的目标和方式方法;D(Do),实施阶段;C(Check),检验阶段,对完成计划预定目标的效果以及整个实施过程进行全面的检验;A(Action),总结阶段,总结是为下一个计划阶段作准备。只有不断地、持续地对安全管理进行改进,才能逐步完善安全管理体系。

安全管理属于行政手段,要做好安全生产,更重要的是安全文化方面的建设。现在发生的安全事故很多是由于群众安全生产意识淡薄且缺乏安全生产的基本知识,归根究底是由于社会安全文化的底子还很薄弱。安全文化的作用是通过对人的观念、道德、伦理、态度、情感、品行等深层次的人文因素的强化,利用领导、教育、宣传、奖惩、创建群体氛围等手段,不断提高人的安全素质,改进其安全意识和行为,从而使人们从被动地服从安全管理制度,转变成自觉主动地按安全要求采取行动,即从“要我遵章守法”转变成“我要遵章守法”。所谓安全文化的建设,其实质就是要让全社会的每一份子都参与进来,人人懂安全,人人讲安全,从而形成一个良好的社会氛围。只有当安全生产的理念深入人心并融入整个社会的大环境当中之后,大家才会真切地明白安全生产的重要性,并了解安全生产方面的相关知识,从而降低安全事故发生的可能性。由此也可以看出,安全文化建设的重要性和紧迫性。

安全管理和安全文化建设都是安全生产工作极为重要的环节,二者缺一不可。只有加大安全管理的力度和提高效率,安全文化意识深入人心之后,才能有效地杜绝大量安全隐患,将安全生产工作在真正意义上落实到位。

学习单元 5.3 建设工程安全生产管理有关法律、法规与标准、规范

5.3.1 法律、法规

《中华人民共和国刑法修正案(六)》(2006 年 6 月 29 日中华人民共和国第十届全国人民代表大会常务委员会第二十二次会议通过,中华人民共和国主席令 51 号公布,自公

布之日起施行)。

《建设工程安全生产管理条例》(2003 年 11 月 24 日中华人民共和国国务院令第 393 号公布,2004 年 2 月 1 日起施行)。

《安全生产许可证条例》(2004 年 1 月 13 日中华人民共和国国务院令第 397 号发布,自公布之日起施行)。

《生产安全事故报告和调查处理条例》(2007 年 4 月 9 日中华人民共和国国务院令第 493 号公布,2007 年 6 月 1 日起施行)。

5.3.2 法规性文件

国务院办公厅转发安全监管总局等部门《关于加强企业应急管理工作的意见》的通知(国办发[2007]13 号,2007 年 2 月 28 日)。

5.3.3 部门规章

《房屋建筑和市政基础设施工程施工分包管理办法》(2004 年 2 月 3 日中华人民共和国建设部令第 124 号发布,2004 年 4 月 1 日起施行)。

《建筑施工企业安全生产许可证管理规定》(2004 年 7 月 5 日中华人民共和国建设部令第 128 号发布,自公布之日起施行)。

《劳动防护用品监督管理规定》(2005 年 7 月 22 日国家安全生产监督管理总局令第 1 号公布,2005 年 9 月 1 日起施行)。

《安全生产领域违法违纪行为政纪处分暂行规定》(2006 年 11 月 22 日中华人民共和国监察部、国家安全生产监督管理总局令第 11 号公布,自公布之日起施行)。

《〈生产安全事故报告和调查处理条例〉罚款处罚暂行规定》(2007 年 7 月 12 日国家安全监督管理总局令第 13 号公布,自公布之日起施行)。

5.3.4 规范性文件

5.3.4.1 建设部文件

建设部关于印发《建筑业企业职工安全培训教育暂行规定》的通知(建教[1997]83 号,1997 年 5 月 4 日)。

建设部关于印发《建筑工程预防高处坠落事故若干规定》和《建筑工程预防坍塌事故若干规定》的通知(建质[2003]82 号,2003 年 4 月 17 日)。

建设部关于印发《建筑施工企业安全生产管理机构设置及专职安全生产管理人员配备办法》和《危险性较大工程安全专项施工方案编制及专家论证审查办法》的通知(建质[2004]213 号,2004 年 12 月 1 日)。

建设部关于印发《建筑工程安全防护、文明施工措施费用及使用管理规定》的通知(建办[2005]89 号,2005 年 6 月 7 日)。

建设部关于遏制市政工程、人工挖孔桩施工(维护)中毒事故的通知(建安办[2005]10 号,2005 年 10 月 14 日)。

建设部关于印发《滑坡崩塌地质灾害易发区城镇工程建设安全管理指南》的通知(建

质[2005]228 号,2005 年 12 月 16 日)。

建设部关于严格实施建筑施工企业安全生产许可证制度的若干补充规定(建质[2006]18 号,2006 年 1 月 25 日)。

建设部关于加强建筑施工现场临建宿舍及办公用房管理的通知(建安办函[2006]23 号,2006 年 2 月 24 日)。

建设部、总工会关于进一步改善建筑业农民工作业、生活环境切实保障农民工职业健康的通知(建质[2006]58 号,2006 年 3 月 17 日)。

建设部关于印发《关于加强汛期建筑施工安全生产工作的意见》的通知(建质函[2006]200 号,2006 年 7 月 27 日)。

建设部关于印发《模板支撑失稳倒塌事故分析研讨会会议纪要》的通知(建质安函[2006]149 号,2006 年 11 月 21 日)。

建设部关于加强既有建筑装修、改扩建质量安全监督管理的通知(建安办函[2007]4 号,2007 年 4 月 16 日)。

建设部关于印发《绿色施工导则》的通知(建质[2007]223 号,2007 年 9 月 10 日)。

5.3.4.2 其他部委文件

国家安全生产监督管理局、建设部等七部委关于加强农民工安全生产培训工作的意见(安监总培训[2006]228 号,2006 年 10 月 27 日)。

卫生部、建设部关于进一步加强建筑工地食堂卫生管理工作的通知(卫监督发[2005]94 号,2005 年 3 月 9 日)。

财政部、安全生产监督管理总局关于印发《高危行业企业安全生产费用财务管理暂行办法》的通知(财企[2006]478 号,2006 年 12 月 8 日)。

5.3.5 标准、规范

《高处作业吊篮》(GB 19155—2003)(2003 年 11 月 1 日实施)。

《建筑施工现场环境与卫生标准》(JGJ 146—2004)(J 375—2004)(2005 年 3 月 1 日实施)。

《建筑拆除工程安全技术规范》(JGJ 147—2004)(J 376—2004)(2005 年 3 月 1 日实施)。

《施工现场临时用电安全技术规范》(JGJ 46—2005)(J 405—2005)(2005 年 7 月 1 日实施)。

《塔式起重机安全规程》(GB 5144—2006)(2007 年 10 月 1 日实施)。

《施工升降机安全规程》(GB 10055—2007)(2007 年 10 月 1 日实施)。

学习单元 5.4 建设工程安全生产管理的常用术语

5.4.1 五大伤害

五大伤害指高处坠落、物体打击、触电、机械伤害和坍塌伤害。

5.4.2　三级教育

所谓三级教育，就是安全教育中的项目级教育、作业队级教育和班组教育。项目部要对员工进行安全教育这就是项目级教育；在作业队，大家要接受作业队的安全教育；到了班组里面，各个班组还要对大家进行班组教育。

5.4.3　三违

三违指违章指挥、违章作业、违反劳动纪律。

5.4.4　三宝

建筑上的“安全三宝”是指安全帽、安全带、安全网。

5.4.5　三不伤害

三不伤害就是在生产中不伤害自己、不伤害他人、不被别人伤害。

5.4.6　四不放过

四不放过指事故原因没有查清不放过，事故责任者没有严肃处理不放过，广大职工没有受到教育不放过，防范措施没有落实不放过。

5.4.7　四口

四口指楼梯口、电梯口、通道口、预留洞口。

5.4.8　五临边

五临边指深度超过 2 m 的槽、坑、沟的周边，无外脚手架的桥面和桥墩的周边，分层施工的楼梯口的梯段边，井字架、龙门架、外用电梯及脚手架与建筑物的通道和上下跑道、斜边的两侧边，尚未安装护栏或栏板的桥面和栈桥、平台周边。

习　题

一、单选题

1. 安全责任追究的根本目的是让人们更好地履行安全责任，增强责任主体的(　　)。

A. 安全意识　　B. 管理水平　　C. 思想意识　　D. 责任意识

2. (　　)是企业安全生产的第一责任人。

A. 企业主要负责人　　B. 安全管理人员　　C. 总工程师　　D. 工会负责人

3.《中华人民共和国安全生产法》于(　　)实施。

A. 2002 年 11 月 1 日　　B. 2003 年 1 月 1 日

C. 2002 年 6 月 29 日　　D. 2002 年 7 月 1 日

4. 安全生产委员会每(　　)至少要召开一次安全工作会议。

A. 年　　B. 季度　　C. 月　　D. 两年

5. (　　)是保障安全生产的最基本的制度。

A. 岗位责任制　　B. 安全生产责任制

C. 安全技术措施计划　　D. 安全检查制度

6. 我国的安全生产方针是(　　)。

A. 安全第一,预防为主　　B. 安全为主,预防第一

C. 预防为主,防消结合　　D. 安全为主,防消结合

7. (　　)是实现安全生产的关键,对安全生产起决定性作用。

A. 从业人员　　B. 生产设备　　C. 生产环境　　D. 安全管理

8. 安全文化素质的基础是(　　)。

A. 安全技能知识　　B. 心理应变、承受适应能力

C. 道德、行为规范约束力　　D. 安全意识、法制观念

二、多选题

1. 安全生产责任制应遵循(　　)原则。

A. 谁主管,谁负责　　B. 管生产必须管安全

C. "三同时"　　D. 充分体现责权利相统一

E. 突出重点

2. PDCA 分别指(　　)。

A. 计划　　B. 实施　　C. 检查　　D. 置理

E. 行动

三、简答题

1. 什么是安全生产？引发建筑工程安全事故发生的原因有哪些？

2. 建筑工程安全生产管理的特点是什么？

3. 建筑工程安全生产管理的方针是什么？

4. 现代建筑工程施工的特点有哪些？

5. 施工项目安全管理的基本原则是什么？

6. 建筑工程安全生产管理中"三宝"指什么？

学习任务6　建筑工程安全生产管理

【学习目标】 掌握施工安全管理与安全事故处理及应急救援知识；熟悉安全技术措施计划与安全技术措施；了解安全生产保证体系与管理机构。

工作任务表

能力目标	主讲内容	学生完成任务	评价标准	
通过学习使学生了解安全生产保证体系，掌握安全生产控制措施，安全事故处理措施，培养学生灵活应用所学安全管理知识解决工程建设安全问题的能力	安全生产保证体系； 安全生产管理机构； 安全技术计划与措施； 施工安全管理安全事故处理及应急救援	学生分组讨论安全与安全体系、安全组织结构的联系，总结影响施工现场安全的因素，写出建筑工程安全管理的特点	优秀	熟悉建筑工程安全管理的概念，建筑工程安全管理的要求的特点与影响因素
			良好	了解建筑工程安全管理的概念，建筑工程安全管理的要求的特点与影响因素
			合格	基本了解建筑工程安全管理的概念，建筑工程安全管理的要求的特点与影响因素
明确建筑工程安全生产管理的安全技术措施计划、安全技术措施	建筑工程安全管理的计划、安全技术措施	学生分组讨论工程安全生产所采取的措施	优秀	熟悉建筑工程安全生产所采取的计划、措施
			良好	了解建筑工程安全生产所采取的计划、措施
			合格	基本了解建筑工程安全生产所采取的计划、措施
熟悉安全事故处理及应急救援的措施； 了解安全事故的分类，明确事故安全处理的程序	施工安全事故的分类； 施工安全事故的处理； 施工安全事故的应急救援	学生分组扮演各责任主体，讲出自己的安全责任和安全处理程序	优秀	能熟练讲出自己扮演责任主体的安全责任和安全事故处理程序
			良好	基本能熟练地讲出自己扮演责任主体的安全责任和安全事故处理程序
			合格	基本能讲出自己扮演责任主体的安全责任和事故处理程序

学习单元6.1　安全生产保证体系与管理机构

6.1.1　安全生产保证体系

安全生产保证体系是以安全生产为目的,有确定的组织结构形式,明确的活动内容,配备必须的人员、资金、设施和设备,按规定的技术要求和方法,去开展安全管理工作这样一个系统的整体。

安全生产保证体系有两条原则,即安全生产保证体系的建立应结合建筑特点和工程项目的具体情况,并覆盖标准要求;安全生产保证体系须文件化。

6.1.1.1　建立安全生产保证体系

建立安全生产保证体系应结合建筑企业和工程项目施工生产管理现状及特点,并适合标准要求。

在建立安全生产保证体系时应考虑以下因素:

(1)工程项目规模的大小。根据工程规模来确定组织结构形式。大工程管理机构应齐全,分工可细化;小工程管理机构宜简单,可一人多岗。

(2)工程项目的复杂程度。根据工程复杂程度来确定体系文件的繁简。对工程复杂、技术含量高、危险性大的工程项目,在制订文件化体系时,应要求有详尽的以独立形式体现的安全保证计划,必要时还要制订有针对性的作业指导书等;而工程简单、技术含量低,危险性小的工程项目,其安全保证计划可在施工组织设计中独立、完整体现即可。

(3)工程项目工期的长短。工程工期的长短一般与工程的规模大小和复杂程度相对应,在这种情况下,根据工程工期长短来考虑管理机构的繁简、体系文件的繁简。当工程的工期长短与工程规模大小和复杂程度不对应时,如工期短且工程复杂、危险性又大,则应在设计安全体系时考虑及时增加资源的投入,增加控制施工现场的人力、物力,合理确定内审周期等。

6.1.1.2　建立安全生产保证体系应形成安全体系文件

安全管理是在安全生产保证体系中运作的,为了使体系成为有形的系统、具有较强的操作性和检查性,要求施工现场的安全生产保证体系形成文件,并加以保持。

文件化的安全生产保证体系是安全体系的具体体现,是安全体系运行的法规性依据,通过对安全活动和方法作出规定,使所有与安全生产有关的活动都能做到有章可循、有据可依。安全体系文件化要求的实质是工作有标准、检查有依据、运行有记录,达到责任明确、岗位落实、管理到位的状态。文件的数量及其内容取决于工作的复杂程度、所用方法的难易程度,以及从事活动的人员所需的技能和培训情况,绝不是越多越好,越细越好。

(1)安全保证计划。

(2)工程项目部所属上级单位制订的各项安全管理标准。

(3)相关的国家、行业、地方的法律、法规、规章和标准。

(4)记录、报表和台账等。

6.1.2　安全生产管理机构

6.1.2.1　负责安全管理的机构或者部门

按照《中华人民共和国安全生产法》第十九条规定：矿山、建筑施工单位和危险物品的生产、经营、储存单位，应当设置安全生产管理机构或者配备专职安全生产管理人员。

前款规定以外的其他生产经营单位，从业人员超过三百人的，应当设置安全生产管理机构或者配备专职安全生产管理人员；从业人员在三百人以下的，应当配备专职或者兼职的安全生产管理人员，或者委托具有国家规定的相关专业技术资格的工程技术人员提供安全生产管理服务。

6.1.2.2　建筑安全管理机构人员设置

每一个建筑施工企业，都应当建立以企业法人为第一责任人的安全生产保证系统，都必须建立完善的安全生产管理机构。

1. 公司一级安全生产管理机构

公司法人是公司安全机构的第一责任人，根据公司规模和职工人数设置安全管理机构和专职安全员。

(1)集团公司——1人/100万m^2·a(生产能力)或1人/每亿元施工总产值·a，且不少于4人。

(2)分公司——1人/10万m^2·a(生产能力)或1人/每亿元施工总产值·a，且不少于3人。

2. 工程项目部安全生产管理机构

工程项目部是施工第一线的管理机构，必须建立以项目经理为主要责任人的安全管理领导机构，人员由项目部的管理人员组成，设一名专职安全管理人员，并制定管理组成人员轮流安全生产值日制度，项目经理亲自主持安全生产例会，协调、检查、督促生产安全活动。

项目施工现场必须建立安全生产值班制度。24 h分班作业时，每班都必须有领导带班和安全管理人员值班，做好值班记录。

安全管理人员配备：

(1)建筑工程、装修工程按照建筑面积：

①1万m^2及以下工程至少1人；

②1万~5万m^2的工程至少2人；

③5万m^2以上的工程至少3人，设安全主管，并按专业设置专职安全员。

(2)土木工程、线路管道、设备按照安装总造价：

①5 000万以下工程至少1人；

②5 000万~1亿的工程至少2人；

③1亿元以上的工程至少3人，设安全主管，并按专业设置专职安全员。

(3)工程项目采用新技术、新工艺、新材料或致害因素多、施工作业难度大的工程，施工现场的专职安全生产管理人员数量应当根据施工实际情况，在规定的标准上增加。

(4)劳务分包企业建设工程项目施工人员50人以下的应当设置一名专职安全生产管理人员；50~200人的，应设2名专职安全生产管理人员；200人以上的，应根据所承担的分部分项工程施工危险实际情况增配，并不少于企业总人数的5‰。

(5)施工作业班组应设兼职安全巡查员，对本班组的作业场所进行安全监督。

公司安全管理机构图如图6-1所示。项目安全管理机构如图6-2所示。

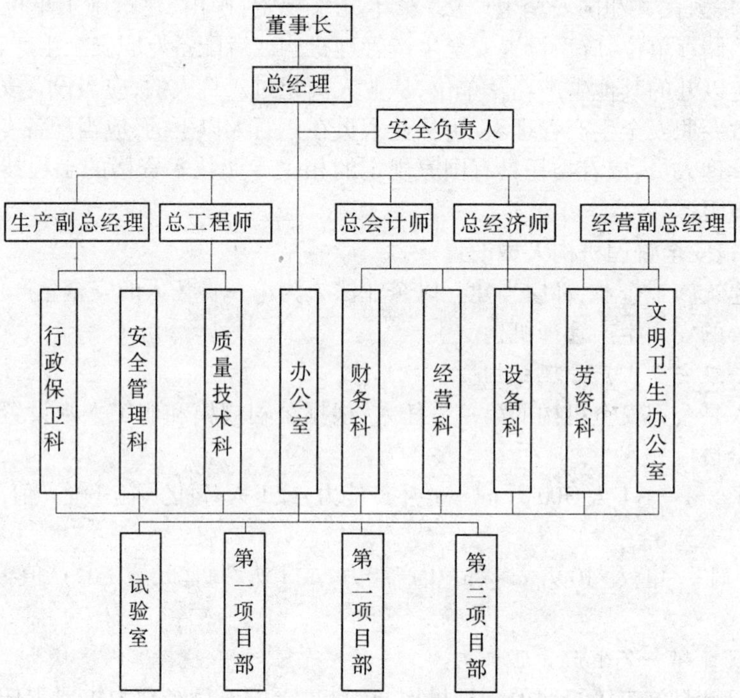

图6-1　公司安全管理机构图

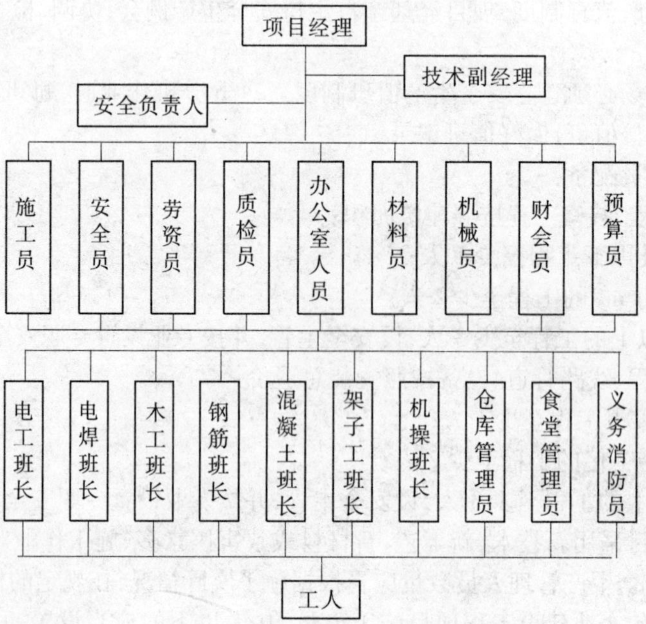

图6-2　项目安全管理机构图

学习单元6.2　安全技术措施计划与安全技术措施

6.2.1　安全技术措施计划

安全技术措施计划，是指企业从全局出发编制的年度或数年间在安全技术工作上的规划。

6.2.1.1　安全技术措施计划的作用

编制和实施安全技术措施计划，对保证安全生产，保护生产力，提高劳动生产率，促进国民生产经济发展是非常必要的，并具有重要意义，其作用概括起来有以下几个方面：

(1)可以做到在施工计划中，有计划地改善劳动条件，消除不安全、不卫生的因素。

(2)保证安全技术措施经费专款专用，能有计划、有步骤地解决安全生产中的“老大难”问题，重大隐患和尘毒危害问题，防止工伤事故的发生，保障职工在生产过程中的健康问题。

(3)合理使用国家资金，使投资发挥最大作用。

(4)提高了企业各级领导和职工的安全意识，调动了职工安全生产的积极性，又发挥了职工群众对安全工作的监督作用。

有计划地改善劳动条件是我国安全生产的方针、政策，也是社会主义制度优越性的具体体现。早在1953年，中财委就向各企业主管部门提出编制安全技术措施计划的建议，要求各地区、产业和企业单位在编制生产财务计划时编制安全生产措施计划。1954年，为深入开展这项工作，原劳动部在总结各地经验的基础上，发出了《关于厂矿企业编制安全技术劳动保护措施计划的通知》，要求企业认真做好这项工作。为规范和完善安全技术措施计划的内容，1956年，原劳动部和全国总工会联合发布《安全技术措施计划的项目总名称表》，使企业安全技术措施项目的确立有据可依。1979年，国家劳动总局、中华全国总工会发出通知，要求继续贯彻两部门联合发布的《安全技术措施计划的项目总名称表》。1963年，国务院在《关于加强企业生产中安全工作的几项规定》中特别提出：企业单位在编制生产、技术、财务计划的同时，必须编制安全技术措施计划，企业领导人应该对安全技术措施计划的编制和贯彻执行负责。1993年，国务院在《关于加强安全生产工作的通知》中指出：要增加安全生产的资金投入，用好措施经费，通过技术改造消除事故隐患，改善劳动条件。经过几十年的努力，编制安全技术措施计划已经成为企业安全工作的重要内容，为企业有计划地改善劳动条件提供了有效途径。

6.2.1.2　安全技术措施计划的编制

1.编制安全技术措施计划的原则

(1)安全技术措施计划应纳入企业生产经营财务计划中。企业生产经营财务计划是企业的整体计划，企业在编制生产经营财务计划时，要编制安全技术措施计划，并将安全技术措施计划纳入生产经营财务计划中。重大计划项目应纳入企业长远规划之中。这充分体现了安全与生产的统一。

(2)要从实际出发。安全技术措施计划的内容既要使企业劳动条件符合国家法规和标准的要求，将确实需要改善的项目列入计划，又要结合企业生产、技术设备状况和发展，以及人力、财力、物力的实际，做到既要花钱少又要效果好，讲求实效，防止贪大求洋。

（3）区别轻重缓急，突出治理重点。对危害严重、危害区域大、涉及人员多的问题，要集中人、财、物优先解决；对因技术经济条件一时解决不了的，要制订规划分阶段治理。要做到企业劳动条件年年有改善。

2. 编制安全技术措施计划的依据、程序和内容

（1）编制安全措施计划的依据是：①党中央、国务院发布的有关安全生产的方针政策、法律、法规等；②国务院所属各部委与地方人民政府发布的行政法规和技术标准；③在安全检查中发现尚未解决的问题；④因生产发展需要所应采取的安全技术措施；⑤安全技术革新的项目和职工提出的合理化建议。

（2）安全技术措施计划应包括下列内容：①措施名称及所在项目；②目前安全生产状况及拟订采取的措施；③所需资金、设备、材料及来源；④项目完成后的预期效果；⑤设计施工单位或负责人；⑥开工及竣工日期。

3. 编制安全技术措施计划的意义

（1）安全技术措施计划的编制使企业劳动条件的改善计划化和制度化。在我国，劳动条件的改善，即为工人创造安全卫生的劳动条件仍是目前乃至今后相当一段时间内需要加强的。究其原因，主要是安全技术措施未能跟上生产的发展，生产与安全工作脱节。这既有我国工业基础差、底子薄的历史遗留的客观原因，也有人们重生产、轻安全的主观原因。安全技术措施计划纳入企业生产经营、财务计划，使安全技术措施的发展与生产发展相匹配、相协调，既可克服安全生产两层皮的现象，又可使历史遗留的不安全、不卫生问题逐步得到解决，克服了工作中的盲目性，使工作有的放矢。

（2）合理使用有限资金。劳动条件的改善需要经济作保障，没有充分的资金，安全技术措施计划就得不到有效实施。在安全管理中资金短缺是企业的普遍现象。经过几十年的努力，企业劳动条件有了长足进步，但不安全、不卫生的问题仍然不同程度地威胁着工人的身心健康，也制约着企业经济的进一步发展。因此，把有限资金用在“刀刃”上，保证企业重大安全问题能够得到解决，并使劳动条件按轻重缓急逐步得到改善，是编制安全措施计划的又一重要作用。

（3）调动职工积极性，减少决策失误。安全措施计划的提出是民主集中的过程。首先由生产岗位工人提出生产中存在的不安全问题，然后逐级汇总，经过广泛讨论和征求意见，并经过职工代表大会审查批准，最终形成计划。

6.2.1.3 安全技术措施计划的实施

有效实施安全技术措施计划，才能使有计划的改善劳动条件成为现实，才能真正起到保护劳动者安全和健康的作用。在安全技术措施计划执行过程中，有些企业不认真执行计划，措施年年定，年年不落实；相同内容的措施项目连续几年出现在安全技术措施计划中，总是借口资金短缺，或技术、物资不落实，使计划成为一纸空文，致使企业劳动条件无法改善，工人长期在不安全、不卫生的条件下工作。为了纠正这一现象，必须对安全技术措施计划的实施进行控制和监督，发现问题及时解决。

（1）凡当年未竣工或未动工的项目，应提出理由，报请上级主管部门同意后，方可转

入下年计划;凡未经审查同意结转或当年未列项目的安全技术措施专款,由企业上级主管部门的安全技术部门汇入生产计划,财务部门于次年集中收缴,用于解决本部门的其他重大问题。

(2)要经常检查安全技术措施计划实施情况。对挪用、占用安全技术措施经费的企业和有关责任者要进行批评教育。对性质严重或因此造成事故的责任者要追究有关人员的法律责任。

(3)对不认真编制安全技术措施计划,经常挪用安全技术措施经费的企业要进行经济处罚,或强行调出其未使用的安全技术措施经费。

(4)对改善劳动条件任务繁重、安全技术措施经费不足、无力自筹资金的企业,可由企业提出措施项目的具体方案,报请上级部门审查、平衡,给予补助或发放低息贷款来解决。

(5)安全技术措施项目竣工后,企业的安全技术部门、工会组织要会同有关部门共同进行竣工验收。投产后的措施设备应纳入企业正常维修管理计划中,统一管理维护。当年完成的措施项目要在计划中注明完成日期,当年完不成的要定出完成期限和责任人。

6.2.2 安全技术措施

安全技术措施是指运用工程技术手段消除物的不安全因素,实现生产工艺和机械设备等生产条件本质安全的措施。

6.2.2.1 安全技术措施分类

1. 按照行业分

安全技术措施按照行业可分为:建筑安全技术措施、煤矿安全技术措施、非煤矿山安全技术措施、石油化工安全技术措施、冶金安全技术措施、水利水电安全技术措施等。

2. 按照危险、有害因素的类别分

安全技术措施按照危险、有害因素的类别可分为:防火防爆安全技术措施、锅炉与压力容器安全技术措施、机械安全技术措施、电气安全技术措施等。

3. 按照导致事故的原因分

安全技术措施按照导致事故的原因可分为:防止事故发生的安全技术措施、减少事故损失的安全技术措施等。

6.2.2.2 防止事故发生的安全技术措施

防止事故发生的安全技术措施是指为了防止事故发生,采取的约束、限制能量或危险物质,防止其意外释放的安全技术措施。常用的防止事故发生的安全技术措施有:

(1)消除危险源。

(2)限制能量或危险物质。

(3)隔离。

(4)故障—安全设计。

(5)减少故障和失误。

6.2.2.3 减少事故损失的安全技术措施

防止意外释放的能量引起人的伤害或物的损坏,或减轻其对人的伤害或对物的破坏的技术措施称为减少事故损失的安全技术措施。该类技术措施是在事故发生后,迅速控制局面,防止事故的扩大,避免引起二次事故的发生,从而减少事故造成的损失。常用的减少事故损失的安全技术措施有:

(1)隔离。

(2)设置薄弱环节。

(3)个体防护。

(4)避难与救援。

6.2.2.4　电气安全技术措施

(1)接零、接地保护系统。

(2)漏电保护。

(3)绝缘。

(4)电气隔离。

(5)安全电压。

(6)屏护和安全距离。

(7)连锁保护。

6.2.2.5　施工安全技术措施的主要内容

1. 一般工程安全技术措施的主要内容

1)安全管理措施

(1)为贯彻“安全第一、预防为主”,在施工过程中实现安全生产,成立以项目经理负责的现场安全管理小组,项目部建立各职能人员安全生产责任制。项目经理对项目部及班组长进行考核,对考核不合格的进行处罚,对优秀的进行奖励。

(2)制定各工种安全操作规程,并列为日常安全活动和安全教育的主要内容。

(3)现场配备专职安全员监督日常的安全工作,并与施工队伍签订安全生产协议书,明确双方责任。

(4)制定安全检查制度,每周对施工现场进行一次全面检查,凡不符合规定的和存在隐患的问题均进行登记,定人、定时间、定措施来解决,并对实际整改的情况进行登记,对上级下达的隐患整改通知书一并进行登记。

2)主要项目安全技术措施

(1)人员要求:

①作业人员进场后,先进行三级安全入场教育,然后上岗操作。

②进场前,项目部编制管理人员和技术工人培训计划,并按计划对管理人员和技术工人进行安全知识培训和考核,做好记录。

③教育作业人员不得随意拆除各类安全警示标志、安全防护设施和安全防护装置,对造成事故的要依法追究其责任。

(2)安全物资要求:

①物资采购选择经评定合格、有资质的物资供应商。

②对安全防护用品,水平保护安全网、密目安全网等按规定需做进场试验的,经试验合格后方可使用;对安全帽、安全带、护目镜、绝缘手套等采购时必须有出厂合格证。

(3)施工用电要求：

①开工前，由项目部组织编写“临时用电施工方案”，并报公司经审批后方可施工。施工完毕，经验收合格后方可使用。

②项目部定期组织对现场的临电设施进行检查，并设专人对临电设施进行日常维护和管理。

③临电物资质量必须符合国家有关规定，并满足本地安全监督部门的要求。

④二级配电箱四周设有围栏，顶部做好防雨措施，所有开关上应当注明用途。

(4)现场安全防(支)护：

①项目部负责人组织相关人员每半月对安全防护、支护进行一次安全检查。

②因作业需要，临时拆改、变动防护设施，必须经施工负责人同意，并采取相应的可靠措施，作业后立即恢复。

③项目部检查分包队伍的安全生产管理和劳动保护用品使用情况。

(5)机械设备：

①项目部对进入施工现场施工前向分包队伍进行专项安全技术交底。

②钢筋机械搭设防护棚，电焊机设防雨罩。

③塔吊安装：本工程塔吊基础均为固定式基础，根据出租方提供的基础图进行基础施工，经验收合格后，由出租方(须具备资质)进行安装。经上级主管部门验收合格后方可使用。塔吊安装防雷装置，接地电阻 $<4\ \Omega$。

④现场机械操作人员，严格执行《建筑机械使用安全技术规程》(JGJ 33—2001)要求。

⑤对现场塔吊、施工升降机等大型设备进场安装后一定要经过专业检测以后才能使用，并且定机定人。

⑥大型机械设备的安装拆卸必须编制详细的施工方案，对拆装单位资质、拆装人员的资格证必须严格把关，拆装前必须做好专项安全教育和安全技术交底，保证三限位、五种保险灵敏有效。塔吊运行前还应编制群塔作业方案，保证塔吊的安全运行。

3)分项工程安全技术措施。

(1)临边、洞口防护。

临边防护安全技术措施：

①工程基坑边、阳台周边、楼层和屋面周边、悬挑平台周边、楼梯口和梯段边等属于临边防护的范围，四周应随施工进度及时安装临时防护栏杆。

②基槽边坡及深坑上口设置护身栏，挂上密目网，夜间施工必须有足够的照明设施，灯光要集中照射；安排电工轮流值班，保证现场电路畅通。

③电梯井、楼梯间、预留孔洞等处要设置防护措施，以防止高空坠落事故的发生。施工时建筑物周围按规定设置安全网，宽度、规格符合规定要求。

洞口防护安全技术措施：

楼板上边长 <50 cm 的洞口用 12 厚竹胶板作盖板，用 Φ20 短钢筋使竹胶板与楼板夹牢，做到定型化、工具化。边长为 50 ~ 150 cm 的洞口，用架管扣接成网格，上铺 50 厚脚手板作防护。边长在 150 cm 以上的洞口，四周设 1.2 m 高防护栏杆，洞口下设安全平网，并

悬挂醒目的警示标志。

(2)钢筋工程。

①绑扎墙、柱钢筋时须搭设操作平台。

②绑扎柱和墙体钢筋时,人员不得站在钢筋骨架上或攀登骨架上下。

③绑扎大梁钢筋时,操作人员必须站在满铺脚手板的操作平台上操作。

(3)模板工程。

支模时按作业程序进行,模板未固定前不得进行下道工序。严禁在连接件和支撑件上攀登上下,严禁在上下同一垂直面上装拆模板。

支设高度在3 m以上的墙、柱模板,四周设斜撑和操作平台,低于3 m的使用马凳操作。

梁、板底模板拆除时执行拆模申请制度,未经审批不得拆模。在拆模过程中完善相应的洞口防护。

模板支拆前应进行专项安全教育、安全及时交底,并履行签字手续。

(4)混凝土工程。

浇筑2 m以上剪力墙混凝土时,搭设操作平台,不得直接站在模板支撑件上操作。

特殊情况下如无可靠的安全设施,必须系好安全带并扣好保险钩,或搭设安全网。

混凝土浇筑前应进行专项安全教育、安全及时交底,并履行签字手续。

(5)攀登作业:使用梯子时,直立梯工作角度为75°±5°,踏板上下间距为30 cm,并且不得有缺档。上下梯子时,操作人员必须面向梯子,且不得手持器物。

(6)交叉作业:

下层作业的位置,必须处于上层高度确定的可能坠落范围半径之外。

模板、脚手架拆除时,下方不得有其他操作人员。

钢模板部件拆除后,临时堆放处离楼层边沿不小于1 m,堆放高度不超过1 m。楼层临边口、通道口、脚手架边缘等处不准堆放任何拆下物件。

设安全防护棚,棚顶用双层脚手板防护。

(7)料具的存放储存:

①一切材料的存放都要整齐和稳固,存放脚手杆要设支架。

②各种气瓶在存放和使用时,要距离明火10 m以上,并且避免在阳光下暴晒,搬动时不得碰撞。

③易燃、易爆材料,必须存放在专用库房内,不得与其他材料混放。

④存放水泥等袋装材料严禁靠墙码垛,存放沙、土、石料严禁靠墙堆放。

2.单位工程安全技术措施

结构复杂、危险性大、特性较多的特殊工程,应编制单项的安全措施。例如:爆破、大型吊装、沉箱、沉井、烟囱、水塔、各种特殊架设作业、高层脚手架、井架和拆除工程等,必须编制单项的安全技术措施,并要有设计依据,有计算、有详图、有文字要求。

3.季节性施工安全技术措施

季节性施工安全技术措施主要指夏季、雨季和冬季施工时采取的安全施工措施,确保施工安全。

1）夏季安全施工措施

夏季气候炎热，主要做好防止中暑工作。

（1）进行防暑降温知识教育，使职工知道中暑症状，学会对中暑病人采取应急措施。

（2）合理调整作息时间，避开中午高温时间工作，严格控制工人加班加点，高处作业工人的工作时间要适当缩短。保证工人有充足的休息时间。

（3）高温和高处作业的工人，需经常进行健康检查，发现有作业禁忌症者，应及时调离高温和高处作业岗位。

（4）要及时供应合乎卫生要求的茶水、清凉饮料、绿豆汤等。

（5）及时给职工发放防暑降温的急救药品和劳动保护用品。

2）雨季施工安全措施

（1）防触电。电线不得使用裸导线、塑料线和沿地面敷设。配电箱必须防雨、防水，电气布置符合规定，电气元件不应破损，严禁带电明露。机电设备外壳必须可靠接地，手持设备必须安装合格的漏电保护器，工地临时照明灯、标志灯，其电压不超过 36 V，特别潮湿场所、金属管道和容器内的照明灯电压不超过 12 V。电气工作人员应做好绝缘防护。

（2）防雷击。高出建筑物的塔吊、脚手架等应安装避雷装置。

（3）防坍塌。搞好脚手架、坑、槽、沟的排水及边坡防护工作，危险部位要另加支撑。一经发现危险情况，应马上停止工作。

3）冬季施工安全措施。

冬季施工危险因素很多，安全任务艰巨，冬季天气干燥、多风多雪天气，针对这些实际情况，施工单位认真做好防人身事故、防火灾、防爆炸、防冻、防中毒和防交通事故的“六防”工作，加强对深基坑开挖、起重机械、高空作业、临时用电及临建设施等重点部位和重点环节的监控，做好施工人员的冬季施工安全技术措施交底，预防各类事故的发生，确保施工安全。

（1）防人身伤害事故。

①强化防高空坠落管理。基坑壁的支护，设置观测点，随时观测边坡及毗邻建筑物、构筑物的变化，及时发现隐患，并采取有效措施，杜绝发生坍塌事故；基坑周边必须进行有效防护，并设置明显的警示标志；基坑周边要设置堆放物料的限重牌，严禁堆放大量的物料；加强对建筑物临边、屋面临边及预留洞口、电梯井口、楼梯临边等安全防护设施的设置。

②要在防护设施周边设置醒目的预防高空坠落的安全警示牌。施工现场搭设的防护棚、防护栏杆等防护设施，必须按照《建筑施工安全防护设施标准》的要求，使用定型化、工具化的安全防护设施。脚手架与建筑物之间距离过大超出规范要求的，要采取安全防护措施。

③登高作业人员必须佩戴防滑鞋、防护手套等防滑及防冻用品，并按要求正确戴好安全帽、系好安全带。

④遇到雨雪等恶劣天气时，要及时清除施工现场的积水、积雪，严禁雨雪和大风天气强行组织施工作业。

⑤对施工现场脚手架、安全网等防护设施的拆除，要实行严格的审批制度，不得随意拆除。室内临边和洞口的安全设施，必须按规范要求设置到位。室内楼梯、窗洞口和临边砌筑高度不足 90 cm 处，应用钢管和扣件组合，设置高度不小于 1.5 m 的防护栏杆，底部 20 cm 处做踢脚防护，为保持防护架体的稳定性和可靠性，在栏杆架体中间部位应加设一道保护杆件。

(2)防火灾事故。

①加强防火安全教育，尤其是存在易燃易爆物质的区域，应对作业人员加强禁止烟火的教育，建立各级防火安全责任制度。

②消防设施及器材应做到齐全、完好和能用。在入冬前进行一次全面检查。

③严防电器火灾发生。对使用电炉子、电热管取暖和做饭、电褥子要严格管理，防止发生电气火灾。

④加强冬季取暖的统一管理，施工现场的公用取暖设施应设专人管理，严禁在临舍内使用电炉或采用明火取暖。

(3)防冻、防滑。

①防止施工场地、运输道路积水和结冰，造成安全隐患；脚手架、脚手板有冰雪积留时，施工前应清除干净。

②场地临时水管应埋入冻土层以下或用草包等材料保温。水箱存水，下班前应放尽。

③应由专业电工负责安装、维护和管理用电设备，严禁其他人员随意拆、改装电气线路。

学习单元 6.3　施工安全管理

6.3.1　施工安全环境管理的特点

6.3.1.1　复杂性

建筑产品的固定性和生产的流动性及受外部环境影响因素多，决定了施工安全环境管理的复杂性。

1. 生产人员、工具与设备的流动性

建筑产品生产过程中生产人员、工具与设备的流动性，主要表现为：

(1)同一工地不同建筑之间流动。

(2)同一建筑不同建筑部位上流动。

(3)一项建设工程建设完毕后，施工队伍又要投入另一项新的工程。

2. 建筑产品受不同外部环境影响的因素多

建筑产品受不同外部环境影响的因素多，主要表现为：

(1)露天作业多。

(2)气候条件变化的影响。

(3)工程地质和水文条件的变化。

(4)地理条件和地域资源的影响。

(5)由于生产人员、工具和设备的交叉和流动作业,受不同外部环境的影响因素多,使健康安全与环境管理很复杂,稍有考虑不周就会出现问题。

6.3.1.2 多变性

产品的多样性和生产的单件性决定了施工安全环境管理的多变性。

建筑产品的多样性决定了生产的单件性。每一个建筑产品都要根据其特定要求进行施工,主要表现是:

(1)不能按同一图纸、同一施工工艺、同一生产设备进行批量重复生产。

(2)施工生产组织及机构变动频繁,生产经营的"一次性"特征特别突出。

(3)生产过程中试验性研究课题多,所碰到的新技术、新工艺、新设备、新材料给施工安全环境管理带来不少难题。

因此,对于每个建设工程项目都要根据其实际情况,施工安全环境管理计划,不可相互套用。

6.3.1.3 协调性

产品生产过程的连续性和分工性决定了施工安全环境管理的协调性。

建筑产品不能像其他许多工业产品一样可以分解为若干部分同时生产,而必须在同一固定场地按严格程序连续生产,上一道程序不完成,下一道程序不能进行,上一道工序生产的结果往往会被下一道工序所掩盖。而且每一道程序由不同的人员和单位来完成,这就要求在环境管理中各单位和各专业人员横向配合和协调,共同注意产品生产过程接口部分和环境管理的协调性。

6.3.1.4 不符合性

产品的委托性决定了施工安全环境管理的不符合性。

建筑产品在建造前就确定了买主,按建设单位特定的要求委托进行生产建造。而建设工程市场在供大于求的情况下,业主经常会压低标价,造成产品的生产单位对安全环境管理的费用投入减少,不符合施工安全环境管理有关规定的现象时有发生。这就要求建设单位和生产组织都要重视对施工安全和环保费用的投入。

6.3.1.5 持续性

产品生产的阶段性决定施工安全环境管理的持续性。

一个建设工程项目从立项到投产使用要经历五个阶段,即设计前的准备阶段(包括项目的可行性研究和立项)、设计阶段、施工阶段、使用前的准备阶段(包括竣工验收和试运行)、保修阶段。这五个阶段都要十分重视项目的安全和环境问题,持续不断地对项目各个阶段出现安全和环境问题实施管理。否则,一旦在某个阶段出现安全问题和环境问题就会造成投资的巨大浪费,甚至造成工程项目建设的夭折。

6.3.1.6 经济性

产品的时代性和社会性决定环境管理的经济性。

1. 时代性

建设工程产品是时代政治、经济、文化、风俗的历史记录,表现了不同时代的艺术风格和科学文化水平,反映一定社会的、道德的、文化的、美学的艺术效果,成为可供人们观赏和旅游的景观。

2. 社会性

建设工程产品是否适应可持续发展的要求，工程的规划、设计、施工质量的好坏，受益和受害的不仅仅是使用者，而是整个社会，影响社会持续发展的环境。

3. 经济性

建设工程不仅应考虑建造成本的消耗，还应考虑其寿命期内的使用成本消耗。环境管理注重包括工程使用期内的成本，如能耗、水耗、维护、保养、改建更新的费用，并通过比较分析，判定工程是否符合经济要求，一般采用生命周期法作为对其进行管理的参考。另外，环境管理要求节约资源，以减少资源消耗来降低环境污染，二者是完全一致的。

6.3.2 施工安全控制

6.3.2.1 一般脚手架安全控制要点

（1）脚手架搭设之前应根据工程的特点和施工工艺要求确定搭设（包括拆除）施工方案。

（2）脚手架必须设置纵、横向扫地杆。

（3）高度在 24 m 以下的单、双排脚手架均必须在外侧立面的两端各设置一道剪刀撑并应由底至顶连续设置中间各道剪刀撑。剪刀撑及横向斜撑搭设应随立杆、纵向和横向水平杆等同步搭设，各底层斜杆下端必须支承在垫块或垫板上。

（4）高度在 24 m 以下的单、双排脚手架宜采用刚性连墙件与建筑物可靠连接，亦可采用拉筋和顶撑配合使用的附墙连接方式，严禁使用仅有拉筋的柔性连墙件。24 m 以上的双排脚手架必须采用刚性连墙件与建筑物可靠连接，连墙件必须采用可承受拉力和压力的构造。50 m 以下（含 50 m）脚手架连墙件，应按 3 步 3 跨进行布置，50 m 以上的脚手架连墙件应按 2 步 3 跨进行布置。

6.3.2.2 一般脚手架检查与验收程序

脚手架的检查与验收应由项目经理组织项目施工、技术、安全、作业班组负责人等有关人员参加，按照技术规范、施工方案、技术交底等有关技术文件对脚手架进行分段验收，在确认符合要求后方可投入使用。

脚手架及其地基基础应在下列阶段进行检查和验收：

（1）基础完工后及脚手架搭设前。

（2）作业层上施加荷载前。

（3）每搭设完 10～13 m 高度后。

（4）达到设计高度后。

（5）遇有六级及以上大风与大雨后。

（6）寒冷地区土层开冻后。

（7）停用超过一个月的，在重新投入使用之前。

6.3.2.3 附着式升降脚手架、整体提升脚手架或爬架作业安全控制要点背景

附着式升降脚手架（整体提升脚手架或爬架）作业要针对提升工艺和施工现场作业条件编制专项施工方案，专项施工方案包括设计、施工、检查、维护和管理等全部内容。

安装搭设必须严格按照设计要求和规定程序进行，安装后经验收并进行荷载试验，确

认符合设计要求后,方可正式使用。

进行提升和下降作业时,架上人员和材料的数量不得超过设计规定并尽可能减少。

升降前必须仔细检查附着连接和提升设备的状态是否良好,发现异常应及时查找原因并采取措施解决。

升降作业应统一指挥、协调动作。

在安装、升降、拆除作业时,应划定安全警戒范围并安排专人进行监护。

【例 6-1】 脚手架控制案例。

某客运中心工程屋面为球形节点网架结构,因施工总承包单位不具备网架施工能力,建设单位将屋面网架工程分包给某网架制造厂,由施工总承包单位配合搭设高空组装网架的满堂脚手架,脚手架高度为 26 m。为抢工程进度,网架制造厂在脚手架未进行验收和接受安全交底的情况下,即将运至现场的网架部件(重约 40 t)全部成捆吊上脚手架,施工作业人员在用撬棍解捆时脚手架发生倒塌造成 7 人死亡、1 人重伤。问题:

(1)导致这起事故发生的直接原因是什么?

(2)企业在发生上述事故后应如何进行报告?

(3)对一般脚手架应如何组织检查验收?

本案例主要考核对一般脚手架的检查验收程序和事故分析及报告程序的掌握程度。

答案:(1)这起事故发生的直接原因是网架制造厂在没有进行脚手架验收和安全交底的情况下,没有考虑脚手架承载能力要求,在脚手架上大量集中堆入网架部件致使脚手架严重超载最终导致失稳倒塌。

(2)事故发生后事故现场有关人员应当立即向本单位负责人报告,单位负责人接到报告后应当于 1 h 内向事故发生地县级以上人民政府安全生产监督管理部门和负有安全生产监督管理职责的有关部门报告。

(3)一般脚手架的检查与验收应由项目经理组织项目施工、技术、安全、作业班组负责人等有关人员参加,按照技术规范、施工方案、技术交底等有关技术文件对脚手架进行分段验收,在确认符合要求后方可投入使用。

6.3.2.4 掌握洞口、临边防护控制

1. 洞口作业安全防护基本规定

(1)各种楼板与墙的洞口按其大小和性质应分别设置牢固的盖板、防护栏杆、安全网或其他防坠落的防护设施。

(2)坑槽、桩孔的上口柱形、条形等基础的上口以及天窗等处都要作为洞口采取符合规范的防护措施。

(3)楼梯口、楼梯口边应设置防护栏杆或者用正式工程的楼梯扶手代替临时防护栏杆。

(4)井口除设置固定的栅门外还应在电梯井内每隔两层不大于 10 m 处设一道安全平网进行防护。

(5)在建工程的地面入口处和施工现场人员流动密集的通道上方应设置防护棚,防止因落物产生物体打击事故。

(6)施工现场大的坑槽、陡坡等处除需设置防护设施与安全警示标牌外,夜间还应设

红灯示警。

2. 洞口的防护设施要求

(1)楼板、屋面和平台等面上短边尺寸小于25 cm但大于2.5 cm的孔口必须用坚实的盖板盖严,盖板要有防止挪动移位的固定措施。

(2)楼板面等处边长为25～50 cm的洞口、安装预制构件时的洞口以及因缺件临时形成的洞口可用竹、木等做盖板盖住洞口,盖板要保持四周搁置均衡并有固定其位置不发生挪动移位的措施。

(3)边长为50～150 cm的洞口必须设置一层以扣件连接钢管而成的网格栅,并在其上满铺竹篱笆或脚手板,也可采用贯穿于混凝土板内的钢筋构成防护网栅、钢盘网格,间距不得大于20 cm。

(4)边长在150 cm以上的洞口四周必须设防护栏杆,洞口下方设安全平网防护。

3. 掌握施工用电安全控制

(1)施工现场临时用电设备在5台及以上或设备总容量在50 kW及以上者应编制用电组织设计。临时用电设备在5台以下和设备总容量在50 kW以下者应制订安全用电和电气防火措施。

(2)变压器中性点直接接地的低压电网临时用电工程必须采用TN－S接零保护系统。

(3)当施工现场与外线路共用同一供电系统时,电气设备的接地、接零保护应与原系统保持一致,不得一部分设备做保护接零,另一部分设备做保护接地。

(4)配电箱的设置。

①施工用电配电系统应设置总配电箱配电柜、分配电箱、开关箱,并按照“总→分→开”顺序作分级设置形成“三级配电”模式。

②施工用电配电系统各配电箱、开关箱的安装位置要合理。总配电箱配电柜要尽量靠近变压器或外电源处以便于电源的引入。分配电箱应尽量安装在用电设备或负荷相对集中区域的中心地带,确保三相负荷保持平衡。开关箱安装的位置应视现场情况和工况尽量靠近其控制的用电设备。

③为保证临时用电配电系统三相负荷平衡施工现场的动力用电和照明用电应形成两个用电回路,动力配电箱与照明配电箱应该分别设置。

④施工现场所有用电设备必须有各自专用的开关箱。

⑤各级配电箱的箱体和内部设置必须符合安全规定,开关电器应标明用途,箱体应统一编号。停止使用的配电箱应切断电源,箱门上锁。固定式配电箱应设围栏并有防雨防砸措施。

(5)电器装置的选择与装配。

在开关箱中作为末级保护的漏电保护器,其额定漏电动作电流不应大于30 mA,额定漏电动作时间不应大于0.1 s。在潮湿、有腐蚀性介质的场所中,漏电保护器要选用防溅型的产品,其额定漏电动作电流不应大于15 mA,额定漏电动作时间不应大于0.1 s。

(6)施工现场照明用电。

①在坑、洞、井内作业,夜间施工或厂房、道路、仓库、办公室、食堂、宿舍、料具堆放场

所及自然采光差的场所应设一般照明、局部照明或混合照明。一般场所宜选用额定电压220 V的照明器。

②隧道、人防工程、高温、有导电灰尘、比较潮湿或灯具离地面高度低于2.5 m等场所的照明电源电压不得大于36 V。

③潮湿和易触及带电体场所的照明电源电压不得大于24 V。

④特别潮湿场所、导电良好的地面、锅炉或金属容器内的照明电源电压不得大于12 V。

⑤照明变压器必须使用双绕组型安全隔离变压器,严禁使用自耦变压器。

⑥室外220 V灯具距地面不得低于3 m,室内220 V灯具距地面不得低于2.5 m。

4. 掌握垂直运输机械安全控制

1)外用电梯安全控制要点

(1)外用电梯在安装和拆卸之前必须针对其类型特点说明书的技术要求,结合施工现场的实际情况制订详细的施工方案。

(2)外用电梯的安装和拆卸作业必须由取得相应资质的专业队伍进行安装完毕,经验收合格取得政府相关主管部门核发的《准用证》后方可投入使用。

(3)外用电梯在大雨、大雾和六级及六级以上大风天气时应停止使用。暴风雨过后应组织对电梯各有关安全装置进行一次全面检查。

2)塔式起重机安全控制要点

(1)塔吊在安装和拆卸之前必须针对类型特点说明书的技术要求结合作业条件制订详细的施工方案。

(2)塔吊的安装和拆卸作业必须由取得相应资质的专业队伍进行安装完毕,经验收合格取得政府相关主管部门核发的《准用证》后方可投入使用。

(3)遇六级及六级以上大风等恶劣天气应停止作业将吊钩升起。行走式塔吊要夹好轨钳。当风力达十级以上时应在塔身结构上设置缆风绳或采取其他措施加以固定。

6.3.3 文明设施和环境保护

土木工程施工中,应保障施工人员的人身安全、工程的安全,以及避免工程施工对周围环境的干扰,加强环境保护,是施工企业服务用户的又一宗旨。在施工中,严格遵守国家的安全生产法规和环境保护法令,自觉保护劳动者生命安全,保护自然生态环境,展现出一个施工单位良好的企业形象,展示出生产管理的综合现代化水平。

6.3.3.1 文明施工保证措施

工程实施时按国家建设工程现场文明施工管理的相关规定执行。

建立健全文明施工检查考评制度,建设项目部每周进行一次自检,同时要配合监理部门对文明施工的检查。项目经理部指派专人主抓文明施工及环境保护工作,并将文明施工和环境保护工作开展的成效优劣与否与各专业班组和管理人员效益挂钩。

项目部临时用地按相关标准进行布置,四周设置排水沟。

根据施工平面图规划生活用房和施工用房,在工地门口设置明显的标示牌,标明建设工程名称、规模,建设、设计、监理、施工单位名称,建设单位工地总代表,施工单位总负责人与总工程师的姓名,工程开竣工日期,施工许可证批准文号等内容,并应同时设置统一规格(80 cm 高、60 cm 宽)的施工标牌,简称七牌二图:①安全生产十大禁令牌;②施工现场“十不准”牌;③安全生产十大纪律牌;④十项安全技术措施牌;⑤防火须知牌;⑥工程概况牌;⑦安全生产计数牌;⑧工地施工总平面图;⑨卫生防火平面布置图。

施工场地出入口应设置洗车槽,出场地的车辆必须冲洗干净。

施工场地道路必须平整畅通,排水系统良好。材料、机具要求分类堆放整齐并设置标示牌。严格用地管理,临时工程等设施均安排于计划用地红线内。

场地内的管线应严格按设计和安全规定架设,并严加管理,杜绝乱搭乱接。建立工地文明、卫生防水责任制,落实到人。

施工人员及管理人员均应佩戴胸卡上岗,上岗时必须戴安全帽,并做好施工现场的安全保卫工作,采取必要的防盗措施,建立门卫值班制度并设专职保安值勤。非施工人员不得擅自进入施工现场,施工人员着装不合安全规定的也不准进入施工现场。

现场弃土及施工垃圾应及时清除,注意搞好工地及四周的环境卫生,创造良好的生活环境。

工地现场机具设备及材料堆放应合理有序,现场的废料应及时清运,场地在干燥大风时应注意洒水降尘。

将日常整理列入文明施工管理的日常工作中,做到作业人员离开,作业面干净整洁。

做好电器设备的防雨防雷措施,定期对保护零线、重复接地的接地电阻进行测试,以确保施工用电的安全。

施工现场办公室要经常保持整洁有序,不准兼作宿舍用,在内墙上要挂“四牌四表二图一板”:A. 技术(质量)责任制度牌;B. 安全责任制度牌;C. 消防责任制度牌;D. 文明施工责任制度牌;E. 工程概况表;F. 天气晴雨表;G. 管理人员表;H. 施工进度表;I. 施工平面图;J. 形象进度图;K. 记事板。

施工现场设置的办公室、材料房、宿舍、厨房、冲凉房、厕所等都必须挂牌,并要张贴管理规定。

做好施工现场的卫生管理工作,环境应经常保持卫生整洁,厕所要建在指定地点并有防蝇灭蛆、洗水槽、自动冲水等设施。生活垃圾要在指定地点倒放,生活废水通过指定的污水沟排放,不准随地大小便,不准乱扔杂物,保持现场的卫生和清洁,建立文明、卫生、防水责任制,责任落实到人。

工地饭堂与工棚应分开,厨房必须保持卫生、通风、明亮,房内安装排气扇,以保证房内通风良好。炊事员上岗应持有效的健康合格证和岗位培训合格证,生、熟品严格分开,餐具用后应立即洗刷干净并按规定消毒。

道路和场地施工区内道路通畅、平坦、整洁,不乱堆乱放,无散落物;构造物周围应浇捣散水坡,四周保持清洁;场地平整不积水,无散落的杂物及散物;场地排水成系统,并畅通不堵。施工废料集中堆放,及时处理。

班组场地清理。班组必须做好操作后场地清理,随做随清,物尽其用。在施工作业中,应有防止尘土飞扬、泥浆横流、混凝土洒漏、车辆沾带泥土运行等措施。有考核制度,定期检查评分考核,成绩上牌公布。

材料堆放。砂石分类堆放成方，砌体材料类成垛，堆放整齐。

周转设备存放。施工钢模、机具、器材等集中堆放整齐。专用钢模成套放置，零用钢模及零配件、脚手扣件分类分规格，集中存放。

水泥库袋装、散装不混放，分清强度等级，堆放整齐，目能成数。有制度、有规定、专人管理，限额发放，分类插标挂牌，记载齐全而正确，牌、物、账相符。库容整洁，无“上漏下渗”。

构配件及特殊材料混凝土构件分类、分型、分规格堆放整齐。大梁存放要注意地基承载处理和支垫点正确稳定。钢材分类集中堆放整齐。支座、垫板、预埋件等分门别类妥善保管。

6.3.3.2　**环境保护措施**

重视环境工作。为确保文明施工，促进施工顺利进行，完善施工组织设计，应把环境工作作为施工组织设计重要组成部分，并认真贯彻执行于施工的全过程。

加强环保教育。员工认真学习环保知识，加强环保意识，充分认识到环境保护的重要性和必要性。

贯彻环保法规。认真贯彻各级政府的有关水土保护、环境保护方针、政策和法令，结合设计文件和工程特点，及时申报安全环境保护设计，切实按批准的文件组织实施。

强化环保管理，定期进行环境检查，及时处理违章事宜，主动联系环保机构，及时汇报环保工作，做到文明施工。

美化施工场地。场地废料、土石方废方处理应按设计要求按工程师指定地点处理，防止水土流失。保持排水通道畅通，工地干净卫生。施工中还尽量减少对周围绿化环境的影响和破坏。

消除施工污染。施工废水、生活污水源、耕地、农田、灌溉渠道要采取渗井或其他措施处理。工地垃圾及时运往指定地点深埋，清洗集料机具或含有沉淀油污的操作水，采用过滤的方法或沉淀池处理，使生态环境受损程度减到最低。

6.3.3.3　**施工现场环境保护的基本内容**

防治大气污染：防治施工扬尘，搅拌站的降尘，生产和生活的烟尘排放。防止水污染：生产废水排放，生活污水排放。防止施工噪声污染：人为的施工噪声防治，施工机械的噪声防治。

建筑垃圾的清理，环境保护自我保证体系：建立安全文明施工环境保护工作小组，由项目经理任组长，各有关部门、施工队负责人和专职工作人员参加，按照“谁主管、谁负责”的原则，在组织施工生产的同时必须组织实施环境保护，严格控制“三废”排放。

环境保护的定期检查：环保部门对施工现场环境保护实行不定期检查，在检查中，对不符合环保要求的采取“三定”原则（定人、定时、定措施）予以整改，落实后及时做好复检复查工作。项目部环境保护领导工作小组，应结合每月的生产计划检查、安排、总结、评比，同时落实环境保护工作，发现问题必须制订措施进行整改。

施工现场环境保护主要工作：施工道路要定期清扫、洒水，以减少尘土飞扬。水泥、白灰、粉煤灰等易飞扬的细颗粒散体材料要库内或罐装存放，露天堆放时应下垫上盖，防止飞扬和流失污染。运输散体土石方、砂石料、混凝土、建筑废弃物等无法包装的物品，装车不宜过量，以免逸出沿路散落并在指定部位堆放。禁止随意焚烧油毡、橡胶、塑料、皮革等会产生有毒烟尘和恶臭气体的物质。

工地厕所要有化粪池，并防止渗漏，定期用水冲洗、打扫，及时进行消毒、灭蚊蝇。化学药品、外加剂要妥善保管，库内存放。油料在保管和使用时要防止跑、冒、滴、漏，污染道路、场所、水源。施工、生活废水的排放要通过沉淀池后再按规定排入污水管或河流，禁止将有毒有害废弃物作为土石方回填。拆除旧建筑物时，要喷洒水，减少尘土飞扬。

洞内施工必须加强通风、消烟、排尘，严禁干式钻孔作业，运输装卸机械要严格控制尾气排放标准。严格控制噪声源，选用低噪声设备和工艺，安装消声器等，在传播途径上采取吸声、隔声、阻声等措施。进行强噪声作业时，应严格控制作业时间；施工现场环境气体、噪声的跟踪监测，实行专人监测、专人管理。

学习单元 6.4 安全事故处理及应急救援

6.4.1 施工安全事故的分类

建筑安全事故分为特大、重大、较大和一般事故四个等级，施工单位必须在事故发生 1 h 内向县以上建设主管部门汇报，并做好相关的救援工作。

特别重大事故，是指造成 30 人以上死亡，或者 100 人以上重伤，或者 1 亿元以上直接经济损失的事故。

重大事故，是指造成 10 人以上 30 人以下死亡，或者 50 人以上 100 人以下重伤，或者 5 000 万元以上 1 亿元以下直接经济损失的事故。

较大事故，是指造成 3 人以上 10 人以下死亡，或者 10 人以上 50 人以下重伤，或者 1 000万元以上 5 000 万元以下直接经济损失的事故。

一般事故，是指造成 3 人以下死亡，或者 10 人以下重伤，或者 1 000 万元以下 100 万元以上直接经济损失的事故。

6.4.2 施工安全事故的处理

处理建设工程安全事故的原则，即“四不放过”的原则：安全事故原因未查清不放过，职工和事故责任人受不到教育不放过，事故隐患不整改不放过，事故责任人不处理不放过。建设工程安全事故发生后，一般按以下程序进行处理：

建设工程安全事故发生后，总监理工程师应签发“工程暂停令”，并要求施工单位立即停止施工，施工单位应立即抢救伤员，排除险情，采取必须措施，防止事故扩大，并做好标识，保护好现场。同时，要求发生安全事故的施工总承包单位迅速按安全事故类别和等级向相应的政府主管部门上报，并于 24 h 内写出书面报告。

工程安全事故报告应包括以下主要内容：

(1)事故发生的时间、详细地点、工程项目名称及所属企业名称。

(2)事故类别、事故严重程度。

(3)事故的简要经过、伤亡人数和直接经济损失的初步估计。

(4)事故发生原因的初步判断。

(5)抢救措施及事故控制情况。

(6)报告人情况和联系电话。

监理工程师在事故调查组展开工作后,应积极协助,客观地提供相应证据,若监理方无责任,监理工程师可应邀参加调查组,参与事故调查;若监理方有责任,则应予以回避,但应配合调查组做好以下工作:

(1)查明事故发生的原因、人员伤亡及财产损失情况。

(2)查明事故的性质和责任。

(3)提出事故的处理及防止类似事故再次发生所应采取措施的建议。

(4)提出对事故责任者的处理建议。

(5)检查控制事故的应急措施是否得当和落实。

(6)写出事故调查报告。

监理工程师接到安全事故调查组提出的处理意见涉及技术处理时,可组织相关单位研究,并要求相关单位完成技术处理方案,必要时,应征求设计单位的意见。技术处理方案必须依据充分,应在安全事故的部位、原因全部查清的基础上进行,必要时,组织专家进行论证,以保证技术处理方案可靠、可行,保证施工安全。

技术处理方案核签后,监理工程师应要求施工单位制订详细的施工方案,必要时,监理工程师应编制监理实施细则,对工程安全事故技术处理的施工过程进行重点监控,对于关键部位和关键工序应派专人进行监控。

施工单位完工自检后,监理工程师应组织相关各方进行检查验收,必要时进行处理结果鉴定。要求事故单位整理编写安全事故处理报告,并审核签认,进行资料归档。建设工程安全事故处理报告主要包括以下内容:

(1)职工重伤、死亡事故调查报告书。

(2)现场调查资料(记录、图纸、照片)。

(3)技术鉴定和试验报告。

(4)物证、人证调查材料。

(5)间接和直接经济损失。

(6)医疗部门对伤亡者的诊断结论及影印件。

(7)企业或其主管部门对该事故所做的结案报告。

(8)处分决定和受处理人员的检查材料。

(9)有关部门对事故的结案批复等。

(10)事故调查人员的姓名、职务,并签字。

根据政府主管部门的复工通知,确认具备复工条件后,签发"工程复工令",恢复正常施工。

6.4.3 施工安全事故的应急救援

2002年11月1日起实施的《中华人民共和国安全生产法》第十七条明确规定:生产经营单位要制订并实施本单位的生产安全事故应急救援预案;第六十九条亦要求建筑施

工单位应当建立应急救援组织，生产经营规模较小的也应当指定兼职的应急救援人员等。当发生事故后，为及时组织抢救，防止事故扩大，减少人员伤亡和财产损失，建筑施工企业应按照《中华人民共和国安全生产法》的要求编制应急救援预案。由于以往建筑施工企业一般都没有编制事故应急预案，因此现在很多施工企业对预案的编制还不熟悉而无从下手。

施工安全事故应急救援预案的编制简介如下。

6.4.3.1 基本原则与方针

制定安全第一，安全责任重于泰山；预防为主、自救为主、统一指挥、分工负责；优先保护人和优先保护大多数人，优先保护贵重财产等原则和方针。

6.4.3.2 工程项目的基本情况

(1)工程项目基本情况简介：

①项目的工程概况及施工特点和内容；

②项目所在的地理位置、地形特点，工地外围的地理位置、居民、交通和安全注意事项等；

③气象状况等。

(2)施工现场的临时医务室或保健医药设施及场外医疗机构：

①医务人员名单，联系电话；

②有哪些常用医药和抢救设施；

③附近医院的情况介绍，位置、距离、联系电话等。

(3)工地现场内外的消防、救助设施及人员状况。介绍工地消防组成机构和组成人员，成立义务消防队，有哪些消防、救助设施及其分布，消防通道等情况。

(4)施工消防平面布置图（如各楼层不一样，还应分层绘制），画出消火栓、灭火器的设置位置，易燃易爆的位置，消防紧急通道，疏散路线等。

6.4.3.3 可能发生事故的确定和影响

根据施工特点和任务，分析本工程可能发生较大的事故和发生位置、影响范围等。如列出工程中常见的事故：建筑质量安全事故、施工毗邻建筑坍塌事故、土方坍塌事故、气体中毒事故、架体倒塌事故、高空坠落事故、掉物伤人事故、触电事故等，对于土方坍塌、气体中毒事故等应分析和预知其可能对周围的不利影响和严重程度。

6.4.3.4 应急机构的组成、责任和分工

(1)组成。包括指挥机构和救援队伍的组成，具体指挥机构组成可参考附表。企业或工程项目部应成立重大事故应急救援“指挥领导小组”，由企业经理或项目经理、有关副经理及生产、安全、设备、保卫等负责人组成，下设应急救援办公室或小组（可设在施工质安部），日常工作由工程部兼管负责。发生重大事故时，领导小组成员迅速到达指定岗位，因特殊情况不能到岗的，由所在单位按职务排序递补。以指挥领导小组为基础，成立重大事故应急救援指挥部，由经理任总指挥，有关副经理任副总指挥，负责事故应急救援工作的组织和指挥。应注意的是：救援队伍必须由经培训合格的人员组成。

(2)职责。如写明指挥领导小组（部）的职责：负责本单位或项目预案的制订和修订；组建应急救援队伍，组织实施和演练；检查督促做好重大事故的预防措施和应急救援的各项准备工作;组织和实施救援行动;组织事故调查和总结应急救援工作的经验教训。

(3)分工。写明各机构组成的分工情况。如总指挥,组织指挥整个应急救援工作;安全负责人,负责事故的具体处置工作;后勤负责人,负责应急人员、受伤人员的生活必需品的供应工作。

(4)应急救援指挥部组织机构的职能和职责参看公司"重大事故应急救援处理方案"。

6.4.3.5 报警信号与通信

写出各救援电话及有关部门、人员的联络电话或方式。如写出:消防报警:119,公安:110,医疗:120,交通:×××,市县建设局、安监局电话:××××××××,市县应急机构电话:××××××××,公司应急机构电话:××××××××,工地应急机构办公室:××××××××,各成员联系电话:××××××××,可提供救援协助临近单位电话:××××××××,附近医疗机构电话:××××××××。

工地报警联系地址及注意事项:报警者有时由于紧张而无法把地址和事故状况说清楚,因此最好把工地的联系地址事先写明。如:××区××路××街××号(××)大厦对面,如果工地确实是不易找到的,还应派人到主要路口接应,并应把以上的报警信号与通信方式贴出办公室,方便紧急报警与联系。

6.4.3.6 事故应急与救援

写明应急程序:报告联络有关人员(紧急时立刻报警、打求助电话)→成立指挥部(组)→必要时向社会发出救援请求→实施应急救援、保护事故现场、上报有关部门等→善后处理。事故的应急救援措施,可根据本工程项目可能发生的事故列表写出事故类别,事故原因,现场救援措施等。具体举例如下:

人工挖孔桩事故:

(1)有毒气体中毒。

(2)孔壁塌方。

(3)未使用安全电压,井下触电。

(4)坠物或坠落伤人等。

(5)最早发现者立即大声呼救,向有关人员报告或报警,原因明确可立即采取正确方法施救,但决不可盲目下去救助。

(6)指挥部门迅速成立,按照应急程序处置。

(7)迅速查明事故原因和判断事故发展状态,采取正确方法施救,如中毒,必须先向井下通风或带好防毒面具才可下井救人;未使用安全电压触电,必须先切断电源。

(8)急救人员按照有关救护知识,立即救护伤员,在等待医生救治或送往医院抢救过程中,不要停止和放弃施救,如采用人工呼吸、清洗包扎或输氧急救等。

(9)现场不具备抢救条件时,立即向社会求救。工地应配备气体检测仪、通风设备、防毒面具、担架、医用氧气瓶等急救用具。

6.4.3.7 救援有关规定和要求

要写明有关的纪律,救援训练、学习等各种制度和要求。

6.4.3.8　**有关常见事故的自救和急救常识**

如人工呼吸的方法、火灾逃生常识和常见消防器材的使用方法等。

【例6-2】　施工安全事故的应急救援案例。

某市世纪花园　A楼工程　施工安全事故应急救援预案。

目　录

1. 编制依据

2. 编制目标

3. 编制原则

4. 预防原则

5. 适用范围

6. 基本情况

7. 应急组织机构与职责

8. 抢险及救援力量

9. 应急救援器材

10. 通信联络

11. 防火物资储备与征调

12. 善后处理

根据《建设工程安全生产管理条例》和上级主管部门的要求，项目经理部针对施工现场可能发生的坍塌、火灾、中毒、物体打击、高空坠落、机械伤害、触电等安全事故特点，结合项目经理部的实际情况，对以上安全事故制订人力、物资、技术等方面的应急救援预案。

1. 编制依据

(1) 建设工程安全生产管理条例；

(2) 中华人民共和国安全生产法；

(3) 国务院令320号《关于特大安全事故行政责任追究的规定》；

(4) 省人民政府令148号《省重大安全事故行政责任追究规定》；

(5)《市重(特)大安全事故应急处理预案》。

2. 编制目标

最大限度地降低安全事故对人民群众生命及财产造成的损失。

3. 编制原则

建立集中、统一的指挥系统，集中人、财、物优势力量，最大限度控制安全事故造成的损失。

4. 预防原则

"安全第一，预防为主"，"谁主管、谁负责"。

5. 适用范围

适用于某市商住楼工程所有安全事故的应急处理。

6. 基本情况

(1) 灾害源及事故特点灾害源：项目部施工现场事故特点：突发性强、危害性大。

(2) 事故报告电话：×××××××。

7. 应急组织机构与职责

(1)应急领导小组:由项目经理部建造师张××任该小组组长,李××任副组长。

(2)现场抢救组:由项目部王××任组长,项目部施工员赵××任副组长。施工现场全体职工为现场抢救组成员。

(3)医疗救治组:由项目部赵××任组长,项目部王××任副组长,及时与120急救中心联系,并协助急救中心进行救治。

(4)后勤服务组:由程××任组长,工地项目部泥工组长林××任副组长,两人负责组织人员做好后勤服务工作。

(5)保安组:由文××同志任组长,项目部何××同志任副组长,全体保安人员为组员。

(6)应急组职责:

①应急领导小组职责:建设工地发生重大安全事故时,负责指挥工地抢救工作,向抢救小组下达抢救指令任务,协调各组之间的抢救工作,随时掌握各组最新动态,并作出最新决策,在接到报案后,第一时间向政府安监部门报告。平时应急领导小组成员轮流值班,手机24 h开通,发生紧急事故时,立即召集应急救援小组成员奔向事故现场。

②现场抢救组职责:采取紧急措施,尽一切可能抢救伤员及被困人员,防止事故进一步扩大。

③医疗组职责:抢救出的伤员视情况采取紧急处理措施,尽快送医院抢救。

④后勤服务组职责:负责交通车辆的调配,紧急救援物资的征集及人员的餐饮供应。

⑤保安组职责:负责事故工地的安全保卫、支援其他抢救组的工作、保护现场。

⑥应急组的分工及人数应根据事故现场需要灵活调配。

8. 抢险及救援力量

(1)所有参战员均按各自任务,穿戴好个人防护用品,携带好装备、器材和工具,服从指挥,严守纪律。

(2)进入现场前注意事项。遇到有毒有害气体扩散的事故抢险,所有车辆人员停留在上风向,抢救过程中,尽可能减少人员入围;入场前加强灾情侦察,落实安全措施,严防扩大事态。

(3)组织力量调配:

①工程项目部首先全力投入保护现场,抢救伤员。

②专业队伍,充分发挥骨干作用。

③保卫部门担负保护现场、散开人员、护送伤员之职责,对明显违法者进行监控、调查、取证。

④工程项目部负责保护现场,根据需要设立隔离区、隔离带。

⑤抢险救援力量由应急领导小组组长调度。

⑥联系120急救中心和其他医务工作者,现场抢救、运送伤员。

⑦抢救完毕,清理现场,由应急领导小组组长发布撤除警戒。

⑧仍需保留的现场,由工程项目部保安人员看管,由上级调查宣布撤离。

9. 应急救援器材

项目部常备如下主要救援器材,除项目部规定救援人员配置与使用外,其他任何人员不得擅自使用,并由专人负责保管。定期对救援器材进行检查与保养。

安全帽:30 顶;安全带:10 副;防护手套:100 双;电缆线:400 m;灭火器:4 罐;抽水机:2 台;担架:3 副;氧气袋:4 个;塑料袋:60 个;小药箱:4 个;鼓风机:2 台;爬梯:4 架;应急灯:15 盏;切割机:2 台;手电筒:10 个。

10. 通信联络

领导小组组长:胡:××××××××;各抢救组组长:王:××××××××,胡:××××××××,赵:××××××××,文:××××××××。应急急救中心电话号码:×××、×××、×××,市卫生局:××××××××,市公安局:××××××××,(值班)市安全监督局:××××××××,市建设局:××××××××,市政府:××××××××,公司:××××××××。

11. 防火物资储备与征调

(1)后勤服务组要及时与相关政府、交警等部门联系,确保抢救车辆人员安全畅通。

(2)后勤服务组要及时与相关政府职能部门联系,确保急救药品、器具物资充足。

(3)项目部须常备贰万元应急资金,以备不测。

12. 善后处理

(1)按照相关规定,配合上级部门的调查处理。

(2)以"四不放过"的原则在项目部范围内及时追究有关人员的责任。

(3)本预案由项目部负责解释。

市世纪花园　A 楼项目部　2012 年 10 月 1 日

习　题

一、单选题

1. 项目施工现场安全管理人员配备,1 万～5 万 m^2 工程至少(　　)人。

A. 3　　B. 1　　C. 4　　D. 2

2. 作业人员进场后,先进行(　　)入场教育,然后才能上岗操作。

A. 三级安全　　B. 技术培训　　C. 岗位练兵　　D. 设备操作

二、多选题

1. 安全技术措施按危险、有害因素的类别分为(　　)。

A. 防火防爆安全技术措施　　B. 锅炉与压力容器安全技术措施

C. 机械安全技术措施　　D. 电气安全技术措施

E. 建筑安全技术措施

三、简答题

1. 施工安全环境管理的特点是什么?

学习任务7　施工现场安全管理

【学习目标】　通过本任务的学习，要求同学们掌握地基基础工程、结构主体工程及装饰装修工程施工过程中常用的安全技术和安全措施；熟悉施工现场平面布置、供电和消防、高空及交叉作业安全技术；了解施工机械安全要求及安全标志设置等。

工作任务表

能力目标	主讲内容	学生完成任务	评价标准	
掌握地基基础工程施工安全技术； 掌握结构主体工程安全技术； 掌握装饰装修工程施工安全技术	土方工程安全技术，桩基工程安全技术，钢筋混凝土工程安全技术，脚手架施工安全技术，砌筑工程安全技术，装饰装修工程安全技术	编制地基基础工程施工安全技术方案，编制结构主体工程安全技术方案，编制装饰装修工程安全技术方案	优秀	准确掌握地基基础工程、结构主体工程、装饰装修工程施工安全技术，正确编制其相应的施工安全技术方案
			良好	掌握地基基础工程、结构主体工程、装饰装修工程施工安全技术，会编制其相应的施工安全技术方案
			合格	基本掌握地基基础工程、结构主体工程、装饰装修工程施工安全技术，能正确实施其相应的施工安全技术方案
熟悉施工现场平面布置； 熟悉供电和消防设施布置； 熟悉高空及交叉作业安全技术	施工现场的平面布置与划分，场地和运输道路要求，封闭管理要求，临时设施种类及布置等，供电设施的布置，消防设施的布置，高空作业安全技术，交叉作业安全技术	绘制施工现场总平面布置图，编写高空及交叉作业安全技术交底，编写施工现场供电和消防设施布置安全技术要求	优秀	掌握施工现场平面布置、供电和消防设施、高空及交叉作业安全技术要求，能绘制施工现场总平面布置图，会正确编写供电和消防设施、高空及交叉作业安全技术交底
			良好	基本掌握施工现场平面布置、供电和消防设施、高空及交叉作业安全技术要求，可绘制施工现场总平面布置图，能编写供电和消防设施、高空及交叉作业安全技术交底
			合格	熟悉施工现场平面布置、供电和消防设施、高空及交叉作业安全技术要求，可依图正确进行施工现场总平面布置，能正确实施供电和消防、高空及交叉作业安全技术
了解施工机械安全要求； 熟悉安全标志设置	起重机械安全技术，土石方机械安全技术，桩工机械安全技术，混凝土施工机械安全技术，钢筋加工机械安全技术，安全警示标牌的布置与悬挂	描述各类施工机械安全要求； 绘制施工现场安全标志布置图	优秀	熟悉各类施工机械安全要求，掌握各种安全标志设置要求，会绘制施工现场安全标志布置图
			良好	基本熟悉常用各类施工机械安全要求，掌握各种安全标志设置要求，可绘制施工现场安全标志布置图
			合格	了解常用各类施工机械安全要求，熟悉各种安全标志设置要求，可依图正确布置施工现场安全标志

学习单元7.1　施工现场的平面布置与划分

7.1.1　施工总平面图编制的依据

施工总平面图编制的依据包括勘察设计资料、施工部署和主要工程施工方案、施工总进度计划、施工场地情况、调查收集到的地区资料、资源需要量表、工地业务量计算及有关参考资料等。

7.1.2　施工平面布置原则

(1)根据施工部署、施工方案、进度计划、区域划分,分阶段进行布置。

(2)生产区、生活区、办公区相对独立。

(3)尽可能缩短运距、减少二次搬运、减少占地。

(4)有利于减少扰民、环境保护和文明施工。

(5)尽量利用已有设施或先行施工的成品,使临时工程投入最少。

(6)充分考虑劳动保护、职业健康、安全与消防要求。

(7)符合施工现场及安全技术要求和防火规范,符合安全生产、保护防火和文明施工的规定和要求。

7.1.3　施工总平面图表示的内容

施工总平面布置图应包含以下内容:项目施工用地范围内的地形状况,全部拟建建(构)筑物及其他基础设施的位置,项目施工用地范围内的加工设施、运输设施、存贮设施、供电设施、供水供热设施、排水排污设施、临时施工道路和办公、生活用房等,施工现场必备的安全、消防、保卫和环境保护等设施,相邻的地上、地下既有建(构)筑物及相关环境。

7.1.4　施工现场功能区域划分要求

施工现场按照功能可划分为施工作业区、辅助作业区、材料堆放区和办公生活区。施工现场的办公生活区应与作业区分开设置,并保持安全距离。办公生活区应当设置在在建建筑物的坠落半径之外,与作业区之间设置防护措施,进行明显的划分隔离,以免人员误入危险区域;办公生活区若设置在在建建筑物的坠落半径之内,则必须采取可靠的防护措施。功能区在规划设置时还应考虑交通、水电、消防、卫生及环保等因素。

学习单元7.2　附属设施

7.2.1　场地

施工现场的场地应平整并清除障碍物,无坑洼和凹凸不平现象,雨季不积水,暖季应适当绿化。施工现场应具有良好的排水系统，设置排水沟及沉淀池，现场废水不得直接排入市政污水管网和河流。现场存放的油料、化学溶剂等应设专门的库房，库房地面应进行防渗漏处理。施工现场地面还应当经常洒水，对粉尘源进行覆盖遮挡。

7.2.2 运输道路

施工现场的道路应畅通，并有循环干道，以满足运输及消防等要求。主干道应当平整坚实且有排水设施，路面硬化材料可采用混凝土、预制块或石屑、焦渣、砂子等压实整平，保证不沉陷、不扬尘，防止泥土带入市政道路。道路中间应起拱，两侧设排水设施，主干道宽度不小于3.5 m，载货汽车转变半径不宜小于15 m。如因条件限制，应当采取相应措施。道路的布置要与现场的仓库、构件、料场和吊车位置等相协调配合。施工现场主要道路尽量利用永久性道路或先建好的永久性道路的路基，在土建工程结束之前再铺路面。

7.2.3 封闭设施

施工现场的作业条件差，不安全因素多，容易造成作业人员和场外人员的伤害。因此，必须实行封闭式管理，将施工现场与外界隔离，同时保护环境、美化市容。

7.2.3.1 围挡

施工现场的围挡应沿工地四周连续设置，不得留有缺口，并应根据地质、气候、围挡材料等进行设计计算，确保其安全及稳定性。围挡材料宜选用砌体、金属板材等硬质材料，保证坚固稳定、整洁美观，不宜选用彩布条、竹笆或安全网等。围挡的高度一般应大于1.8 m。禁止在围挡内侧堆放泥土、砂石等散粒材料以及架管、模板等，严禁将围挡作为挡土墙使用。雨后、大风后及春融季节，应当检查围挡的稳定性，发现问题及时处理。

7.2.3.2 大门

施工现场应当有固定的出入口，出入口处应设置大门。大门应牢固美观，并标有企业名称或企业标识。出入口处应设置专职的门卫保卫人员，并制定门卫管理制度及交接班记录制度。施工现场的工作人员应佩戴工作卡。

学习单元7.3 临时设施

7.3.1 临时设施的种类

施工现场的临时设施指施工期间临时搭建或租赁的各种设施，主要有办公设施、生活设施、生产设施、辅助设施，具体包括道路、现场排水设施、围墙、大门、供水处、吸烟处等。临时设施必须合理选址，正确用材，以确保使用功能与安全、卫生、环保及消防的要求。

7.3.2 临时设施的选址

办公生活区临时设施的选址应首先考虑与作业区隔离，以保证安全；其次，周边环境必须具有安全性，不得设置在高压线下，也不得设置在沟边、崖边、河流边、强风口处、高墙下及滑坡、山洪、泥石流等地质灾害区。

安全距离是指在建筑物坠落半径和高压线防电距离以外。办公生活区若设置在安全距离以内,则必须采取可靠的防护措施。建筑物高度 2 ~ 5 m,其坠落半径为 2 m;高度 30 m,坠落半径为 5 m。输送电压为 1 kV 以下的裸露电线,安全距离为 4 m;输送电压为 330 ~ 550 kV 时,安全距离为 15 m(最外线的投影距离)。

7.3.3 临时设施的布置方式

生活性临时房屋设置在施工现场以外,若在工地现场以内,一般布置在四周或集中于一侧;生产性临时设施,如混凝土搅拌站、钢筋加工厂、木材加工厂等,按照生产的需要全面分析比较,选择在工地适当的位置;行政管理办公室等则应靠近工地或是在工地现场出入口设置。

7.3.4 临时房屋的结构类型

临时房屋的结构类型可采用活动式临时房屋,如钢骨架活动房屋、彩钢板房等;固定式的临时房屋主要为砖木结构、砖石结构和砖混结构等。

7.3.5 临时设施的搭设与使用管理

7.3.5.1 办公室

施工现场应设置办公室,室内布局应合理,文件资料应归类存放,并应保持清洁卫生。

7.3.5.2 职工宿舍

不得在尚未竣工的建筑物内设置员工集体宿舍。职工宿舍应设置在干燥通风的位置,以防止雨水和污水流入。

宿舍必须设置可开启式的窗户和外开门,室内保证必要的生活空间,其净高不得小于 2.4 m,通道宽度不得小于 0.9 m,每间宿舍居住人员不应超过 16 人。宿舍内的单人铺不得超过 2 层,严禁使用通铺,床铺应高于地面 0.3 m,人均床铺面积不得小于 1.9 m × 0.9 m,床铺间距不得小于 0.3 m。宿舍内应设置生活用品专柜,有条件的宜设置生活用品储藏室。宿舍内严禁存放施工材料、机具和其他杂物。

宿舍周围应当搞好环境卫生,设置垃圾筒、鞋柜或鞋架,生活区内应为作业人员提供晾晒衣物的场地,房屋外道路应平整,晚间有充足的照明。

寒冷地区冬季宿舍应有保暖和防煤气中毒措施,火炉应当统一设置和管理,炎热季节应有消暑措施和防蚊虫叮咬措施。

应当制定宿舍管理使用责任制,居住人员轮流负责卫生和使用管理或安排专人管理。

7.3.5.3 食堂

食堂应设置在干燥通风的位置,保持环境卫生,防止雨水和污水流入,远离厕所、垃圾站等有毒有害污染源,装修材料必须符合环保及消防要求。食堂外应设置密闭式泔水桶,并及时清运,保持清洁。

食堂应设置独立的操作间和储藏间,配备必要的排风设施和冷藏设备,安装纱门、纱窗,室内不得有蚊蝇,门下方设置不低于 0.2 m 的防鼠挡板。食堂的燃气罐应单独设置在通风良好的存放间,并严禁存放其他物品。食堂制作间的灶台及其周边应贴瓷砖,瓷砖的高度不宜小于1.5 m,地面应做硬化和防滑处理,并按规定设污水排水设施。刀、盆、案板等炊具宜存放在封闭的橱柜内,生熟必须分开,食品必须有遮盖,遮盖物品应有正反面标识。食堂内应有存放各种佐料和副食的密闭器皿,其上应有标识,粮食存放台与墙及地面的距离应大于0.2 m。

应制定食堂卫生责任制并张挂,加强管理,落实到人。

7.3.5.4 **厕所**

施工现场的厕所应根据作业人员数量设置。高层建筑物施工高度超过8层后,每隔4层宜设置临时厕所。施工现场应设水冲式或移动式厕所,地面应硬化,门窗应齐全,蹲坑间宜设置隔板,其高度不宜低于0.9 m。厕所应安排专人定时打扫、冲刷和消毒,以防蚊蝇滋生,化粪池应及时清理。

7.3.5.5 **防护棚**

施工现场的防护棚,主要有加工站厂棚、机械操作棚及通道防护棚等。大型防护棚可采用砖混或砖木结构,并应进行结构计算以保证其安全。小型防护棚一般采用钢管扣件脚手架搭设,且应严格按照《建筑施工扣件式钢管脚手架安全技术规范》(JGJ 130—2011)的要求进行。

防护棚顶应满足承重及防雨的要求,在施工坠落半径以内的,棚顶应当具有抗砸能力。防护棚可采用多层结构,最上层的材料应能承受100 kPa的均布静荷载,也可采用50 mm厚的木板或两层竹笆架设,上下层竹笆间距应不小于600 mm。

学习单元7.4 施工机械安全技术

随着施工技术的进步,施工作业机械化程度越来越高,施工机械的复杂程度也越来越高。因此,施工机械的安全技术和管理越来越重要。一般规定:

(1)机械设备应按其技术性能的要求正确使用,缺少安全装置或安全装置已失效的机械设备不得使用。

(2)严禁拆除机械设备的自动控制机构、各种限位器等安全装置,以及监测、指示、仪表、警报等自动报警及信号装置,其调试和故障的排除应由专业人员负责进行。

(3)新购或经过大修、改装和拆卸后重新安装的机械设备,必须按出厂说明书的要求和相关规定进行测试和试运转。

(4)处在运行和运转中的机械严禁对其进行维修、保养或调整作业。

(5)机械设备应定期进行保养,冬季使用应执行建筑机械冬季使用的有关规定;当发现有漏保、失修或超载带病运转等情况时,有关部门应停止其使用。

(6)机械设备的操作人员必须身体健康,并经过专业培训考试合格,在取得有关部门颁发的操作证或驾驶执照、司炉证、特殊工种操作证后,方可独立操作。

(7)机械作业时,操作人员不得擅自离开工作岗位或将机械交给非本机操作人员操作。严禁无关人员进入作业区和操作室内。工作时,思想要集中,严禁酒后操作。

(8)机械操作人员和配合工作人员,都必须按规定穿戴劳动保护用品,长发不得外露。高处作业必须挂好安全带,不得穿硬底鞋或拖鞋。严禁从高处投掷物件。

(9)进行日作业两班及以上的机械设备均须实行交接班制,操作人员要认真填写交班记录。

(10)机械进入作业地点后,施工技术人员应向机械操作人员进行施工任务及安全技术措施交底。操作人员应熟悉作业环境和施工条件,听从指挥,遵守现场安全规则。凡违反相关操作规程的命令,操作人员有权拒绝执行,由于发令人强制违章操作造成事故的,应追究发令人的责任。

(11)现场施工负责人应为机械作业提供道路、水电、临时工棚或停机场地等必须的条件,并消除对机械作业有妨碍或不安全的因素。夜间作业必须设置充足的照明。

(12)在有碍机械安全和人身健康场所作业时,机械设备必须采取相应的安全措施,操作人员必须配备适用的安全防护用品。

(13)严禁非工作人员进入配电所、乙炔站、氧气站、空压机房、发电机房、锅炉房等场所,应按消防规定的要求设置各种防火消防器材及工具,其周围不得堆放物品。

(14)当使用机械设备与安全发生矛盾时,必须服从安全的要求。

(15)当机械设备发生事故或未遂恶性事故时,必须及时抢救,保护现场,并立即报告。

7.4.1 起重机械

(1)起重吊装指挥人员必须经专业技术培训,持证上岗。

(2)起重机操纵机构必须完好,变幅指示器、力矩限制器、起重限制器等防护装置必须齐全、灵敏、可靠,不得随意调整或拆除。严禁利用限制器和限位装置代替操纵机构。作业前必须检查,确认符合要求。

(3)作业前必须检查吊索具,确认符合要求。

(4)作业时,指挥人员与操作工必须密切配合,执行规定的指挥信号。当信号不清或错误时,操作工可拒绝执行。

(5)起重机必须按规定起重性能作业,不得超载。严禁用起重机运载人员。

(6)被吊重物必须位于起重机臂正前方,严禁斜拉、斜吊。

(7)操作工在进行起重机回转、变幅、行走和升降吊钩等动作前,必须观察周围环境,确认安全,并鸣笛示意。

(8)起重机作业时机臂下方严禁有人。

(9)起吊重物必须绑扎牢固,不得在重物上堆放或悬挂任何物件。

(10)起重机起吊荷载达额定起重量的90%(含)以上时,必须先将重物吊离地面20~50 cm,待检查起重机的稳定性、制动器的可靠性、重物的平稳性、绑扎的牢固性,确认无误后,方可继续起吊。易晃动的重物必须拴控制绳。

(11)起重机吊重物,升降速度均匀,不得突然制动,回转动作必须平稳,回转未停稳前不得作反方向动作。

(12)严禁起吊重物长时间悬挂空中。作业中,遇突发故障必须采取措施,将重物降落到安全地方,并关闭发动机后检查。

(13)大雨、大雪、大雾、沙尘暴和六级风(含)以上等恶劣天气不得进行露天吊装作业。

(14)起重机械使用的钢丝绳必须由具有资质的企业生产，具有合格证。钢丝绳结构形式、规格和强度必须符合起重机使用说明书的规定。钢丝绳与卷筒必须连接牢固，放出钢丝绳时，卷筒上必须至少保留三圈。收放钢丝绳时，要防止钢丝绳打环、扭结、弯折和乱绳；不得使用扭结、变形的钢丝绳。每班作业前，必须检查钢丝绳和钢丝绳连接部位，确认符合要求。向转动的卷筒上缠绕钢丝绳时，不得用手拉或脚踩来引导钢丝绳。为钢丝绳涂抹润滑油脂时，必须在停机、断电后进行。

(15)作业前必须全部伸出支腿，并在支腿下垫方木，调整机体使其水平。

(16)作业中严禁扳动支腿纵阀，调整支腿必须在无荷载状态下，并将起重臂转至正前方或正后方，方可进行。

(17)必须根据所吊重物的重量和提升高度，调整起重臂的长度和仰角。

(18)伸缩起重臂必须按规定程序进行，在伸臂的同时必须相应下降吊钩。当限制器发出警报时，必须立即停止伸臂。

(19)采用自由(重力)下降时，载荷不得超过该工作状态下额定起重量的20%，并使构件有控制地下降，下降停止前必须逐渐减速，不得紧急制动。

(20)起吊重物达到额定起重量的50%(含)以上时，必须使用低速挡；起吊重物达到额定起重量的90%以上时，严禁同时进行两种以上操作动作。

(21)重物不得从驾驶室上方越过。

(22)作业中发现机身倾斜、支腿不稳等异常现象时，必须立即将重物下降在安全地方，下降中严禁制动。

(23)作业中必须将起重臂全部缩回放在支架上，吊钩挂牢，操纵杆置于零位，关机并制动收回支腿、锁闭操纵室。

(24)行驶前必须检查并确认各支腿已收起无松动、轮胎气压符合规定。

(25)行驶时必须保持中速，并不得紧急制动；底盘走台上严禁有人或堆物；过起伏路面必须减速；下坡严禁空挡滑行；倒车必须有人监护。

(26)行走时，转弯不得过急，转弯半径小时分次转弯，道路不平处不得转弯；上下坡道时不得带载，上坡时必须将起重臂仰角适当放小，下坡时应当放大，严禁下坡空挡滑行。

(27)通过地面管线、电缆等设施，必须采取保护设施，并不得在其上转弯。

7.4.2 土石方机械

7.4.2.1 **载重汽车**

(1)启动前必须检查信号和指示装置、制动系统、轮胎气压等，确认正常。

(2)行驶中遇有上坡、下坡、凹坑、明沟时，必须提前减速，缓慢通过，不得中途换挡，不得靠近路边、沟旁行驶，严禁下坡空挡滑行。

(3)通过危险地区、狭窄道路时，必须先停下检查确认可以通过后，由有经验的人员指挥通过。

(4)在泥泞、冰雪道路上行驶必须降低车速，必要时必须采取防滑措施。

(5)装卸车时必须听从现场指挥人员的指令。

(6)停放时必须熄火、制动,并封闭车门;下坡停放必须挂倒挡,上坡停放必须挂一挡,并将车轮楔紧。

(7)车辆临近基坑时,轮胎与基坑边距离必须由坑深、土质和支护情况确定,且不得小于1.5 m。

(8)载重汽车不得人货混装,运送松散材料必须采取遮盖措施。

(9)行驶时必须从一挡起步,不得用离合器处于半结合状态来控制车速。转弯时必须提前减速。接近坑边时必须减速,不得剧烈冲撞挡掩。制动时,必须逐渐踩下制动踏板,避免紧急制动。

(10)多辆翻斗车纵队行驶时,前后车之间保持8 m以上的安全距离,在下雨或冰雪路面上,必须再加大间距。

(11)运转中或料斗内有荷载时,严禁在车底下进行任何作业。

(12)机械运转中,严禁驾驶员离开岗位,需要离开时必须熄火、制动,必要时封锁驾驶室。

(13)停车必须选择安全地点,不得停置于土路边缘、斜坡和妨碍交通的地方。卸料时必须将车停稳,拉紧手制动器,确认四周无人员来往,不得边卸料边行驶,严禁在斜坡侧向倾斜。在架空线下卸料,卸料前必须确认车厢顶升后,其与上方架空线的距离不小于3.0 m。卸料后及时使车厢复位,方可起步,不得在车厢倾斜状态下行驶。

7.4.2.2　**振动碾**

(1)启动前必须检查信号和指示装置、制动系统、轮胎气压等,确认正常。

(2)作业场地必须经过适当平整,其纵坡不得超过压路机最大爬坡能力,横坡不得大于20°。

(3)作业时必须低速行驶,车速宜控制在3~4 km/h范围内。在一个碾压行程中不得变速,变速时必须停机。

(4)作业中变换压路机前进、后退方向,必须待滚轮停止后进行,不得利用换向离合器作制动用。

(5)作业中,压路机操作工必须随时观察作业环境,确认安全;遇人员或障碍物,必须避开或疏导、撤除。

(6)两台以上压路机同时作业时,压路机前后间距不得小于3 m,左右间距不得小于1 m;在坡道上不得纵队行驶。

(7)起振和停振必须在压路机行走时进行。压路机在高速行驶时,不得启动振动装置;停机时必须先停振。

(8)碾压松软路基时,必须先在不振动情况下碾压1~2遍,再振动碾压。

(9)换向离合器、起振离合器和制动器的调整,必须在主离合器脱开后进行。急转弯时不得使用快速挡。严禁在尚未起振情况下调整振动频率。

(10)机械不得带病运转。运转中发现不正常时,必须立即停机检查,排除故障后方可使用。

(11)机械运转中,严禁操作工和现场人员触摸运转的部件,并保证安全距离。

7.4.2.3　**装载机**

(1)装载机械与高压输电线路(垂直、水平方向)须按规定保持5 m以上距离。

(2)管线附近施工时,管线两侧2 m内土方要由人工进行开挖,不得使用机械施工,以保证管线的安全。

(3)装载机挖掘前要将装载斗的斗口和支腿与地面固定,使前后轮稍离地面,并保持机身的水平,以提高机械的稳定性。挖掘作业前应先将装载斗翻转,使斗口朝地,并使前轮稍离开地面,踏下并锁住制动踏板,然后伸出支腿,使后轮离地并保持水平位置。

(4)动臂下降中途如突然制动,其惯性造成的冲击力将损坏挖掘装置,并能破坏机械的稳定性而造成倾翻事故。作业时,操纵手柄应平稳,不得急剧移动;动臂下降时不得中途制动。挖掘时不得使用高速挡。

(5)回转应平稳,不得撞击并用于砸实沟槽的侧面。

(6)动臂后端的缓冲块应保持完好;如有损坏,应修复后方可使用。

(7)移位时,应使挖掘装置处于中间运输状态,提起提升臂后方可进行。

(8)装载作业前,应将挖掘装置的回转机构置于中间位置,并用拉板固定。在装载过程中,应使用低速挡。

(9)铲斗提升臂在举升时,不应使用阀的浮动位置。

(10)在行驶或作业中,除驾驶室外,挖掘装载机任何地方均严禁乘坐或站立人员。

(11)装载机系利用轮式拖拉机为主机,前后分别加装装载和挖掘装置,使机械长度和重量增加60%以上,因此行驶中要避免高速或急转弯,以防止发生事故,下坡时不得空挡滑行。

(12)当铲斗和斗柄的液压活塞杆保持完全伸张位置时,能使铲斗靠拢动臂,挖掘装置处于最短状态,有利于行驶。行驶时,挖掘装置应固定牢靠,装载装置宜放低,铲斗和斗柄液压活塞杆应保持完全伸张位置。

7.4.2.4　**挖掘机**

(1)挖掘机的作业和行走场地应平整坚实,对松软地面应垫以枕木或垫板。

(2)铲斗的结构只适用于挖土,如果用它来横扫或夯实地面,将使铲斗和动臂因受力不当而损伤变形。所以,平整作业场地时,不得用铲斗进行横扫或用铲斗对地面进行夯实。

(3)挖掘机正铲作业时,除松散土壤外,其最大开挖高度和深度不应超过机械本身性能规定。在拉铲或反铲作业时,履带距工作面边缘距离应大于1.0 m。测试各制动器,确认正常后方可作业。

(4)作业前重点检查以下内容:照明、信号及报警装置等齐全有效,燃油、润滑油、液压油符合规定,各铰接部分连接可靠,液压系统无泄漏现象。

(5)机械启动后到作业前要进行空载运转,目的是测试液压系统及各工作机构是否正常,同时也提高了水温和油温,为安全作业创造条件。启动后,离合动力输出,应先使液压系统从低速高速,空载循环10~20 min,无吸空等不正常噪声,工作有效,并检查各仪表指示值,待运转正常再接合主离合器,进行空载运转,顺序操纵各工作机构并测试各制动器,确认正确后方可作业。

(6)作业时,满载的铲斗要举高、升出并回转,机械将产生振动,重心也随之变化。因此,挖掘机要保持水平位置,履带要与地面揳紧,以保持各种工况下的稳定性。挖掘机应保持水平位置,将行走机构制动住,并将履带揳紧。

(7)在机身未停稳时挖土,或铲斗未离开工作面就回转,都会造成斗臂侧向受力而扭坏;机械回转时采用反转来制动,就会因惯性造成的冲击力而使转向机构受损。作业时,应待机身停稳后再挖土,当铲斗未离开工作面时,不得作回转、行走等动作。回转制动时,应使用回转制动器,不得用转向离合器反转制动。

(8)作业时,各操纵过程应平稳,不宜紧急制动。铲斗升降不得过猛,下降时,不得撞碰车架或履带。

(9)向运土车辆装车时,宜降低挖铲斗,减小卸落高度,不得偏装或砸坏车厢。在汽车未停稳或铲斗需越过驾驶室而司机未离开前不得装车。

(10)作业中,当液压缸伸缩将达到极限位时,应动作平稳,不得冲撞极限块。

(11)作业中当需制动时,须将变速阀置于低速位置,因为在低速情况下进行制动,能减少由于惯性引起的冲击力。

(12)作业中不得打开压力表开关,且不得将工况选择阀的操纵手柄放在高速挡位置。当发现挖掘力突然变化,应停机检查,严禁在未查明原因前擅自调整分配阀压力。

(13)反铲作业时,斗臂应停稳后再挖土。挖土时,斗柄伸出不宜过长,提斗不得过猛。

(14)作业中挖掘机作短距离行走时,主动轮应在后面,斗臂必须在正前方与履带平行。制动住回转机构,铲斗应离地面 1 m。上、下坡道不得超过机械本身允许最大坡度,下坡应慢速行驶。不得在坡道上变速和空挡滑行。

(15)当在坡道上行走且内燃机熄火时,应立即制动并揳住履带,待重新发动后方可继续行走。

(16)作业后,挖掘机不得停放在高边坡附近和填方区,应停放在坚实、平坦、安全的地带,将铲斗收回平放在地面上,所有操纵杆置于中位,关闭操纵室和机棚。

(17)挖掘机转移应采用平板拖车装运。短距离自行转移时,应低速缓行,每行走 50~1 000 m 应对行走机构进行检查和润滑。

(18)保养或检修挖掘机时,除检查内燃机运行状态外,必须将内燃机熄火,并将液压系统卸载,铲斗落地。检修时可利用斗杆升缩油缸,使铲斗以地面为支点将挖掘机一端顶起,顶起后,应使用垫木将抬起的轮胎垫稳,并用木楔将落地轮胎揳牢,然后将液压系统卸荷,否则严禁进入底盘下工作。

7.4.3 桩工机械

7.4.3.1 基本要求

(1)桩工机械类型应根据桩的类型、桩长、桩径、地质条件、施工工艺等综合考虑选择。作业前,应由施工技术人员向机组人员进行安全技术交底。

(2)施工现场应按地基承载力不小于 83 kPa 的要求进行整平压实,在基坑和围堰内打桩应配置足够的排水设备。

(3)桩机作业区内应无高压输电线路。作业区应有明显标志或围栏,非工作人员不得进入。桩锤在施打过程中,操作人员必须在距离桩锤中心 5 m 以外监视。

(4)机组人员做登高检查或维修时,必须系安全带;工具和其他物件应放在工具包内,高处作业人员不得向下随意抛物。

(5)水上打桩时,应选择排水量比桩机重量大四倍以上的作业船或牢固排架,打桩机与船体或排架应可靠固定,并采取有效的锚固措施。当打桩船或排架的偏斜度超过 3°时应停止作业。

(6)安装时,应将桩锤运到立柱正前方 2 m 以内,并不得斜吊。吊桩时,应在桩上拴好拉绳,不得与桩锤或机架碰撞。

(7)严禁吊桩、吊锤、回转或行走等动作同时进行。打桩机在吊有桩和锤的情况下操作人员不得离开岗位。

(8)插桩后,应及时校正桩的垂直度。桩入土 3 m 以上时,严禁用打桩机行走或回转动作来纠正桩的倾斜度。

(9)拔送桩时,不得超过桩机起重能力。起拔载荷应符合以下规定:打桩机为电动卷扬机时,起拔载荷不得超过电动机满载电流;打桩机、卷扬机以内燃机为动力,拔桩时发现内燃机明显降速,应立即停止起拔;每米送桩深度的起拔载荷可按 40 kN 计算。

(10)卷扬钢丝绳应经常润滑,不得干摩擦,钢丝绳的使用及报废标准应执行相关规定。

7.4.3.2　**柴油打桩锤**

(1)作业前应打开放气螺塞,排出油路中的空气,并应检查和试验燃油泵,从清扫孔中观察喷油情况,发现不正常时应予以调整。检查所有紧固螺栓,并应重点检查导向板的固定螺栓,不得在松动及缺件情况下作业。检查并确认起落架各工作机构安全可靠,起动钩与上活塞接触线在 5~10 mm。

(2)提起桩锤脱出砧座后,其下滑长度不宜超过 200 mm,超过时应调整桩帽绳扣。

(3)应检查导向板磨损间隙,当间隙超过 7 mm 时,应予更换。应检查缓冲胶垫,当砧座和橡胶垫的接触面小于原面积的 2/3 时,或下汽缸法兰与砧座间隙小于 7 mm 时,均应更换橡胶垫。

(4)桩锤启动前,应使桩锤、桩帽和桩在同一轴线上,不得偏心打桩。

(5)作业中,当水套的水面由于蒸发而低于下汽缸吸排气口时,应及时补充,严禁无水作业。对水冷式桩锤,应将水箱内的水加满,冷却水必须使用软水,冬季应加温水。

(6)当上活塞下落而柴油锤未燃爆时,上活塞可发生短时间的起伏,此时起落架不得落下,应防撞击碰块。当上活塞与起动钩脱离后,应将起落架继续提起,宜使它与上汽缸达到或超过 2 m 的距离。

(7)打桩过程中,应有专人负责拉好曲臂上的控制绳,在意外情况下可使用控制绳紧急停锤。

(8)作业中,应重点观察上活塞的润滑油是否从油孔中泄出。当下汽缸为自动加油泵润滑时,应经常打开油管头,检查有无油喷出,当无自动加油泵时,应每隔 15 min 向下活塞润滑点注入润滑油。当一根桩打进时间超过 15 min 时则应在打完后立即加注润滑油。

(9)桩帽中的填料不得偏斜,作业中应保证锤击桩帽中心。

(10)停机后,应将桩锤放到最低位置,盖上汽缸盖和吸排气孔塞子,关闭燃料阀,将操作杆置于停机位置,起落架升至高于桩锤 1 m 处,锁住安全限位装置。

(11)长期停用的桩锤,应从桩机上卸下,放掉冷却水、燃油及润滑油,将燃烧室及上、下活塞打击面清洗干净,并应做好防腐措施,盖上保护套,入库保存。

7.4.3.3 **振动沉拔桩锤**

(1)作业场地至电源变压器或供电主干线的距离应在 200 m 以内。液压箱、配电箱应置于安全平坦的地方。配电箱和电动机保护接地或接零应符合施工临时用电相关规定。电源容量与导线截面应符合出厂使用说明书的规定。

(2)长期停放重新使用前,应测定电动机的绝缘值,且不得小于 0.5 MΩ,并应对电缆芯线进行导通试验。电缆外包橡胶层应完好无损,并确认电气箱内各部件完好,接触无松动,接触器触点无烧蚀现象。

(3)悬挂振动桩锤的起重机,其吊钩上必须有防松脱的保护装置。振动桩锤悬挂钢架的耳环上应加装保险钢丝绳。

(4)启动振动桩锤应监视启动电流和电压,一次启动时间不应超过 10 s。当启动困难时,应查明原因,排除故障后方可继续启动。启动后,应待电流降到正常值时方可转到运转位置。

(5)拔钢板桩时,应按沉入顺序的相反方向起拔,夹持器在夹持板桩时,应靠近相邻一根,对工字桩应夹紧腹板的中央。如钢板桩和工字桩的头部有钻孔,应将钻孔焊平或将钻孔以上割掉,亦可在钻孔处焊加强板,应严防拔断钢板桩。

(6)夹桩时,不得在夹持器和桩的头部之间留有空隙,并应待压力表显示压力达到额定值后,方可指挥起重机起拔。

(7)拔桩时,当桩身埋入部分被拔起 1.0 ~ 1.5 m 时,应停止振动,拴好吊桩用钢丝绳,再起振拔桩。当桩尖在地下只有 1 ~ 2 m 时,应停止振动,由起重机直接拔桩。待桩完全拔出后,在吊桩钢丝绳未吊紧前,不得松开夹持器。

(8)沉桩前,应以桩的前端定位,调整导轨与桩的垂直度,不应使倾斜度超过 2°。沉桩时,吊桩的钢丝绳应紧跟桩下沉速度而放松。在桩入土 3 m 之前,可利用桩机回转或导杆前后移动,校正桩的垂直度;在桩入土超过 3 m 时,不得再进行校正。

(9)作业中,当遇液压软管破损、液压操纵箱失灵或停电(包括熔丝烧断)时,应立即停机,将换向开关放在"中间"位置,并应采取安全措施,不得让桩从夹持器中脱落。

(10)作业中,应保持振动桩锤减振装置、各摩擦部位具有良好的润滑。

(11)作业后,应将振动桩锤沿导杆放至低处,并采用木块垫实,带桩管的振动桩锤可将桩管插入地下一半。切断操纵箱上的总开关及配电箱(盘)上的开关,并应采用防雨布将操纵箱遮盖好。

7.4.3.4 **履带式打桩机(三支点式)**

(1)打桩机的安装场地应平坦坚实,当地基承载力达不到规定的压应力时,应在履带下铺设路基箱或 30 mm 厚的钢板,其间距不得大于 300 mm。

(2)打桩机的安装、拆卸应按照出厂说明书规定程序进行。用伸缩式履带的打桩机，应将履带扩张后安装，履带扩张应在无配重情况下进行，上部回转平台应转到与履带成90°的位置。

(3)连接桩锤与桩帽的钢丝绳张紧度应适宜，过紧或过松时应予调整，拉紧后应留有200～250 mm的滑出余量，并应防止绳头插入汽缸法兰与冲击块内损坏缓冲垫。

(4)拆卸应按与安装时相反程序进行。放倒立柱时，应使用制动器使立柱缓缓放下，并用缆风绳控制，不得无控制地快速下降。

(5)正前方吊桩时，对混凝土预制桩，立柱中心与桩的水平距离不得大于4 m；对钢管桩，水平距离不得大于7 m。严禁偏心吊桩或强行拉桩等。

(6)使用双向立柱时，应待立柱转向到位，并用锁销将立柱与基杆锁住后，方可起吊。

(7)施打斜桩时，应先将桩锤提升到预定位置，并将桩吊起，套入桩帽，桩尖插入桩位后再后仰立柱，并用后支撑杆顶紧，立柱后仰时打桩机不得回转及行走。

(8)打桩机带锤行走时，应将桩锤放至最低位。行走时，驱动轮应在尾部位置，并应由专人指挥。

(9)在斜坡上行走时，应将打桩机重心置于斜坡的上方，斜坡的坡度不得大于5°，在斜坡上不得回转。

(10)作业后，应将桩锤放在已打入地下的桩头或地面垫板上，将操纵杆置于停机位置，起落架升至比桩锤高1 m的位置，锁住安全限位装置，并应使全部制动生效。

7.4.3.5　**强夯机械**

(1)夯机的作业场地应平整，门架底座与夯机着地部位应保持水平，当下沉超过100 mm时，应重新垫高。

(2)强夯机械的门架、横梁、脱钩器等主要结构和部件的材料及制作质量，应经过严格检查，对不符合设计要求的不得使用。

(3)夯机在工作状态时，起重臂仰角应置于70°。

(4)梯形门架支腿不得前后错位，门架支腿在未支稳垫实前不得提锤。

(5)变换夯位后，应重新检查门架支腿，确认稳固可靠，然后再将锤提升100～300 mm，检查整机的稳定性，确认可靠后方可作业。

(6)夯锤下落后，在吊钩尚未降至夯锤吊环附近前，操作人员不得提前下坑挂钩。从坑中提锤时，严禁挂钩人员站在锤上随锤提升。

(7)当夯锤留有相应的通气孔在作业中出现堵塞现象时，应随时清理。禁止在锤下进行清理。

(8)夯坑内有积水或因黏土产生的锤底吸附力增大时，应采取措施排除，不得强行提锤。

(9)转移夯点时，夯锤应由辅机协助转移，门架随夯机移动前，支腿离地面高度不得超过500 mm。

(10)作业后，应将夯锤下降，放实在地面上。在非作业时严禁将锤悬挂在空中。

7.4.3.6　**转盘钻孔机**

(1)钻机的安装和钻头的组装应按照出厂说明书规定进行，竖立或放倒钻架时，应由熟练的专业人员进行。

(2)钻架的吊重中心、钻机的卡孔和护进管中心应在同一垂直线上,钻杆中心允许偏差为20 mm。

(3)钻头和钻杆连接螺纹应良好,滑扣时不得使用。钻头焊接应牢固,不得有裂纹;钻杆连接处应加便于拆卸的厚垫圈。

(4)作业前重点检查:各部件安装紧固,转动部位和传动带有防护罩,钢丝绳完好,离合器、制动带功能良好;润滑油符合规定,各管路接头密封良好,无漏油、漏气、漏水现象;电气设备齐全、电路配置完好;钻机作业范围内无障碍物。将各部操纵手柄先置于空挡位置,用人力盘动无卡阻,再启动电动机空载运转,确认一切正常后方可作业。

(5)开机时应先送浆后开钻,停机时应先停钻后停浆。泥浆泵应由专人看管,对泥浆质量和浆面高度应随时测量和调整。停钻时出现漏浆应及时补充,并应随时清除沉淀池中的杂物,保持泥浆纯净和循环不中断,防止塌孔和埋钻。

(6)钻进中,应随时观察钻机的运转情况,当发生异响、吊索与吊具破损、漏气、漏渣以及其他不正常情况时,应立即停机检查,排除故障后方可继续开钻。

(7)提钻和下钻时,应轻提轻放。钻机下和井孔周围2 m以内及高压胶管下不得站人,严禁钻杆在旋转时提升。

(8)钻机的移位和拆卸,应按照出厂说明书规定进行,在转移和拆运过程中,应防止碰撞机架。

(9)作业后,应对钻机进行清洗和润滑,并应将主要部位遮盖妥当。

7.4.3.7 **螺旋钻孔机**

(1)使用钻机的现场,应按钻机出厂说明书的要求,清除孔位及周围的石块等障碍物。

(2)作业场地距电源变压器或供电主干线距离应在200 m以内,启动时电压降不得超过额定电压的10%。电动机和配电箱、控制箱接地或接零应符合施工临时用电的有关规定。

(3)安装前,应检查并确认钻杆及各部件无变形,安装后钻杆与动力头的中心线允许偏斜为全长的1%。

(4)钻机应放置平稳、坚实,汽车式钻孔机应架好支腿,将轮胎支起,并应用自动微调或线锤调整挺杆,使之保持垂直。

(5)启动前应检查并确认钻机各部件连接牢固,传动带的松紧度适当,减速箱内油位符合规定,钻深限位报警装置有效。启动前应将操纵杆放在空挡位置,启动后应做空运转试验,检查仪表、温度、制动等各项工作正常方可作业。

(6)钻孔中卡钻时,应立即切断电源,停止下钻。未查明原因前不得强行启动。钻孔时,当机架出现摇晃、移动、偏斜或钻头内发出有节奏的响声时,应立即停钻,经处理后方可继续施钻。

(7)作业中停电时,应将各控制器放置零位,切断电源,并及时将钻杆全部从孔内拔出,使钻头接触地面。

(8)钻机运转时,必须由专人看护,防止电缆线被缠入钻杆中。钻孔时严禁用手清除螺旋片中的泥土,发现紧固螺栓松动时,应立即停机,紧固后方可继续作业。

(9)作业后,应将钻杆及钻头全部提升至孔外,先清除钻杆和螺旋叶片上的泥土,再将钻头按下接触地面,各部制动住,操纵杆放到空挡位置,切断电源。成孔后,应将孔口加盖保护。

(10)当钻头磨损量达 20 mm 时,应予更换。

7.4.3.8 **全套管钻机**

(1)钻机的安装和钻头的组装应按照出厂说明书规定进行,竖立或放到钻架时,应由熟练的专业人员进行。钻机安装场地应平整、夯实,并能承载该机的工作压力,当地基不良时,钻机下应加铺钢板防护。当钻机与起重机连接时,各个部位的连接均应牢固可靠,钻机与动力装置的液压油管和电缆线应按出厂说明书规定连接。

(2)作业前应检查:钻机各部外观良好,各连接螺栓无松动;燃油、润滑油、液压油、冷却水等符合规定,无渗漏现象;各部钢丝绳无损坏和锈蚀,连接正确;各卷扬机的离合器、制动器无异常现象,液压装置工作有效;套管和浇筑管内侧无明显的变形和损伤,未被混凝土黏结。

(3)机组人员应监视各仪表指示数据,倾听运转声响,发现异状或异响,应立即停机处理。

(4)第一节套管入土后,应随时调整套管的垂直度,当套管入土 5 m 以下时,不得强行纠偏。

(5)在作业过程中,当发现主机在地面及液压支撑处下沉时,应立即停机。在采取 30 mm 厚钢板或路基箱扩大托承面、减小接地应力等措施后,方可继续作业。

(6)用锤式抓斗挖掘管内土层时,应在套管上加装保护套管接头的喇叭口。在套管内挖掘土层中,碰到坚硬土岩和风化岩硬层时,不得用锤式抓斗冲击硬层,应采用十字凿锤将硬层有效地破碎后方可继续挖掘。

(7)起吊套管时,应使用专用工具吊装,不得用卡环直接吊在螺纹孔内,亦不得使用其他损坏套管螺纹的起吊方法。

(8)挖掘过程中,应保持套管的摆动。当发现套管不能摆动时,应拔出液压缸将套管上提,再用起重机助拔,直至拔起部分套管能摆动。

(9)作业后,应就地清除机体、锤式抓斗及套管等外表的混凝土和泥沙,将机架放回行走的原位,将机组转移至安全场所。

7.4.4 混凝土施工机械

混凝土施工机械主要有混凝土搅拌机、混凝土喷射机和混凝土振捣器等。

作业前,检查搅拌机的传动部分、工作装置、防护装置等均应牢固可靠,操作灵活。先经空运转,检查搅拌叶旋转方向是否正确,方可加料加水进行搅拌。作业时操作人员应离开搅拌机 0.5 m 以上。机械在运转中,不得用手或木棒等伸进搅拌筒内或在筒口清理混凝土。搅拌机发生故障不能继续运转时,应立即切断电源,将筒内混凝土清理干净,并设专人在外监护,操作人员才可进行检修。

启动混凝土喷射机前,应仔细检查喷射机的供电、供风、供水系统是否可靠;施工时,在喷嘴的前方或左右 5 m 范围内不得站人,不作停歇时喷嘴不得对向有人的方向。

混凝土振捣器作业前,应检查电线有无破损,漏电保护装置应灵活可靠,机具各部连接应紧固,旋转方向正确。振捣器表面应清洁干净,不得有混凝土黏结在外壳上妨碍散热;电线应有足够长度和松度,作业时电线要悬空移动,施工人员必须穿戴绝缘胶鞋和手套。使用绳拉平板振捣器时,拉绳应保持干燥绝缘,移动或转向不得用脚踢电动机。施工结束后,要切断电源,做好清洗保养工作,存放于干燥处。

7.4.5 钢筋加工机械

钢筋加工机械主要有切断机、调直机、弯曲机、冷拉机和电焊机等。

7.4.5.1 切断机

切断时,操作者的手只准握在靠身边一端的钢筋上,不准用手分别握住钢筋的两端。切短料时,手握一端的长度不得小于 400 mm,靠近刀片的手与刀片之间的距离应保持在 150 mm 以上;切断较长钢筋时,应有专人帮扶钢筋。机械运转中严禁用手直接清除刀口附近的断头和杂物。禁止剪切直径超过机械规定的钢筋和烧红的钢筋。机械周围非操作人员不准停留。

7.4.5.2 调直机

使用调直机时,钢筋放入压滚,手与滚筒应保持适当距离,直径大于 9 mm 和长度小于 2 m 的钢筋调直要低速运行。

7.4.5.3 弯曲机

操作时,将钢筋需弯的一头插在转盘固定销子的空隙内,另一端紧靠机固定销子,并用一手压紧。必须注意机身销子确实安在挡住钢筋的一侧方可开动机械。弯曲钢筋的旋转半径内和机身不设固定销子的一侧不准站人。弯好的半成品,应堆放整齐,弯钩不得朝上。切断较长钢筋时,应有专人帮扶钢筋。禁止弯曲直径超过机械规定的钢筋。

7.4.5.4 冷拉机

冷拉钢筋时,冷拉场地应装防护栏杆及警示标志,要检查冷拉夹具、夹齿、地锚及拉钩等是否牢固完好。操作时要站在冷拉机防护挡板后并离开钢筋至少 2 m 以外。

7.4.5.5 电焊机

焊接人员应穿戴绝缘鞋、防护镜、电焊手套等。施焊现场不得堆放易爆、易燃品。电焊机电流大小应按规定的电流值与暂载率严格执行,不许超负荷使用。清除焊渣时,面部必须避开正在清渣的焊缝,以免焊渣飞出伤眼。带电的焊钳不许用胳膊夹持,以免触电。在潮湿处工作时,不许用手触摸电焊机的导线部分。停止工作时,必须切断电源和关闭设备上的开关,并应将地线与手把线分开盘好,不许混在一起。

学习单元 7.5 施工供电、消防设施布置

7.5.1 供电设施布置

根据《施工现场临时用电安全技术规范》(JGJ 46—2005)的规定,施工现场临时用电

设备在5台及以上或设备总容量在50 kW及以上者，应编制用电组织设计。装饰装修工程或其他特殊阶段，应补充编制单项施工用电方案。临时用电工程图纸应单独绘制，临时用电工程应按图施工，变更用电组织设计时应补充有关图纸资料。临时用电组织设计及变更时，必须履行“编制、审核、批准”程序，由电气工程技术人员组织编制，经相关部门审核及具有法人资格企业的技术负责人批准后实施。临时用电工程必须经编制、审核、批准部门和使用单位共同验收，合格后方可投入使用。

7.5.1.1　**外电线路**

外电线路指施工现场临时用电线路以外的任何电力线路。在建工程不得在外电架空线路正下方施工、搭设作业棚、建造生活设施或堆放构件、架具、材料及其他杂物等。

(1)在建工程(含脚手架)的周边与外电架空线路的边线之间的最小安全操作距离应符合表7-1的规定。

表7-1　在建工程(含脚手架)的周边与外电架空线路的边线之间的最小安全操作距离

外电线路电压等级(kV)	<1	1~10	35~110	220	330~500
最小安全操作距离(m)	4.0	6.0	8.0	10	15

注:上、下脚手架的斜道不宜设在有外电线路的一侧。

(2)施工现场的机动车道与外电架空线路交叉时，架空线路的最低点与路面的最小垂直距离应符合表7-2的规定。

表7-2　施工现场的机动车道与架空线路交叉时的最小垂直距离

外电线路电压等级(kV)	<1	1~10	35
最小垂直距离(m)	6.0	7.0	7.0

(3)起重机严禁越过无防护设施的外电架空线路作业。在外电架空线路附近吊装时，起重机的任何部位或被吊物边缘在最大偏斜时与架空线路边线的最小安全距离应符合表7-3的规定。

表7-3　起重机与架空线路边线的最小安全距离

不同电压(kV)下的安全距离(m)	<1	10	35	110	220	330	500
沿垂直方向	1.5	3.0	4.0	5.0	6.0	7.0	8.5
沿水平方向	1.5	2.0	3.5	4.0	6.0	7.0	8.5

当达不到第(1)~(3)条中的规定时，必须采取绝缘隔离防护措施，并应悬挂醒目的警告标志。架设防护设施时，必须经有关部门批准，采用线路暂时停电或其他可靠的安全技术措施，并应有电气工程技术人员和专职安全人员监护。防护设施应坚固、稳定，且对外电线路的隔离防护应达到IP30级。防护设施与外电线路之间的安全距离不应小于表7-4所列数值。

当规定的防护措施无法实现时，必须与有关部门协商，采取停电、迁移外电线路或改变工程位置等措施，未采取上述措施的严禁施工。

在外电架空线路附近开挖沟槽时，必须会同有关部门采取加固措施，防止外电架空线路电杆倾斜、悬倒。施工现场开挖沟槽边缘与外电埋地电缆沟槽边缘之间的距离不得小于0.5 m。

表7-4　防护设施与外电线路之间的最小安全距离

外电线路电压等级(kV)	10	35	110	220	330	500
最小安全距离(m)	1.7	2.0	2.5	4.0	5.0	6.0

7.5.1.2　配电室

配电室应靠近电源，并应设在灰尘少、潮气少、振动小、无腐蚀介质、无易燃易爆物及道路畅通的地方。成列的配电柜和控制柜两端应与重复接地线及保护零线做电气连接。配电室和控制室应能自然通风，并应采取防止雨雪侵入和动物进入的措施。

配电室布置应符合下列要求：

(1)配电柜正面的操作通道宽度，单列布置或双列背对背布置不小于1.5 m，双列面对面布置不小于2 m。

(2)配电柜后面的维护通道宽度，单列布置或双列面对面布置不小于0.8 m，双列背对背布置不小于1.5 m，个别地点有建筑物结构凸出的地方，则此点通道宽度可减少0.2 m。

(3)配电柜侧面的维护通道宽度不小于1 m。

(4)配电室的顶棚与地面的距离不低于3 m。

(5)配电室内设置值班或检修室时，该室边缘距配电柜的水平距离大于1 m，并采取屏障隔离。

(6)配电室内的裸母线与地面垂直距离小于2.5 m时，采用遮栏隔离，遮栏下面通道的高度不小于1.9 m。

(7)配电室围栏上端与其正上方带电部分的净距不小于0.075 m。

(8)配电装置的上端距顶棚不小于0.5 m。

7.5.1.3　配电线路

1. 架空线路

架空线必须采用绝缘导线。架空线必须架设在专用电杆上，严禁架设在树木、脚手架及其他设施上。架空线路的档距不得大于35 m。架空线在一个档距内，每层导线的接头数不得超过该层导线条数的50%，且一条导线应只有一个接头。在跨越铁路、公路、河流、电力线路档距内，架空线不得有接头。架空线路的线间距不得小于0.3 m，靠近电杆的两导线的间距不得小于0.5 m。架空线路宜采用钢筋混凝土杆，钢筋混凝土杆不得有露筋、宽度大于0.4 mm的裂纹和扭曲，木杆不得腐朽，其梢径不应小于140 mm。电杆埋设深度宜为杆长的1/10加0.6 m，回填土应分层夯实，在松软土质处宜加大埋入深度或采用卡盘等加固。架空线路必须有短路保护和过载保护。

2. 电缆线路

电缆中必须包含全部工作芯线和用作保护零线或保护线的芯线。需要三相四线制配电的电缆线路必须采用五芯电缆。五芯电缆必须包含淡蓝、绿/黄两种颜色绝缘芯线,淡蓝色芯线必须用作 N 线,绿/黄双色芯线必须用作 PE 线,严禁混用。电缆线路必须有短路保护和过载保护。

电缆线路应采用埋地或架空敷设,严禁沿地面明设,并应避免机械损伤和介质腐蚀。埋地电缆路径应设方位标志。电缆类型应根据敷设方式、环境条件选择。埋地敷设宜选用铠装电缆;当选用无铠装电缆时,应能防水、防腐。架空敷设宜选用无铠装电缆。电缆直接埋地敷设的深度不应小于 0.7 m,并应在电缆紧邻上、下、左、右侧均匀敷设不小于 50 mm 厚的细砂,然后覆盖砖或混凝土板等硬质保护层。

埋地电缆在穿越建筑物、构筑物、道路、易受机械损伤、介质腐蚀场所及引出地面从 2.0 m 高到地下 0.2 m 处,必须加设防护套管,防护套管内径不应小于电缆外径的 1.5 倍。埋地电缆与其附近外电电缆和管沟的平行间距不得小于 2 m,交叉间距不得小于 1 m。埋地电缆的接头应设在地面上的接线盒内,接线盒应能防水、防尘、防机械损伤,并应远离易燃、易爆、易腐蚀场所。

架空电缆应沿电杆、支架或墙壁敷设,并采用绝缘子固定,绑扎线必须采用绝缘线,固定点间距应保证电缆能承受自重所带来的荷载,敷设高度应符合架空线路敷设高度的要求,但沿墙壁敷设时最大弧垂距地不得小于 2.0 m。架空电缆严禁沿脚手架、树木或其他设施敷设。

在建工程内的电缆线路必须采用电缆埋地引入,严禁穿越脚手架引入。电缆垂直敷设应充分利用在建工程的竖井、垂直孔洞等,并宜靠近用电负荷中心,固定点每楼层不得少于一处。电缆水平敷设宜沿墙或门口刚性固定,最大弧垂距地不得小于 2.0 m。装饰装修工程或其他特殊阶段,电源线可沿墙角、地面敷设,但应采取防机械损伤和电火措施。

3. 室内配线

室内配线必须采用绝缘导线或电缆,必须有短路保护和过载保护。室内配线应根据配线类型采用瓷瓶、瓷(塑料)夹、嵌绝缘槽、穿管或钢索敷设。潮湿场所或埋地非电缆配线必须穿管敷设,管口和管接头应密封;当采用金属管敷设时,金属管必须做等电位连接,且必须与 PE 线相连接。室内非埋地明敷主干线距地面高度不得小于 2.5 m。架空进户线的室外端应采用绝缘子固定,过墙处应穿管保护,距地面高度不得小于 2.5 m,并应采取防雨措施。钢索配线的吊架间距不宜大于 12 m。采用瓷夹固定导线时,导线间距不应小于 35 mm,瓷夹间距不应大于 800 mm;采用瓷瓶固定导线时,导线间距不应小于 100 mm,瓷瓶间距不应大于 1.5 m;采用护套绝缘导线或电缆时,可直接敷设于钢索上。

7.5.1.4 配电箱及开关箱

配电系统应设置配电柜或总配电箱、分配电箱、开关箱,实行三级配电。总配电箱以下可设若干分配电箱;分配电箱以下可设若干开关箱。总配电箱应设在靠近电源的区域,分配电箱应设在用电设备或负荷相对集中的区域,分配电箱与开关箱的距离不得超过 30 m,开关箱与其控制的固定式用电设备的水平距离不宜超过 3 m。每台用电设备必须有各自专用的开关箱,严禁用同一个开关箱直接控制 2 台及 2 台以上用电设备(含插座)。动力配电箱与照明配电箱宜分别设置。当合并设置为同一配电箱时,动力和照明应分路配电;动力开关箱与照明开关箱必须分设。

配电箱、开关箱应装设在干燥、通风及常温场所，外形结构应能防雨、防尘。不得装设在有严重损伤作用的瓦斯、烟气、潮气及其他有害介质中，亦不得装设在易受外来固体物撞击、强烈振动、液体浸溅及热源烘烤场所，否则，应予清除或作防护处理。配电箱、开关箱周围应有足够2人同时工作的空间和通道，不得堆放任何妨碍操作、维修的物品，不得有灌木、杂草。配电箱、开关箱应装设端正、牢固。固定式配电箱、开关箱的中心点与地面的垂直距离应为1.4～1.6 m。移动式配电箱及开关箱应装设在坚固、稳定的支架上，其中心点与地面的垂直距离宜为0.8～1.6 m。

配电箱、开关箱内的电器（含插座）应先安装在金属或非木质阻燃绝缘电器安装板上，然后方可整体紧固在箱体内。金属电器安装板与金属箱体应做电气连接。配电箱、开关箱内的电器（含插座）应按其规定位置紧固在电器安装板上，不得歪斜和松动。配电箱、开关箱中导线的进线口和出线口应设在箱体的下底面，进、出线口应配置固定线卡，进出线应加绝缘护套并成束卡固在箱体上，不得与箱体直接接触，严禁承受外力，严禁与金属尖锐断口、强腐蚀介质和易燃易爆物接触。移动式配电箱及开关箱的进、出线应采用橡皮护套绝缘电缆，不得有接头。配电箱、开关箱的电源进线端严禁采用插头和插座做活动连接。配电箱、开关箱内电器配置和接线严禁随意改动，箱内应保持整洁，不得放置任何杂物，不得随意挂接其他用电设备。

7.5.1.5　**照明**

在坑、洞、井内作业、夜间施工或厂房、道路、仓库、办公室、食堂、宿舍、料具堆放场及自然采光差等场所，应设一般照明、局部照明或混合照明。室内、室外照明线路的敷设应符合前面配电线路的要求。在一个工作场所内，不得只设局部照明。停电后，操作人员需及时撤离施工现场，必须装设自备电源的应急照明。

现场照明应采用高光效、长寿命的照明光源。对需大面积照明的场所，应采用高压汞灯、高压钠灯或混光用的卤钨灯等。室外220 V灯具距地面不得低于3 m，室内220 V灯具距地面不得低于2.5 m。普通灯具与易燃物距离不得小于300 mm；聚光灯、碘钨灯等高热灯具与易燃物距离不宜小于500 mm，且不得直接照射易燃物，达不到规定安全距离时，应采取隔热措施。碘钨灯及钠、铊、铟等金属卤化物灯具的安装高度宜在3 m以上，灯线应固定在接线柱上，不得靠近灯具表面。

暂设工程的照明灯具宜采用拉线开关控制，拉线开关距地面高度为2～3 m，与出入口的水平距离为0.15～0.2 m，拉线的出口向下；其他开关距地面高度为1.3 m，与出入口的水平距离为0.15～0.2 m。

7.5.2　消防设施的布置

根据《建设工程施工现场消防安全技术规范》（GB 50720—2011）要求，施工现场临时用房、临时设施的布置应满足现场防火、灭火及人员疏散的需要，临时消防车道、灭火救援场地和消防水源等设施应纳入施工现场总平面布局。施工现场出入口的设置应满足消防车通行的要求，并宜布置在不同方向，其数量不宜少于2个，当确有困难只能设置1个出入口时，应在施工现场内设置满足消防车通行的环形道路。固定动火作业场应布置在可燃材料堆场及其加工场、易燃易爆危险品库房等全年最小频率风向上风侧，并宜布置在临时办公用房、宿舍、可燃材料库房、在建工程等全年最小频率风向的上风侧。可燃材料堆场及其加工场、易燃易爆危险品库房不应布置在架空电力线下。易燃易爆危险品库房应远离明火作业区、人员密集区和建筑物相对集中区。

7.5.2.1 **消防车道**

(1)施工现场内应设置临时消防车道，临时消防车道与在建工程、临时用房、可燃材料堆场及其加工场距离不宜小于5 m，且不宜大于40 m；施工现场周边道路满足消防车通行及灭火救援要求时，施工现场内可不设置临时消防车道。

(2)临时消防车道的设置应符合下列规定：临时消防车道宜为环形，如设置环形车道确有困难，应在施工现场设置尺寸不小于12 m×12 m的回车场；临时消防车道的净宽度和净空高度均不应小于4 m，右侧应设置消防车行进路线指示标识；临时消防车道路基、路面及其下部设施应能承受消防车通行压力及工作荷载。

(3)临时消防救援场地应在在建工程装饰装修阶段设置，布置在在建工程或成组布置的临时用房的长边一侧；宽度应满足消防车正常操作要求且不小于6 m，与在建工程外脚手架的净距不宜小于2 m，且不宜超过6 m。

(4)对于建筑高度大于24 m的在建工程、建筑工程单体占地面积大于3 000 m^2的在建工程及超过10栋且成组布置临时用房等建筑，应设置环形临时消防车道，设置环形临时消防车道确有困难时，除应按第(2)条的规定设置回转场外，尚应按第(3)条的规定设置临时消防救援场地。

7.5.2.2 **临时消防设施**

施工现场应设置灭火器材、临时消防给水系统和临时消防应急照明等临时消防设施。临时消防设施的设置应与在建工程的施工保持同步，对于房屋建筑工程，临时消防设施的设置与在建工程主体结构施工进度的差距不应超过3层；在建工程可利用已具备使用条件的永久性消防设施作为临时消防设施，当永久性消防设施无法满足使用要求时，应增设临时消防设施。施工现场的消火栓泵应采用专用消防配电线路。专用配电线路应自施工现场总配电箱的总断路器上端接入，并应保持连续不间断供电。临时消防给水系统的贮水池、消火栓泵、室内消防竖管及水泵接合器等应设置醒目标识。

1.灭火器材

在建工程及临时用房的下列场所应配置灭火器：易燃易爆危险品存放及使用场所，动火作业场所，可燃材料存放、加工及使用场所，厨房操作间、锅炉房、发电机房、变配电房、设备用房、办公用房、宿舍等临时用房，其他具有火灾危险的场所。灭火器的类型应与配备场所可能发生的火灾类型相匹配。灭火器的配置数量应按现行国家标准《建筑灭火器配置设计规范》(GB 50140—2005)的有关规定经计算确定，且每个场所的灭火器数量不应少于2具。一般临时设施区，每100 m^2配备两只10 L灭火器；临时木工间、油漆间、木机具间等，每25 m^2应配置一只种类合适的灭火器；油库、危险品仓库应配备足够数量、种类合适的灭火器。大型临时设施总面积超过1 200 m^2的，应备有专供消防用的太平桶、积水桶(池)、黄砂池等器材设施，其周围不得堆放物品。

2.临时消防给水系统

施工现场临时消防给水系统可与施工现场生产、生活给水系统合并设置，但应设置将生产、生活用水转为消防用水的应急阀门,应急阀门不应超过 2 个,阀门应设置在易于操作的场所,并应有明显标识。消防水源应稳定、可靠,并应能满足施工现场临时消防用水的需要,可采用市政给水管网或天然水源。采用天然水源时,应有可靠措施确保冰冻季节、枯水期最低水位时顺利取水,并满足消防用水量的要求。临时消防用水量应为临时室外消防用水量与临时室内消防用水量之和。临时室外消防用水量应按临时用房和在建工程临时室外消防用水量的较大者确定,施工现场火灾次数可按同时发生 1 次考虑。

临时用房建筑面积之和大于 1 000 m^2 或在建工程(单体)体积大于 10 000 m^3 时,应设置临时室外消防给水系统。当施工现场处于市政消火栓的 150 m 保护范围内,且市政消火栓的数量满足室外消防用水量要求时,可不设置临时室外消防给水系统。建筑高度大于 24 m 或体积超过 30 000 m^3(单体)的在建工程,应设置临时室内消防给水系统。当外部消防水源不能满足施工现场的临时消防用水量要求时,应在施工现场设置临时贮水池。临时贮水池宜设置在便于消防车取水的部位,其有效容积不应小于施工现场火灾延续时间内一次灭火的全部消防用水量。

施工现场的临时室外消防给水系统的设置应符合下列要求:给水管网宜布置成环状;临时室外消防给水主干管的管径,应根据施工现场临时消防用水量和干管内水流计算速度计算确定,且不应小于 *DN*100;室外消火栓沿在建工程、临时用房、可燃材料堆场及其加工场均匀布置,与在建工程、临时用房和可燃材料堆场及其加工场的外边线距离不应小于 5.0 m;消火栓的间距不应大于 120 m;消火栓的最大保护半径不应大于 150 m。

设置室内消防给水系统的在建工程,应设置消防水泵接合器。消防水泵接合器应设置在室外便于消防车取水的部位,与室外消火栓或消防水池取水口的距离宜为 15 ~ 40 m。在建工程临时室内消防竖管的设置位置应便于消防人员操作,其数量不应少于 2 根,当结构封顶时,应将消防竖管设置成环状;消防竖管的管径应根据室内消防用水量、竖管给水压力或流速进行计算确定,且管径不应小于 *DN*100。在建工程临时室内消防给水系统,各结构层均应设置室内消火栓接口及消防软管接口,消火栓接口及软管接口应设置在位置明显且易于操作的部位;在消火栓接口的前端设置截止阀;消火栓接口或软管接口的间距,多层建筑不应大于 50 m,高层建筑不应大于 30 m。在建工程结构施工完毕的每层楼梯处应设置消防水枪、水带及软管,且每个设置点不应少于 2 套。

临时消防给水系统的给水压力应满足消防水枪充实水柱长度不小于 10 m 的要求;给水压力不能满足现场消防给水系统的给水压力要求时,应设置加压水泵。加压水泵应按照一用一备的要求进行配置,消火栓泵宜设置自动启动装置。建筑高度超过 100 m 的在建工程,应在适当楼层增设临时中转水池及加压水泵。中转水池的有效容积不应少于 10 m^3,上下两个中转水池的高差不应超过 100 m。

3. 应急照明

施工现场的自备发电机房及变(配)电房、水泵房、无天然采光的作业场所及疏散通道、高度超过 100 m 的在建工程的室内疏散通道及发生火灾时仍需坚持工作的其他场所应配备临时应急照明。作业场所应急照明的照度值不应低于正常工作所需照度值的 90%,疏散通道的照度值不应小于 0.5 lx。临时消防应急照明灯具宜选用自备电源的应急照明灯具,自备电源的连续供电时间不应小于 60 min。

学习单元7.6　建筑工程施工安全技术

7.6.1　土方工程

土方工程施工的对象和条件复杂，其安全是一个很突出的问题。据统计，每年因土方坍塌造成的事故占因工死亡人数的5%左右，成为施工五大伤亡原因之一。因此，依据《建筑施工土石方工程安全技术规范》(JGJ 180—2009)，搞好土方工程施工安全是十分重要的工作。

7.6.1.1　基坑工程

基坑工程应建立现场安全管理制度，施工现场应有专职安全员，开工前进行安全交底，并留有书面记录。土方开挖前，应查清周边环境，如建筑物、市政管线、道路、地下水等情况，必要时应将开挖范围内的管线迁移、拆除，或采取可靠保护措施。

基坑土方开挖应按设计和施工方案要求分层、分段、均衡开挖，并贯彻先锚固(支撑)后开挖、边开挖边监测、边开挖边防护的原则，严禁超深挖土。开挖前按要求设置变形观测点，并按规定进行观测，发现异常情况及时处理，做到信息化施工。

1. 基坑开挖的防护

深度超过1.5 m的基坑周边必须安装防护栏杆，防护栏杆要有足够强度并安装牢固，其上没有毛刺，高度应为1.2～1.5 m。防护栏杆由横杆和立柱组成，横杆2～3道，下杆离地高度0.3～0.6 m，上杆离地高度1.0～1.2 m；立柱间距不大于2 m，立柱离坡边距离应大于0.5 m。防护栏杆外放置有砂、石、土、砖、砌块等材料时还应设置扫地杆。防护栏杆上应加挂密目安全网或挡脚板，安全网自上而下封闭设置。

基坑边坡的顶部要设排水措施，以防止地面水渗漏流入基坑或冲刷边坡，基坑底四周应设排水沟，防止坡脚受水浸泡，发现积水要及时排除。基坑挖至坑底要及时清理基底并浇筑垫层。基坑内应有专用坡道或梯道供施工人员上下，梯道的宽度不应小于0.75 m。坡道宽度小于3 m时应在两侧设置安全护栏。

基坑支护结构物上及边坡顶面等处有坠落可能的物件、废料等，应先行拆除或加以固定，防止坠落伤人。基坑支护应尽量避免在同一垂直作业面的上下层同时作业，如果必须同时作业，须在上下层之间设置隔离防护装置。施工作业所需脚手架的搭设应符合相关安全规范的要求。在脚手架上进行施工作业时，架下不得有人作业、停留及通行。

2. 安全作业要求

基坑开挖的坡度和深度应严格按设计要求进行。当设计未作规定时，对人工开挖的狭窄基槽或坑井，应按其塌方不会导致人身安全的条件对挖土深度和宽度进行限制。人工开挖基坑的深度较大并存在边坡塌方危险时，应采取临时支护措施。开挖的基坑深度低于邻近建筑物基础时，开挖的边坡应距邻近建筑物基础保持一定距离。当高差不大时，根据土层的性质、邻近建筑物的荷载和重要性等情况，其放坡坡度的高宽比应小于1:0.5；当高差较大或邻近建筑物结构刚度较弱时，应就开挖对其影响程度进行分析计算。当基坑开挖不能满足安全要求时，应对基坑边坡采取加固或支护等措施。在电力管线、通信管线、燃气管线 2 m 范围内及上下水管线 1 m 范围内挖土时,宜在安全人员监护下开挖。

支护结构采用土钉墙、锚杆、腰梁、支撑等结构型式时,必须待结构的强度达到开挖时的设计要求后才可开挖下一层土方,严禁提前开挖。施工过程中,严禁各种机械碰撞土钉墙、锚杆、腰梁、降水井等基坑支护结构物,不得在上面放置或悬挂重物。除基坑支护设计要求允许外,基坑边 1 m 范围内不得堆土、堆料、放置机具。

在软土地基上开挖基坑,应防止挖土机械作业时的下陷。当在软土场地上挖土机械不能正常行走和作业时,应对挖土机械行走路线用铺设渣土或砂石等方法进行硬化。开挖坡度和深度应保证软土边坡的稳定,防止塌陷。

场地内有桩的空孔时,土方开挖前应先将其填实。挖孔桩的护壁、旧基础、桩头等结构物不应使用挖掘机强行拆除,应采用人工或其他专用机械拆除。采用井点降水时,井口应设置防护盖板或围栏,警示标志应明显。停止降水后,应及时将井填实。基坑边清扫的垃圾、废料等不得抛掷到基坑内。

施工现场应采用大功率、防水型灯具,夜间施工的作业面以及进出道路应有足够的照明措施和安全警示标志。碘钨灯、电焊机、气焊与气割设备等能够散发大量热量的机电设备,不得靠近易燃品。灯具与易燃品的最小间距不得小于 1 m。

施工人员进入施工现场必须佩戴安全帽。严禁酒后作业,禁止赤脚、穿拖鞋、穿凉鞋、穿高跟鞋进入施工现场。禁止施工人员连续加班、持续作业。陡边坡处作业时,坡上作业人员必须系挂安全带,弃土下方以及滚石危及的范围内应设明显的警示标志,并禁止作业及通行。采用钢钎破碎混凝土、块石、冻土等坚硬物体时,扶钎人应在打锤人侧面用长把夹具扶钎,打锤人不得戴手套。施工人员应佩戴防护眼镜。打锤 1 m 范围内不得有其他人停留。遇到六级及以上的强风、台风、大雨、雷电、冰雹、浓雾、暴风雪、沙尘暴、高温等恶劣天气时,不应进行高处作业。恶劣天气过后,应对作业安全设施逐一检查修复。遇软弱土层、流砂(土)、管涌、向坑内倾斜的裂隙面等情况时,应及时向上级及设计人员汇报,并按预定方案采取相应措施。

3. 安全检查、监测和险情预防

开挖深度超过 5 m、垂直开挖深度超过 1.5 m 的基坑、软弱土层中开挖的基坑,应进行基坑监测,并应向基坑支护设计人员、安全工程师等相关人员及时通报监测成果。安全员等相关人员应掌握基坑的安全状况,了解监测数据。

基坑开挖过程中,应及时、定时对基坑边坡及周边环境进行巡视,随时检查边坡位移(土体裂缝)、边坡倾斜、土体及周边道路沉陷或隆起、支护结构变形、地下水涌出、管线开裂、不明气体冒出和基坑防护栏杆的安全性等。

开挖中如发现古墓、古物、地下管线或其他不能辨认的异物及液体、气体等异常情况,严禁擅自挖掘,应立即停止作业,及时向上级及相关部门报告,待相关部门进行处理后,方可继续开挖。

当基坑开挖过程中出现边坡位移过大、地表出现明显裂缝或沉陷等情况时,须及时停止作业并尽快通知设计等有关人员进行处理;出现边坡塌方等险情或险情征兆时,须及时停止作业,组织撤离危险区域并对险情区域回填,尽快通知设计等有关人员进行研究处理。

7.6.1.2 **边坡工程**

边坡工程土方作业应贯彻先设计后施工、边施工边治理、边施工边监测的原则。边坡开挖施工区应有临时性排水及防暴雨措施，宜与永久性排水措施结合实施。边坡较高时，坡顶应设置临时性的护栏及采取安全措施。边坡开挖前，应将边坡上方已松动的滚石及可能崩塌的土方清除。

1. 土方开挖安全作业要求

土方开挖应自上而下分层实施，严禁随意开挖坡脚。一次开挖高度不宜过高，软土边坡不宜超过 1 m。边坡开挖施工阶段当不利工况稳定性不能满足要求时，应采取相应的处理或加固措施。开挖至设计坡面及坡脚后，应及时进行支护施工，尽量减少暴露时间。坡面暴露时间应按支护设计要求及边坡稳定性要求严格控制。稳定性较差的土石方工程开挖不宜在雨季进行，暴雨前应采取必要的临时防塌方措施。雨后、爆破后或机械快速开挖后应及时检查监测情况及支撑稳定情况。

人工开挖边坡时，工具应完好，开挖人员应保持不相互碰撞的安全距离。打锤与扶钎者不得面对面工作，扶钎者应戴防护手套。严禁站在石块滑落的方向撬挖或上下层同时开挖，坡顶险石清除完后，才能在坡下方作业。在悬岩陡坡上作业应系安全带。

在滑坡及可能产生滑坡地段挖方时，应遵循先整治后开挖、由上至下开挖的施工程序。施工前应熟悉工程地质勘察资料，了解滑坡类型、滑体特征及产生滑坡的诱导因素。不宜在雨季施工，应控制施工用水。不应破坏挖方边坡的自然植被和排水系统，修复和完善地面排水沟，防止和减少地面水渗入滑体内。严禁在滑坡的抗滑段通长大断面开挖，严禁在滑坡体上部弃土、堆放材料、停放施工机械或建筑临时设施。爆破施工时，应防止因爆破震动影响滑坡稳定。

2. 安全检查、监测和险情预防

边坡开挖时应设置变形监测点，定时监测边坡的稳定性。土石方开挖造成周边环境出现沉降、开裂情况时，应立即停工并做好边坡环境异常情况收集、整理等工作，并修正和完善土石方开挖方案。

当边坡变形过大、变形速度过快，周边环境出现沉降开裂等险情时，可根据造成险情的原因选用如下应急措施：暂停施工，必要时转走危险区内人员和设备；坡脚被动区临时压重；坡顶主动区卸土减载；做好临时排水封面处理；采用边坡临时支护措施，或提前实施设计支护措施加强险情段监测；尽快向勘察和设计等方反馈信息，开展勘察和设计资料复审，与勘察、设计、监理方在查清险情原因的基础上，编制和实施排险处理方案。

7.6.1.3 **挖填方工程**

对于一般土方工程及与建筑工程有关的前期配套市政工程的土方开挖和回填前，应查清场地的周边环境、地下设施、地质资料和地下水等情况。

1. 挖方

土方挖掘方法、挖掘顺序应根据支护方案和降排水要求进行，当采用局部或全部放坡开挖时，放坡坡度应满足其稳定性要求。永久性挖方边坡坡度应符合设计要求，当地质条件与设计资料不符需要修改边坡坡度时，应由设计单位确定。临时性挖方边坡坡度，应根据地质条件和边坡高度，结合当地同类岩土体的稳定坡度值确定。土方开挖施工中如发现不明或危险性的物品,应停止施工,保护现场,并立即报告所在地有关部门,严禁随意敲击或玩弄。在土方开挖过程中,若出现滑坡迹象(如裂隙、滑动等),应立即采取下列措施:暂停施工,必要时所有人员和机械撤至安全地点;通知设计单位提出处理措施;根据滑动迹象设置观测点,观测滑坡体平面位置和沉降变化,并作好记录。

在山区挖方时,施工前应了解场地的地质情况、岩土层特征与走向、地形地貌及有无滑坡等,并编制安全施工技术措施;土石方开挖宜自上而下分层分段依次进行,确保施工作业面不积水;在挖方的上侧不得弃土、停放施工机械和修建临时建筑;在挖方的边坡上如发现岩(土)内有倾向挖方的软弱夹层或裂隙面,应立即停止施工,通知勘察设计单位采取措施,防止岩(土)下滑;当挖方边坡大于 2 m 时,应对边坡进行整治后方可施工,防止因岩土体崩塌、坠落造成人身、机械损伤;不宜在雨期施工,如必须在雨期施工,应制订周密的安全施工技术措施,并随时掌握天气变化情况,施工前应对施工现场原有排水系统进行检查、疏浚或加固,并采取必要的防洪措施。施工中应随时检查施工场地和道路边坡被雨水冲刷状况,做好防止滑坡、坍塌工作,保证施工安全,道路路面应根据需要加铺炉渣、砂砾或其他防滑材料,确保施工机械作业安全。

在滑坡地段挖方时,必须遵循由上至下开挖、先整治后开挖的施工程序,严禁先清除坡脚;施工前应熟悉工程地质勘察资料,了解滑坡形态和滑动趋势、迹象等情况;不宜在雨期施工;不应破坏挖方土坡的自然植被和排水系统,防止地面水渗入土体;应先做好地面和地下排水设施;严禁在滑坡体上部弃土、堆放材料、停放施工机械或建筑临时设施;爆破施工时,应防止因爆破震动影响边坡稳定;机械开挖时,边坡坡度应适当减缓,然后用人工修整,达到设计要求。

在房屋旧基础或设备旧基础的开挖清理过程中,当旧基础埋置深度大于 2.0 m 时,不宜采用人工开挖、清除旧基础;土质均匀且地下水位低于旧基础底部时,其挖方边坡可做成直立壁不加支撑,其最大开挖深度应根据土质确定,见表 7-5,否则应按规定放坡或做成直立壁加支撑。

表 7-5　房屋旧基础或设备旧基础开挖清理不加支撑最大深度

土质情况	最大开挖深度(m)
稍密的杂填土、素填土、碎石类土、砂土	1
密实的碎石类土(充填物为黏土)	1.25
可塑状的黏性土	1.5
硬塑状的黏性土	2

开挖基坑(槽)或管沟时,应合理确定开挖顺序、分层开挖深度、放坡坡度和支撑方式,确保施工时人员、机械和相邻构筑物或道路的安全。基坑(槽)或管沟需设置坑壁支撑时,应根据挖方深度、土质条件、地下水位、施工方法、相邻建筑物和构筑物等情况按规定进行选择和设计。

在管沟开挖前,应了解施工地段的地质情况,地下管网的分布,动力、通信电缆的位置以及与交通道路的交叉情况，应向施工人员进行安全交底；在道路交叉口、住宅区等行人较多的地方，应设置有防护栏杆和警告标志及夜间照明设施；当管沟开挖深度大于2.0 m时，不宜采用人工开挖；在地下管网、地下动力通信电缆的位置，应设置有明显标记和警告牌。开挖深度应根据土质确定，土质均匀且地下水位低于管沟底面标高时，其挖方边坡可做成直立壁不加支撑，否则应按规定放坡或做成直立壁加支撑；地质条件良好、土质均匀且地下水位低于基坑（槽）或管沟底面标高时，开挖深度在5 m以内不加支撑的边坡最陡坡度应符合表7-6的规定。

表7-6 挖方深度在5 m以内的基坑（槽）或管沟的边坡最陡坡度（不加支撑）

岩土类别	边坡坡度（高:宽）		
	坡顶无荷载	坡顶有静载	坡顶有动载
中密的砂土、杂素填土	1:1.00	1:1.25	1:1.50
中密的碎石类土（充填物为砂土）	1:0.75	1:1.00	1:1.25
塑状的黏性土、密实的粉土	1:0.67	1:0.75	1:1.00
可中密的碎石类土（充填物为黏性土）	1:0.50	1:0.67	1:0.75
硬塑状的黏性土	1:0.33	1:0.50	1:0.67
软土（经井点降水）	1:1.00		

在挖方边坡上侧堆土或材料以及移动施工机械时，应与挖方边缘保持一定的距离，以保证边坡和直立壁的稳定。当土质良好时，堆土或材料应距挖方边缘不小于0.8 m，高度不宜超过1.5 m；当土质较差时，挖方边缘不宜堆土或材料，移动施工机械至挖方边缘的距离与挖方深度之比不小于1:1。

在进行河、沟、塘等清淤时，施工前应了解淤泥的深度、成分等，并编制清淤方案和安全措施，施工中应做好排水工作；泥浆泵、电缆等应采用防水和漏电保护措施，经检验合格后方可使用；对有机质含量较高、有刺激嗅味及淤泥厚度大于1.0 m的场地，不得采用人工清淤；采用机械清淤时，对淤泥可采取抛石挤淤或木（竹）排（筏）铺垫等措施，确保施工机械移动作业安全。当清理场地堆积物高度大于3.0 m，堆积物大于500 m^3时，应了解堆积物成分、堆积时间、松散程度等，制订合理的清理顺序，并编制清理方案，防止因松散堆积物坍塌造成施工机械、人员的伤害；对于松散堆积物（如建筑垃圾、块石等）清理时应在四周设置防护栏和警示牌。

2. 填方

在沼泽地（滩涂）上填方时，施工前应了解沼泽的类型，上部淤泥的厚度和性质以及泥炭腐烂矿化程度等，并编制安全技术措施；填方周围应开挖排水沟；根据沼泽地的淤泥、软土的性质和施工机械的重量，可采取抛石挤淤或木（竹）排（筏）铺垫等措施，确保施工机械移动作业安全；施工机械不得在淤泥、软土上停放与检修等；第一次回填土的厚度不得小于0.5 m。

在围海造地填土时，填土的方法、回填顺序应根据冲（吹）填方案和降排水要求进行；

配合填土作业人员，应在冲(吹)填作业半径以外工作，只有当冲(吹)填停止后，方可进入作业半径内工作；推土机第一次回填土的厚度不得小于0.8 m。

在山区回填土时，填方边坡不得大于设计边坡的要求，无设计要求时，当填方高度在10 m以内，可采用1∶1.5；填方高度大于10 m时，可采用1∶1.75。在回填土尚未压实或临时边坡不稳定的地段不得停放、检修施工机械和搭建临时建筑；山区填方工程不宜在雨季施工，如必须在雨季施工，应制订周密的安全施工技术措施；应对施工现场原有排水系统进行检查、疏浚或加固，并采取必要的防洪措施；应随时检查施工场地和道路边坡被雨水冲刷状况，做好防止滑坡、坍塌工作；道路路面应根据需要加铺炉渣、砂砾或其他防滑材料，确保施工机械移动作业安全。

7.6.2 桩基工程

桩基工程施工具有施工场地有限，工作量大，工期短，工序和工种较多，现场设备设施多且移动频繁，钻孔作业时排渣量大，施工流动性强，需临时架设供电线路，露天作业受自然条件影响大等特点，容易发生机械绞碾、触电、起重及车辆伤害、物体打击、高空坠落等安全事故，安全问题十分突出。

7.6.2.1 开工条件

(1)桩基作业开工前的主要危险源是资质不合格、安全网络不健全、安全措施不全、作业人员不符合上岗条件、缺乏安全知识与作业人员着装不正确等，可能导致的危害后果主要是人身伤害、设备事故等。因此，要根据危险源、危险点采取相应的预控措施。

(2)参加工程建设的施工单位，必须经资格审查合格，并持有安全资质证。要按规定设置安全监察管理机构和配备足够的安全监察人员。应有经审批后的“安全措施”方案。各类施工设施及人员齐备就绪，制定安全制度，明确安全责任。参加施工的作业人员，应经过体格检查合格。

(3)工程施工前，全体施工作业人员必须经过“安规”培训学习，且应考试合格，持证上岗。必须每人配备合格的安全帽。按规定使用劳保用品，做到正确着装。

7.6.2.2 一般规定

(1)进场施工前必须根据建设方提供的施工场地及附近的高低压输电线路、地下管线、通信电缆及周围构筑物等分布情况的资料进行现场踏勘；在山谷、河岸或水上施工，应收集了解地质地形、历年山洪和最高水位、最大风力、雷雨季节及年雷暴日数等气象和水文资料，并制订专项安全施工组织设计。

(2)自制或改装的机械设备，必须有设计方案、设计图纸、设计计算书、保证使用安全的防护装置以及保证制作质量的技术措施、使用前对机械设备进行鉴定和验收的技术标准、使用说明书及安全技术操作规程，并必须经项目部总工程师审核批准；各种自制或改装的机械设备，在投入使用前，必须经公司设计、制作、安装、设备管理、技术及安全管理、施工现场等各方有关人员按设计要求进行鉴定，验收合格后方可投入使用。

(3)桩基工程施工现场临时用电线路应采用电缆敷设，临时用电线路的敷设应符合专项安全用电施工组织设计的要求；对经常需要移动的电缆线，应敷设在不易被车辆碾轧、人踩及管材、工件碰撞的地方，且不得置于泥土和水中；电工每周至少必须停电检查一次电缆外层磨损情况，发现问题必须及时处理；电缆通过临时道路时，应用钢管做护套，挖沟埋地敷设并设置牢固、明显的方位标志。

(4)每台机械设备用电必须设置专用的开关柜或开关箱，柜(箱)内必须安装过流、过载、短路及漏电保护等电器装置；机械设备和开关柜设置的保护接零或接地、开关柜(箱)的防雨、防潮措施及柜(箱)内开关电器装置、开关柜(箱)的安装等应符合《施工现场临时用电安全技术规范》(JGJ 46—2005)的有关规定。

(5)夜间施工应有安全措施和足够的照明，手持式行灯应使用安全电压；在遇突然停电作业人员需要及时撤离作业点时，必须装设自备电源的应急照明装置；照明灯具的选择、安装、使用等应符合《施工现场临时用电安全技术规范》(JGJ 46—2005)的有关规定。

(6)各型钻机应由熟练钻工操作，主操作人员应持证上岗；所有孔口作业人员必须戴好安全帽、穿防滑鞋。

(7)设备运转时，严禁任何人触摸或跨越转动、传动部位和钢丝绳；严禁钻盘上站人。

(8)升降钻具(或冲抓作业)时，孔口作业人员应站在钻具起落范围之外。

(9)升降钻具前，必须检查升降机制动装置和离合器及操作把工作状况是否正常，检查提引器防脱钩锁是否牢靠。

(10)升降作业时不得用手直接清洗钻具；在钻具悬吊情况下，不得检查和更换钻头翼片。

(11)用转盘扭卸钻杆时，垫叉应有安全钩，禁止使用快速挡；遇扭卸不动情况应改用人力大锤敲打振动，禁止使用机械或液压系统强行扭卸。

(12)放倒、卸下钻具时，禁止人员在钻具倒下范围内站立或通过，同时不得碰撞孔口附近的电缆、电线；向下拖拉卸下钻具时，只能用手托住钻杆向外拉，禁止将钻杆放在肩上拖拉。

(13)塔上作业人员必须系好安全带，钻架平台上禁止放置材料和工具。

(14)处理孔内事故，应先了解分析孔内情况，包括下人孔内钻杆、工具的连接牢固程度等，同时必须对现场有关设备、工具等安全状况进行检查；严禁超负荷强力起拔事故钻具；反钻具时应使用钢丝绳反管器，使用链钳反管时应有反管安全措施，在反弹范围内不得站人，不得使用管钳反管；顶、反钻具时除直接操作人员外，其他人员应撤至安全地带；严禁操作人贸然入孔内。

(15)作业中，当停机时间较长时，应将桩锤落下垫好；检修时不得悬吊桩锤。

(16)工地内的危险区域应用围栏、盖板等设置牢固可靠的防护，并设置警告标志牌，夜间应设红灯示警。

(17)钻机施工必备的泥浆池(水池)、沉淀池、循环槽等的布设应遵守“安全、需要、方便、环保、文明”的原则。

(18)遇有雷雨、大雾和六级及以上大风等恶劣天气时，应停止一切作业。当风力超过七级或有风暴警报时，应将打桩机顺风向停置，并应增加缆风绳或将桩立柱放倒地面上，立柱长度在 27 m 及以上时应提前放倒。

(19)作业后，应将打桩机停放在坚实平整的地面上，将桩锤落下垫实，并切断动力电源。

7.6.2.3 **设备安装、拆卸与迁移**

（1）各种机械设备的安装和拆除应严格按照其出厂说明书及编制的专项安装、拆除方案进行。

（2）机械设备在迁移前，应查明行驶路线上的桥梁、涵洞的上部净空及道路、桥梁的承载能力；通过桥梁时，应采用低速挡慢行，在桥面上不得转向或制动；承载能力不够的桥梁，必须事先制订加固措施。

（3）机械设备必须安装在平整、坚实的场地上，遇松软的场地必须先夯实，再加垫基台木和木板；在台架上作业的钻机，钻机底盘与台架必须可靠连接。

（4）机械设备必须安装稳固、周正水平；回转钻机的回转中心、冲击（冲抓）钻机钻架天车滑轮槽缘的铅垂线应对准桩位置，偏差不得大于设计允许值（10～15 mm）。

（5）必须在机械设备的传动部分（明齿轮、万向轮、皮带和加压轮）的外部安装牢固的防护栏杆或防护罩，加压轮用的钢丝绳必须加防护套。

（6）铺设在台架（平台）上的木板厚度不得小于50 mm，当采用钢板铺设时，钢板板面应有防滑措施。

（7）塔架的梯子、工作台及其防护栏杆必须安装牢固、可靠，防护栏杆净高度应不低于1.2 m；滑轮与天车轮必须使用铸钢件，天车轮要有天车挡板；必须装上钢丝绳提升限位器和防止钢丝绳跳槽的安全挡板。

（8）塔架不得安装在架空输电线路的下方，塔架竖起（安装）或放倒（拆卸）时，其外侧边缘与架空输电线的边线之间必须保持一定的安全操作距离。

（9）安装、拆卸和迁移塔架时，必须服从机（班）长或技术人员的统一指挥，严禁作业人员上下抛掷工具和物件，严禁塔上塔下同时作业，严禁在塔上或高处位置存放拆装工具和物件；在整体竖起或放倒塔架时，施工人员应离开塔架倒伏范围。

（10）设备在现场内迁移时，作业人员应先检查并清除途中的障碍物，必须设专人照看电缆，防止轧损；无关人员应撤至安全地带。

（11）采用轨道、滚筒方式移动平台时，作业人员应先检查轨道、滑轮、滚筒、钢丝绳、支腿油缸等安全情况，移动时应力求平稳、匀速，防止倾倒。

（12）车装铺机移位时，要放倒桅杆，拆除电缆、胶管，钻车到位后，立即用三角木揳紧车轮，并保证支腿坐落在基台木上。

（13）用汽车装运机械设备时，要将物件放稳绑牢，装卸应由有经验的人指挥；禁止超荷装载；人力装卸车时所用跳板必须有足够的强度，并设有防滑隔挡，架放坡度不得大于20°，落地一端要有防滑动措施。

（14）冲击钻、冲抓锥的三角架或人字架的安装高度不得小于7.5 m，两腿间角度不小于75°，底腿要固定，装好平拉手，安全系数不小于5，钢丝绳安全系数不小于6。

7.6.2.4 **桩位放样**

（1）测量人员在测量前应了解作业区域有无未及时回填的桩孔；测量、立尺时不得倒退行走。

（2）在架空输电线路附近测量时，标尺定点立尺、收尺时应注意保持与四周及上空的架空输电线路的安全操作距离。

(3)测量钉桩时不得对面使锤，并应注意周围作业人员的安全；钢钎和其他工具不得随意抛掷。

(4)遇雷雨时不得在高压线、大树下工作及停留。

7.6.2.5　**埋设护筒**

(1)裸孔开挖时，挖掘深度一般不超过2 m，否则必须采取护筒跟进或浇筑混凝土护壁围壁等措施。

(2)挖掘深度超过2 m时，应在孔边设置防护栏杆，防护栏杆应符合《建筑施工高处作业安全技术规范》(JGJ 80—1991)有关要求。

(3)孔内有人挖掘作业时，孔口必须有人监护；如孔内出现异常情况，应及时将作业人员提升到地面，并立即报告施工负责人处理，排除险情后方可继续作业。

(4)在腐殖土较厚地层挖孔时，应采取有效的通风措施，并应有专人监测有毒有害气体；如孔内散发出异味，应立即暂停作业撤至地面，并报告施工负责人，查明原因，采取有效措施后方可继续施工。

(5)孔内挖掘遇有大石块需要吊运清出时，在装好石块后，孔内人员必须上到地面，才能吊运石块。

(6)孔内需要抽水，应在挖孔作业人员上到地面后再进行，水泵必须加装漏电保护装置。

(7)在易塌的砂层宜采用双层护筒方法施工，在外层护筒内挖砂土使护筒跟进，挖到预定深度，再安设正式护筒。

(8)停止作业时，孔口应用盖板盖严并设置围栏和警告标志牌。

7.6.2.6　**打混凝土预制桩**

(1)吊桩前应将桩锤提升到一定位置固定牢靠，防止吊桩时桩锤坠落。

(2)起吊时吊点必须正确，速度要均匀，桩身应平稳，必要时桩架应设缆风绳。

(3)桩身附着物要清除干净，起吊后人员不准在桩下通过。

(4)吊桩与运桩发生干扰时，应停止运桩。

(5)插桩时，手脚严禁伸入桩与龙门之间。

(6)用撬棍或板铉等工具校正桩时，用力不宜过猛。

(7)打桩时应采取与桩型、桩架和桩锤相适应的桩帽及衬垫，发现损坏应及时修整或更换。

(8)锤击不宜偏心，开始落距要小；如遇贯入度突然增大，桩身突然倾斜、出现位移、桩头严重损坏、桩身断裂、桩锤严重回弹等应停止锤击，经采取措施后方可继续作业。

(9)熬制胶泥要穿好防护用品；工作棚应通风良好，注意防火，容器不准用锡焊，防止熔穿泄漏；胶泥浇注后，上节桩应缓慢放下，防止胶泥飞溅。

(10)套送桩时，应使送桩、桩锤和桩三者的中心在同一轴线上。

(11)拔送桩时应选择合适的绳扣，操作时必须缓慢加力，随时注意桩架、钢丝绳的变化情况。

(12)送桩拔出后，地面孔洞必须及时回填或加盖。

7.6.2.7 **钻进成孔**

(1)操作泵吸反循环回转钻时应遵守下列规定:

作业前检查钻机传动部位的各种安全防护装置,紧固所有螺栓,将地面管线与孔内钻具可靠连接,做到不漏、不堵;开动钻机前,应先启动砂石泵,等形成正常反循环后才能开动钻机慢速回转下放钻头入孔,待钻头正常工作后逐渐加大转速,调整钻压;钻机主操作手应精力集中,随时观察机械运转情况和指示仪表量值显示,感知孔内反映信息,及时调整技术参数;加接钻杆时,应先停钻并将钻具提升离孔底 1 m 左右,让冲洗液循环 1 ~ 2 min,然后停泵加接钻杆,并拧紧上牢,防止螺栓、螺母或工具等掉入孔内;钻进成孔过程中若孔内出现塌孔、涌沙等异常情况,应将钻具提升离开孔底控制泵量,在保持冲洗液循环的同时向孔内输送性能符合要求的泥浆;起钻操作要轻稳,防止钻头拖刮孔壁,并向孔内补入适量冲洗液。

(2)操作正循环回转钻时应遵守下列规定:

检查冲洗液循环系统是否齐全可靠,并根据钻进地层性质调配重度、黏度适宜的冲洗液(泥浆)。应严格遵守正循环钻进启动程序:①下钻具入孔内,使钻头距孔底渣面 50 ~ 80 mm;②开动泥浆泵,让冲洗液循环 2 ~ 3 min;③启动钻机,并遵循先轻压慢转,逐渐增加转速、增大钻压。正常钻进时,应随时掌握升降机、钢丝绳的松紧度,减少钻杆和水龙头晃动;钻进过程中若遇易塌地层,应适当加大泥浆的重度和黏度。

(3)潜水电站成孔作业应遵守下列规定:

电钻上应加焊吊环,栓上钢丝绳通至孔口吊住;电钻必须安设过载保护装置,其跳闸电流为 80 ~ 100 A;升降电钻或钻进过程中要有专人负责收放电缆和进浆胶管,钻进中送放要及时,应勤放少放,提升钻具时,卷扬机操作手与收放线人员要配合好,防止提快收慢。

(4)冲抓锥成孔作业应遵守下列规定:

应先收紧内套钢丝绳将锥提起,检查锥的中心位置是否与护筒中心一致,检查锥架、底腿是否牢固,检查卷扬机和自动挂脱部件动作是否灵活、可靠;对卷扬机的操作要平稳,要控制好放绳量,发现钢丝绳摆动厉害时,要停止作业查明原因;应根据冲抓岩土的松散度选择合适的冲程:冲抓松散层宜选小冲程(0.5 ~ 1.0 m),冲抓砂卵石层宜选中等冲程(1 ~ 2 m),当砂卵石较密实时可加大冲程(2 ~ 3 m)。

(5)冲击钻成孔作业应遵守下列规定:

施钻前的检查应遵守第(4)条的规定;冲击钻进时应控制好钢丝绳放松量,既要防止放得过多,也要防止放得过少,放绳要适量,若用卷扬机施工应有有效措施控制冲程,冲击钻头下到孔底后要及时收绳提起钻头;在基岩中冲击钻进时,宜采用高冲程(2.5 ~ 3.5 m),其他岩性层中的冲程量参见第(4)条;每次捞渣后,应及时向孔内补充泥浆或黏土,保持孔内水位高于地下水位 1.5 ~ 2 m;作业时,孔口附近禁止站人。

(6)螺旋钻成孔作业应遵守下列规定:

开钻前应纵横调平钻机,安装导向套;开孔时,应缓慢回转,保持钻杆垂直;钻进时,应保持钻具工作平稳,随时清理孔口积土;发生卡钻、夹钻时,不得强行钻进或提升,应缓慢回转,上下活动。

(7)沉管桩施工应遵守下列规定：

检查桩尖埋设位置是否与设计桩位相符合，钢管套入桩尖后应保持两者轴线一致；给钢管施加的锤击（或振动）力应均匀，让施加力落于钢管中心，严禁打偏锤；成孔过程要随时注意桩管沉入情况，控制好收放钢丝绳的长度，向上拔管时，要垂直向上边振动边拔，遇到卡管时，不得强行蛮拉；采用二次"复打"方式时，应清除钢管外的泥沙，前后两次沉管的轴向应重合；用振动沉管法成孔时，开机前操作人员必须发出信号，振动锤下禁止站人，用收紧钢丝绳加压时，应随桩管沉入随时调整钢丝绳，防止抬起机架；在打沉管桩时，孔口和桩架附近不得有人站立或停留；停止作业时，应将桩管底部放到地面垫木上，不得悬吊在桩架上；在桩管打到预定深度后，应将桩锤提升到 4 m 以上锁住后，才可检查桩管、浇筑混凝土。

7.6.2.8　**人工挖孔**

(1)施工现场所有设备、设施、安全防护装置、工具、工件以及个人防护用品必须经常检查，确保完好和正确使用。

(2)人工挖孔作业施工用电应符合有关规定，桩孔内作业如需照明，必须使用安全电压，灯具应符合防爆要求，孔内电缆必须固定并有防破损、防潮的措施。

(3)夜间禁止人工挖孔作业。

(4)多孔施工应间隔开挖，相邻的桩孔不能同时进行挖孔作业。

(5)孔口操作平台应自成体系，防止在护壁下沉时被拉垮。

(6)孔内作业人员必须戴安全帽，作业时不得吸烟，不得穿化纤衣裤，不得在孔内使用明火；同一人在孔内连续作业时间不得超过 2 h。

(7)班前和施工过程中，要随时检查起重设备各部件是否牢固、灵活，支腿是否牢固稳定；起重钢丝绳及其与挂钩的连接、挂钩的安全卡环、防坠保护装置等是否牢固、可靠；提桶是否完好，发现问题应及时修理或更换。

(8)必须遵守逐节施工的原则，即必须做到挖一节土，做一节混凝土护壁；孔内开挖作业必须待护壁稳定后再挖下一节。

(9)桩孔扩底（适宜于黏土层、硬实砂土层）应采用间隔削土法，留一部分土做支撑，待浇灌混凝土前再挖支撑土；淤泥层、松散沙层（含流沙层）不宜人工扩底。

(10)正在施工的桩孔，每天班前应将积水抽干，并用鼓风机向孔内送风至少 5 min，经检测符合要求后方可下人作业；当孔深超过 10 m 时，地面应配备向孔内送风的专用设备，风量不宜少于 25 L/s，孔底凿岩时尚应加大送风量。

(11)孔内有人作业，孔口应有专人监护；发现护壁变形、涌水、流沙以及有异味气体等时，应立即停止作业迅速将孔内作业人员拉至地面，并报告施工负责人处理，在排除隐患后方可继续施工。

(12)开挖复杂的土层结构时，每挖 0.5～1.0 m 应用手钻或直径不小于 16 mm 的钢筋对孔底做品字形探查，检查孔底面以下是否有洞穴、涌沙等，确认安全后方可继续作业。

(13)作业人员上下孔井，应使用安全性能可靠的吊笼或爬梯，使用吊笼时其起重机械各种保险装置必须齐全有效；不得用人工拉绳子运送作业人员和脚踩护壁凸缘上下桩孔；桩孔内壁应设置尼龙保险绳，并随挖孔深度增加放长至作业面，作为救急之备用。

(14)桩孔内作业需要的工具应放在提桶内递送，长柄工具应将重的一头放在提桶底部，上端用绳捆绑在起重绳上；禁止向孔内抛掷，禁止工具与土方混装提升。

(15)当桩孔探至5 m以下时，应在孔底面3 m左右处的护壁凸缘上设置半圆形的防护罩，防护罩可用钢(木)板做成，当装运挖出土方的提桶上下时，孔内作业人员必须停止作业，并站在防护罩下；由桩孔内往上提升大石块时，孔内不得有人，孔内作业人员在装载好物件后，必须先上到地面后才可提升。

(16)孔底凿岩时应采用湿式作业法，且必须加大送风量；作业人员必须穿绝缘鞋，戴绝缘手套。

(17)排除孔内积水应使用潜水泵，不得用内燃机放在孔内作为排水动力，排水过程孔内不得有人；排水作业结束，必须在切断潜水泵电源后，作业人员方可进入孔内。

(18)挖出的土方应及时运走，桩孔周边2 m范围内不得存放任何杂物或挖出的土方。

(19)机动车辆需在作业现场内通行，必须制订安全防护措施，对其行驶路线进行专项规划；机动车辆在作业现场内行驶时，其行驶路线近旁的桩孔内不得有人作业。

(20)孔口地面应设置好排水系统，以防积水向孔内回灌；如孔口附近出现泥泞现象必须及时清理。

(21)孔内停止作业时，必须盖好孔口或设置不低于1.2 m的防护栏杆将孔口封闭围住，并应设立醒目的警示牌，夜间应设红灯示警。

(22)挖孔成型后，必须在当天验收并立即下置护筒或浇筑混凝土，以防塌孔。

(23)混凝土护壁要高出地面20～30 cm，防止土、石等杂物滚入孔内伤人。

7.6.2.9 混凝土灌注

(1)运移钢筋笼的通道上不得有任何障碍物；多人合运钢筋笼必须保持起杠、落杠抬运动作协调，使用的绳、杠要安全可靠。

(2)吊装钢筋笼时，吊钩与钢筋笼的连接要安全可靠。

(3)起吊钢筋笼入孔前，应先检查清理孔口附近的杂物、工具等物件，起吊过程中钢筋笼不得碰、挂电缆和其他物件、设备；在钢筋笼倒伏范围内禁止站人。

(4)向孔内下置钢筋笼时，必须吊直扶正，孔口作业人员要站在干净、清洁、无泥泞的地面上作业，下笼动作要缓慢、平稳；下笼遇阻时，应查清钢筋笼受阻原因，禁止作业人员在钢筋笼上踩踏加压或盲目采用其他加压方式强行下压钢筋笼，也不得回程提起钢筋笼盲目地向下冲、砸、墩。

(5)采用人力搬运灌浆管时，应该用木质杠子(长度1.2 m以上)插入2/3用手托着抬运；禁止使用金属杆(管)插入管内作业抬运工具，禁止放在肩上抬运。

(6)下置灌浆管前，应先将孔口周围的防护地板铺好，仔细检查灌浆管的接头丝扣是否完好并清洁、上油。

(7)起吊灌浆管时，禁止扶管人员用手托触管口底端扶送，升降机操作要平稳，防止管子甩荡伤人。

(8)下置导管途中遇阻时，要判明受阻原因，要防止导管偶受钢筋笼箍筋阻挡出现突然下沉而伤人；提起管子转动时，禁止反向转动。

(9)向储料斗内倒入的混凝土重量不得超过储料斗横梁及起吊绳索U形环、设备等允许的负荷量。

(10)储料斗被吊起运行时,其下方严禁站人,作业人员不得用手直接扶持料斗,只能用拉绳稳定料斗。

(11)灌浆过程中,升降机、吊车操作人员必须与孔口塔上人员紧密配合,应按孔口作业人员指令进行操作,操作动作要稳当、准确。

(12)升降和上下抖动导管时,任何人员不得站在漏斗下方,严禁作业人员站在漏斗上面观察混凝土下泄情况。

(13)在测定沉渣厚度和灌注高度时,孔口应停止其他作业。

(14)灌注完毕后,应认真做好以下工作:对低于现场地面标高的桩孔孔口,要及时采取措施进行回填,不能及时回填的,应加盖并设防护栏杆和警告标志;料斗应放回地面,需要拉到塔架上停放的,挂料斗的升降机一定要刹紧,并用绳子捆牢。

7.6.2.10 **张拉施工**

(1)预应力张拉法施工,预应力钢束(钢丝束、钢绞线)张拉施工前,应遵守下列规定:张拉作业区,无关人员不得进入;检查张拉设备、工具(如千斤顶、油泵、压力表、油管、顶楔器及液控顶压阀等)是否符合施工及安全的要求,压力表应按规定周期进行检定;锚环及锚塞使用前应经检验,合格后方可使用;高压油泵与千斤顶之间的连接点,各接口必须完好无损,油泵操作人员要戴防护眼镜;油泵开动时,进、回油速度与压力表指针升降应平稳、均匀一致,安全阀要经常保持灵敏可靠;张拉前,操作人员要确定联络信号,张拉两端相距较远时,宜设对讲机等通信设备。

(2)在已拼装或悬浇的箱梁上进行张拉作业,其张拉作业平台、拉伸机支架要搭设牢固,平台四周应加设护栏;高处作业时,应设上下扶梯及安全网;施工的吊篮,应安挂牢固,必要时可另备安全保险设施;张拉时千斤顶的对面及后面严禁站人,作业人员应站在千斤顶的两侧。

(3)张拉操作中若出现异常现象(如油表震动剧烈,发生漏油,电机声音异常,发生断丝、滑丝等),应立即停机进行检查。

(4)张拉钢束完毕,退销时应采取安全防护措施;人工拆卸销子时,不得强击。

(5)张拉完毕后,对张拉施锚两端应妥善保护,不得压重物;管道尚未灌浆前,梁端应设围护和挡板;严禁撞击锚具、钢束及钢筋。

(6)先张法张拉施工时,除按本节有关规定施工外,还应做到浇筑混凝土时,振捣器不得撞击钢丝(钢束);用卷扬机滑轮组张拉小型构件时,张拉完成后应切断电源和卡固钢丝绳。

(7)精轧螺纹钢筋张拉前,除对张拉台座检查外,还应对锚具与连接器进行检查、试验。

(8)预应力钢筋冷拉时,在千斤顶的端部及非张拉端部均不得站人。

(9)钢筋张拉或冷拉时,螺丝端杆、套件螺丝必须有足够的长度,夹具应有足够的夹紧能力,防止锚夹不牢而滑出。

(10)管道压浆时,应严格按规定压力进行;施压前应调整好安全阀,关闭阀门时,作业人员应站在侧面。

7.6.3 钢筋混凝土工程

7.6.3.1 钢筋除锈的安全要求

为保证钢筋混凝土质量，钢筋在使用前必须除锈，将其表面粘着的油渍、漆污和锤击能剥落的浮皮、铁锈等清除干净。大量的钢筋除锈可通过冷拉或在钢筋调直过程中完成，少量的钢筋局部除锈可采用电动除锈机械或人工用钢丝刷、砂盘、喷砂和酸洗等方法进行。

除锈操作人员要着工作服，将袖口扎紧，戴好口罩、手套和防护眼镜，防止锈粉侵入呼吸道、皮肤和眼睛。用酸洗除锈时，要防止酸液溅到衣服和皮肤上造成烧伤；使用机械除锈要在钢筋调直后进行，带钩的钢筋不能用机械除锈，以防损坏机械和发生伤人事故；电动除锈机要有接地和接零措施，并应带有保安器，以防电机漏电发生触电事故；圆盘钢丝刷及其传动部分要设置防护罩，防止钢筋卷入损坏机具和伤人。

7.6.3.2 钢筋调直的安全要求

对局部弯曲或成盘的钢筋，在使用之前应加以调直。钢筋的调直普遍采用卷扬机拉直和用调直机矫直。

(1)用卷扬机拉直钢筋时要选好场地，并设置标志禁止非操作人员进入。冷拉线两端要设安全挡板或挡护墙。操作之前必须认真检查机具、地锚、夹具、平衡设备等是否安全可靠，必须在确保安全可靠的前提下开始操作，操作人员要离开钢筋2 m以上。在拉直钢筋时必须控制冷拉率，Ⅰ级钢筋不得超过2%，Ⅱ～Ⅲ级钢筋不得超过1%。

(2)用钢筋调直机调直钢筋，工作前要认真检查机器的各重要部件是否紧固，转动部分的润滑是否良好，牢固地安装安全防护装置。操作人员要仔细观察机器的运转情况，发现传动部分不正常的情况和异常声响，或轴承温度超过60 ℃，要立即停车检查。

(3)在工作时，无关人员不得靠近机器，料盘上钢筋收完时，要防止钢筋头飞出伤人。

7.6.3.3 钢筋切断的安全要求

(1)接送料的工作台面和切刀下部保持水平，工作台的长度可根据加工料长度确定。

(2)启动前，应检查确认切刀无裂纹，刀架螺栓紧固，防护罩牢靠。然后用手转动皮带轮，检查齿轮啮合间隙，调整切刀间隙。

(3)启动后，应先空转，检查各传动部分运转正常后，方可作业。

(4)机械未达到正常转速时，不得切料。切料时，应先用切刀的中、下部位，紧握钢筋对准刃口迅速投入，操作者应站在固定刀片一侧用力压住钢筋，应防止钢筋末端弹出伤人。严禁用两手分在刀片两边握住钢筋俯身送料。

(5)不得剪切直径及强度超过机械铭牌规定的钢筋和烧红的钢筋。一次切断多根钢筋时，其总截面面积应在规定范围之内。

(6)剪切低合金钢时，应更换高硬度切刀，剪切直径应符合机械铭牌规定。

(7)切断短料时，手和切刀之间的距离应保持在150 mm以上，如手握端小于400 mm，应采用套管或夹具将钢筋短头夹住或夹牢。

(8)运转中，严禁用手直接清除切到附近的断头和杂物，钢筋摆动周围和切刀周围不得停留非操作人员。

(9)当发现机械运转不正常、有异常响声或切刀外斜时,应立即停机检修。

(10)作业后,应切断电源,用钢丝刷清除切刀间的杂物,进行整机清洁润滑。

7.6.3.4 **钢筋弯曲的安全要求**

(1)工作台和弯曲机台面应保持水平,作业前应准备好各种芯轴及工具。

(2)按加工钢筋的直径和弯曲半径的要求,装好相应规格的芯轴和成型轴、挡铁轴;芯轴直径应为钢筋直径的2.5倍;挡铁轴应有轴套。

(3)挡铁轴的直径和强度不得小于被弯钢筋的直径和强度。不直的钢筋,不得在弯曲机上弯曲。

(4)应检查并确认芯轴、挡铁轴、转盘等无裂纹和损伤,防护罩坚固牢靠,空载试运转正常后方可作业。

(5)作业时,应将钢筋需弯一端插入在转盘固定销的间隙内,另一端紧靠机身固定销,并用手压紧;应检查机身固定销并确认安放在挡住钢筋的一侧。

(6)作业中,严禁更换芯轴、销子和变换角度以及调速,也不得进行清扫和加油。

(7)对超过机械铭牌规定直径的钢筋严禁进行弯曲;在弯曲未经冷拉或带有锈皮的钢筋时,应戴防护镜。

(8)弯曲高强度或低合金钢筋时,应按机械铭牌规定换算最大允许直径并应调换相应的芯轴。

(9)在弯曲钢筋的作业半径内和机身不设固定销的一侧严禁站人;弯曲好的半成品应堆放整齐,弯钩不得朝上。

(10)转盘转向时,应待停稳后进行。

(11)作业后,应及时清理转盘及插入座孔内的铁锈、杂物等。

7.6.3.5 **电焊施工安全要求**

(1)机械操作人员必须持证上岗,而且经过安全技术培训。

(2)电焊机接线时,应保证初、次级线路准确无误输入。

(3)电压应符合设备规定,严禁接触初级带电部分。

(4)焊接作业前应检查电焊机的线路有无破损,焊接人员和辅助人员所必须的防护用品是否穿戴齐全,防护面罩是否漏光、破损;若发现不当应及时处理。

(5)进行焊接时应根据工件的技术条件,选择合适的焊接工艺,严禁电焊机超载运行,不准使用电焊机进行金属切割。

(6)电焊机的工作场所应保持干燥、通风,移动电焊机时必须切断电源,不准用拖拉电缆线的方法移动电焊机。

(7)如果必须在潮湿处施焊,焊工应站在绝缘的木板上进行焊接,但不准用手触摸焊机导线,不准用臂夹持带电的焊钳,以免发生触电事故。

(8)清除焊渣时,要戴防护眼镜,同时严禁闲杂人员围观;有辅助人员时,敲击焊渣的方向应当避开人员,以免焊渣飞溅造成人身伤害。

(9)完成作业后,应立即切断电源,关闭电焊机开关,分别清理好电焊机的电源线和地线,露天停放时应采取必要的防雨措施。

7.6.3.6　对焊施工的安全要求

(1)机械操作人员必须持证上岗,并经过安全技术培训。

(2)对焊机应安装在室内,且基础稳固、接地可靠。

(3)作业场所严禁堆放易燃物品,并配备有必要的消防器材,操作人员穿戴有必需的防护用品(如防护眼镜及手套)。

(4)焊接前应仔细检查对焊机的压力机构是否灵活,各种夹具应牢固,水、电系统有无泄漏,确认正常后方可施焊。

(5)进行焊接时要注意冷却水的温度,及时调节供水量,在闪光区域内应设有遮挡板,避免火花四溅伤及他人。

(6)焊接长钢筋时,应设有托架,被焊接的钢筋端应保持清洁,不得有油污和锈斑,搬运焊接完毕的钢筋时,要注意焊接部位的高温,以免烫伤。

(7)要根据被焊钢筋的截面面积适当调整对焊机的二次电压、电流,严禁焊接超过焊机规定直径的钢筋。

(8)注意对焊机的维护保养,定期清理电极、紧固螺栓和焊接时产生的浮渣;对焊机在冬季停用期间,应当放尽冷却水。

7.6.3.7　气焊施工的安全要求

(1)查橡胶软管接头、氧气表、减压阀等应紧固牢靠,无泄漏。严禁油脂、泥垢沾染气焊工具、氧气瓶。

(2)氧气瓶、乙炔瓶靠近热源和电闸箱,并不得放在高压线及一切电线的下面,切勿在强光下暴晒。氧气瓶和乙炔气瓶与焊、割炬的间距应在 10 m 以上。

(3)氧气瓶应集中存放,不准吸烟和明火作业,禁止使用无减压阀的氧气瓶。

(4)氧气瓶应配瓶嘴安全帽和两个防震胶圈,禁止拖拉、滚动或吊运氧气瓶。

(5)乙炔气瓶使用前,应检查防爆和防回火安全装置。

(6)不得将橡胶软管放在高温管道和电线上,或将重物压在软管上,更不得将软管与电焊用的导线敷设在一起。

(7)检查设备、焊炬、管路及接头是否漏气时,禁止用明火试漏。

(8)焊、割嘴堵塞,禁止用铁丝通嘴。

(9)开启氧气瓶阀门时,禁止用铁器敲击。

(10)点燃后的焊炬不能离开手,严禁用烟头点火。

(11)进入容器内焊接时,点火和熄火均应在容器外进行。

(12)氧气瓶中氧气不许用尽,必须预留余压,至少要留 0.1～0.2 MPa 的氧气,瓶壳处应注上“空瓶”标记。乙炔瓶比照规定执行。

(13)焊、割作业时,不准将橡胶软管背在背上操作,禁止用焊、割炬的火焰作照明。

(14)发生回火时,应迅速关闭焊、割炬上的乙炔调节阀,再关闭氧气调节阀。

(15)进行高空焊割作业时,应使用安全带,高空作业处的下面,严禁站人或工作。

(16)短时间停止气割(焊)时,应关闭焊、割炬阀门。离开作业场所前,必须熄灭焊、割炬,关闭气门阀,放出管中余气。

7.6.3.8　**钢筋绑扎安全要求**

(1)作业前必须检查工作环境、照明设施等,并试运行符合安全要求后方可作业;上岗作业人员须经过安全培训考试合格。

(2)钢材、半成品必须按规格码放整齐;不得在脚手架上集中码放钢筋,应随使用随运送。

(3)电动机械的电闸箱必须按照规定安装漏电保护器,并应灵敏有效。

(4)工作完毕后,应用工具将铁屑、钢筋头清除,严禁用手擦抹或用嘴吹。切好的钢材、半成品必须按规格码放整齐。

(5)抬运钢筋人员应协调配合,互相呼应。

(6)切断长料时,应设专人扶稳钢筋,操作时动作应一致;钢筋短头应使用钢管套夹具夹住;钢筋短于 30 cm 时,应使用钢管套夹具,严禁手扶。

(7)手工切断钢筋时,夹具必须牢固;掌握切具的人与打锤人必须站成斜角,严禁面对面操作;抡锤作业区域内不得有其他人员,打锤人不得戴手套。

(8)展开盘条钢筋时,应卡牢端头;切断前应压稳,防止回弹伤人。

(9)人工弯曲钢筋时,应放平扳手,用力不得过猛。

(10)绑扎钢筋的绑丝头,应弯回至骨架内侧。

(11)绑扎基础钢筋时,铺设走道板,作业人员应在走道板上行走,不得直接踩踏钢筋。深基础或夜间施工应使用低压照明灯具。

(12)绑扎立柱、墙体钢筋,不得站在钢筋骨架上和攀登骨架上下。

(13)在高处(2 m 或 2 m 以上)、深坑(槽)绑扎立柱、墙体钢筋应搭设脚手架或操作平台,临边应搭设防护栏杆,作业时不得站在钢筋骨架上,不得攀登钢筋骨架上下;高于 4 m 的钢筋骨架应撑稳或拉牢。

(14)吊装钢筋骨架时,下方不得有人;钢筋骨架距就位处 1 m 以内时,作业人员方可靠近辅助就位,就位后必须先支撑稳固后再摘钩。

(15)下沟槽(坑)作业前必须检查沟槽(坑)壁的稳定性,槽边不应有易坠物,确认安全后方可作业。

(16)吊装较长的钢筋骨架时,应设控制缆绳。持绳者不得站在骨架下方。

(17)抬运、吊装钢筋骨架时,必须服从指挥。

(18)雪后露天加工钢筋,应先除雪防滑,清除泥泞后再作业。

(19)暂停绑扎时,应检查所绑扎的钢筋或骨架,确认连接牢固后方可离开现场。

(20)绑扎立柱和墙体钢筋时,不得站在钢筋骨架上或攀登骨架上下。

(21)绑扎在建施工工程的圈梁、挑梁、挑檐、外墙和边柱等钢筋时,应站在脚手架或操作平台上作业;无脚手架时必须搭设水平安全网;悬空大梁钢筋的绑扎,必须站在满铺脚手板或操作平台上操作。

(22)绑扎基础钢筋,应设钢筋支架或马凳,深基础或夜间施工应使用低压照明灯具。

(23)钢筋骨架安装,下方严禁站人,必须待骨架降落至楼地面 1 m 以内方准靠近,就位支撑好方可摘钩。

(24)绑扎和安装钢筋,不得将工具、箍筋或短钢筋随意放在脚手架或模板上。

7.6.4 脚手架

7.6.4.1 扣件式钢管脚手架安全技术

(1)单排脚手架搭设高度不应超过24 m;双排脚手架搭设高度不宜超过50 m,高度超过50 m的双排脚手架,应采取分段搭设等措施。高度在24 m以上的双排扣件式钢管脚手架,必须采用刚性连墙件与建筑物可靠连接;对于高度在24 m以下的单、双排脚手架,宜采用刚性连墙件与建筑物可靠连接,也可用拉筋和顶撑配合使用的附墙连接方式。严禁使用仅有拉筋的柔性连墙件。

(2)立杆间距一般不大于2.0 m,立杆横距不大于1.5 m,连墙件不少于"三步三跨"。脚手架底层满铺一层固定的脚手板,作业层满铺脚手板,自作业层往下计,每隔12 m须满铺一层脚手板,具体尺寸应符合《建筑施工扣件式钢管脚手架安全技术规范》(JGJ 130—2011)相关规定。

(3)主节点处必须设置一根横向水平杆,用直角扣件扣接且严禁拆除。主节点处两个直角扣件的中心距不应大于150 mm;在双排脚手架中,靠墙一端的横向水平杆外伸长度不应大于50 mm。

(4)脚手架必须设置纵、横向扫地杆。纵向扫地杆应采用直角扣件固定在距钢管底端不大于200 mm处的立杆上。横向扫地杆应采用直角扣件固定在紧靠纵向扫地杆下方的立杆上。脚手架立杆基础不在同一高度上时,必须将高处的纵向扫地杆向低处延长两跨与立杆固定,高低差不应大于1 m。靠边坡上方的立杆轴线到边坡的距离不应小于500 mm,单、双排脚手架底层步距均不应大于2 m。

(5)每根立杆底部宜设置底座或垫板。单排、双排脚手架与满堂脚手架立杆接长除顶层顶步外,其余各层各步接头必须采用对接扣件连接。当立杆采用对接接长时,立杆的对接扣件应交错布置,两根相邻立杆的接头不应设置在同步内,同步内隔一根立杆的两个相隔接头在高度方向错开的距离不宜小于500 mm;各接头中心至主节点的距离不宜大于步距的1/3;当立杆采用搭接接长时,搭接长度不应小于1 m,并应采用不少于2个旋转扣件固定,端部扣件盖板的边缘至杆端距离不应小于100 mm。脚手架立杆顶端栏杆宜高出女儿墙上端1 m,宜高出檐口上端1.5 m。

(6)一字形、开口形双排钢管扣件式脚手架的两端均必须设横向斜撑。高度在24 m以上的封闭型脚手架,除拐角应设横向斜撑外,中间每隔6跨应设置一道。横向斜撑应在同一节间,由底至顶呈之字形连续布置。

7.6.4.2 门式钢管脚手架安全技术

依据《建筑施工门式钢管脚手架安全技术规范》(JGJ 128—2000),对门式钢管脚手架的要求主要有:

(1)立杆与墙面净距不宜大于150 mm,上下榀门架的组装必须设置连接棒及锁臂,内外两侧均应设置交叉支撑并与门架方杆上的锁销锁牢。

(2)脚手架的安装应自一端向另一端延伸,并逐层改变搭设方向,不得相对进行。交叉支撑、水平架或脚手板应紧随门架的安装及时设置,连接门架与配件的销臂、搭钩必须处于锁住状态。

(3)水平架可由挂扣式脚手板或门架两侧设置的水平加固杆代替;在脚手架的顶层门架上部、连墙件设置层、防护棚设置处必须设置。脚手架搭设高度不大于45 m时,沿脚手架高度,水平架应至少两步一设;当搭设高度大于45 m时,水平架应每步一设。设置层内水平架应连续设置;脚手架的转角处、端部和间断处的一个跨距范围内应每步一设。

(4)纵向水平加固杆应采用扣件与门架立柱扣牢,并应连续设置形成水平闭合圈;脚手架高度超过20 m时,应在脚手架外侧每隔4步设一道,并宜在有连墙件的水平层设置;脚手架的底部门架下端应设横向水平杆件,门架的内、外两侧应设通长扫地杆。

(5)脚手架转角处应在内、外两侧按步设置水平连接杆,将转角处门架连成一体。脚手架通道洞口高不宜大于2个门架,宽不宜大于1个门架跨距;通道洞口应采取加固措施。

(6)剪刀撑斜杆与地面的倾角宜为45°~60°,剪刀撑宽度宜为4~8 m;脚手架高度超过20 m时,应在脚手架外侧连续设置;剪刀撑斜杆搭接接长时,其长度不宜小于60 cm,搭接处应用两个扣件固定。

(7)脚手架必须采用连墙件与构筑物可靠连接,在脚手架的转角处,不闭合脚手架的两端应增设连墙件,其竖向间距不得大于4.0 m。脚手架的外侧因设置防护棚或安全网而承受偏心荷载的部位应增设连墙件,其水平间距不得大于4.0 m。

7.6.4.3　**吊篮式脚手架安全技术**

(1)吊篮操作人员必须身体健康,无高血压等疾病,经过培训和实习合格者,方可上岗操作。严禁酒后登吊篮作业,严禁在吊篮中嬉戏打闹。

(2)悬挂结构与构筑物必须锚固,与吊篮必须连接牢固。悬臂长度应使悬挂吊篮的钢丝绳与地面呈垂直状态;悬挂结构各悬臂梁(架)必须用杆件连成整体,与吊篮连接端应有防止钢丝绳滑脱的保护装置。

(3)屋面支撑系统安装完毕后方可安装钢丝绳,安全钢丝绳在外侧,工作钢丝绳在内侧,两绳相距150 mm,钢丝绳应固定卡紧,安全钢丝绳应配备经鉴定合格的安全锁,直径不小于13 mm,严禁在安全锁不起作用的情况下使用。

(4)吊篮节点应采用焊接或螺栓连接,不得使用扣件(或碗扣)连接。吊篮底板必须严密,与横向水平杆固定牢靠,不得有松动或探头板,采用木板时,其厚度不得小于5 cm;采用钢板时,应有防滑构造。吊篮宽度宜为70 cm,长度不得大于6 m;吊篮靠构筑物一侧必须设一道防护栏杆,其高度不得小于80 cm,其余侧面必须设两道防护栏杆,其上杆高度不得小于1.2 m,下杆高度应居中设置。栏杆内侧底部必须设高度不小于18 cm的挡脚板,其上部采用密目安全网等封严,并固定牢固。

(5)吊篮组装完成以后,应进行6~8 h空载试运行,1.25倍施工荷载试验,安全绳、安全锁抗冲击试验等,并经企业技术、质量、安全部门验收合格后,方准投入使用。吊篮使用期间应指定专职安全员负责安全技术检查,并将检查情况记录在检查记录上。

(6)吊篮在工作时,必须将手扳葫芦上的松卸手柄卸下来,以防误操作发生事故。当吊篮停置于空中作业时,应将安全锁锁紧,并将吊篮与建筑可靠拉结,防止吊篮摇晃。需要移动时,再将安全锁放松,解开牵引绳。安全锁累计使用1 000 h必须进行定期检验和重新标定,以保证其安全工作。

(7)吊篮的负荷量每平方米不得超过120 kg,吊篮上的作业人员每组不得超过三人,且不得集中一端,升降吊篮必须同时摇动手柄,保持各吊点同步升降。吊篮上携带的材料和施工机具应安置妥当,不得使吊篮倾斜或超载;遇有雷雨天气或风力超过五级时,不得登吊篮操作。

(8)如必须利用吊篮进行电焊作业,应对吊篮钢丝绳进行全面保护,以免钢丝绳受到破坏,更不得利用钢丝绳作为导电体。

(9)使用手扳葫芦应装设防止吊篮平台发生自动下滑的闭锁装置。吊篮平台必须装设安全锁,并应在各吊篮平台悬挂处增设一根与提升钢丝绳相同型号的安全绳,每根安全绳上应安装安全锁。当使用电动提升机时,应在吊篮平台上、下两个方向装设对其上、下运行位置、距离进行限定的行程限位器。电动提升机构宜配两套独立的制动器,每套制动器均可使带有额定荷载1.25倍的吊篮平台停住。

(10)吊篮在运行过程中如有异常响声或发生故障,必须立即停机检查,故障未彻底清除前不得继续使用。

(11)在吊篮下降着地前,应在地面垫好方木,以免损坏吊篮底脚轮。

(12)每班作业前应做好例行检查,包括检查屋面支撑系统的钢结构、配重、工作钢丝绳及安全绳的技术状况,凡有不合规定者,应立即纠正;检查吊篮的机械设备并反复进行升降,检查提升机构、安全锁、限位器、制动器及电机等工作情况,确认其正常后方可正式运行;清扫吊篮内的尘土垃圾、积雪和冰渣等。

(13)每班作业后应做好收尾工作,包括将吊篮内的垃圾清扫干净,将吊篮悬挂于离地面3 m处,撤去上下梯;切断电源,将多余的电缆及钢丝绳放在吊篮内;将吊篮与建筑物拉紧,以防骤起大风,刮坏吊篮和墙面。

7.6.5 砌筑工程

在操作之前必须检查操作环境是否符合安全要求,道路是否畅通,机具是否完好牢固,安全设施和防护用品是否齐全;进入现场,必须戴好安全帽,扣好帽带,并正确使用个人劳动防护用具;经检查符合要求后才可施工。

操作人员必须身体健康,并经过专业培训考试合格,在取得有关部门颁发的操作证或特殊工种操作证后方可独立操作;学员必须在师傅的指导下进行操作。

砌基础时,应检查和经常注意基坑土质变化情况,有无崩裂现象,堆放砖块材料应离开坑边1 m以上,超过1.5 m深时,应用溜放槽送下,卸料时通知下面人员躲开。当深基坑装设挡板支撑时,操作人员应设梯子上下,不得攀跳,运料不得碰撞支撑,也不得踩踏砌体和支撑上下;基坑(槽)应随砌体高度及时回填夯实,如有支护应自下而上拆除。

墙身砌体高度超过地坪1.2 m以上时搭设脚手架。在一层以上或高度超过4 m时施工,采用里脚手架搭设安全网;采用外脚手架应设防护栏杆、挡脚板及安全网等后方可砌筑,严防高空坠落或材料机具掉下伤人;脚手板应铺满,严禁搭设探头板;人工垂直向上或向下传递砌块时搭设架子,架子上的站人宽度应不小于600 mm。

脚手架上堆料量不超过规定荷载,堆砖高度不得超过5皮侧砖,同一块脚手板上的操作人员不应超过2人。

禁止站在墙顶上做划线、刮缝及清扫墙面或检查大角垂直等工作；禁止用不稳固的工具或物体在脚手板面垫高操作，严禁在未经过加固的情况下，在一层脚手板上再叠加一层。

砍砖时面向架内打砍，防止碎砖飞出伤人；操作人员随身使用工具应放在稳妥的地方，在同一垂直面内上下交叉作业时，必须设置安全隔板，下方操作人员必须戴好安全帽。严禁用抛投方法传递砖、砌块、石料，如用人工传递，应稳递稳接，上下操作人员站立位置应错开。

砖和砌块淋水，不应在操作台上进行，以免造成作业场地湿滑，冬雨季施工不得淋得过湿，以防砌体倾倒；冬季应先清除脚手板上的冰雪，然后才能上架子进行操作。

用于垂直运输的电梯不得超负荷运输，并经常检查，发现问题及时修理。装卸砌块时要先取高处、后取低处，防止砖垛倾倒伤人。

当日用料当日清，不得隔日在架子上备料；工作完毕，应将脚手架和砖墙上的碎砖及灰浆等清扫干净，以免下落伤人，要做好防雨防风措施，以防雨水冲走砂浆或吹倒砌体。

应及时浇筑拉梁混凝土，以增加墙体稳定性；对稳定性较差的窗间墙加临时稳定支撑，以保证其稳定性；大风、大雨等异常气候之后，应检查砌体是否有垂直度的变化，是否产生裂缝等。

用车运送砖石、砂浆等材料时，不得超出车斗的高度，两车前后间距不得小于 2 m；脚手板的坡道要设防滑条，两车距离不得小于 10 m；严禁并行和超行。

用起重机吊砖要用砖笼，吊砂浆的料斗不能装得过满，吊件回转范围内不得有人停留；使用井架垂直运料时，必须符合提升设备承重要求，托盘必须设有保险装置。

加工修整石块时，使用的锤、柄要牢靠，应戴防护目镜，不得两人对面操作；不得在脚手架上加工石块。

在楼层（特别是预制板面）施工时，堆放机械、砖块等物品不得超过使用荷载，如超过荷载，必须经过验算采取有效加固措施后方可进行堆放和施工。

砌体须留脚手眼时，一般脚手眼的水平间距为 0.75 m，垂直间距 1.2 m，深度不小于 0.24 m；不得在下列部位或墙体设脚手眼：

（1）空斗墙、空心墙、1/2 砖墙、料石清水墙，以及加气砌块等强度低的砌块墙。

（2）砖过梁与过梁成 60°角的三角形范围及过梁净跨度 1/2 的高度范围内。

（3）砖垛、砖柱、窗间墙宽度小于 1 m 的砌体。

（4）梁或梁垫下及其左右各 500 mm 范围内。

（5）门窗洞口两侧 200 mm（石砌体为 300 mm）和转角处 450 mm（石砌体为 600 mm）范围内。

（6）设计规定不允许设置脚手眼的部位。

7.6.6 装饰装修工程

施工中严禁擅自改动建筑主体、承重结构或改变房间主要使用功能，严禁擅自拆改燃气、暖气、通信等配套设施。

管道、设备工程的安装及调试应在装饰装修工程施工前完成，必须同步进行的应在饰面层施工前完成；装饰装修工程不得影响管道、设备的使用和维修；涉及燃气管道的装饰装修工程必须符合有关安全管理的规定。

施工中，严禁损坏房屋原有绝热设施，严禁损坏受力钢筋，严禁超荷载集中堆放物品，严禁在预制混凝土空心楼板上打孔安装埋件。

装饰工程开工前，应对工地内的油漆间、木工间、配电间、烧柴的大灶、木制品仓库等防火重点部位建立相应的防火管理制度，并张挂公布；涉及油漆、溶剂油、松香水以及汽油、柴油、乙炔、氧气等物品要指派专业人员保管，并进行上岗教育交底，危险物品保管员还须经过特殊工种专业培训，取得合格证书才准予从事危险品的保管工作；油漆间、木工间、木制品仓库等场所应按规定配备消防器材。

调配好的涂料，必须封口盖好，以防气体挥发；严禁明放、暴晒涂料；擦过清油、清漆的棉丝及棉布等，不得随手乱丢，更不能堆放长期不处理，防止引起火灾。

油漆涂料施工现场要通风良好，远离火源，严禁吸烟和使用明火；操作人员如有头晕恶心等症状，应立即到空气新鲜的地方休息，情况严重者应立即送往医院检查。

施工堆料应遵守工地管理规定，避开公共通道、空间等公用设施，不得封堵紧急出口；控制粉尘、污染物、噪声、震动等对居民区和城市环境的污染及危害。

施工人员应遵守有关施工安全、劳动保护、防火、防毒的法律法规，服从工地管理人员的监督、管理；进入现场必须戴好安全帽，扣好帽带，正确使用个人劳动防护用具；在外脚手架下穿行要戴好安全帽，在高空危险处操作要系好安全带；凡不符合高处作业的人员，一律禁止高处作业；严禁酒后作业；严禁从窗口向下随意抛掷物品。

遵守高处作业规定，所用工具和材料要放置稳当，严禁高处抛掷；脚手架上不准超载堆放材料和水桶等；悬空作业必须视具体情况配置防护网、栏杆或其他安全设施，所用的索具、脚手板、吊篮、吊笼、平台等设备，均需经过技术鉴定或检验后方可使用。

室内抹灰使用的木凳、金属支架应搭设平稳牢固，搭设脚手板不得有跷头板，严禁脚手板支搁在门窗、暖气水的管道上；粉刷阳台时，外侧必须挂设安全网，严禁踩踏脚手架的防护栏杆和阳台栏板进行操作；使用机械喷灰或用石灰水喷浆时，操作人员应做好个人防护；搅拌与抹灰时（尤其在抹顶棚时），注意防止灰浆溅落眼内；室内推小车运输不准倒退，在过道中拐弯时要注意防止小车挤手。

饰面板安装时，应待灌浆凝固稳定后方可拆去临时支撑；使用磨石机时，应戴上绝缘手套、穿上胶鞋，电源线不得破皮以防漏电。

多种施工机械和电源电器必须由持证人员操作，无证人员不得开机和接电。

7.6.7 高处作业

在建筑工程施工中，时常会发生操作者从高处坠落以及物体落下伤人的事故，造成人员伤亡和财产损失。

7.6.7.1 高处作业的定义

所谓高处作业，是指人在一定位置为基准的高处进行的作业。坠落高度基准面，是指通过最低坠落着落点的水平面；而所谓最低坠落着落点，则是指当在该作业位置上坠落时，坠落到最低即最大坠落高度的地方。因此，高处作业的衡量，以从各作业位置至相应的坠落基准面之间的垂直距离的最大值为准。按照我国《高处作业分级》（GB 3608—

2008)规定:凡在坠落基准面 2 m 以上(含 2 m)有可能坠落的高处进行作业,均作为高处作业。因此,不论单层、多层、高层建筑物还是平地作业,只要作业处的底面或侧面有可能导致人员坠落的坑、井、洞或空间,其高度达到 2 m 及以上,就属于高处作业。为了有效地预防人与物的高处坠落事故,在建筑安装工程施工中,对建筑物和构筑物结构范围以内的"四口"、"五临边"及攀登、悬空均作为高处作业进行安全防护。

7.6.7.2 高处作业分级

由于并非所有的坠落都是沿着垂直方向笔直地坠落,因此就有一个可能的坠落范围的半径问题。即考虑最低坠落着落点时,应同时确定一个坠落的范围作为依据。当以可能坠落范围的半径为 R,从作业位置至坠落高度基准面的铅直距离为 h 时,国家《高处作业分级》(GB 3608—2008)标准规定 R 与 h 值的关系见表 7-7。

表 7-7 坠落高度与坠落半径的关系 (单位:m)

h	R
2~5	2
5~15	3
15~30	4
30 以上	5

因此,坠落高度越高,危险性就越大。所以按照不同的坠落高度将高处作业分级,见表 7-8。

表 7-8 高处作业分级

H(m)	分级
2~5	一级高处作业
5~15	二级高处作业
15~30	三级高处作业

7.6.7.3 高处作业的种类和特殊高处作业的类别

高处作业按性质和环境的不同,又可分为一般高处作业和特殊高处作业两类。一般高处作业为正常作业环境下的各项高处作业。特殊高处作业指在复杂的作业环境下对操作人员具有危险性的作业,包含以下八类:

(1)强风高处作业(阵风风力六级,风速 10.8 m/s 以上)。

(2)异温高处作业(高温或者低温)。

(3)雪天高处作业(降雪时)。

(4)雨天高处作业(降雨时)。

(5)夜间高处作业(室外完全采用人工照明的作业)。

(6)带电高处作业(接近或者接触带电体)。

(7)悬空高处作业(无立足点或者无牢靠立足点)。

（8）抢救高处作业（突然发生的各种灾害事故时抢救作业）。

7.6.7.4　高处作业安全技术要求

依据《建筑施工高处作业安全技术规范》（JGJ 80—1991），建筑施工中对高处作业安全技术要求有以下几方面。

1. 基本规定

（1）单位工程施工负责人应对工程的高处作业安全技术负责并建立相应的责任制；施工前应逐级进行安全技术教育及交底，落实所有安全技术措施和人身防护用品，未经落实时不得进行施工。

（2）高处作业中的安全标志、工具、仪表、电气设施和各种设备，必须在施工前加以检查，确认其完好，方能投入使用。

（3）攀登和悬空高处作业人员及搭设高处作业安全设施的人员，必须经过专业技术培训及专业考试合格，持证上岗，并必须定期进行体格检查。

（4）施工中对高处作业的安全技术设施，发现有缺陷和隐患时，必须及时解决；危及人身安全时，必须停止作业。

（5）施工作业场所有坠落可能的物件，应一律先行撤除或加以固定；高处作业中所用的物料，均应堆放平稳，不妨碍通行和装卸；工具应随手放入工具袋；作业中的走道、通道板和登高用具，应随时清扫干净；拆卸下的物件及余料和废料均应及时清理运走，不得任意乱置或向下丢弃；传递物件禁止抛掷。

（6）雨雪天进行高处作业时，必须采取可靠的防滑、防寒和防冻措施；凡水、冰、霜、雪均应及时清除。

（7）对进行高处作业的高耸建筑物，应事先设置避雷设施；遇有六级以下强风、浓雾等恶劣天气不得进行露天攀登与悬空高处作业；暴风雪及台风暴雨后，应对高处作业安全设施逐一加以检查，发现有松动、变形、损坏或脱落等现象，应立即修理完善。

（8）防护棚搭设与拆除时，应设警戒区，并应派专人监护；严禁上下同时拆除。

（9）因作业必需，临时拆除或变动安全防护设施时，必须经施工负责人同意，并采取相应的可靠措施，作业后应立即恢复。

2. 临边作业

对临边高处作业，必须设置防护措施，并符合下列规定：

（1）基坑周边，尚未安装栏杆或栏板的阳台、料台与挑平台周边，雨篷与挑檐边，无外脚手架的屋面与楼层周边及水箱与水塔周边等处，都必须设置防护栏杆。

（2）头层墙高度超过3.2 m的二层楼面周边，以及无外脚手架的高度超过3.2 m的楼层周边，必须在外围架设安全平网一道。

（3）分层施工的楼梯口和梯段边，必须安装临时护栏。顶层楼梯口应随工程结构进度安装正式防护栏杆。

（4）井架与施工用电梯和脚手架等及建筑物通道的两侧边，必须设防护栏杆。地面通道上部应装设安全防护棚。双笼井架通道中间，应予分隔封闭。

（5）各种垂直运输接料平台，除两侧设防护栏杆外，平台口还应设置安全门或活动防护栏杆。

防护栏杆应由上、下两道横杆及栏杆柱组成，上杆离地高度为1.0～1.2 m，下杆离地高度为0.5～0.6 m。坡度大于1∶2.2的层面，防护栏杆高应为1.5 m，并加挂安全立网。除经设计计算外，横杆长度大于2 m时，必须加设栏杆柱。

临边防护栏杆杆件的规格及连接应符合下列规定：毛竹横杆小头有效直径不应小于70 mm，栏杆柱小头直径不应小于80 mm，并须用不小于16号的镀锌钢丝绑扎，不应少于3圈，并无斜滑。原木横杆上杆梢径不应小于70 mm，下杆梢径不应小于60 mm，栏杆柱梢径不应小于75 mm，并须用相应长度的圆钉钉紧，或用不小于12号的镀锌钢丝绑扎，要求表面平顺和稳固无动摇。钢筋横杆上杆直径不应小于16 mm，下杆直径不应小于14 mm。钢管横杆及栏杆柱直径不应小于18 mm，采用电焊或镀锌钢丝绑扎固定。钢管栏杆及栏杆均采用ϕ48 mm×(2.75～3.5)mm的管材，以扣件或电焊固定。以其他钢材如角钢等作防护栏杆杆件时，应选用强度相当的规格，以电焊固定。

栏杆柱的固定应符合下列要求：当在基坑四周固定时，可采用钢管并打入地面50～70 cm深，钢管离边口的距离，不应小于50 cm。当基坑周边采用板桩时，钢管可打在板桩外侧。当在混凝土楼面、屋面或墙面固定时，可用预埋件与钢管或钢筋焊牢。采用竹、木栏杆时，可在预埋件上焊接30 cm长的∟50×5角钢，其上下各钻一孔，然后用10 mm螺栓与竹、木杆件拴牢。当在砖或砌块等砌体上固定时，可预先砌入规格相适应的80 mm×6 mm弯转扁钢作预埋铁的混凝土块，然后用前述方法固定。

防护栏杆必须自上而下用安全立网封闭，或在栏杆下边设置严密固定的高度不低于18 cm的挡脚板或40 cm的挡脚笆。挡脚板与挡脚笆上如有孔眼，不应大于25 mm。板与笆下边距离底面的空隙不应大于10 mm。接料平台两侧的栏杆，必须自上而下加挂安全立网或满扎竹笆。当临边的外侧面临街道时，除防护栏杆外，敞口立面必须采取满挂安全网或其他可靠措施作全封闭处理。

栏杆柱的固定及其与横向杆的连接，其整体构造应使防护栏杆在上杆任何处能经受任何方向的1 000 N外力。当栏杆所处位置有发生人群拥挤、车辆冲击或物件碰撞等可能时，应加大横杆截面或加密柱距。

3.洞口作业

(1)进行洞口作业以及在因工程和工序需要而产生的，使人与物有坠落危险或危及人身安全的其他洞口进行高处作业时，必须按下列规定设置防护设施：

板与墙的洞口，必须设置牢固的盖板、防护栏杆、安全网或其他防坠落的防护设施。电梯井口必须设防护栏杆或固定栅门；电梯井内应每隔两层并最多隔10 m设一道安全网。钢管桩、钻孔桩等桩孔上口，杯形、条形基础上口，未填土的坑槽，以及人孔、天窗、地板门等处，均应按洞口防护设置稳固的盖件。施工现场通道附近的各类洞口与坑槽等处，除设置防护设施与安全标志外，夜间还应设红灯示警。

(2)洞口根据具体情况采取设防护栏杆、加盖件、张挂安全网与装栅门等措施时，必须符合下列要求：

楼板、屋面和平台等面上短边尺寸小于25 cm但大于2.5 cm的孔口，必须用坚实的盖板盖设，盖板应防止挪动移位。楼板面等处边长为25～50 cm的洞口、安装预制构件时的洞口以及缺件临时形成的洞口，可用竹、木等作盖板盖住洞口，盖板须能保持四周搁置均衡，并有固定其位置的措施。边长为 50 ~ 150 cm 的洞口，必须设置以扣件扣接钢管而成的网格，并在其上满铺竹笆或脚手板，也可采用贯穿于混凝土板内的钢筋构成防护网，钢筋网格间距不得大于20 cm。边长在150 cm 以上的洞口，四周设防护栏杆，洞口下张设安全平网。垃圾井道和烟道，应随楼层的砌筑或安装而消除洞口，或参照预留洞口作防护。管道井施工时，除按上办理外，还应加设明显的标志。如有临时性拆移，需经施工负责人核准，工作完毕后必须恢复防护设施。位于车辆行驶道旁的洞口、深沟与管道坑、槽，所加盖板应能承受不小于当地额定卡车后轮有效承载力 2 倍的荷载。墙面等处的竖向洞口，凡落地的洞口应加装开关式、工具式或固定式的防护门，门栅网格的间距不应大于 15 cm，也可采用防护栏杆，下设挡脚板（笆）。下边沿至楼板或底面低于 80 cm 的窗台等竖向洞口，如侧边落差大于 2 m 时，应加设 1.2 m 高的临时护栏。对邻近的人与物有坠落危险性的其他竖向的孔、洞口，均应予以盖没或加以防护。

4. 攀登作业

在施工组织设计中应确定用于现场施工的登高和攀登设施。现场登高应借助建筑结构或脚手架上的登高设施，也可采用载人的垂直运输设备。进行攀登作业时可使用梯子或采用其他攀登设施。攀登的用具，结构构造上必须牢固可靠，供人上下的踏板其使用荷载不应大于 1 100 N；当梯面上有特殊作业，重量超过上述荷载时，应按实际情况加以验算。

梯脚底部应坚实，不得垫高使用。梯子的上端应有固定措施。立梯工作角度以 75° ±5°为宜，踏板上下间距以 30 cm 为宜，不得有缺档。梯子如需接长使用，必须有可靠的连接措施，且接头不得超过 1 处，连接后梯梁的强度不应低于单梯梯梁的强度。折梯使用时上部夹角以 35° ~45°为宜，铰链必须牢固，并应有可靠的拉撑措施。固定式直爬梯应用金属材料制成，梯宽不应大于 50 cm，支撑应采用不小于∟ 70 ×6 的角钢，埋设与焊接均必须牢固。梯子顶端的踏棍应与攀登的顶面齐平，并加设 1 ~1.5 m 高的扶手。使用直爬梯进行攀登作业时，攀登高度以 5 m 为宜，超过 2 m 时宜加设护笼，超过 8 m 时必须设置梯间平台。

作业人员应从规定的通道上下，不得在阳台之间等非规定通道进行攀登，也不得任意利用吊车臂架等施工设备进行攀登。上下梯子时，必须面向梯子，且不得手持器物。

5. 悬空作业

悬空作业处应有牢靠的立足处，并必须视具体情况配置防护栏网、栏杆或其他安全设施。悬空作业所用的索具、脚手板、吊篮、吊笼、平台等设备，均需经过技术鉴定或验证方可使用。

1）构件吊装和管道安装

钢结构的吊装，构件应尽可能在地面组装，并应搭设进行临时固定、电焊、高强螺栓连接等工序的高空安全设施，随构件同时上吊就位。拆卸时的安全措施亦应一并考虑和落实。高空吊装预应力钢筋混凝土层架、桁架等大型构件前，也应搭设悬空作业中所需的安全设施。悬空安装大模板、吊装第一块预制构件、吊装单独的大中型预制构件时，必须站在操作平台上操作。吊装中的大模板和预制构件以及石棉水泥板等屋面板上，严禁站人和行走。安装管道时必须有已完结构或操作平台为立足点，严禁在安装中的管道上站立和行走。

2）模板支撑和拆卸

支模应按规定的作业程序进行，模板未固定前不得进行下一道工序。严禁在连接件和支撑件上攀登上下，并严禁在上下同一垂直面上装、拆模板。结构复杂的模板，装、拆应严格按照施工组织设计的措施进行。支设高度在 3 m 以上的柱模板，四周应设斜撑，并应设立操作平台，低于 3 m 的可使用马凳操作。支设悬挑形式的模板时，应有稳固的立足点。支设临空构筑物模板时，应搭设支架或脚手架。模板上有预留洞时，应在安装后将洞盖没。混凝土板上拆模后形成的临边或洞口，应按前述要求进行防护。拆模高处作业，应配置登高用具或搭设支架。

3）钢筋绑扎

绑扎钢筋和安装钢筋骨架时，必须搭设脚手架和马道。绑扎圈梁、挑梁、挑檐、外墙和边柱等钢筋时，应搭设操作台架和张挂安全网。悬空大梁钢筋的绑扎，必须在满铺脚手板的支架或操作平台上操作。绑扎立柱和墙体钢筋时，不得站在钢筋骨架上或攀登骨架上下。3 m 以内的柱钢筋，可在地面或楼面上整体竖立绑扎，绑扎 3 m 以上的柱钢筋，必须搭设操作平台。

4）混凝土浇筑

浇筑离地 2 m 以上的框架、过梁、雨篷和小平台时，应设操作平台，不得直接站在模板或支撑件上操作。浇筑拱形结构，应自两边拱脚对称地相向进行。浇筑储仓，下口应先行封闭，并搭设脚手架以防人员坠落。特殊情况下如无可靠的安全设施，必须系好安全带并扣好保险钩，或架设安全网。

5）门窗作业

安装门、窗，油漆及安装玻璃时，严禁操作人员站在樘子、阳台栏板上操作。门、窗临时固定，封填材料未达到强度，以及电焊时，严禁手拉门、窗进行攀登。在高处外墙安装门、窗，无外脚手架时，应张挂安全网。无安全网时，操作人员应系好安全带，其保险钩应挂在操作人员上方的可靠物件上。进行各项窗口作业时，操作人员的重心应位于室内，不得在窗台上站立，必要时应系好安全带进行操作。

7.6.8 交叉作业

支模、粉刷、砌墙等各工种进行上下立体交叉作业时，不得在同一垂直方向上操作。下层作业的位置，必须处于依上层高度确定的可能坠落范围半径之外。不符合以上条件时，应设置安全防护层。

钢模板、脚手架等拆除时，下方不得有其他操作人员。

钢模板部件拆除后，临时堆放处离楼层边沿不应小于 1 m，堆放高度不得超过 1 m。楼层边口、通道口、脚手架边缘等处，严禁堆放任何拆下物件。

结构施工自二层起，凡人员进出的通道口，包括井架、施工用电梯的进出通道口，均应搭设安全防护棚。高度超过 24 m 的层次上的交叉作业，应设双层防护。

由于上方施工可能坠落物件或处于起重机把杆回转范围之内的通道，在其受影响的范围内，必须搭设顶部能防止穿透的双层防护廊。

学习单元 7.7　警示标牌布置与悬挂

7.7.1　安全标志的定义

安全警示标志是指提醒人们注意的各种标牌、文字、符号及灯光等，一般包括安全色和安全标志两类。安全色有红、黄、蓝、绿四种颜色，分别表示禁止、警告、指令和提示。安全标志有禁止标志、警告标志、指令标志和提示标志，其图形、尺寸、颜色、文字说明和制作材料等，均应符合国家标准规定。

7.7.2　设置悬挂安全标志的意义

安全警示标志用来提醒、警示施工现场和管理人员、作业人员和其他有关人员要时刻认识所处环境的危险性，随时保持清醒和警惕，避免事故的发生。

7.7.3　安全标志平面布置图

项目经理部应根据施工平面图和安全管理的需要，绘制施工现场的安全标志平面图，按照施工不同阶段的特点，分施工阶段进行布置，绘图人员签名，项目负责人审批。

7.7.4　安全标志的设置与悬挂

根据国家的有关规定，施工现场入口处、施工起重机械、临时用电设施、脚手架、出入通道口、楼梯口、电梯井口、孔洞口、桥梁口、隧道口、基坑边沿、爆破物及有害危险气体和液体存放处等均属危险部位，应当设置明显的安全警示标志。安全警示标志的类型、数量应当根据危险部位的性质不同而设置。安全警示标志设置后应当进行统计记录，并填写施工现场安全警示标志登记表。

习　题

一、单选题

1. 为保证必要的生活空间，施工现场的职工宿舍其净高不得小于(　　)m。

A. 2.8　　B. 2.6　　C. 2.4　　D. 2.2

2. 大雨、大雪、大雾、沙尘暴和(　　)级风以上等恶劣天气不得进行露天吊装作业。

A. 五　　B. 四　　C. 七　　D. 六

3. 用钢筋切断机切短料时，手握一端的长度不得小于(　　)mm。

A. 200　　B. 300　　C. 400　　D. 500

4. 施工现场临时用电设备在 5 台及以上或设备总容量在(　　)kW 及以上者，应编制用电组织设计。

A. 20　　B. 30　　C. 40　　D. 50

5. 施工现场临时木工间、油漆间、木机具间等，每(　　)m^2 应配置一只种类合适的灭火器。

A. 20　　B. 25　　C. 30　　D. 35

6. 深度超过(　　)m的基坑周边必须安装防护栏杆,防护栏杆要有足够强度并安装牢固。

A. 1.0　　B. 1.2　　C. 1.5　　D. 2.0

7. 扣件式钢管脚手架主结点处两个直角扣件的中心距离不允许大于(　　)mm。

A. 100　　B. 150　　C. 200　　D. 250

8. 施工现场电梯井口必须设防护栏杆或固定栅门,电梯井内应每隔两层并最多隔(　　)m设一道安全网。

A. 10　　B. 12　　C. 15　　D. 20

二、多选题

1. 施工平面布置原则包括(　　)。

A. 生产区、生活区、办公区相对独立

B. 尽可能缩短运距、减少二次搬运、减少占地

C. 充分考虑劳动保护、职业健康、安全与消防要求

D. 根据施工方案,一次性布置到位

2. 施工现场按照功能可划分为(　　)。

A. 施工作业区　　B. 机械作业区

C. 材料堆放区　　D. 行政管理区

3. 以下关于施工现场围挡要求正确的有(　　)。

A. 沿工地四周设置,尽量多留缺口方便施工

B. 围挡的高度一般应大于1.8 m

C. 不宜选用彩布条、竹笆或安全网等材料

D. 围挡可兼作为挡土墙使用

4. 以下关于施工现场临时设施描述正确的有(　　)。

A. 为节约临时工程投入,可在尚未竣工的建筑物内设置员工集体宿舍

B. 职工宿舍内严禁存放施工材料、机具和其他杂物

C. 高层建筑物施工高度超过8层后,每隔4层宜设置临时厕所

D. 食堂的燃气罐应单独设置在通风良好的存放间,并严禁存放其他物品

5. 施工现场起重机械安全技术包括(　　)。

A. 起重吊装指挥人员必须经专业技术培训,持证上岗

B. 当信号不清时,操作工可按自身理解执行

C. 严禁用起重机运载人员

D. 为方便施工,起重机作业时机臂下方可站人

6. 以下关于混凝土施工机械说法正确的有(　　)。

A. 混凝土搅拌机作业时,操作人员应紧靠搅拌机以观察工作情况

B. 混凝土喷射机施工时,在喷嘴的前方或左右5 m范围内不得站人

C. 混凝土振捣器作业时,施工人员必须穿戴绝缘胶鞋和手套

D. 混凝土搅拌机运转中,不得用木棒伸进搅拌筒内或在筒口清理混凝土

7. 施工供电的配电箱及开关箱的安全技术要求有(　　)。

A. 配电系统应实行三级配电

B. 严禁用同一个开关箱直接控制 2 台及 2 台以上用电设备(含插座)

C. 动力配电箱与照明配电箱宜分别设置

D. 配电箱、开关箱的电源进线端严禁采用插头和插座做活动连接

8. 根据施工现场消防安全技术要求,以下选项正确的有(　　)。

A. 临时消防车道的净宽度和净空高度均不应小于 3 m

B. 厨房操作间和锅炉房不需配置灭火器

C. 建筑高度大于 24 m 的在建工程,应设置临时室内消防给水系统

D. 固定动火作业场应布置在可燃材料库房全年最小频率风向的下风侧

9. 基坑土方开挖原则有(　　)。

A. 先锚固(支撑)后开挖　　B. 边开挖边监测

C. 边开挖边防护　　D. 严禁超深挖土

10. 以下关于脚手架施工安全技术的说法正确的有(　　)。

A. 单排扣件式钢管脚手架搭设高度不应超过 24 m

B. 高度在 24 m 以上的双排扣件式钢管脚手架必须采用刚性连墙件

C. 吊篮式脚手架作业后应将其平稳停放于地面上

D. 扣件式钢管脚手架必须设置纵、横向扫地杆

三、简答题

1. 施工平面布置的原则是什么?
2. 施工总平面图表示的内容有哪些?
3. 施工现场运输道路有哪些要求?
4. 起重机械操作使用应符合哪些规定?
5. 施工临时用电的配电箱和开关箱应符合哪些要求?
6. 施工现场对消防设施的基本要求是什么?
7. 基坑土方开挖应注意哪些事项?
8. 钢筋电焊施工安全要求主要有哪些?
9. 高处作业的定义是什么?可分为哪几级?
10. 何谓安全标志?其设置与悬挂有何要求?

学习任务8　建筑工程用电安全技术

【学习目标】 了解电气危害产生的途径和种类；理解建筑工程电气危害的基本原理；掌握施工现场用电防护、过电压防护和雷电、静电防护的基本方法；认识用电环境安全的重要性。

工作任务表

能力目标	主讲内容	学生完成任务	评价标准	
明确施工现场用电安全的重要性	临时用电的施工组织设计、专业人员、安全技术档案、施工临时用电设施检查与验收	学生分组讨论临时用电的施工组织设计内容，临时用电设施检查顺序	优秀	熟悉施工现场用电安全的重要性
			良好	了解施工现场用电安全的重要性
			合格	基本了解施工现场用电安全的重要性
了解施工现场用电的基本概念	接地与接零、漏电保护装置、防雷、施工现场的配电室、施工现场的配电箱和开关箱、施工现场的配电线路、施工现场对外电线路的安全距离及防护、现场照明、电动建筑机械和手持电动工具	学生分组讨论施工现场用电的一些常识	优秀	熟悉施工现场用电的基本概念
			良好	了解施工现场用电的基本概念
			合格	基本了解施工现场用电的基本概念
掌握施工现场触电事故基本处理方法	触电事故的分析、防止触电的技术措施、不重视施工用电的管理、违反接地接零及漏电保护的有关规定、线路架设违反规定、熔断器和熔丝不符合要求、违章用电给安全留下祸根	学生分组讨论怎样处理施工现场触电突发事故	优秀	熟悉施工现场触电事故基本处理方法
			良好	了解施工现场触电事故基本处理方法
			合格	基本了解施工现场触电事故基本处理方法

施工用电是施工现场安全生产的重要组成部分，任何一个建筑工程的施工现场都有大量的用电设备，若在这种特殊场所内的某些电气安全措施没有引起有关人员的足够重视，就可能导致安全事故的发生。建筑工程施工现场有关人员必须掌握安全用电技术，杜绝安全事故的发生。

学习单元 8.1　施工用电管理

8.1.1　临时用电的施工组织设计

《施工现场临时用电安全技术规范》(JGJ 46—2005)中规定:临时用电设备在 5 台及 5 台以上或设备总容量在 50 kW 及 50 kW 以上者,应编制临时用电施工组织设计。临时用电施工组织设计应包括以下几方面的内容:

(1)施工条件主要指施工图及甲方提供的电源情况,施工设备用电统计表,环境温度。

(2)设备及材料的选择。

①变压器、导线截面的选择及确定。

②负荷计算及低压电气元件类型、规格的选择及确定。

(3)绘制临时供电施工图。

临时供电施工图包括临时供电平面图及临时供电系统图。

临时供电平面图的内容应包括:

①标有在建工程临建、在施的位置及原有建筑物的位置。

②标有电源进线位置及方向,有各种供电线路的导线敷设方式、导线截面、导线根数及线路走向。

③标有变压器、配电室、总配电箱、分配电箱、开关箱的位置,以及箱与箱之间的电气关系。

④标有施工现场的照明及临建场内的照明,室内灯具开关控制位置。

⑤标有工作接地、重复接地、保护接地、防雷接地的位置及接地装置的材料做法等。

临时供电系统图的内容应包括:

①标明变压器高压侧的电压级别,导线截面,进线方式,高低压侧的继电器保护,以及电能计量仪表的型号和容量等。

②标明低压侧供电系统的形式是 IT 还是 TN－S。

③标明各种箱体之间的电气联系。

④标明配电线路的导线截面、型号,PE 线截面,导线敷设方式及线路走向。

⑤标明各种电气开关的型号、容量、熔体及自动开关熔断器的整定及熔断值。

⑥标明各用电设备的名称和容量。

(4)施工用电组织措施。

①建立施工现场安全用电制度。

②严格安全责任制度。

③制定教育及培训制度。

④设立技术档案管理制度。

⑤实行用电施工人员持证上岗制度。

⑥坚持检查验收制度。

(5)临时用电施工组织设计审批手续。

①必须由施工单位的电气工程技术人员编制,技术负责人审批。

②封面上要注明工程名称、施工单位、编制人,并加盖单位公章。

③必须符合《施工现场临时用电安全技术规范》(JCJ 46—2005)中的有关规定。

④临时用电必须在开工前15天内报上级主管部门审核,批准后方可进行临时用电施工。当需要变更施工组织设计时,应补充有关图纸资料,再次上报主管部门批准,待批准后,须按照修改前后的临时用电设计图对照施工。

8.1.2 专业人员

专业人员也可叫专业技术人员,是在各个单位中从事专业技术工作的人。

(1)电工必须经过国家现行标准考核合格后,持证上岗工作;其他用电人员必须通过相关安全教育培训和技术交底,考核合格后方可上岗工作。

(2)安装、巡检、维修或拆除临时用电设备和线路,必须由电工完成,并应有监护。电工等级应同工程的难易程度和技术复杂性相适应。

(3)各类用电人员应掌握安全用电基本知识和所用设备的性能。

8.1.3 安全技术档案

施工现场临时用电必须建立安全技术档案,并应包括下列内容:

(1)用电组织设计的全部资料。

(2)修改用电组织设计的资料。

(3)用电技术交底资料。

(4)用电工程检查验收表。

(5)电气设备的试验、检验凭单和调试记录。

(6)接地电阻和漏电保护器漏电动作参数测定记录表。

(7)定期检(复)查表。

(8)电工安装、巡检、维修、拆除工作记录。

8.1.4 施工临时用电设施检查与验收

8.1.4.1 管理

用电设备总容量在50 kW以上的均应编制临时用电施工组织设计,其内容包括如下:

(1)现场勘探。

(2)确定电源进线、变电所或配电室、配电装置、用电设备位置及线路走向。

(3)进行负荷计算。

(4)选择变压器容量。

(5)设计配电系统。

①设计配电线路,选择导线或电缆;

②设计配电装置,选择电器;

③设计接地装置;

④绘制临时用电工程图纸,主要包括用电工程总平面图、配电装置布置图、配电系统接线图、接地装置设计图(平面图、剖面图)。

(6)设计防雷装置。

(7)确定防护措施。

(8)制订安全用电技术措施和电气防火措施。

8.1.4.2 专业人员要求

(1)安装维修或拆除临时用电工程,必须由电工完成,电工等级应同工程的难易程度和技术复杂性相适应。

(2)各类用电人员应做到:

①掌握安全用电基本知识和所用设备的性能;

②使用设备前必须按规定穿戴和配备相应的劳动保护用品,并检查电气装置和保护设施是否完好,严禁设备带病运转;

③停用的设备必须切断电源,锁好开关箱;

④负责保护所用设备的负荷线、保护零线和开关箱,发现问题,及时报告解决;

⑤搬运或移动用电设备,必须经电工切断电源并作妥善处理后进行。

8.1.4.3 安全技术档案

(1)定期检(复)查表。

安全技术档案应由主管该现场的电气技术人员负责建立与管理。其中“电工安装、巡检、维修、拆除工作记录”可指定电工代管,每周由项目经理审核认可,并应在临时用电工程拆除后统一归档。

(2)临时用电工程必须定期检查,施工现场每月一次,分公司每季度一次,分公司检查时,应复查接地电阻、绝缘电阻值。

(3)检查工作应按分部分项工程进行,对不安全因素必须及时处理,并履行复查验收制度。

8.1.4.4 在建工程与外电线路的安全距离

所谓安全距离,是指带电导体与其附近接地的物体、地面不同极(或相)带电体,以及人体之间必须保持的最小空间距离或最小空气间隙。

在建工程不得在高低压线路下方搭设作业棚、建造生活设施,或堆放构件、架具、材料及其他杂物,当在架空线路一侧作业时,必须保持安全距离。

建筑物与外电架空线路的最小安全距离见 JGJ 46—2005。

旋转臂架、起重机的任何部位或被吊物边缘与 10 kV 以下的架空线路边最小安全距离水平不得小于 2 m、垂直不得小于 3 m。

施工现场开挖非热管道沟槽的边缘与埋地外电缆沟槽边缘的距离不得小于 0.5 m。

如达不到上述规定的最小距离,必须采取绝缘隔离防护措施,并悬挂醒目的警告标志牌。

在架设防护设施时,必须经有关部门批准,应有电气工程技术人员或专职安全员负责监护。

8.1.4.5　**接零**

(1)在施工现场专用的中性点直接接地的电力路线中,必须采用 TN－S 接零保护系统。

(2)电气设备的金属外壳必须与专用保护零线连接,专用保护零线应由工作接地配电室的零线或第一级漏电保护器电源侧的零线引出。

(3)城防、人防、隧道等潮湿或条件特别恶劣施工现场的电气设备,必须采用保护接零。

(4)当施工现场与外电线路共用一供电系统时,电气设备根据当地的要求做保护接零,或做保护接地,不得一部分做保护接零,另一部分做保护接地。

(5)做防雷接地电气设备,必须同时做重复接地,同一台设备的重复接地与防雷接地可使用同一接地体,接地电阻应符合重复接地电阻值的要求。

(6)施工现场的电气设备和避雷装置可利用自然接地体接地,但应保证电气连接并校验自然接地体的热稳定。

(7)施工现场的保护零线系统严禁与工作零线混接。

(8)保护零线不得装设开关或熔断器。

(9)保护零线应单独敷设,不作它用,重复接地线应与保护零线相连接。

(10)保护零线的截面,应不小于工作零线的截面,同时必须满足机械强度要求。保护零线架空敷设的间距不小于 12 m,保护零线必须选择不小于 10 mm^2 的绝缘铜线或不小于 16 mm^2 的绝缘铝线。

(11)手持式用电设备的保护线,应在绝缘良好的多股铜线、橡皮电缆内,其截面不得小于 1.5 mm^2,与电气设备相连接的保护零线应为截面不小于 2.5 mm^2 的绝缘多股铜线。

(12)电气设备应采用专用芯线作保护接零,此芯线严禁通过工作电流。保护零线的统一标志为绿/黄双色线,在任何情况下,不准使用绿/黄双色线做负荷线。

(13)正常情况时,下列电气设备不带电的外露导电部分应做保护接零:

电机、变压器、电器、照明器具、手持电动工具的金属外壳。

电气设备传动装置的金属部件。

配电屏与控制屏的金属框架。

室内、外配电装置的金属框架及靠近电部分的金属围栏和金属门。

电力线路的金属保护管,敷线的钢索、起重机轨道、滑升模板金属操作平台等。

安装在电力线路杆上的开关、电容器等电气装置的金属外壳及支架。

8.1.4.6　**接地与接地电阻**

保护零线除必须在配电室或总配电箱处做重复接地外,还必须在配电线路的中间处和末端做重复接地。

保护零线每一处重复接地装置的接地电阻值应不大于 10 Ω。在工作接地电阻允许达到 10 Ω 的电力系统中,有重复接地的并联等值电阻就不大于 10 Ω。

每一根接地装置的接地线应采用 2 根以上的导体,在不同点与接地装置做电气连接。

不得用铝导体做接地线或地下接地线,垂直接电体宜采用角钢钢管或圆钢,不得采用螺纹钢材。

Ⅰ类手持式用电设备的插销上应具备专用的保护接零(接地)触头,所有插头应能避免将导电触头误作接地触头使用。

施工现场的所有用电设备,除作保护接零外,必须在设备负荷线的首端处设置漏电保护装置。

8.1.4.7 **防雷**

在土壤电阻率低于200 Ω·m处的电杆可不另设防雷接地装置,在配电室的进线或出线处应将绝缘子铁脚与配电室的接地装置相连接。

施工现场内的起重机、井字架及龙门架等机械设备,若在相邻建筑物、构造物的防雷装置的保护范围以外,则应安装防雷装置。

若最高机械设备上的避雷针,其保护范围按60°计算能够保护其他设备,且最后退场,则其他设备可不设防雷装置。

施工现场内所有的防雷装置的冲击接地电阻不得大于30 Ω。

各机械设备的防雷引下线可利用该设备的金属结构体,但应保证电气连接。

机械设备上的避雷针长度为1~2 m。

安装避雷针的机械设备所用动力、控制、照明、信号及通信等线路,应采用钢管敷设,并将钢管与该机械设备的金属结构体做电气连接。

8.1.4.8 **配电路线**

1.电缆线路

电线干线应采用埋地或架空敷设,严禁沿地面明设,并应避免机械损伤和介质腐蚀。

电缆类型应根据敷设方式、环境条件选择,但必须使用五芯线电缆,电线截面应根据允许载流量和允许电压损失确定。

电线在室外直接埋地敷设的深度应不小于0.7 m,并使电线上下各均匀铺充不小于5 cm厚的细砂,然后覆盖砖等硬质保护层。

电缆穿越建筑物、构造物、道路、易受机械损伤的场所及引出在地面从2 m高度到地下0.2 m处须加防护套管,防护套管内径不应小于电缆外径的1.5倍。

电缆线路与其附近热力管道的平行间距不得小于2 m,交叉间距不得小于1 m。

埋地敷设电缆的接头应设在地面上的接线盒内,接线盒应能防水、防尘、防机械损伤并远离易燃、易爆、易腐蚀场所。

橡皮电缆架空敷设时,应沿墙壁或电杆设置,并用绝缘子固定,严禁使用金属裸线绑线,固定点间距应保证橡皮电线能承受自重所带来的荷重,橡皮电线的最大弧垂距地不得小于2.5 m。

电缆接头应牢固可靠,并应做绝缘包扎,保持绝缘强度不得承受张力。

在建高层建筑的临时电缆配电,必须采用电缆埋地引入,严禁穿越脚手架引入。电缆垂直敷设的位置应充分利用在建工程竖井垂直孔洞等,并应靠近负荷中心,固定点每楼层不得少于一处,电缆水平敷设宜沿墙或门口刚性固定,最大弧垂距地不得小于2.0 m。

2.室内配线

室内配线必须采用绝缘导线,采用瓷瓶、瓷夹等敷设,距地面高度不得小于2.5 m。

进户线过墙应穿管保护,距地面不得小于2.5 m,并应采取防雨措施。

进户线的室外端应采用绝缘子固定。

室内配线所用导线截面，应根据用电设备的计算负荷确定，但铝线截面应不小于 2.5 mm^2，铜线截面应不小于 1.5 mm^2。

潮湿场所或埋地非电缆配线穿管敷设，管口应密封，采用金属管敷设时，必须作保护接零。

8.1.4.9 配电箱及开关箱

动力配电箱与照明配电箱宜分别设置，如合置在同一配电箱内，动力和照明线路应分路设置。

开关箱应由末级分配电箱配电。

总配电箱应设在靠近电源的地区，分配电箱应设在用电设备负荷相对集中的地区，分配电箱与开关箱的距离不得超过 30 m，开关箱与其控制的固定式用电设备的水平距离不宜超过 3 m。

配电箱与开关箱应设在干燥、通风及常温场所，不得装设在有严重损伤作用的瓦斯、烟气、蒸气、液体及其他有害介质中，不得装设在易受外来固体物撞击、强烈振动、液体浸溅及热源烘烤的场所，否则须作特殊防护处理。

配电箱、开关箱周围应有足够二人同时工作的空间和通道，不得堆放任何妨碍操作、维修的物品，不得有灌木、杂草。

配电箱、开关箱应装设端正、牢固，移动式配电箱、开关箱应装设在坚固的支架上。

学习单元 8.2 接地与防雷

8.2.1 接地与接零

把电气设备的金属外壳及与外壳相连的金属构架用接地装置与大地可靠地连接起来，以保证人身安全的保护方式，叫保护接地，简称接地。把电气设备的金属外壳及与外壳相连的金属构架与中性点接地的电力系统的零线连接起来，以保护人身安全的保护方式，叫保护接零（也叫保护接中线），简称接零。

保护接地一般用在 1 000 V 以下的中性点不接地的电网与 1 000 V 以上的电网中。保护接零一般用在 1 000 V 以下的中性点接地的三相四线制电网中，目前供照明用的 380/220 V 中性点接地的三相四线制电网中广泛采取保护接零措施。在中性点不接地的系统中，假设电动机的 A 相绕组因绝缘损坏而碰金属外壳，外壳带电（见图 8-1），在没有保护接地的情况下，当人体接触外壳时，电流经过人体和另外两根火线的对地绝缘电阻 R_e、R_c（如果导线很长，还要考虑导线与大地间的电容）而形成回路。如果另外两根火线对地绝缘不好，流过人体的电流会超过安全限度而发生危险。在有保护接地的情况下，当人体接触带电的外壳时，电流在 A 相碰壳处分为两路，一路经接地装置的电阻 R_d，一路经人体电阻 R_r，这两路汇合后再经另外两根火线的对地绝缘电阻 R_e 和 R_c 构成回路。由于 $R_e \ll R_r$，所以通过人体的电流很小，这就避免了触电危险。

根据电气安装规程规定，在 1 000 V 以下中性点接地系统中，用电设备不允许采用保

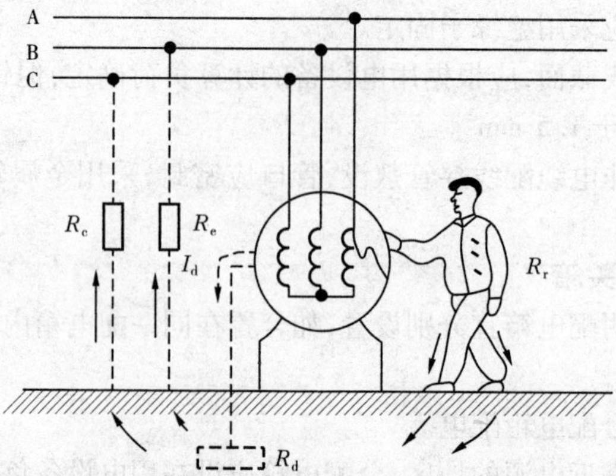

图 8-1　保护接地示意图

护接地(见图 8-2)。这是因为当某一相绝缘破损与金属外壳接触时,电流 I_d 便会经过大地回到变压器的中性点,而这时流过保险丝的电流很可能小于保险丝的熔断电流,保险丝不断,金属外壳仍与电源相连。金属外壳对地的电压 U_d 等于 I_d 在 R_d 上的电压降,而 $I_d = U_{相}/(R_0 + R_d)$,$U_d = U_{相} R_d/(R_0 + R_d)$。在一般三相四线制系统中,$U_{相}$ 是 220 V,R_0 约 4 Ω,R_d 通常都超过 4 Ω,即使 R_d 与 R_0 一样,也按 4 Ω 计,金属外壳的对地电压也为 110 V,超过安全电压。

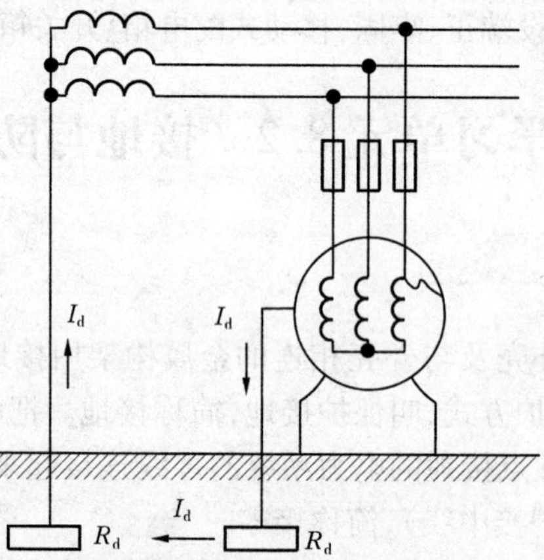

图 8-2　中性点接线系统不允许采用保护接地

在 1 000 V 以下中性点接地系统中,应该采取图 8-3 所示的保护接零,一旦某一根绝缘破损与金属外壳接触,就会形成单相短路,电流很大,于是保险丝熔断(或自动开关自动切断电路),电动机脱离电源,从而避免了触电危险。

许多单相家用电器的电源线接到三脚插头上,三脚插头的粗脚连着家用电器的金属外壳。这种插头要插到单相三孔插座上,插座的粗孔应该用导线与电源的中线相连。绝不允许在插座内将粗孔与工作中线的孔相连接。因为一旦用电器的工作中线断线(见图 8-4),发生外壳带电时,保险丝不熔断,会引起触电事故。

在三相四线制中性点接地的 380/220 V 照明供电系统中,由于普遍采用保护接零,若保护接零的中线切断,可能造成触电事故,所以一般只在相线上装熔断器,不允许在中线上装熔断器。但是单相双线照明供电线路,由于接触的大多数是不熟悉电气的人,有时由于修理或延长线路而将相线和中线接错,所以中线和相线上都接保险丝(熔断器)。

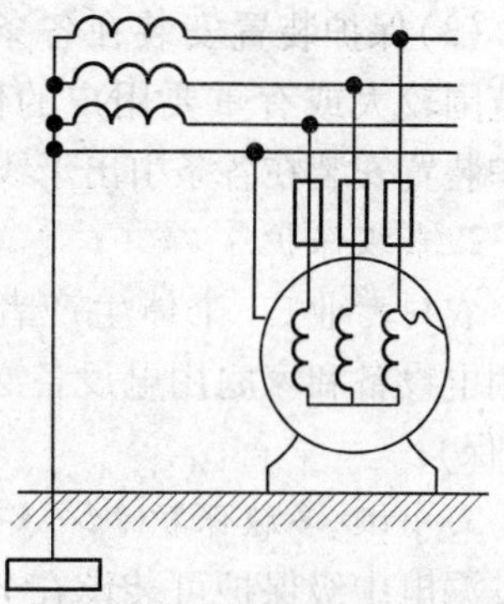

图 8-3 保护接零

8.2.2 漏电保护装置

8.2.2.1 概念

用于防止触电事故的漏电保护装置只能作为附加保护。加装漏电保护装置的同时不得取消或放弃原有

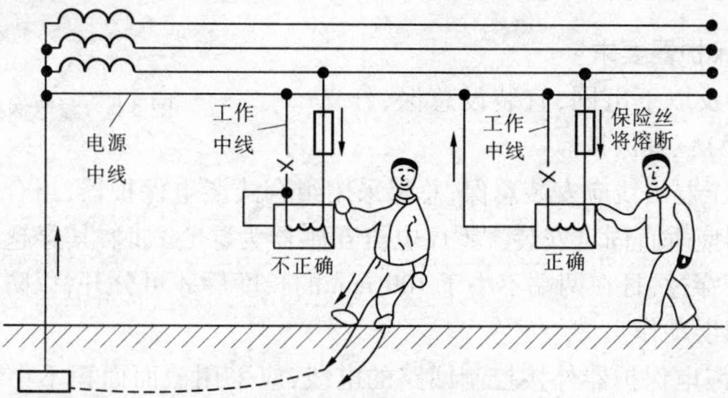

图 8-4 保护接零应接电源中线

的安全防护措施。

8.2.2.2 装置作用

在中性点接地的电网中,为了防止漏电而引起的人身触电事故、火灾事故和电器设备损坏事故,以及监视或切除一相接地故障,可采用由漏电继电器、低压断路器或接触器组成的漏电保护装置。

8.2.2.3 漏电保护装置的原理

漏电保护装置使用零序电流互感器来感应漏电信息。当漏电电流达到整定值时,漏电保护装置能自动断开电路。正常时,三相电流的磁场互相抵消,零序电流互感器二次侧没有电流。当有人站在地面上发生单相触电事故或某一相导线绝缘严重降低或电器设备金属外壳带电等情况发生时,零序电流互感器二次侧就有电流输出,漏电保护装置通过检测元件经过中间机构的放大转换和传递,使保护装置动作,切除电源,起到保护作用,如图 8-5 所示。

8.2.2.4 保护方式

1. 总保护

总保护可使配电变压器的低压网络全网处在保护范围之内。总保护有三种形式:

(1)保护装置安装在电源中性点接地线上。

(2)保护装置安装在总电源线上。

(3)保护装置安装在各条引出干线上。供电范围较大或有重要用户的低压电网,宜采用保护装置安装在各条引出干线的总保护方式。

2. 末级保护

农村专业户、个体生产者、移动式设备、临时用电设备和家庭用电设备必须安装末级保护(家保)。

3. 中级、多级保护

漏电中级保护可装设在分支配电箱的电源线上。在有条件的地方,低压网络可实现多级保护。

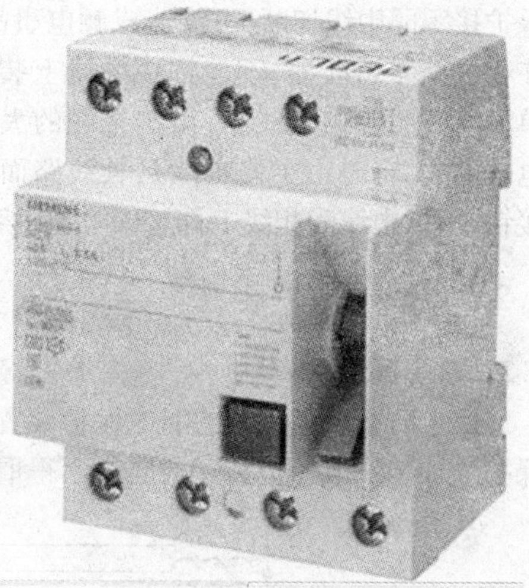

图 8-5　漏电保护装置

8.2.2.5　漏电保护器要求

(1)0.4 kV 及以下电网,宜装设总保、分支保、家保(单机保)三级保护。

(2)配电变压器出线应安装总保,总保采用组合式漏电保护器,组合式漏电保护器的零序电流互感器应垂直固定安装。零序电流互感器为穿心式时,其穿越的各回路电线应并拢绞合后再行穿过,且在两端不小于 100 mm 的长度后才可分开,以防止在正常情况下不平衡磁通引起误动作。

(3)组合式漏电保护器外接控制回路的电线,应采用截面面积不小于 1.5 mm^2 的锅芯绝缘线。

(4)总保的最大正常漏电动作电流不大于 300 mA。

(5)农村电力线路宜在重要分支线处安装分支保,分支保安装高度不小于 1.8 m。

(6)用户应安装家保,固定设备和流动设备等电器宜安装单机保。家保、单机保均应装在表计之后,其正常动作电流不大于 30 mA。

8.2.3　防雷

8.2.3.1　防雷原理

防雷,是指通过组成拦截、疏导最后泄放入地的一体化系统方式以防止由直击雷或雷电电磁脉冲对建筑物本身或其内部设备造成损害的防护技术。

8.2.3.2　防雷接地

防雷接地分为两个概念:一是防雷,防止因雷击而造成损害;二是接地,保证用电设备的正常工作和人身安全而采取的一种用电措施。

8.2.3.3　防雷接地的概念及分类

接地装置是接地体和接地线的总称,其作用是将闪电电流导入地下,防雷系统的保护在很大程度上与此有关。接地工程本身的特点就决定了周围环境对工程效果的影响,脱离了工程所在地的具体情况来设计接地工程是不可行的。实践要求要有系统的接地理论来对工程实际进行指导。而设计的优劣取决于对当地土壤环境的诸多因数的综合考虑。土壤电阻率、土层结构、含水情况以及可施工面积等因数决定了接地网形状、大小、工艺材料的选择。因此，在对人工接地体进行设计时，应根据地网所在地的土壤电阻率、土层分布等地质情况，尽量进行准确设计。

接地体，又称接地极，是与土壤直接接触的金属导体或导体群，它分为人工接地体与自然接地体。接地体作为与大地土壤密切接触并提供与大地之间电气连接的导体，安全散流雷能量使其泄入大地。

接地设计中，利用与地有可靠连接的各种金属结构、管道和设备作为接地体，称为自然接地体。如果自然接地体的电阻能满足要求并不对自然接地体产生安全隐患，在没有强制规范时就可以用来做接地体。

而人为埋入地下用作接地装置的导体，称为人工接地体。一般将符合接地要求截面的金属物体埋入适合深度的地下，电阻符合规定要求，则作为接地体。具体参考接地规范，防雷接地、设备接地、静电接地等需区分开。

接地是防雷工程的最重要环节，不论是直击雷防护还是雷电的静电感应、电磁感应和雷电波入侵的防护技术，最终都是把雷电流送入大地。因此，没有良好的接地技术，就不可能有合格的防雷过程。保护接地的作用就是将电气设备不带电的金属部分与接地体之间做良好的金属连接，降低接点的对地电压，避免人体触电危险。

8.2.3.4 接地体的种类

埋入土壤中或混凝土中直接与大地接触的起散流作用的金属导体称为接地体。接地体主要分为自然接地体和人工接地体两类：各类直接与大地接触的金属构件、金属井管、钢筋混凝土建筑物的基础、金属管道和设备等用来兼作接地的金属导体称为自然接地体。埋入地中专门用作接地的金属导体称为人工接地体，它包括铜包钢接地棒、铜包钢接地极、铜包扁钢、电解离子接地极、接地模块、高导模块。

学习单元 8.3 变配电管理

8.3.1 施工现场的配电室

电气系统是由供电系统和配电系统两部分组成的，供电系统包括供电电源（如变压器等）和主接线。配电系统一般由配电装置及配电线路组成。施工现场的电气系统应满足用电设备对供电可靠性、供电质量及供电安全的要求，接线方式应力求简单可靠，操作方便及安全。

8.3.1.1 施工现场临时用电管理

（1）按照《施工现场临时用电安全技术规范》（JGJ 46—2005）的规定：临时用电设备在 5 台及 5 台以上或设备总容量在 50 kW 及 50 kW 以上者，应编制临时用电施工组织设计。编写临时用电施工组织设计的内容有：

①现场勘探及工程概况。

②确定电源进线和变电所、配电房、总配电箱、分配电箱等的装设位置及线路走向。

③负荷计算书。

④选择变压器容量、导线截面和电器的类型、规格。

⑤绘制电气平面图、立面图和接线系统图。

⑥制订安全用电技术措施和电气防火措施。

(2)临时用电施工组织设计必须由电气工程技术人员编制,企业(公司级)技术负责人审批,有关部门批准盖章后并报监理公司总监理工程师审批后实施;变更临时用电施工组织设计必须由原编制者、审批者和批准部门同意后实施,并补充有关资料图纸。

(3)临时用电施工组织设计被批准实施前,电气工程技术人员向安装、维修电工和各种用电设备人员分别贯彻交底的文字资料。

(4)安装、维修或拆除临时用电工程,必须由持上岗证的专业电工完成。禁止不懂电气人员玩弄、操作电气设备。

8.3.1.2 配电房的选址要求

(1)正确选择配电房的搭建位置,要根据施工现场所处的地理位置和周围环境,配电房的位置尽量避开山谷、低洼地带等雨水易积地方,避开可能发生滑坡、山洪暴发的地段。

(2)配电房应靠近电源,并应设在无灰尘、无蒸汽、无腐蚀介质及无振动的地方。

8.3.1.3 配电房的结构要求

(1)配电房应采用砖墙结构,屋面应用混凝土现浇或盖多孔预制板。

(2)配电房应合理设置门、窗(百叶窗),能自然通风,并应采取防止雨雪的措施。

(3)配电房的门应向外开,门应坚固,刷上油漆美观,并配锁。

(4)配电房的建筑物和构筑物的耐火等级不低于3级。

8.3.1.4 配电房室内的要求

(1)配电屏(盘)正面的操作通道宽度,单列布置不小于1.5 m,双列布置不小于2 m。

(2)配电屏(盘)后面的维护通道宽度不小于0.8 m;个别地点有建筑物结构凸出的部分,则此点通道宽度可不小于0.6 m。

(3)配电屏(盘)侧面的维护通道宽度不小于1 m。

(4)配电室的天棚距地面不低于3 m。

(5)在配电室内设值班或检修时,该室距配电屏(盘)的水平距离大于1 m,并采取屏障隔离。

(6)配电室内的裸母线与地面垂直距离小于2.5 m时,采用遮栏隔离,遮栏下面通行道的高度不小于1.9 m。

(7)配电室的围栏上端与垂直上方带电部分的净距,不小于0.075 m。

(8)配电装置的上端距天棚不小于0.5 m。

(9)母线均涂刷有色油漆(以屏(盘)的正面方向为准),其涂色应符合表8-1的规定。

表8-1 母线涂色表

相别	颜色	垂直排列	水平排列	引下排列
A	黄	上	后	左
B	绿	中	中	中
C	红	下	前	右
D	黑			

8.3.1.5 总配电柜的安全管理

1.配电柜应配置的电气设备要求

(1)应装设电压表、总电流表、总电度表及其他仪表。

(2)应装设总隔离开关、分路隔离开关、总熔断器和分路熔断路(或总自动开关和分路自动开关),以及漏电保护器。若漏电保护器同时具备过负荷和短路保护功能,则可不装分路熔断器或分路自动开关。总开关额定值及动作整定值应与分路开关的额定值及动作整定值相适应。

2.配电柜装设的电气技术要求

(1)配电柜应采用铁板或优质绝缘材料制作,铁板的厚度应大于1.5 mm。供应商应提供产品合格证书。

(2)配电柜内的电器应安装在金属或非木质的绝缘电器安装板上。金属板与配电柜柜体应电气连接。

(3)施工现场禁止用木质材料制作配电柜安装电器。

3.配电柜的制作要求

(1)总配电柜必须防雨、防尘,箱体应严密、端正,箱门开、关松紧适当,便于开关。

(2)必须有完好的门锁。

(3)端子板一般放在柜内配电板下部或箱内底侧边,并应分别标明“N”、“PE”。

4.配电柜设置位置要求

(1)动力配电箱和照明配电箱宜分别设置,若设置在同一配电箱内,动力和照明线路应分路设置。

(2)配电柜应放在凸起的电缆沟上,基础应稳固。

(3)配电柜周围应有足够两人同时工作的空间和通道,不得堆物。

5.配电柜内部开关电器安装要求

(1)柜内电器安装常规是左大右小,大容量的控制开关,熔断器在左面,右面安装小容量的开关电器。

(2)柜内所有的开关电器应安装端正、牢固,不得有任何的松动、歪斜。

(3)内部设置电器元件之间的距离和与箱体之间的距离应符合电气规范。

(4)配电柜其内部开关电器的所有正常不带电的金属部件均应做可靠的保护接零。保护零线必须采用标准的黄/绿双色线,并通过专用接线端子板连接,与工作零线区别。

(5)配电柜导线进出口处要求:对于配电柜的电源导线进出为下进下出,不能设在上面、后面、侧面,更不能从箱门缝隙中引进和引出导线;在导线的进、出口处加强绝缘,并将导线卡固。

6.配电柜内接连导线要求

(1)配电柜内应采用绝缘导线,其性能要良好,接头不得松动,不得有外露导电部分。

(2)配电柜内尽量采用铜线。铝线接头万一松动,会造成接触不良产生电火花和高温,使接头绝缘烧毁,导致对地短路故障。为了保证可靠的电气连接,保护零线应采用绝缘铜线。

8.3.1.6 **配电房的安全管理措施**

1. 室外安全防护措施

(1)配电房的外墙应用白灰粉刷,而后在墙面上成45°斜角、相隔20 cm左右画出线条,用黄黑油漆(不宜用红白油漆,因白漆易沾尘变色、红色受紫外线照射易变色)刷墙面,起到警示作用。

(2)配电房室外应设立排水沟,周围不得有积水。

(3)配电房的屋面应有防水措施,并应设置隔层或搭设规范的防护棚。

2. 室内安全防护措施

(1)室内墙面应用白灰粉刷,涂料刷白。

(2)室内禁止存放易燃、易爆、易腐物品。

(3)室内应保持自然通风散热和采光,应装照明灯,照明灯应从总开关上端引出,防止拉闸灭灯。

(4)室内地坪应高于室外地坪5 cm以上。配电柜应放在电缆沟上,电缆沟砌体应高于室内地坪20 cm以上。防止配电装置受潮。

(5)对电缆沟进出线口、窗户必须用铁丝网封闭。在门框上安装一块高度不低于50 cm的挡板,刷上黄黑油漆,在板上书写"挡鼠板"三字,避免小动物进入。采取以上措施,可有效防止小动物进入配电电器和母线间造成短路故障。

3. 电气防火措施

(1)在室外墙上离地130 cm高处配置至少2只以上1211灭火器或干粉灭火器等绝缘灭火器(严禁用泡沫导电灭火器、清水扑灭电气火灾)。

(2)室内电缆沟的敷设深度不得小于0.6 m,并在电缆上下各均匀铺设不小于0.5 m的细砂,然后覆盖水泥薄板或红砖,可防止电缆火灾。

(3)室内配置一只黄砂箱,应盛满黄砂,预备一把铁锹。在电缆线发生意外起火时,可用黄砂履盖扑灭火灾。

4. 其他安全措施

(1)室外门上头贴上总配电室标识牌,门上方应贴上一块"配电重地、闲人莫入"警示牌。

(2)建立制度,室内应挂好"配电室安全操作规则"牌、"施工用电验收合格"牌、"电工责任制"牌、"施工用电操作责任人"牌。准备一块"在检修中,严禁合闸"牌,在检修工作中应使用此牌。

(3)配电柜门上应用不干胶割字(红色),内容为"安全用电"、"责任人:×××"、"编号:"等。

(4)应及时打扫卫生、扫除网尘,保持室内清洁。

8.3.1.7 **配电柜(箱)的使用和维修**

(1)配电柜均应标明名称、用途,并作出分路标识,由专人管理。

(2)配电柜应每10天检查和维修一次(规范要求每月检查和维修一次)。检查维修时必须断电,并悬挂停电标志牌。检查和维修内容应用表格形式记录并张贴在柜门内。

(3)施工现场停止作业1 h以上时,应将配电柜断电上锁。

(4)配电柜内不得搭接其他临时用电设备。

8.3.1.8 用电档案资料管理要求

在工程建设施工过程中，应切实做好安全用电管理工作，及时收集、整理用电档案资料，内容如下：

(1)施工用电组织设计方案(分三个阶段，即基础、结构、装饰)。

(2)修改的临时用电施工组织设计。

(3)技术交底，向施工人员、电工等交底内容。

(4)检查和验收，按照 JGJ 64—2005 标准进行检查，验收合格后方可使用。

(5)电器设备的调试、测试和检验资料，主要是设备绝缘和性能完好情况。

(6)接地电阻测试记录。

(7)定期检查表，按施工组织设计中的要求及各建筑企业安全管理制度中的要求进行(也包含一些不定期的检查)。

(8)电工维修记录、注明日期、部位、维修内容，如电工日记均要有记录。

8.3.2 施工现场的配电箱和开关箱

8.3.2.1 配电箱与开关箱的设置

现场应设总配电箱(或配电室)，总配电箱以下设分配电箱，分配电箱以下设开关箱，开关箱以下就是用电设备。

8.3.2.2 配电箱与开关箱的电器选择

配电箱、开关箱内的开关电器应能保证在正常或故障情况下可靠地分断电路，在漏电的情况下可靠地使漏电设备脱离电源，在维修时有明确可见的电源分断点。为此，配电箱和开关箱的电器选择应遵循下述各项原则：

(1)所有开关电器必须是合格产品。不论是选用新电器，还是使用旧电器，必须完整、无损、动作可靠、绝缘良好，严禁使用破、损电器。

(2)装有隔离电源的开关电器。

(3)配电箱内的开关电器应与配电线路一一对应配合，作分路设置。

(4)开关箱与用电设备之间应实行“一机一闸”制。

(5)配电箱、开关箱内应设置漏电保护器，其额定漏电动作电流和额定漏电动作时间应安全可靠(一般额定漏电动作电流≤30 mA，额定漏电动作时间 <0.1 s)，并有合适的分级配合。但总配电箱(或配电室)内的漏电保护器，其额定漏电动作电流与额定漏电动作时间的乘积最高应限制在 30 mA·s 以内。

学习单元 8.4 现场用电安全

8.4.1 施工现场对外电线路的安全距离及防护

在施工现场除因现场施工需要而敷设的临时用电线路外，还有原来就已经存在的高压或低压电力线路。在城市道路旁的建筑工程几乎都要遇到不同的电力线路，这些不为施工现场专用的原有电力线路统称为外电线路。

外电线路一般为架空线路，也有个别施工现场会遇到地下电缆线路，甚至有两者都存在的情况发生。如果在建工程距离外电线路较远，那么外电线路不会对现场施工构成很大威胁。而有些外电线路紧靠在建工程，则在现场施工中常常会造成施工人员搬运物料或操作过程中意外触碰外电线路，甚至有些外电线路在塔吊的回转半径范围内，那外电线路就给施工安全带来了非常不安全的因素，极易酿成触电伤害事故。同时在高压线附近，即使人体还没有触及到线路，由于高压线路邻近空间高电场的作用，对人体仍然会构成潜在的危害和危险。

为了确保现场的施工安全，防止外电线路对施工的危害，在建工程的现场，各种设施与外电线路之间必须保持可靠的安全距离，或采取必要的安全防护措施。现分述如下。

8.4.1.1 施工现场对外电线路的安全距离

在施工现场，安全距离包含了两个因素：一是必要的安全距离，在高压线路附近，存在着强电场，周围导体产生电感应，周围空气被极化，线路电压等级越高，相应的电感应和电极化也越强，因而随着电压等级的增加，安全距离也要相应增加。二是安全操作距离，在施工现场作业过程中，特别是搭设脚手架过程中，一般脚手管都较长，如果与外电线路的距离过短，操作中的安全就无法保障，所以这里的安全距离在施工现场就变成安全操作距离了。除必要的安全距离外，还要考虑作业条件的因素，所以距离又加大了。

在施工现场的安全操作距离主要是指在建工程（含脚手架具）的外侧边缘与外电架空线路的边线之间的最小安全操作距离（见表 8-2）和施工现场的机动车道与外电架空线路交叉时的最小安全垂直距离（见表 8-3）。对此，《施工现场临时用电安全技术规范》（JGJ 46—2005）作了具体规定，表 8-2 是在建工程（含脚手架具）的外侧边缘与外电架空线路的边线之间的最小安全操作距离，距离示意图如图 8-6 所示。

表 8-2 在建工程的外侧边缘与外电架空线路的边线之间的最小安全操作距离

外电线路电压（kV）	1 以下	1～10	35～110	154～220	330～500
最小安全操作距离（m）	4	6	8	10	15

注：上下脚手架的斜道严禁搭设在有外电线路的一侧。

表 8-3 是施工现场的机动车道与外电架空线路交叉时的最小安全垂直距离，距离示意如图 8-7 所示。

表 8-3 施工现场机动车道与外电架空线路交叉时的最小安全垂直距离

外电线路电压（kV）	1 以下	1～10	35
最小垂直距离（m）	6	7	7

表 8-2、表 8-3 的数据不仅考虑了静态因素，而且还考虑了施工现场实际存在的动态因素，而且还可用图 8-6、图 8-7 来帮助理解，例如在建工程搭设脚手架具时脚手架杆延伸至架具以外的操作因素等，严格遵守表 8-2、表 8-3 所规定的安全距离操作，就能可靠地防止由于施工操作人员接触或过分靠近外电线路所造成的触电伤害事故。

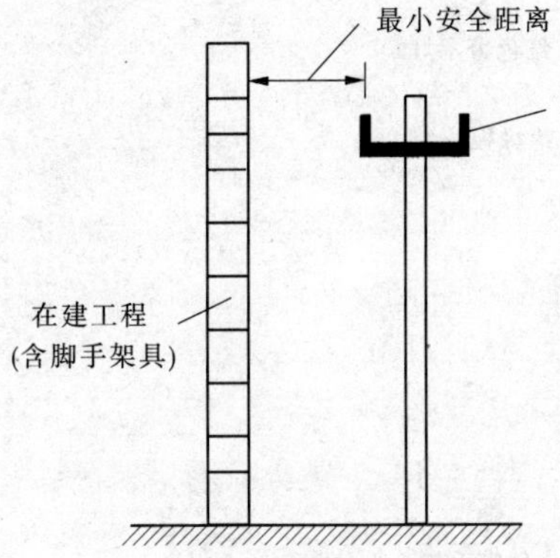

图 8-6　外电架空线路最小安全距离

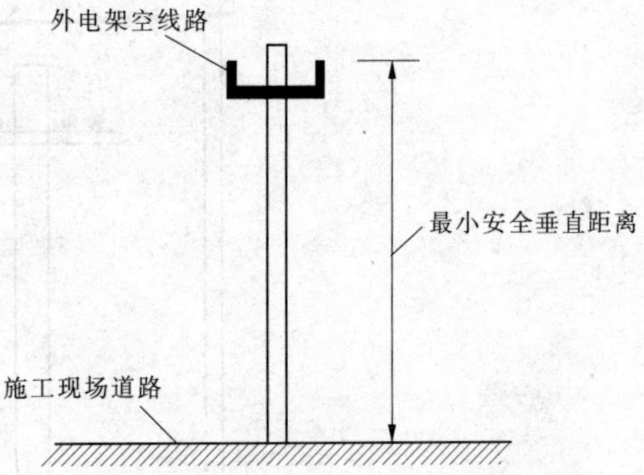

图 8-7　外电架空线路最小垂直距离

8.4.1.2　施工现场对外电线路的防护措施

由于施工现场的位置往往不是可以任意选择的，当施工现场的位置无法保证规定的安全距离时，为了确保施工安全，必须采取设置防护性遮栏、栅栏，以及悬挂警告标志牌等防护措施，以实现施工作业与外电线路的有效隔离，并引起有关施工作业人员的注意。

外电线路与遮栏、栅栏等之间也有安全距离问题，各种不同电压等级的外电线路至遮栏、栅栏等防护设施的安全距离如表 8-4 所示。表 8-4 中所列数据对施工现场设置遮栏、栅栏时有重要参考价值，必须严格遵循表 8-4 中给出的数据，以便控制可靠的安全距离，否则难以避免触电事故的发生。如果不能满足表 8-4 中的安全距离，即使设置遮栏、栅栏等防护设施，也满足不了安全要求，无防护意义，在这种情况下不得强行施工。

表 8-4　带电体至遮栏、栅栏的安全距离　　（单位：cm）

外电线路的额定电压(kV)		1～3	6	10	35	60	110	220	330	500
线路边线至栅栏的安全距离	屋内	82.5	85	87.5	105	130	170			
	屋外	95	95	95	115	135	175	265	450	
线路边线至网状遮栏的安全距离	屋内	17.5	20	22.5	40	65	105			
	屋外	30	30	30	50	70	110	190	270	500

此外，施工现场搭设的栅栏等防护设施，其材料应使用木质等绝缘材料，当使用钢管等金属材料时，应作良好的接地。搭设和拆除时必须停电，防护架距作业区较近时，应用硬质绝缘材料封严，防止脚手管、钢筋等误穿越而引起触电事故。

当架空线路在塔式起重机的回转半径范围内时，在架空线路的上方及两侧也应有防护设施，防护设施应搭设成门型，按表 8-3 所示数值保持安全距离，其顶部可用 5 cm 厚木板或相当于 5 cm 木板强度的材料盖严。为对起重机的作业起警示作用，在防护架上端应间断设置小彩旗，夜间施工应有红色警示灯示警，其电源电压应为 36 V（见图 8-8）。

总之，加强对外电线路的防护，保证施工因受外电线路而危及安全的因素降至最低程

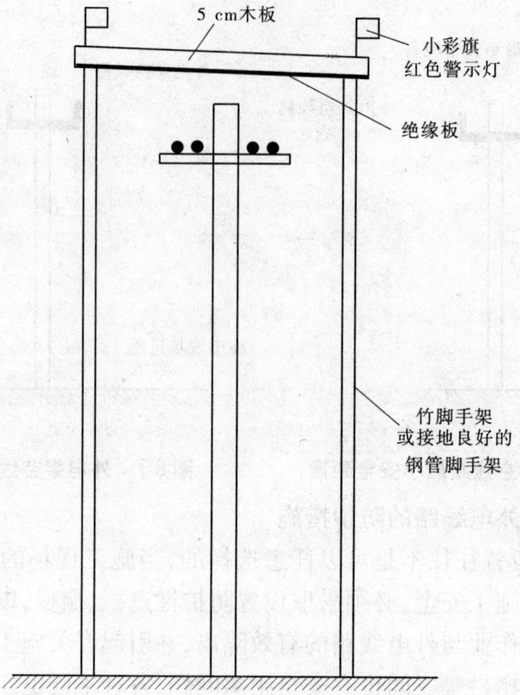

图 8-8　门型防护设施搭设示意图

度，是施工现场每个电气工作人员必须重视的大问题，更要认真地处理好。

8.4.2　现场照明

8.4.2.1　施工现场常用的照明装置

1. PZ220 系列白炽灯泡

利用钨丝通电加热而发光，额定电压 220 V，额定功率 15 W、25 W、40 W、60 W、100 W、150 W、200 W、300 W、500 W。

2. JZ 系列局部照明灯泡

安全电压照明器具，电压 12 V、24 V、36 V，额定功率 15 W、25 W、40 W、60 W、100 W。

3. 外镇流荧光高压汞灯

光效高、寿命长、省电等，适用于工地上大面积照明，GCY 系列功率有 50 W、80 W、125 W、175 W、250 W、400 W、1 000 W。

4. 自镇流荧光高压汞灯

利用水银放电管、钨丝和荧光质三种发光要素同时发光，GYZ 系列功率有：100 W、160 W、400 W、750 W 等几种。

5. GYF 系列反射型荧光高压汞灯

光线集中、定向照射投光灯，功率有 80 W、125 W、250 W、400 W。灯口为螺旋式 40 mm。

6. 其他灯具

NG 系列高压钠灯、金属卤化物灯、PZF220 系列反射型普通照明灯泡、卤钨灯、GC 系列防水防尘灯等。

8.4.2.2 **照明器的选择**

一般场所:普通开启式照明器。

潮湿或特别潮湿场所:防水或配有防水灯头的开启式照明器。

8.4.2.3 **照明供电的选择**

供电电压一般场所为220 V,隧道或地面高度低于2.5 m的不大于36 V,危险场所不大于24 V,特别危险的如锅炉或金属容器不得大于12 V,行灯不得大于36 V。

8.4.2.4 **照明装置的设置**

(1)照明配电箱外镇流荧光高压汞灯内应设置隔离开关、熔断器和漏电保护器。熔断器的熔断电流不得大于15 A。漏电保护器的漏电动作电流应小于30 mA,动作时间小于0.1 s。

(2)施工现场照明器具金属外壳需要保护接零必须使用三芯橡皮护套电缆。严禁使用双芯对绞花线、护套线和单根绝缘铜芯线。导线不得随地拖拉或缠绑在脚手架等设施构架上。

(3)照明灯具的金属外壳和金属支架必须做保护接零。

(4)室内220 V灯具距地面不得低于2.5 m,室外220 V灯具距地面不得低于3 m,配线必须采用绝缘导线或电缆线,并应做保护接零,不得采用双芯对绞花线。

(5)下列特殊场所应使用安全特低电压照明器:

①隧道、人防工程、高温、有导电灰尘、比较潮湿或室内线路和灯具离地面高度低于2.4 m等场所的照明,电源电压不应大于36 V。

②潮湿和易触及带电体场所的照明,电源电压不得大于24 V。

③特别潮湿的场所、导电良好的地面、锅炉或金属容器内的照明,电源电压不得大于12 V。

(6)在一个工作场所内,不得只装设局部照明。

8.4.3 手持电动工具和电动建筑机械

8.4.3.1 **手持电动工具的分类**

手持电动工具按触电保护可分为以下3类:

Ⅰ类工具。工具在防止触电的保护方面不仅依靠基本绝缘,而且它还包含一个附加安全预防措施。

Ⅱ类工具。工具在防止触电的保护方面不仅依靠基本绝缘,而且它还提供双重绝缘或加强绝缘的附加安全预防措施和设有保护接地或依赖安装条件的安全措施。

Ⅲ类工具。工具在防止触电的保护方面依靠由安全电压供电和在工具内部不会产生比安全电压高的电压。

8.4.3.2 **电动建筑机械和手持电动工具的使用规定**

(1)施工现场中一切电动建筑机械和手持电动工具的选购、使用、检查和维修必须遵守下列规定:

①选购的电动建筑机械、手持电动工具和用电安全装置,应符合相应的国家标准、专

业标准和安全技术规程,并且有产品合格证和使用说明书。

②建立和执行专人专机负责制,并定期检查和维修保养。

③保护零线的电气连接应做保护接零,对产生振动的设备其保护零线的连接点不少于2处。

④在做好保护接零的同时,还要根据电动机械的种类和使用场所条件等要求装设漏电保护器。

(2)塔式起重机、室外电梯、滑升模板的金属操作平台需要设置避雷装置的井字架等,除应做好保护接零外,还必须按规定做重复接地。设备在金属构架之间应保证电气连接。

(3)手持电动工具中的Ⅱ类工具和Ⅲ类工具可不做保护接零。

(4)电动建筑机械或手持电动工具的负荷线,必须按其容量选用无接头多股铜芯橡皮护套软电缆。其性能应符合国标《通用橡套软电缆》(GB 5013—97)的要求。其中绿/黄双色线在任何情况下只能用作保护零线或重复接地线。

(5)每一台电动建筑机械或手持电动工具的开关箱内,除应装设过负荷、短路、漏电保护装置外,开关箱内的开关电器必须在任何情况下都可以使用电设备实行电源隔离。

(6)空气湿度小于75% 的一般场所可选用Ⅰ类或Ⅱ类手持式电动工具,其金属外壳与PE线的连接点不得少于2处;除塑料外壳Ⅱ类工具外,相关开关箱中漏电保护器的额定漏电动作电流不应大于15 mA,额定动作时间不应大于0.1 s,其负荷线插头应具备专用的保护触头。

学习单元8.5　预防触电的措施

8.5.1　触电事故的分析

8.5.1.1　触电的类型

(1)二相触电:人体同时接触两根带电的导体(相线),电线上的电流就会通过人体,从一根导线流到另一根导线,形成回路,使人触电。

(2)单相触电:如果人站在大地上,接触到一根带电导线(相线)时,由于大地也能导电,而且与电力系统(发电机、变压器)的中性点相连接,人就等于接触了另一根导线(中性线);或者接触一根相线、一根零线,造成触电。

(3)跨步电压触电:当输电线路发生故障而使导线接地时,由于导线与大地构成回路;电流经导线流入大地,会在导线周围地面形成电场。如果双脚分开站立,会产生电位差,此电位差就是跨步电压;当人体触及跨步电压时,电流就会流过人体,造成触电事故。

8.5.1.2　触电事故的种类

施工现场的触电事故主要分为电击和电伤两大类,也可分为低压触电事故和高压触电事故,前者划分按伤害类型,后者划分按触电发生部位电压的高低。

1. 电击和电伤

电击:电击是最危险的触电事故,大多数触电死亡事故都是电击造成的。当人直接接触了带电体，电流通过人体，使肌肉发生麻木、抽动，如不能立刻脱离电源，将使人体神经中枢受到伤害，引起呼吸困难，心脏麻痹，以致死亡。

电伤：电伤是电流的热效应、化学效应或机械效应对人体造成的伤害。电伤多见于人体外部表面，且在人体表面留下伤痕。其中电弧烧伤最为常见，也最为严重，可使人致残或致命。此外，还有灼伤、烙印和皮肤金属化等伤害。

(1)灼伤。

灼伤是指由于电流的热效应引起的伤害。一般是由于违反操作规程，例如错误地拉开带负荷隔离开关，开关断开瞬间产生电弧，电弧就会烧伤皮肤；又如电焊工焊工件时，如果人与焊接部位离太近又不戴手套，则会被电弧烧伤。由于烧伤时，电弧的温度很高(电弧中心温度高达3 000 ℃以上)，而且往往在电弧中夹杂着金属熔粒，侵入人体后使皮肤发红、起泡或烧焦和组织败坏，严重时要进行切断肌体治疗，造成终身残废甚至死亡。

(2)烙印。

烙印通常发生在人体产生电流热效应的物件有良好接触的情况下，使受伤皮肤硬化，在皮肤表面留下圆形或椭圆形的肿块痕迹，颜色呈灰色或淡黄色。在工地上常见的有：手触摸或脚踏上刚焊过的焊件，造成烙伤。

(3)皮肤金属化。

皮肤金属化是在电流作用下，使熔化和蒸发的金属微粒渗入皮肤表层。皮肤的伤害部分形成粗糙的坚硬表面，日久逐渐剥落。此外，还有因电弧的辐射线而引起眼睛伤害(通常是在没有戴防护面罩而进行电焊工作时发生)。

2. 低压和高压触电事故

用电都是从电力网取得高压电，经降低电压后供给各种电气设备用电。高压配电线路最常见的形式是架空线和电缆。电压越高，危险性就越大。发生在各种电气设备上的触电事故为低压触电事故，发生在高压配电线路上的触电事故为高压触电事故。

8.5.1.3 触电事故的规律

建筑施工行业的触电事故有一定的规律，分析起来，可归纳为以下几点。

(1)就季节而言，每年的第二、三季度事故多，6～9月最集中。主要原因是这段时间天气潮湿、多雨，地面导电性增强，降低了电气设备的绝缘性能；天气炎热，人体衣单而多汗，触电危险性较大。

(2)低压设备触电事故较多。因施工现场低压设备较多，又被多数人直接使用，操作设备的人缺乏电气安全知识，冒险蛮干。

(3)就设备而言，发生在携带式设备和移动式设备上的触电事故多。

(4)就条件而言，在高温、潮湿、现场混乱或金属设备多的现场中触电事故多。

(5)就行为而言，违章操作和无知操作而触电事故多。

(6)建制不齐全、规模较小的建筑施工队触电事故多。因其技术力量薄弱，人员素质差，设备简陋。

8.5.1.4 触电事故的原因分析

(1)缺乏电气安全知识，自我保护意识淡薄。

电气设施安装或接线由非专业电工操作，而是由自己安装。安装人又无基本的电气安全知识,装设不符合电气基本要求,造成意外的触电事故。发生这种触电事故的原因都是缺乏电气安全知识,无自我保护意识。

(2)违反安全操作规程。

施工现场中,有人图方便,不用插头,在电箱乱拉乱接电线。还有人在宿舍私自拉接电线照明,在床上接音响设备、电风扇,有的甚至烧水、做饭等,极易造成触电事故。也有人凭经验用手去试探电器是否带电或不采取安全措施带电作业,或带着侥幸心理在带电体(如高压线)周围,不采取任何安全措施,违章作业,造成触电事故等。

(3)不使用"TN-S"接零保护系统。

有的工地未使用"TN-S"接零保护系统,或者未按要求连接专用保护接零,无有效的安全保护系统。不按"三级配电二级保护"、"一机、一闸、一漏、一箱"设置,造成工地用电使用混乱,易造成误操作,并且在触电时,使得安全保护系统未起可靠的安全保护效果。

(4)电气设备安装不合格。

电气设备安装必须遵守安全技术规定,否则由于安装错误,当人身接触带电部分时,就会造成触电事故。如电线高度不符合安全要求,太低,架空线乱拉、乱扯,有的还将电线拴在脚手架上,导线的接头只用老化的绝缘布包上,以及电气设备没有做保护接地、保护接零等,一旦漏电就会发生严重触电事故。

(5)电气设备缺乏正常检修和维护。

由于电气设备长期使用,易出现电气绝缘老化,导线裸露,胶盖刀闸胶木破损,插座盖子损坏等。如不及时检修,一旦漏电,将造成严重后果。

(6)偶然因素。

电力线被风刮断,导线接触地面引起跨步电压,当人走近该地区时就会发生触电事故。

8.5.2 防止触电的技术措施

为了达到安全用电的目的,必须采取可靠的技术措施,防止触电事故发生。绝缘、安全间距、漏电保护、安全电压、遮栏及阻挡物等都是防止直接触电的防护措施。保护接地、保护接零是间接触电防护措施中最基本的措施。所谓间接触电防护措施,是指防止人体各个部位触及正常情况下不带电,而在故障情况下才变为带电的电器金属部分的技术措施。专业电工人员在全部停电或部分停电的电气设备上工作时,在技术措施上,必须完成停电、验电、装设接地线、悬挂标示牌和装设遮栏后,才能开始工作。

8.5.2.1 绝缘

1. 绝缘的作用

绝缘是用绝缘材料把带电体隔离起来,实现带电体之间、带电体与其他物体之间的电气隔离,使设备能长期安全、正常地工作,同时可以防止人体触及带电部分,避免发生触电事故,所以绝缘在电气安全中有着十分重要的作用。良好的绝缘是设备和线路正常运行的必要条件,也是防止触电事故的重要措施。绝缘具有很强的隔电能力,被广泛地应用在许多电器、电气设备、装置及电气工程上,如胶木、塑料、橡胶、云母及矿物油等都是常用的绝缘材料。

2. 绝缘破坏

绝缘材料经过一段时间的使用会发生绝缘破坏。绝缘材料除因在强电场作用下被击穿而破坏外，自然老化、电化学击穿、机械损伤、潮湿、腐蚀、热老化等也会降低其绝缘性能或导致绝缘破坏。绝缘体承受的电压超过一定数值时，电流穿过绝缘体而发生放电现象称为电击穿。气体绝缘在击穿电压消失后，绝缘性能还能恢复；液体绝缘多次击穿后，将严重降低绝缘性能；而固体绝缘击穿后，就不能再恢复绝缘性能。在长时间存在电压的情况下，由于绝缘材料的自然老化、电化学作用、热效应作用，使其绝缘性能逐渐降低，有时电压并不是很高也会造成电击穿。所以绝缘需定期检测，保证电气绝缘的安全可靠。

3. 绝缘安全用具

一些情况下，手持电动工具的操作者必须戴绝缘手套、穿绝缘鞋(靴)，或站在绝缘垫(台)上工作，采用这些绝缘安全用具使人与地面，或使人与工具的金属外壳，其中包括与相连的金属导体隔离开来，这是目前简便可行的安全措施。为了防止机械伤害，使用手电钻时不允许戴线手套。绝缘安全用具应按有关规定进行定期耐压试验和外观检查，凡是不合格的安全用具严禁使用，绝缘用具应由专人负责保管和检查。常用的绝缘安全用具有绝缘手套、绝缘靴、绝缘鞋、绝缘垫和绝缘台等。绝缘安全用具可分为基本安全用具和辅助安全用具。基本安全用具的绝缘强度能长时间承受电气设备的工作电压，使用时，可直接接触电气设备的有电部分。辅助安全用具的绝缘强度不足以承受电气设备的工作电压，只能加强基本安全用具的保安作用，必须与基本安全用具一起使用。在低压带电设备上工作时，绝缘手套、绝缘鞋(靴)、绝缘垫可作为基本安全用具使用，在高压情况下，只能用作辅助安全用具。

8.5.2.2 屏护

屏护是指采用遮栏、围栏、护罩、护盖或隔离板等把带电体同外界隔绝开来，以防止人体触及或接近带电体所采取的一种安全技术措施。除具有防止触电的作用外，有的屏护装置还能起到防止电弧伤人、防止弧光短路或便利检修工作等作用。配电线路和电气设备的带电部分，如果不便加包绝缘或绝缘强度不足，就可以采取屏护措施。开关电器的可动部分一般不能加包绝缘，而需要屏护。其中防护式开关电器本身带有屏护装置，如胶盖闸刀开关的胶盖、铁壳开关的铁壳等；开启式石板闸刀开关需要另加屏护装置。起重机滑触线以及其他裸露的导线也需另加屏护装置。对于高压设备，由于全部加绝缘往往有困难，而且当人接近至一定程度时，即会发生严重的触电事故。因此，不论高压设备是否已加绝缘，都要采取屏护或其他防止接近的措施。

变配电设备，凡安装在室外地面上的变压器以及安装在车间或公共场所的变配电装置，都需要设置遮栏或栅栏作为屏护。邻近带电体的作业中，在工作人员与带电体之间及过道、入口等处应装设可移动的临时遮栏。屏护装置不直接与带电体接触，对所用材料的电性能没有严格要求。屏护装置所用材料应当有足够的机械强度和良好的耐火性能。但是金属材料制成的屏护装置，为了防止其意外带电造成触电事故，必须将其接地或接零。屏护装置的种类，有永久性屏护装置，如配电装置的遮栏、开关的罩盖等；临时性屏护装置，如检修工作中使用的临时屏护装置和临时设备的屏护装置；固定屏护装置，如母线的护网；移动屏护装置，如跟随天车移动的天车滑线的屏护装置等。使用屏护装置时，还应注意以下内容：

(1)屏护装置应与带电体之间保持足够的安全距离。

(2)被屏护的带电部分应有明显标志，标明规定的符号或涂上规定的颜色。

(3)遮栏、栅栏等屏护装置上应有明显的标志，遮栏出入口的门上应根据需要装锁，或采用信号装置、联锁装置。前者一般是用灯光或仪表指示有电；后者是采用专门装置，当人体超过屏护装置而可能接近带电体时，被屏护的带电体将会自动断电。

8.5.2.3 **漏电保护器**

漏电保护器是一种在规定条件下电路中漏(触)电流(mA)值达到或超过其规定值时能自动断开电路或发出报警的装置。漏电是指电器绝缘损坏或其他原因造成导电部分碰壳时，如果电器的金属外壳是接地的，那么电就由电器的金属外壳经大地构成通路，从而形成电流，即漏电电流，也叫作接地电流。当漏电电流超过允许值时，漏电保护器能够自动切断电源或报警，以保证人身安全。漏电保护器动作灵敏，切断电源时间短，因此只要能够合理选用和正确安装、使用漏电保护器，除保护人身安全外，还有防止电气设备损坏及预防火灾的作用。

必须安装漏电保护器的设备和场所：

(1)属于Ⅰ类的移动式电气设备及手持式电气工具。

(2)安装在潮湿、强腐蚀性等恶劣环境场所的电器设备。

(3)建筑施工工地的电气施工机械设备，如打桩机、搅拌机等。

(4)临时用电的电器设备。

(5)宾馆、饭店及招待所客房内，以及机关、学校、企业、住宅等建筑物内的插座回路。

(6)游泳池、喷水池、浴池的水中照明设备。

(7)安装在水中的供电线路和设备。

(8)医院在直接接触人体的电气医用设备。

(9)其他需要安装漏电保护器的场所。

漏电保护器的安装、检查等应由专业电工负责进行。对电工应进行有关漏电保护器知识的培训、考核。内容包括漏电保护器的原理、结构、性能、安装使用要求、检查测试方法、安全管理等。

8.5.2.4 **安全电压**

把可能加在人身上的电压限制在某一范围之内，使得在这种电压下，通过人体的电流不超过允许的范围。这种电压就叫作安全电压，也叫作安全特低电压。但应注意，任何情况下都不能把安全电压理解为绝对没有危险的电压。具有安全电压的设备属于Ⅲ类设备。我国确定的安全电压标准是42 V、36 V、24 V、12 V、6 V。特别危险环境中使用的手持电动工具应采用42 V安全电压；有电击危险环境中，使用的手持式照明灯和局部照明灯应采用36 V或24 V安全电压；金属容器内、特别潮湿处等特别危险环境中使用的手持式照明灯应采用12 V安全电压；在水下作业等场所工作应使用6 V安全电压。当电气设备采用超过24 V的安全电压时，必须采取防止直接接触带电体的保护措施。

8.5.2.5 **安全间距**

安全间距是指在带电体与地面之间、带电体与其他设施及设备之间、带电体与带电体之间保持的一定安全距离，简称间距。设置安全间距的目的是：防止人体触及或接近带电体造成触电事故，防止车辆或其他物体碰撞或过分接近带电体造成事故，防止电气短路事故、过电压放电和火灾事故，便于操作。安全间距的大小取决于电压高低、设备类型、安装方式等因素。

(1)线路间距。线路间距是指厂区、市区、城镇低压架空线路的安全距离。低压架空线路导线与地面或水面的距离不应低于6 m。

(2)设备间距。配电装置的布置应考虑到设备搬运、检修、操作和试验的方便性。为了工作人员安全，配电装置以外需要保持必要的安全通道。如在配电室内，低压配电装置正面通道宽度，单列布置时应不小于1.5 m。室内变压器与四壁应留有适当距离。

(3)检修间距。检修间距是指在维护检修中人体及所带工具与带电体之间必须保持的足够的安全距离。在低压工作中，人体及所携带的工具与带电体距离不应小于0.1 m。起重机械在架空线路附近进行作业时，要注意其与线路导线之间应保持足够的安全距离。

8.5.2.6 接零与接地

在工厂里，使用的电气设备很多。为了防止触电，通常可采取绝缘、隔离等技术措施以保障用电安全。但工人在生产过程中经常接触的是电气设备不带电的外壳或与其连接的金属体。当设备万一发生漏电故障时，平时不带电的外壳就带电，并与大地之间存在电压，就会使操作人员触电。这种意外的触电是非常危险的。为了解决这个不安全的问题，采取的主要的安全措施就是对电气设备的外壳进行保护接零或保护接地。

1.保护接零

将电气设备在正常情况下不带电的金属外壳与变压器中性点引出的工作零线或保护零线相连接，这种方式称为保护接零。当某相带电部分碰触电气设备的金属外壳时，通过设备外壳形成该相线对零线的单相短路回路，该短路电流较大，足以保证在最短的时间内使熔丝熔断、保护装置或自动开关跳闸，从而切断电流，保障了人身安全。保护接零的应用范围，主要是用于三相四线制中性点直接接地供电系统中的电气设备。在工厂里也就是用于380/220 V的低压设备上。在中性点直接接地的低压配电系统中，为确保保护接零方式的安全可靠，防止零线断线所造成的危害，系统中除工作接地外，还必须在整个零线的其他部位再进行必要的接地。这种接地称为重复接地。

2.保护接地

保护接地是指将电气设备平时不带电的金属外壳用专门设置的接地装置实行良好的金属性连接。保护接地的作用是当设备金属外壳意外带电时，将其对地电压限制在规定的安全范围内，消除或减小触电的危险。保护接地最常用于低压不接地配电网中的电气设备。

学习单元8.6 用电安全事故案例分析

8.6.1 不重视施工用电的管理

施工现场临时用电与一般工业或居民生活用电相比具有其特殊性，有别于正式“永久”性用电工程，具有暂时性、流动性、露天性和不可选择性。

进入施工现场的各类人员，难免要接触到各类电气设备。由于电是看不见、摸不着的，不了解用电常识的人稍不注意就有可能发生触电事故。轻者接触部位被麻一下，重者可能被烧伤、击倒、人事不省甚至危及生命。触电造成的伤亡事故是建筑施工现场的多发事故之一；因此，每一个进入施工现场的人员必须高度重视安全用电工作，掌握必备的用电安全技术知识。

案例一

2002 年 7 月 21 日，在上海某建设实业发展中心承包的某学林苑 4#房工地上，水电班班长朱某、副班长蔡某，安排普工朱某、郭某二人为一组到 4#房东单元 4 ~ 5 层开凿电线管墙槽工作。下午 1 时上班后，朱、郭二人分别随身携带手提切割机、榔头、凿头、开关箱等作业工具继续作业。朱某去了 4 层，郭某去了 5 层。当郭某在东单元西套卫生间墙槽时，由于操作不慎，切割机切破电线，使郭某触电。14 时 20 分左右，木工陈某路过东单元西套卫生间，发现郭某躺倒在地坪上，不省人事。事故发生后，项目部立即叫来工人宣某、曲某将郭某送往医院，经抢救无效死亡。

1. 事故原因分析

(1) 直接原因。

郭某在工作时，使用手提切割机操作不当，以致割破电线造成触电，是造成本次事故的直接原因。

(2) 间接原因。

①项目部对职工安全教育不够严格，缺乏强有力的监督；

②工地安全对施工班组安全操作交底不细，现场安全生产检查监督不力；

③职工缺乏相互保护和自我保护意识。

(3) 主要原因。

施工现场用电设备、设施缺乏定期维护及保养，开关箱漏电保护器失灵是造成本次事故的主要原因。

2. 事故预防及控制措施

(1) 企业召开安全现场会，对事故情况在全企业范围内进行通报，并传达到每个职工，认真吸取教训，举一反三，深刻检查，提高员工自我保护和相互保护的安全防范意识，杜绝重大伤亡事故的发生。

(2) 立即组织安全部门、施工部门、技术部门以及现场维修电工等对施工现场全面的安全检查，不留死角。对查出的机械设备、电器装置等各种事故隐患马上定人、定时、定措施落实整改不留隐患。

(3) 进一步坚决落实各级人员的安全生产岗位责任制，进一步加强对职工进行有针对性的安全教育、安全技术交底，并加强安全动态管理，加强危险作业和过程的监控，进一步规范、完善施工现场安全设施。

3. 事故处理结果

(1) 本起事故直接经济损失约为 16 万元。

(2) 事故发生后，施工单位根据事故调查小组的意见，对本次事故负有一定责任者进行了相应的处理：

①公司总经理范某，对项目部安全管理不够，对本次事故负有领导责任，给予作出书面检查的处分。

②公司副总经理曹某，对项目部安全管理、检查监督不严，对本次事故负有领导责任，给予作出书面检查的处分。

③项目经理石某，对职工安全教育、交底不到位，对本次事故负有领导责任，作批评教育，并给予罚款的处分。

④工地安全员周某，对施工现场安全检查、监督不严，对本次事故负有一定责任，给予通报批评，并处以罚款。

⑤水电工班长朱某、副班长蔡某，对班组安全生产、安全教育不够，对本次事故负有一定责任，分别给予口头警告和罚款的处分。

⑥普工郭某，手提切割机操作不当，对本次事故负有直接责任，鉴已在事故中死亡，故免于追究。

8.6.2　违反接地接零及漏电保护的有关规定

案例二

某建筑工地正在紧张施工，搅拌机和好了水泥后停下来。一位工人推车过来接水泥，正当搅拌机向外倒水泥时，手扶推车把手的工人突然感到身体发麻，大喊有电，于是停止工作，找来电工，修理，电工王某来后，用验电笔测搅拌机外壳果然有电，就把搅拌机上的开关拉开，再一测还有电，就跑到前一级开关箱，拉开了控制搅拌机回路的铡刀开关，这时，他认为不会再有电了，没再验电，就伸手抓住搅拌机动力箱的铁门，只听“啊”一声王某就倒地，在场的人员立即扯着他的裤脚，将他拉出，送到医院抢救无效死亡。

1. 原因分析

控制搅拌机的开关箱的电源是从总的配电箱配出的，总配电箱控制搅拌机回路的开关的三相导线中有一相是黑色的，而没经开关的保护线是灰色的，就在搅拌机和好水泥后，工地“二包”队伍的一位电工，要为本队临时接一照明灯，它把开关拉开，负荷线撤掉，接好照明，在恢复原负荷时，他认为黑色线应该是保护线，就把黑线和原来的保护线互换了一下，把原来的保护线接到电流的相线上，相线接在搅拌机外壳，当电工王某拉开两级开关时，由于三相开关并不能切断接在外壳上的相线，所以搅拌机仍然带电，导致电工王某触电死亡。

(1)原线中总开关箱内的相序并没有按习惯做法把黑色线作为保护线，埋下了事故隐患。

(2)“二包”队伍的电工在恢复原接线时，主观的把相序倒过使搅拌机带电，是造成事故的直接原因。

(3)电工王某在检修中虽然拉下二级开关，但并没有切断在外壳上的相线，又没有认真验电，也是发生事故的原因。

2. 事故教训及防范措施

(1)接线时要规范，黑色线或绿/黄双色线要接外壳，不要把相线错接在外壳上。

（2）检修开始前一定要全面验电，不能认为电已经停了验不验电无所谓。

8.6.3　线路架设违反规定

案例三

架空 10 kV 线路路径较长，因其沿途地形较空旷，四周少有高大建筑物，故在每年的雨季常遭雷击，由此产生的事故是 10 kV 架空线路最常见的。

1. 现象

常见的现象有绝缘子击穿或爆裂、断线、避雷器爆裂、配变烧毁等。

（1）绝缘子质量不过关或存在隐患运行。尤其是 P – 15 kV 针式绝缘子质量存在缺陷，在雷击时易引起 10 kV 线路接地或相间短路。

10 kV 线路防雷措施不足。线路所处区域空旷易招雷击，而 10 kV 线路一般没有避雷线，线路直击雷或感应雷过电压就会在线路设施薄弱之处寻找出路，造成损害。

避雷器性能下降或失效。一些用户对避雷器的重要性熟悉不足，不愿配合供电部门进行规定的预试，使一些淘汰型号或耐压能力、泄流能力不合格的避雷器带病运行。

地极不合格。接地装置年久失修，地下连接部位锈蚀，使接地电阻值达不到要求，泄流能力低，雷击电流不能快速流入大地，残压高。

（2）外力破坏事故。

（3）设备陈旧，使用年限长。

2. 反事故措施

（1）防雷击反事故措施。

①更换、安装耐压等级高的绝缘子或瓷横担。

在受雷害严重的线路上适当采用 20 kV 电压等级的绝缘子，提高其耐雷水平。

②安装金属氧化物避雷器（简称 MOA）。

可在空旷的 10 kV 架空线路上安装线路型避雷器，在配网设备如配变、柱上开关、电缆头等处也必须安装避雷器。

③检查、整改接地装置。

严格定期检查测量 10 kV 配网上接地装置的接地电阻，不合格的给予整改，保证线路接地电阻值不大于 10 Ω。与 1 kV 以下设备共用的配变台架接地装置接地电阻不大于 4 Ω。

（2）防外力破坏措施。

①为杜绝或减少车辆碰撞杆塔事故，可以在交通道路的杆塔上涂上醒目的反光漆，在拉线上加套红白反光标志管，以引起车辆驾驶员的注意。

②加强宣传教育，着重指出在高压线路四周放风筝、违章施工对人身安全的严重危害性，并在线路杆塔上挂设醒目的禁止警示牌。

③加强打击破坏盗窃 10 kV 配网线路器材、设备的力度。

④运行部门定期巡视检查 10 kV 线路的杆塔基础、拉线基础和违章建筑物，对存在缺陷的设备及时处理和检修，对违章建筑物进行清理整顿。

⑤健全埋地电缆标志。可制作一些不锈钢小标志牌，上刻有清楚醒目的“高压电力

电缆”字样，沿电缆走向安装在地面上。

3. 运行维护治理措施

(1)在线路运行中，应密切注意 10 kV 馈线的负荷情况，及时调整各馈线的负荷，严禁线路超载运行。

(2)在配变运行中，须严格按额定容量配装高、低压熔断器等。

(3)减少导线连接接触不良，加强运行检查维护。

(4)在 10 kV 线路上安装短路故障指标器。

8.6.4 熔断器和熔丝不符合要求

案例四

跌落式熔断器是 10 kV 配电网系统中的主要设备之一，其安全运行和可靠动作对供电设备的安全尤为重要。如果在运行中跌落式熔断器经常因熔丝故障而发生自动掉管，必然影响供电的可靠性。

1. 跌落式熔断器的工作原理

由于跌落式熔断器安装在配电变压器上，可以作为配电变压器的主保护，故在 10 kV 配电线路和配电变压器中得到了普及应用。其工作原理是：熔丝管两端的动触头依靠熔丝（熔体）系紧，将上动触头推入“鸭嘴”凸出部分后，磷铜片制成的上静触头顶着上动触头，故而熔丝管牢固地拴在“鸭嘴”里。当短路电流通过熔丝熔断后产生电弧，熔丝管内衬的钢纸管在电弧作用下产生大量的气体因熔丝管上端被封死，气体向下端喷出，吹灭电弧。由于熔丝熔断，熔丝管的上、下动触头失去熔丝的系紧力，在熔丝管自身重力和上、下静触头弹簧片的作用下，熔丝管迅速跌落，使电路断开，切除故障段线路或者故障设备。

2. 跌落式熔断器装置性缺陷的剖析

(1)产品工艺粗糙，制造质量差，触头弹簧弹性不足，造成触头接触不良而产生电火花。

(2)熔管转动轴粗糙不灵活，使熔管角度达不到规程要求。尤其是配备的熔管过长将鸭嘴顶死，造成熔体熔断后熔管不能迅速跌落，无法及时将电弧切断、熄灭，造成熔管烧毁或爆炸；熔管尺寸短，合闸困难，触头接触不良产生电火花。

(3)熔断器额定断开容量小，其下限值小于被保护系统的三相短路容量。目前，10 kV 户外跌落式熔断器分为三种型号，即 50 A、100 A、200 A。200 A 跌落式熔断器的遮断能力上限是 200 MVA，下限是 20 MVA。根据其遮断容量的能力不难看出，短路故障时熔体熔断后不能及时灭弧，也容易使熔管销毁或爆炸。

(4)有些新开关熔管尺寸与熔断器固定接触部分尺寸匹配不合适，极易松动。在运行中一旦遇到外力作用、振动或者大风天气，便会自行误动而跌落，不但减少了售电量，而且也很难保证供电可靠率指标。

3. 跌落式熔断器的检修安装要点

(1)安装时应将熔体拉紧（使熔体受到 24.5 N 左右的拉力），否则容易引起触头发热。

(2)熔断器安装在横担（构架）上应牢固可靠，不能有任何的滑动或摇摆现象。

(3)熔管的轴线安装应与铅垂线成15°～30°的倾角,有利于熔体熔断时熔管依靠自身重量迅速跌落。

(4)熔断器应安装在离地面垂直距离不小于4.5 m的横担(构架)上,以防万一熔管掉落引发其他事故。

(5)熔管的长度调整应适中,要求合闸鸭嘴舌头能扣住触头长度的2/3以上,以免发生自行跌落的误动作,熔管亦不可顶死鸭嘴,以防止熔体熔断后熔管不能及时跌落。

(6)所使用的熔体必须是正规厂家的标准产品,并具有一定的机械强度,一般要求熔体最少能承受147 N以上的拉力。

(7)10 kV跌落式熔断器安装在户外,要求相间距离大于0.5 m。

4. 跌落式熔断器的检修操作

一般情况下不允许带负荷操作跌落式熔断器,只允许其操作空载设备(线路)。但在农网10 kV配电线路分支线和额定容量小于200 kVA的配电变压器,允许按下列要求带负荷操作:

(1)操作时由两人进行(一人监护,一人操作),但必须戴经试验合格的绝缘手套,穿绝缘靴、戴护目眼镜,使用电压等级相匹配的合格绝缘棒操作,在雷电或者大雨的气候下禁止操作。

(2)在拉闸操作时,一般规定为先拉断中间相,再拉背风的边相,最后拉断迎风的边相。因为配电变压器由三相运行改为两相运行,拉断中间相时所产生的电弧火花最小,不致造成相间短路。其次是拉断背风边相,因为中间相已被拉开,背风边相与迎风边相的距离增加了一倍,即使有过电压产生,造成相间短路的可能性也很小。最后拉断迎风边相时,仅有对地的电容电流,产生的电火花则已很轻微。

(3)合闸的时候操作顺序与拉闸时相反,先合迎风边相,再合背风的边相,最后合上中间相。

(4)操作熔管是一项频繁的项目,注意不到便会造成触头烧伤引起接触不良,使触头过热,弹簧退火,促使触头接触更为不良,形成恶性循环。所以,拉、合熔管时用力要适度,合好后要仔细检查鸭嘴舌头能紧紧扣住舌头长度2/3以上,可用拉闸杆钩住上鸭嘴向下压几下,再轻轻试拉,检查是否合好。合闸时未能到位或未合牢靠,熔断器上静触头压力不足,极易造成触头烧伤或者熔管自行跌落。

5. 跌落式熔断器的运行维护管理

为使熔断器能更可靠、安全地运行,除按规程要求严格地选择正规厂家生产的合格产品及配件(包括熔件)等外,在运行维护管理中应特别注意以下事项:

(1)熔断器具额定电流与熔体及负荷电流值是否匹配合适,若配合不当必须进行调换。

(2)熔断器的每次操作须仔细认真,不可粗心大意,特别是合闸操作,必须使动、静触头接触良好。

(3)熔管内必须使用标准熔体,禁止用铜丝、铝丝代替熔体,更不准用铜丝、铝丝及铁丝将触头绑扎住使用。

8.6.5 违章用电给安全留下祸根

案例五

2002 年 8 月 10 日，在上海某建筑工程有限公司承建的某住宅小区工地上，油漆班正在进行装饰工程的墙面批嵌作业。下午上班后，油漆工屈某在施工现场 47[#]房西南广场处，用经过改装的手电钻搅拌机（金属外壳）伸入桶内搅拌批嵌材料。15 时 35 分左右，泥工何某见到屈某手握电钻坐在地上，以为他在休息而未注意。大约 1 min 后，发现屈某倒卧在地上，面色发黑，不醒人事。何某立即叫来油漆工班长等人用出租车将屈某急送医院，经抢救无效死亡。医院诊断为触电身亡。

1. 事故原因分析

(1) 直接原因。

屈某在现场施工中用不符合安全使用要求的手电钻搅拌机，本人又违反规定私接电源，加之在施工中赤脚违章作业，是造成本次事故的直接原因。

(2) 间接原因。

项目部对职工、班组长缺乏安全生产教育，现场管理不到位，发现问题未能及时制止，况且用自制的手枪钻作搅拌机使用，在接插电源时，未经漏电保护，违反“三级配电，二级保护”原则，是造成本次事故的间接原因。

(3) 主要原因。

公司虽对职工进行过进场的安全生产教育，但缺乏有效的操作规程和安全检查，加之屈某自我保护意识差，是造成本次事故的主要原因。

2. 事故预防及控制措施

(1) 召开事故现场会，对全体施工管理人员、作业人员进行反对违章操作、冒险蛮干的安全教育，吸取事故教训，落实安全防范措施，确保安全生产。

(2) 公司领导，应提高安全生产意识，加强对下属工程项目安全生产的领导和管理，下属工程、项目部必须配备安全专职干部。

(3) 项目部经理必须加强对职工的安全生产知识和操作规程的培训教育，提高职工的自我保护意识和互相保护意识，严禁职工违章作业，违者要严肃处理。

(4) 法人代表、项目经理、安全员按规定参加安全生产知识培训，做到持证上岗。

(5) 建立健全安全生产规章制度和操作规程，组织职工学习，并在施工生产中严格执行，预防事故发生。

(6) 加强安全用电管理和电器设备的检查、检验，强化用电人员的安全用电意识，加强现场维修电工的安全生产责任性，对施工现场的用电设备进行全面的检查和维修，消除事故隐患，确保用电安全。

3. 事故处理结果

(1) 本起事故直接经济损失约为 16 万元。

(2) 事故发生后，施工单位根据事故调查小组的意见，对本次事故负有一定责任者进行了相应的处理：

①公司法人代表姚某，对安全生产管理不力，对本次事故负有领导责任，责令其作书

面检查。

②项目经理朱某，放松对职工的安全生产管理和遵章守纪的教育，对本次事故负有管理责任，责令其作出书面检查，并处以罚款。

③项目部安全员叶某，对施工现场安全生产监督检查不力，对本次事故负有一定责任，给予罚款的处分。

④项目部油漆班长包某，提供不符合安全规定的电动工具，对本次事故负有一定责任，给予罚款的处分。

⑤油漆工屈某，自我保护安全意识差，违章用电，赤脚作业，违反了安全生产规章制度，对本次事故负有一定责任，因本人已死亡，故不予追究。

习　题

一、单选题

1. 防雷电检查属于(　　)。

A. 定期性检查　　B. 经常性检查　　C. 专业性检查　　D. 季节性检查

2. 特种作业操作证每(　　)年由原考核发证部门复审一次。

A. 1　　B. 2　　C. 3　　D. 4

3. 漏电保护器的作用是防止(　　)。

A. 电压波动　　B. 触电事故　　C. 电荷超负　　D. 电压稳定

4. 使用电气设备时，由于维护不及时，当进入(　　)时，可导致短路事故。

A. 导电粉尘或纤维　　B. 强光辐射　　C. 热气　　D. 冷气

5. 如果工作场所潮湿，为避免触电，使用手持电动工具的人应(　　)。

A. 站在铁板上操作　　B. 站在绝缘胶板上操作

C. 穿防静电鞋操作　　D. 穿戴铁钉鞋

6. 在对锅炉、压力容器维修的过程中，应使用(　　)V 的安全灯照明。

A. 36　　B. 24　　C. 12　　D. 6

7. (　　)将故障设备上的对地电压限制在安全范围内，以消除或减少电击的危险。

A. IT 保护接地防护法　　B. TT 系统防护法

C. TN 保护接零法　　D. 漏电保护法

8. 安全标志(　　)。

A. 不能直接消除、控制危险

B. 可以直接消除、控制危险

C. 可以从根本上消除、控制危险

D. 不能提醒人们的注意

9. 防雷接地电阻值一般要求不超过(　　)Ω。

A. 4　　B. 8　　C. 10　　D. 12

二、多选题

1. 下列属于我国安全电压额定值的是(　　)V。

A. 63　　B. 50　　C. 42　　D. 36

E. 24

三、简答题

1. 临时用电施工组织设计应包括哪几方面的内容?
2. 施工现场临时用电的安全技术档案应包括哪些内容?
3. 什么是接地和接零?
4. 漏电保护装置的原理是什么?
5. 施工现场常用的照明装置有哪些?
6. 触电的类型有哪些?

学习任务9 施工现场防火与文明施工

【学习目标】 掌握施工现场防火安全管理制度;了解文明施工措施。

工作任务表

能力目标	主讲内容	学生完成任务	评价标准	
了解施工现场防火措施和要求,掌握灭火基本方法	施工临时防火安全管理、施工现场防火安全管理的要求、施工现场防火检查及灭火	学生分组讨论施工临时防火安全管理的方方面面	优秀	熟悉施工现场防火措施和要求,掌握灭火基本方法
			良好	了解施工现场防火措施和要求,掌握灭火基本方法
			合格	基本了解施工现场防火措施和要求,掌握灭火基本方法
明确文明施工内容	现场总体规划布局、现场安全文明施工纪律	学生分组讨论现场总体规划布局流程	优秀	熟悉明确文明施工内容
			良好	了解明确文明施工内容
			合格	基本了解明确文明施工内容

学习单元9.1 施工现场防火

9.1.1 施工临时防火安全管理

建筑工程施工现场的消防安全由施工单位负责。实施总承包的,由总承包单位负责。分包单位向总承包单位负责,服从总承包单位对施工现场的消防安全管理。

9.1.1.1 施工现场防火制度

(1)确定一名行政领导为施工现场防火负责人,负责督促、检查施工现场的日常防火工作。

(2)制定施工现场防火制度,确定岗位防火职责。

(3)组织工程技术人员和工人开展防火知识培训和宣传,按工程进度落实相应的消防措施。

(4)检查落实施工现场宿舍和临时办公房的防火措施。

(5)定期开展防火检查,及时消除火险隐患。

9.1.1.2 **施工管理**

(1)施工单位应当在建筑工程开工前编制施工组织设计、施工现场消防安全措施及消防设施平面图,建立应急预案,并定期演练。

(2)施工单位应在施工现场设置临时消防车道,其宽度不得小于4 m,并保证临时消防车道的畅通。禁止在临时消防车道上堆物、堆料或挤占临时消防车道。

(3)施工现场必须配备消防器材,做到布局、选型合理。要害部位应配备不少于4具灭火器材,要有明显的防火标志,并经常检查、维护、保养,保证灭火器材灵敏有效。

(4)建筑施工现场必须按照使用明火的范围、时间和危险程序建立相应的审批制度,并严格履行有关审批手续。作业人员使用明火,应当清除周围可燃物,落实监护人员和监护措施,并配备充足的灭火器材。

安装电气设备和进行电、气焊工作业人员,必须具有相应的特种作业操作岗位资格证书。进行电、气焊切割作业,必须开具用火证,设置专人看护,配备灭火器具。5级(含5级)以上风力应停止室外电、气焊切割作业。

(5)建筑工程内不准存放易燃易爆化学危险物品和易燃、可燃材料。氧气瓶、乙炔瓶工作间距不小于5 m,两瓶与明火作业距离不小于10 m。

(6)施工现场要有明显的防火宣传标志。施工现场的义务消防队员,要定期组织教育培训及演练。

(7)施工单位应当建立健全临时用电管理制度,加强临时用电施工管理。临时用电施工必须由经培训合格的专业技术人员操作。临时用电必须安装过载保护装置,严禁超负荷使用电气设备。

(8)建筑工地工人临时宿舍和办公用房的设置必须符合消防技术标准的要求,并配置相应的灭火器材,放置在通道等醒目和便于使用的地方。灭火器应当加强保养,确保处于备用状态。

宿舍不得设置于在建建筑工程内,严禁使用可燃材料搭设,宿舍内不得卧床吸烟,不得使用大功率电热器具。

(9)施工单位应当按照仓库防火管理规则存放、保管施工材料。易燃易爆物品应按其性质专库分类储存。库房应采用非燃烧材料搭设,用电符合防火规定。

(10)建筑施工现场应选择安全地点集中设置厨房,由专人管理灶火。液化石油气钢瓶放置、使用必须符合防火防爆要求。

9.1.2 施工现场防火安全管理的要求

(1)施工现场的消防工作,应遵照国家有关法律、法规开展消防安全工作。

(2)项目部应在开工前15日内备齐相关资料,到当地公安局消防科报审备案,并办理《消防施工许可证》。

(3)项目部应建立消防规章制度和消防组织,施工现场要有明显的防火宣传标志。施工现场的义务消防人员,要定期组织教育培训,并将培训资料存入内业档案中。

(4)施工必须设置临时消防车道。其宽度不得小于3.5 m,并保证临时消防车道的畅通,禁止在临时消防车道上堆物、堆料或挤占临时消防车道。

(5)施工现场必须配备消防器材，做到布局合理。要害部位应配备不少于4具的灭火器，要有明显的防火标志，并经常检查、维护、保养，保证灭火器灵敏有效。

(6)施工现场消火栓应布局合理。消防干管直径不小于100 mm。消火栓处昼夜要设有明显标志，配备足够的水龙带，周围3 m内不准存放物品。地下消火栓必须符合防火规范。

(7)高度超过24 m的建筑工程，应安装临时消防竖管。管径不得小于75 mm，每层设消火栓口，配备足够的水龙带。消防供水要保证足够的水源和水压，严禁消防竖管作为施工用水管线。消防泵房应使用非燃材料建造，位置设置合理，便于操作，并设专人管理，保证消防供水。消防泵的专用配电线路，应引自施工现场总断路器的上端，要保证连续不间断供电。

(8)电焊工及气焊工从事电、气焊切割作业，要有操作证和用火证。用火前，要对易燃、可燃物清除，采取隔离等措施，配备看火人员和灭火器具，作业后必须确认无火源隐患后方可离去。用火证当日有效，用火地点变换，要重新办理用火手续。

(9)氧气瓶、乙炔瓶工作间距不小于5 m，两瓶与明火作业距离不小于10 m。建筑工程内禁止氧气瓶、乙炔瓶存放，禁止使用液化石油气钢瓶。

(10)施工现场使用的电气设备必须符合防火要求。临时用电必须安装过载保护装置，配电箱内不准使用易燃、可燃材料。严禁超负荷使用电气设备。施工现场存放易燃及可燃材料的库房、木工加工场所、油漆配料房及防水作业场所不得使用明露高热强光源灯具。

(11)易燃易爆物品，必须有严格的防火措施，指定防火负责人，配备灭火器材，确保施工安全。

(12)施工材料的存放、使用应符合防火要求。库房应采用非燃材料支搭，易燃易爆物品应专库储存，分类单独存放，保持通风，用电符合防火规定。不准在工程内、库房内调配油漆、稀料。

(13)在建工程内不准作为仓库使用，不准存放易燃、可燃材料，因施工需要进入工程内的可燃材料，要根据工程进度限量进入并采取可靠的防火措施。废弃材料应及时清除。

(14)施工现场使用的安全网、密目式安全网、密目式防尘网、保温材料，必须符合消防安全规定，不得使用易燃、可燃材料。

(15)施工现场严禁吸烟。不得在建设工程内设置宿舍。

(16)施工现场和生活区，未经批准不得使用电热器具。严禁工程中明火保温施工及宿舍内明火取暖。

(17)从事油漆粉刷或防水等危险作业时，要有具体的防火要求，必要时设专人看护。

(18)生活区的设置必须符合消防管理规定。严禁使用可燃材料搭设，宿舍内不允许工人卧床吸烟。

(19)生活区的用电要符合防火规定。用火要经审批，食堂使用的燃料必须符合使用规定，用火点和燃料不能在同一房间内，使用时要有专人管理，停火时要将总开关关闭，并经常检查有无泄漏。

9.1.3 施工现场防火检查及灭火

9.1.3.1 防火检查

1. 制度

防火检查由消防安全责任人(管理人)组织,每季度不少于一次,检查时相关人员参加。

2. 防火检查内容

(1)消防安全制度、消防安全管理措施和消防安全操作规程的执行和落实情况。

(2)用火、用电、用油、用气有无违章。

(3)新建、改建、扩建及装修工程有无违章。

(4)疏散通道、安全出口和消防车通道是否畅通,安全疏散指示标志、应急照明设置及完好情况,人员密集场所疏散通道、门窗上是否设置影响逃生和灭火救援的障碍物。

(5)消防设施、器材和消防水源及各类消防安全标识是否完好,建筑消防设施管理是否符合 DB65/T 3119—2010 的要求。

(6)是否违反国家消防技术标准要求使用易燃可燃材料装修。

(7)消防(控制室)值班人员值班情况,消防安全重点部位管理情况。

(8)灭火和应急疏散预案的制订与演练情况。

(9)员工消防知识掌握情况。

(10)易燃易爆危险品的储存、使用是否符合有关国家消防技术标准要求。

(11)防火巡查、火灾隐患整改及防范措施落实情况。

(12)电器产品、燃气用具及其线路、管路的选型、使用、维护保养及检测是否符合国家技术标准要求。

(13)检查有无违章设置员工集体宿舍。

(14)其他消防安全情况。

9.1.3.2 施工现场灭火

(1)施工现场的下列场所应配置灭火器:

①可燃、易燃物存放及使用场所;

②动火作业场所;

③自备发电机房、配电房等设备用房;

④现场办公、住宿用房;

⑤其他有火灾危险的场所。

(2)灭火器配置应符合下列要求:

①灭火器的选择、配置、设置应符合现行国家标准《建筑灭火器配置设计规范》(GB 50140—2005)的要求。

②动火作业场所、易燃材料使用场所,灭火器数量应按现行国家标准《建筑灭火器配置设计规范》(GB 50140—2005)规定数量的 2.0 倍进行配置。

③可燃材料使用场所,灭火器数量应按现行国家标准《建筑灭火器配置设计规范》(GB 50140—2005)规定数量的 1.5 倍进行配置。

学习单元9.2　施工现场文明施工管理

施工现场的管理与文明施工是安全生产的重要组成部分。安全生产是树立以人为本的管理理念，保护社会弱势群体的重要体现；文明施工是现代化施工的一个重要标志，是施工企业一项基础性的管理工作，坚持文明施工具有重要意义。安全生产与文明施工是相辅相成的，建筑施工安全生产不但要保证职工的生命财产安全，同时要加强现场管理，保证施工井然有序，改变过去脏乱差的面貌，对提高投资效益和保证工程质量也具有深远意义。

9.2.1　现场总体规划布局

施工现场必须科学合理地规划布局，绘制出施工现场平面布置图，在施工实施阶段按照施工总平面图要求，设置道路、组织排水、搭建临时设施、堆放物料和设置机械设备等。

9.2.1.1　施工总平面图编制的依据

(1)工程所在地区的原始资料，包括建设、勘察、设计单位提供的资料。

(2)原有和拟建建筑工程的位置和尺寸。

(3)施工方案、施工进度和资源需要计划。

(4)全部施工设施建造方案。

(5)建设单位可提供房屋和其他设施。

9.2.1.2　施工平面布置原则

(1)满足施工要求，场内道路畅通，运输方便，各种材料能按计划分期分批进场，充分利用场地。

(2)材料尽量靠近使用地点，减少二次搬运。

(3)现场布置紧凑，减少施工用地。

(4)在保证施工顺利进行的条件下，尽可能减少临时设施搭设，尽可能利用施工现场附近的原有建筑物作为施工临时设施。

(5)临时设施的布置，应便于工人生产和生活，办公用房靠近施工现场，福利设施应在生活区范围之内。

(6)平面图布置应符合安全、消防、环境保护的要求。

9.2.1.3　施工总平面图表示的内容

(1)拟建建筑的位置，平面轮廓。

(2)施工用机械设备的位置。

(3)塔式起重机轨道、运输路线及回转半径。

(4)施工运输道路、临时供水、排水管线、消防设施。

(5)临时供电线路及变配电设施位置。

(6)施工临时设施位置。

(7)物料堆放位置与绿化区域位置。

(8)围墙与入口位置。

9.2.1.4 施工现场功能区域划分要求

施工现场按照功能可划分为施工作业区、辅助作业区、材料堆放区和办公生活区。施工现场的办公生活区应当与作业区分开设置,并保持安全距离。办公生活区应当设置于在建建筑物坠落半径之外,与作业区之间设置防护措施,进行明显的划分隔离,以免人员误入危险区域;办公生活区如果设置在在建建筑物坠落半径之内,必须采取可靠的防砸措施。功能区在规划设置时还应考虑交通、水电、消防和卫生、环保等因素。

这里的生活区是指建设工程作业人员集中居住、生活的场所,包括施工现场以内和施工现场以外独立设置的生活区。施工现场以外独立设置的生活区是指施工现场内无条件建立生活区,在施工现场以外搭设的用于作业人员居住、生活的临时用房或者集中居住的生活基地。

9.2.2 现场安全文明施工纪律

9.2.2.1 文明施工要求

工地区域分布合理有序,场容场貌整洁文明。根据施工区域实际情况,做到施工区域与生活区域分开,保证场容场貌整洁、有序、文明,材料区域堆放整齐。

(1)施工区域的条理化和防护的基本要求。

有满足要求的操作场地或作业面,清除影响作业的障碍,妥善处置有危险性的突出物,材料整齐堆放,有良好的安全通道;拆下来的模板、支撑、脚手架等材料物品以及施工余料、废料、垃圾应及时清运出去,木料上的钉子应及时拔除或拍倒;凡有可能发生块体或物品掉落、弹出、飞溅以及有其他伤害物的区域均应设置安全防护措施,以保护现场其他人员的安全。

(2)材料、设备、工具存放保管的基本要求。

按规定平整场地,设置支垫物;按平面布置图划定的地点分类堆放整齐,稳固和不超过规定高度;料堆应离开场地围挡或临时建筑墙体至少500 mm,并将两头进口封堵,严禁紧贴围挡或临时建筑墙体堆料;易滚、易滑和重心较高的材料物品的支架堆放,其支架应稳定可靠,必要时应进行设计,严格按设计要求设置;对油漆、稀释剂等易燃品和其他对职工健康有害的物品应分类存放在通风良好、严禁烟火并有消防用品的专用仓库内,沥青应放置在通风干燥不受阳光直射的场所。

9.2.2.2 施工现场安全纪律

1. 十大安全纪律

(1)进入工地必须戴安全帽,高处作业时必须系安全带,严禁穿高跟鞋、拖鞋、赤脚进入工地。

(2)新员工未经安全教育培训不得上岗,特殊工种必须持证上岗。

(3)严禁擅自离开工作岗位,严禁在工作岗位上睡觉、嬉闹。

(4)严禁酒后进入工地作业。

(5)严禁不懂电器、机械的人员,操作电器、机械设备。

(6)起重机作业时严禁在吊臂下方站人,吊物旋转范围内严禁人员经过或逗留。

(7)无资格操作证人员严禁开车、操作机械设备及驳接、拆除电气、电器。

(8)严禁跨跃、靠近、触摸动转、传动中机械设备的危险部位,严禁靠近、触摸、挂碰及攀登高压、变压器用电设施。

(9)严禁在未设安全防护设施的同一部位进行立体上下双层、交叉作业。

(10)严禁随意移动、拆除、损坏安全防护设施、消防器材及安全标志牌。

2. 十项安全技术措施

(1)作业人员要经安全教育培训,考核合格才能上岗。

(2)工程施工要按规定设置安全防护设施,作业人员配备劳动保护用品,并正确使用。

(3)机械设备防护装置要齐全有效。

(4)架设电源线、线路及安装电器设备必须符合规定,电器设备全部接地接零。

(5)电动机械和电动手持工具要设漏电保护装置。

(6)脚手架的材料和脚手架搭设必须符合规范、规程要求。

(7)各种缆绳、钢丝绳不得起毛,断股超过使用标准。

(8)工地必须设有效安全防护装置或指令安全标志。

(9)起重设备必须有限位装置,维修保养时必须停车。

(10)现场的施工孔口、悬空边缘、结构悬臂等危险地段应有安全标志,夜间要亮灯示警。

3. 起重吊装十不吊

(1)超载荷不吊。

(2)歪拉、斜拉不吊。

(3)指挥信号不明不吊。

(4)安全装置失灵不吊。

(5)零散物品盛装不当不吊。

(6)埋在地下的物件不吊。

(7)吊物上站人不吊。

(8)光线阴暗看不清不吊。

(9)捆绑不牢不稳不吊。

(10)重物边缘锋利部位未采取垫物防割断措施不吊。

4. 电气焊割十不烧

(1)无电气焊割作业证的人员。

(2)凡属一、二、三级动火范围的焊、割作业,未经办理动火审批手续时。

(3)焊工不了解焊、割现场周围情况时。

(4)焊工不了解焊件内部是否安全时。

(5)各种装进可燃气体、易燃液体和有毒物质的容器,未经彻底的清洗、排除危险性之前。

(6)用可燃材料作保温层、冷却层,隔音、隔热设备的部位或火星溅到的地方,在未采取切实可靠的安全措施之前。

(7)有压力或密闭的管道、容器。

(8)焊割部位有易燃、易爆物品,在未清除或采取有效安全措施之前。

(9)附近有与明火作业相抵触的工种在作业时。

(10)与外单位相连的部位,在没有弄清有无险情之前。

5. 安全行车十不准

(1)不准开酒后车。

(2)不准开客货混装车。

(3)不准开超速车。

(4)不准强行超车。

(5)不准开疲劳车。

(6)不准开无证车。

(7)不准开违章车。

(8)不准开急躁车。

(9)不准开英雄车。

(10)不准开盲目车。

习　题

一、单选题

1. 乙炔瓶的储存仓库,应避免阳光直射,与明火距离不得小于(　　)m。

A. 10　　B. 15　　C. 20　　D. 30

2. 在易燃、易爆区域动火必须执行(　　)。

A. 动火审批制度　　B. 动火备案制度

C. 动火确认制度　　D. 动火立案制度

二、多选题

1. 下列哪些属于安全行车十不准?(　　)

A. 不准开客货混装车　　B. 不准开疲劳车　　C. 不准开违章车

D. 不准开酒后车　　E. 不准强行超车

三、简答题

1. 施工现场防火制度是什么?

2. 防火检查内容有哪些?

3. 安全行车有哪十不准?

4. 施工平面布置原则是什么?

参考文献

[1] 郑文新. 建筑工程施工质量分析[M]. 北京:北京大学出版社,2010.
[2] 中国建设监理协会. 建筑工程质量控制[M]. 北京:中国建筑工业出版社,2007.
[3] 李峰. 建筑工程质量控制[M]. 北京:中国建筑工业出版社,2007.
[4] 马虎臣,宋广豪,郭荣玲. 房屋建筑质量控制[M]. 北京:机械工业出版社,2007.
[5] 周连起,刘学应. 建筑工程质量与安全管理[M]. 北京:北京大学出版社,2010.
[6] 白锋. 建筑工程质量检验与安全管理[M]. 北京:机械工业出版社,2006.
[7] 廖品槐. 建筑工程质量与安全管理[M]. 北京:中国建筑工业出版社,2009.
[8] 应杰. 论建筑工程施工现场质量控制及安全管理措施[J]. 城市建设理论研究,2011.
[9] 林海强. 建筑施工质量管理与安全控制[J]. 科技创新与应用, 2012(10).
[10] 建筑工程施工项目管理丛书编审委员会. 建筑工程施工项目质量与安全管理[M]. 北京:机械工业出版社,2007.
[11] 冯小川. 安全管理与生产技术[M]. 北京:中国环境出版社,2007.
[12] 秦春芳. 安全生产技术与管理[M]. 北京:中国环境出版社,2007.
[13] 全国一级建造师执业资格. 建设项目安全管理[M]. 北京:中国建筑工业出版社,2012.
[14] 中国建设监理协会编委会. 建筑工程质量控制[M]. 北京:中国建筑工业出版社, 2012.
[15] 金国辉. 建设工程质量与安全控制[M]. 北京:清华大学出版社,2009.
[16] 王洪德. 施工现场临时用电安全技术[M]. 北京:中国建筑工业出版社,2012.
[17] 李世蓉. 建设工程安全生产管理条例实施指南[M]. 北京:中国建筑工业出版社,2004.
[18] 中华人民共和国住房和城乡建设部. GB 50208—2011 地下防水工程施工质量验收规范[S]. 北京:中国建筑工业出版社,2011.
[19] 中华人民共和国住房和城乡建设部. GB 50300—2001 建筑工程施工质量验收统一标准[S]. 北京:中国建筑工业出版社,2001.
[20] 中华人民共和国住房和城乡建设部. GB 50202—2009 建筑地基基础工程施工质量验收规范[S]. 北京:中国建筑工业出版社,2002.
[21] 中华人民共和国住房和城乡建设部. GB 50108—2008 地下工程防水技术规范[S]. 北京:中国建筑工业出版社,2008.
[22] 蔡涛. 浅谈建筑施工安全生产管理工作[J]. 建筑安全,2012,6:33-35.
[23] 宁晓刚,吴建军,王英华,等. 论建筑施工安全生产管理措施[J]. 科技资讯,2012,25:149-150.